车辆工程专业卓越工程师计划系列教材

动车组总体设计实践教程

主编　陶桂东

主审　刘志明　丁叁叁

北京交通大学出版社

·北京·

内 容 简 介

《动车组总体设计实践教程》作为车辆工程专业卓越工程师计划系列教材之一，主要介绍了动车组总体参数设计、外部接口设计、总体配置设计及 RAMS 设计等内容。

全书分为 5 章。第 1 章介绍世界高速动车组发展简述、我国高速动车组发展简述、动车组总体设计流程、动车组总体设计内容；第 2 章介绍动车组总体参数范围、动车组总体参数选择、动车组总体参数匹配优化设计、动车组总体参数分解及典型动车组的总体参数；第 3 章介绍概念阐述、高速铁路子系统划分、动车组与线路接口设计、动车组与其他接口设计等内容；第 4 章介绍总体配置设计概述、系统配置设计、列车布置设计及结构配置设计；第 5 章介绍动车组 RAMS 设计基本概念、动车组 RAMS 设计及原则、动车组 RAMS 设计流程、动车组 RAMS 设计示例。

本教材是车辆工程专业卓越工程师计划系列教材之一，也可供铁路高职和中职学校师生，以及从事机车车辆、动车组、城市轨道车辆相关专业的工程技术人员学习参考。

图书在版编目（CIP）数据

动车组总体设计实践教程／陶桂东主编. —北京：北京交通大学出版社，2017.4（2022.1 重印）

ISBN 978-7-5121-3073-9

Ⅰ. ① 动…　Ⅱ. ① 陶…　Ⅲ. ① 高速动车-总体设计-高等学校-教材　Ⅳ. ① U266

中国版本图书馆 CIP 数据核字（2016）第 298984 号

动车组总体设计实践教程
DONGCHEZU ZONGTI SHEJI SHIJIAN JIAOCHENG

责任编辑：陈跃琴　　助理编辑：陈可亮
出版发行：北京交通大学出版社　　　电话：010-51686414　　http://www.bjtup.com.cn
地　　址：北京市海淀区高梁桥斜街 44 号　　邮编：100044
印 刷 者：艺堂印刷（天津）有限公司
经　　销：全国新华书店
开　　本：185 mm×260 mm　　印张：19.25　　字数：478 千字
版　　次：2017 年 4 月第 1 版　　2022 年 1 月第 2 次印刷
书　　号：ISBN 978-7-5121-3073-9/U·257
印　　数：2 001～3 000 册　　定价：48.00 元

本书如有质量问题，请向北京交通大学出版社质监组反映。对您的意见和批评，我们表示欢迎和感谢。
投诉电话：010-51686043，51686008；传真：010-62225406；E-mail：press@bjtu.edu.cn。

前　言

铁路运输客运的高速化已经成为现代交通运输领域的趋势。高速铁路是庞大复杂的系统工程，被称作"大国技术"，集成了多学科、多领域的高新技术，集中展示综合国力、经济社会发展水平和自主创新能力。高速列车是高速铁路的关键子系统，与高速铁路其他五个子系统（工务工程、通信信号、牵引供电、运营调度、旅客服务）之间存在轮轨关系、弓网关系、流固关系、电磁兼容等典型耦合关系。其中，高速列车是高速铁路的核心技术之一，自身也是多学科、多系统、多部件的集成。高速列车融合了系统集成技术、高速转向架技术、高强轻型车体结构技术、交流传动技术、复合制动技术、减阻降噪与密封技术、网络控制、空调通风等一系列当代最新技术成果。其中，高速列车总体设计是各系统的设计输入及贯穿主线，目的是确保高速铁路各子系统之间、高速列车自身各系统之间的相互兼容、整体优化。

在学生培养和知识传播过程中，教材建设是必不可少的重要环节，尤其是在现代技术与知识不断更新的状况下，编写动车组总体设计的教材尤为迫切。青岛四方机车车辆股份有限公司联合北京交通大学车辆工程专业，以高速动车组设计制造流程及方法为基础，并结合北京交通大学教学经验，编写了本教材。

本书作为车辆工程专业卓越工程师计划系列教材之一，主要介绍了动车组总体参数设计、外部接口设计、总体配置设计及 RAMS 设计等内容。全书分为 5 章。第 1 章介绍世界高速动车组发展简述、我国高速动车组发展简述、动车组总体设计流程、动车组总体设计内容；第 2 章介绍动车组总体参数范围、动车组总体参数选择、动车组总体参数匹配优化设计、动车组总体参数分解及典型动车组的总体参数；第 3 章介绍概念阐述、高速铁路子系统划分、动车组与线路接口设计、动车组与其他接口设计等内容；第 4 章介绍总体配置设计概述、系统配置设计、列车布置设计及结构配置设计；第 5 章介绍动车组 RAMS 设计基本概念、动车组 RAMS 设计及原则、动车组 RAMS 设计流程、动车组 RAMS 设计示例。

本书由陶桂东主编，参加编写的有李树典、王浩、李兵、程建峰、徐春华。李树典编写了第 1 章，王浩编写了第 2 章，李兵编写了第 3 章，程建峰编写了第 4 章，徐春华编写了第 5 章。全书由刘志明、丁叁叁主审。

由于水平有限，时间仓促，疏漏之处在所难免，恳请读者批评指正。

编　者

目　　录

动车组总体设计概述

1.1　世界高速动车组发展简述

1.1.1　高速铁路的定义

界定高速铁路有以下几种标准：

1970 年日本政府第 71 号法令中的定义为：列车在主要区间能以 200 km/h 以上速度运行的干线铁路。

1985 年欧洲委员会将高速铁路的最高速度规定为：客运专线 300 km/h，客货混运线 250 km/h。

UIC 提出的高速铁路的定义是：最高速度至少应达到 250 km/h 的专线，或最高速度达到 200 km/h 的既有线。

1964 年日本东海道新干线开通，这是一条客运专线，线路设计允许最高速度为 240 km/h，列车实际运行最高速度为 210 km/h。按照日本的定义，这是一条高速铁路，也是日本乃至世界第一条高速铁路。东海道新干线通车以后，在夜间停运做线路养护的情况下，东京与新大阪之间日均客流量达 30 万人次，年运量稳定在 1.2 亿人次左右。加上后来几年陆续建成的山阳、东北、上越新干线，四条新干线共长 1 900 多 km，约占日本国铁（JR）铁路总里程的 9%，完成了 30%的铁路总旅客周转量，在经济和社会方面取得明显效益。从此以后，这种新型的铁路形式在世界各地，尤其是在欧洲和日本飞速发展。

20 世纪 60 年代后期，欧洲的法国、德国、意大利等国家借鉴日本经验，分别开始研究高速铁路问题，并于 70 年代初开始建设高速铁路，80 年代初陆续建成各自早期的高速铁路。

1.1.2　国外高速铁路与高速列车

下面按国别介绍高速铁路和高速列车的现状及其发展情况。

1. 日本

1）高速铁路发展阶段

从日本（也是全世界）第一条高速铁路——东海道新干线于 1964 年建成算起，日本的高速铁路已经走过了 50 多年的历史。

日本高速铁路的建设可以划分为三个阶段：

第一阶段（1964—1975 年），在人口稠密的地区修建高速铁路，如东海道新干线和山阳新干线等。

第二阶段（1983—1985 年），以开发沿线地区经济为目的，在人口较少的地区修建东北和上越新干线。高速铁路的功能从简单的缓解运输紧张发展到拉动国民经济的阶段，并初步形成新干线网。

第三阶段（1990 年到现在），高速铁路建设以满足舒适、快捷、安全、节能、环保和低噪声要求为目的，在均衡开发国土和可持续发展方面发挥积极作用。在这个阶段，不仅要提高既有线和新干线的速度，还要通过建设隧道和大桥，用铁路网把四岛连接起来，形成由既有线和新干线组成的高速铁路网。

2）路网规模

日本全国铁路线路总长约 27 400 km，由 JR 经营的新干线和国内既有线铁路、私营铁道公司经营的私营铁路及主要由地方交通局经营的城市轨道交通（地铁及轻轨）三部分构成。其中 JR 经营的除新干线外的铁道线路和私营公司经营的私营铁路为了与新干线区分开，统称为既有线。JR 经营的新干线主要为远途旅客提供服务，服务水平高，价格相对偏高。JR 经营的既有线主要分为两类：一类为既有干线铁路，担当都市间输送、新干线输送的补充等角色；另一类为既有区域铁路，担当地域内输送、都市圈郊区旅客输送的角色。私铁及城市轨道交通主要是为通勤、通学旅客提供服务。

新干线是日本城市间客运交通的大动脉（《日本铁路建设法》对新线干线铁路的定义是：在主要区间以时速 200 km 以上速度运行高速列车的干线铁路）。到目前为止，日本共有 8 条新干线，全长 2 300 多 km，贯穿日本本州南北及九州部分地区。新干线分布图如图 1-1 所示。

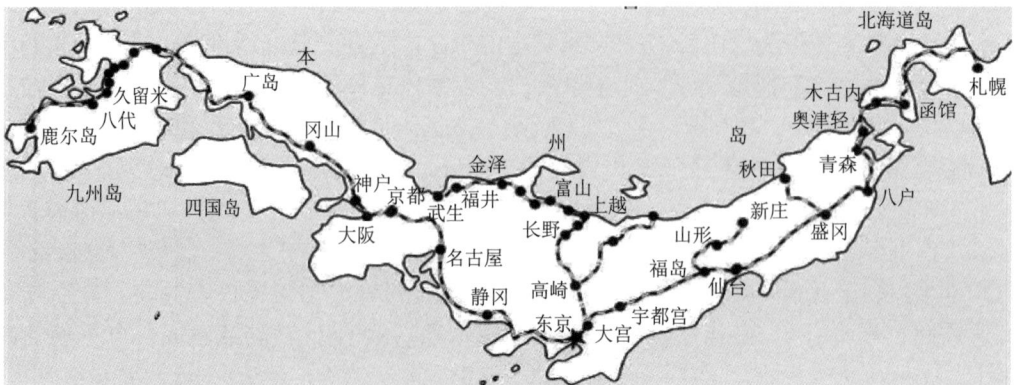

图 1-1　新干线分布图

3）运营中的高速列车

新干线是日本高速铁路运输服务的核心系统。自 1964 年以来，新干线用车辆已经经历了

多种车型的变更。新干线的主要服务对象是高端商务旅客，对旅行时间及旅行舒适性有较高的要求。因此，新干线的速度均在 200 km/h 以上，车内服务设施齐全。新干线主要车型信息如表 1–1 所示。

表 1–1　新干线主要车型信息

型号		0 系	100 系	200 系	300 系	400 系	500 系	700 系	E1 系	E2 系	E3 系	E4 系	E5 系
供电制式		25 kV 60 Hz	25 kV 60 Hz	25 kV 50 Hz	25 kV 60 Hz	25 kV 50 Hz	25 kV 60 Hz	25 kV 60 Hz	25 kV 50 Hz	25 kV 50/60 Hz	25 kV 50 Hz	25 kV 50 Hz	25 kV 50 Hz
列车编组		16M	12M4T	12M	10M6T	6M1T	16M	12M4T	6M6T	6M2T	4M2T	4M1T	8M2T
定员/人	一等座车	132	168	52	200	20	200	200	102	51	23	54	73
	二等座车	1 153	1 153	833	1 123	379	1 124	1 123	1 133	579	315	763	658
空车编组质量/t		896	857	702	635	318	630	630	693	350	259	428	453.5
最高速度/（km/h）		220	230	275	270	240	300	285	240	275	275	240	320
加速能力/（m/s²）		0.27/0.33	0.44	0.44	0.44	0.44	0.44	0.55	0.55	0.44	0.44	0.46	0.475
减速能力/（m/s²）		常用 0.79 紧急 1.3	常用 0.75	—	—	常用 0.75	常用 0.75	常用 0.75	常用 0.75	—	—	常用 0.747 紧急 1.12	—
编组长度/m		400.3	402.1	300.3	402.1	148.65	404	404.7	302.1	201.4	128.15	201.4	253
转向架型式		有摇枕旁撑支重	有摇枕旁撑支重	有摇枕旁撑支重	无摇枕车体支重	无摇枕车体支重	无摇枕车体支重	无摇枕车体支重	无摇枕车体支重	无摇枕车体支重	无摇枕车体支重	无摇枕车体支重	无摇枕车体支重
牵引控制方式		变压器切换	晶闸管相控	晶闸管相控	VVVF 逆变器	晶闸管相控	VVVF 逆变器	VVVF 逆变器	VVVF 逆变器	VVVF 逆变器	VVVF 逆变器	VVVF 逆变器	VVVF 逆变器
牵引电动机		直流串励	直流串励	直流串励	三相鼠笼	直流串励	三相鼠笼	三相鼠笼	三相鼠笼	三相鼠笼	三相鼠笼	三相鼠笼	三相鼠笼
制动方式	动车	电阻+盘形	电阻+盘形	电阻+盘形	再生+盘形	电阻+盘形	再生+盘形	再生+盘形	再生+盘形	再生+盘形	再生+盘形	再生+盘形	再生+盘形
	拖车		盘形+涡流盘	盘形	盘形+涡流盘	盘形+涡流盘		盘形+涡流盘	盘形	盘形	盘形	盘形	盘形

0 系和 100 系等高速列车是日本的第一代高速列车，采用直流传动，其他指标也比较落后，正在逐渐淘汰。300 系可以算是第二代高速列车，而 500 系、700 系、E5 等是第三代最新的高速列车。E5 系列车是目前日本铁路上运行速度最高的高速列车，设计速度 360 km/h，

运营速度可以达到 320 km/h。新干线主要车型头型及内饰如图 1–2～图 1–4 所示。

图 1–2　500 系高速列车头型及内饰

图 1–3　700 系高速列车头型及内饰

图 1–4　E5 系高速列车头型及内饰

2. 欧洲

欧洲铁路高度发达，整个欧洲已经融为一体。欧洲大陆的轨道交通系统紧密衔接，旅客输送效率高。欧洲众多国家中，轨道交通规划发展较好的为德国和法国，其轨道交通现状具有典型性。

1）德国

德国的线路种类主要包括干线铁路（含城间高速铁路、城间快速铁路）、区域铁路、市郊快速铁路、地铁和轻轨，其简要情况介绍如表 1–2 所示。

表 1–2　德国轨道交通类型简介

类型	英文简称	线路	最高运行速度	作用
城间高速铁路	Intercity–Express（ICE）	一般为 200 km 以上，站间距较大，一般为 50 km 以上	200～350 km/h	主要连接大城市，承担着德国大城市之间远途旅客的输送
城间快速铁路	Intercity（IC）		200 km/h	作为对城间高速铁路的补充
区域铁路	Regional–Bahn（RB）、Regional–Express（RE）	站间距一般为 5～25 km	160 km/h	主要连接大城市和卫星城市，具有高峰客流明显的特征

类型	英文简称	线路	最高运行速度	作　用
市郊快速铁路	S-Bahn	站间距一般为 5 km 以下	一般不超过 140 km/h，在市区地下运行时限速 90 km/h	运行线路穿过城市，连接城市外围的两端，主要用于大城市郊区通勤
地铁和轻轨	U-Bahn	站间距一般为 1 km 以下	80 km/h	城市内部通勤

德国的干线铁路、区域铁路、市郊快速铁路、地铁和轻轨统筹规划，换乘极为方便，步行一般仅需几分钟。各种交通工具进出站均不检票，采用车内抽查的检票方式。进出站不设检票口也是换乘效率极高的主要原因。

德国多数车站设置两股车道，个别车站设置四股车道。设置四股车道主要考虑列车越站运行，即站站停和大站停运营方式。

德国各类轨道交通线路中，部分线路承担了类似城际轨道交通线路的角色，具备城际轨道交通的特点，如区域铁路、市郊快速铁路。下文中德国区域铁路、市郊快速铁路及地铁以规划发展较好的柏林为例进行分析。

（1）路网规划。

德国干线铁路由新建的高速线、改造的既有线和既有线组成。德国的干线铁路建设在保证旅客输送能力的同时，还特别强调扩大货物的运输能力。所以在这些线路上既要运行城间高速铁路（ICE）列车，也要运行货物列车，还要开行区域和短途旅客列车，线路运输任务相当繁重。

德国城间高速铁路呈网状分布，由 5 条新线约 1 088 km 及既有铁路提速 200 km/h 速度级线路组成，形成总长约 4 800 km 的服务范围。由 ICE 系列高速动车组担当客运任务，运行速度为 200～350 km/h。德国高速铁路网如图 1-5 所示。

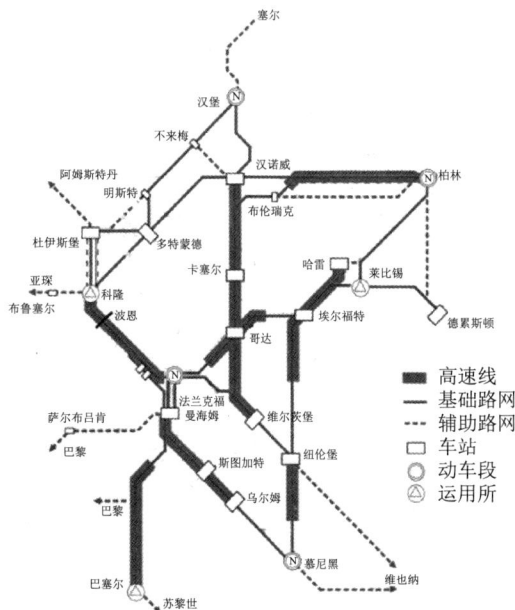

图 1-5　德国高速铁路网

（2）高速列车。

高速铁路 ICE 系列列车中，ICE1、ICE2 为动力集中型高速动车组，其他为动力分散型。ICE1 有 2M14T、2M12T、2M10T 三种不同的编组形式，其中 2M14T 编组列车的最高运营速度为 250 km/h；2M12T、2M10T 编组列车的最高运营速度为 280 km/h。2M14T、2M12T 编组列车的定员分别为 759 人和 669 人。ICE3 分为交流单电压制式、交直流电压制式，其中交流分为 AC 25 kV 与 AC 15 kV，直流分为 DC 3 000 V 与 DC 1 500 V。车辆最大牵引功率和最高运行速度，在交流电制下为 8 000 kW 和 330 km/h；在直流电制下为 4 300/3 600 kW 和 220 km/h。既有干线列车最高运行速度一般为 200 km/h。ICE 系列动车组主要技术参数如表 1–3 所示，外观及内饰如图 1–6 所示。

表 1–3 ICE 系列动车组主要技术参数

主要技术参数		车　型		
		ICE1	ICE2	ICE3
运营速度/（km/h）		250/280	280	330/220
轨距/mm		1 435	1 435	1 435
编组形式		2M14T 2M12T 2M10T	1M7T	4M4T
车体材料		不锈钢、铝合金车体	不锈钢、铝合金车体	铝合金车体
列车全长/m		358（2M12T）	205.4	200
车辆长度/mm	头车	20 560	20 560	25 675
	中间车	26 400	26 400	24 775
车体长度/mm	头车	20 160	20 160	24 975
	中间车	25 600	25 600	23 975
车辆宽度/mm	动车	3 070	3 070	2 950
	拖车	3 020	3 020	
车辆高度/mm		3 840	3 840/3 856（控制车）	3 950
车辆定距/mm	头车	11 460	11 460	17 375
	中间车	19 000	19 000/18 100（控制车）	17 375
定员/人		759/669	391	415/404/458
列车质量/t		782（2M12T）	422	410/436/410
车辆自重/t	动车	77.5	78	46.6～53.8/49.2～58.1
	拖车	51.8～58.2	46.5～53.5/55.4（控制车）	
车体自重/t	动车	11.4	11.4	10.2～11.2
	拖车	10.2～11.2	10.2～11.2	
转向架形式	动车	ET401	ET402	SF500–TDG
	拖车	MD530	SGP400	SF500–LDG
轴重/t	动车	19.5	19.5	≤17
	拖车	≤17	≤17	

主要技术参数		车　型		
		ICE1	ICE2	ICE3
转向架固定轴距/mm	头车	3 000	3 000	2 500
	中间车	2 500	2 500	2 500
编组牵引功率/kW		9 600	4 800	8 000/3 600/4 300
牵引电机数量/台		8	4	16
牵引电机形式		感应电机	感应电机	感应电机
额定输出功率/kW		1 200	1 200	500
主电路控制方式		GTO、VVVF-IV	GTO、VVVF-IV	GTO、VVVF-IV
起动牵引力/kN		400	400	300
制动系统	动车	再生/电阻+轴盘	再生/电阻+轴盘	再生/电阻+轴盘
	拖车	轴盘+磁轨	轴盘+磁轨	轴盘+线性涡流制动
供电制式		AC 15 kV	AC 15 kV	AC 15 kV AC 25 kV DC 1 500 V/3 000 V

（a）外观

（b）一等车内饰

（c）列车观光区内饰

（d）二等车内饰

图 1-6　ICE 系列动车组外观及内饰

通过表 1-3 可知，德国高速铁路列车编组形式种类较多且以长编组居多，供电制式种类

也较多（AC 15 kV/AC 25 kV/DC 1 500 V/DC 3 000 V）。为满足轻量化要求，车体多采用铝合金材料，动力集中型动车组轴重≤19.5 t，动力分散型动车组轴重≤17 t，运营速度在 200～350 km/h 之间。

2）法国

（1）路网规划。

法国国家铁路公司（SNCF）于 1982 年收购了全部私人股份之后成为法国干线铁路唯一的铁路经营公司。截至 1999 年，法国国家铁路公司经营 3.18 万 km 的铁路线，其中 1.6 万 km 为电气化铁路。在电气化铁路线路中，高速铁路新线为 1 280 km。随着法国高速铁路线的不断建设，2010 年统计高速铁路线全程达到 2 117 km。法国干线铁路线呈树状网络结构，贯通各大中等城市，如图 1-7 所示。高速铁路线主要由北方线、大西洋线、东南线、地中海线、多条延伸线及环线组成。法国高速干线铁路采用 TGV、AGV 列车，速度为 250～350 km/h。

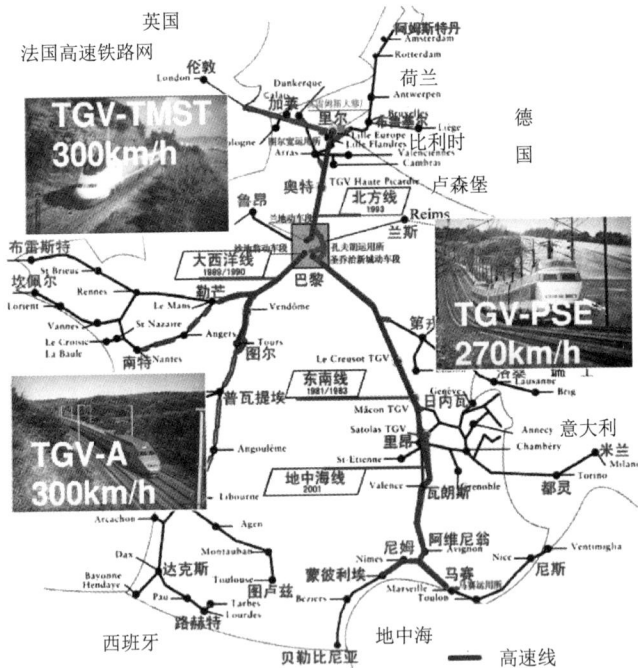

图 1-7　法国高速铁路网

（2）高速列车。

法国高速铁路 TGV 系列列车均为动力集中型铰接式车辆，其中第三代 TGV-2N 为双层列车。TGV 系列列车主要技术参数如表 1-4 所示。

表 1-4　TGV 系列列车主要技术参数

主要技术参数	车　型			
	TGV-PSE	TGV-A	TGV-TMST	TGV-2N
供电制式	25 kV/1.5 kV	1.5 kV	25 kV/2 kV/750 V	25 kV/1.5 kV

主要技术参数	车　型			
	TGV-PSE	TGV-A	TGV-TMST	TGV-2N
列车编组	L+8T+L	L+10T+L	L+9T+9T+L	L+8T+L
最高速度/（km/h）	270	300	300	300
定员/人	368	485	794	545
空车编组车重/t	418	479	787	424
轴重/t	≤17	≤17	≤17	≤17
车组长度/mm	200 120	237 590	393 720	200 190

从表 1-4 得知，法国高速铁路供电制式以 25 kV/1.5 kV 居多，车辆采用长编组，轴重 ≤17 t，最高运行速度为 250～350 km/h。法国 TGV 列车如图 1-8 所示。

图 1-8　法国 TGV 列车

高速铁路已成为世界铁路发展的重要趋势。自 20 世纪 60 年代世界上第一条高速铁路开通运营以来，已有近 10 个国家各种类型的高速铁路投入运营。多数国家的高速铁路都取得了良好的社会和经济效益。在铁路运输业，尤其是铁路客运业很不景气之际，为铁路注入了新的活力。

日本由于既有线是窄轨铁路而高速铁路是准轨铁路，所以高速铁路上只开行高速列车，高速列车也只能在高速铁路上运行。德国的高速铁路是客货车混跑、快慢车混跑的线路，ICE 高速列车除了在高速铁路上开行外，还开行到既有线上以扩大服务范围，提高服务效率。法国高速铁路虽然是客运专线，高速铁路上只开行高速列车，但是为了改进高速列车的服务效益，扩大高速列车的服务范围，TGV 高速列车也开行到既有线上去。

在高速列车方面，德国的 ICE3 最高速度可以达到 330 km/h。采用交流异步传动是高速列车的发展趋势，大多数列车采用 GTO 变流器，有些列车已经采用更加先进的 IGBT 变流器。动力分散的编组形式也已成为高速列车的一个发展趋势，法国、德国新一代高速列车都采用了动力分散形式。铰接式连接列车虽然具有不少优点，但是由于构造比较复杂，列车解编不方便，除法国 TGV 采用外，日本曾经也试验过，但是没有推广。

1.2　我国高速动车组发展简述

随着国民经济的发展，铁路运输对国民经济的"瓶颈"制约矛盾日益突出，为适应我国经济社会发展需要，"十二五"综合交通运输体系规划中提出，2015 年铁路总营业里程要达到 12 万 km。基本建成国家快速铁路网，营业里程应达 4 万 km 以上，运输服务基本覆盖 50 万以上人口城市。

在巨大的市场空间之下，经济全球化促使轨道交通产业国际一体化进程加快，向系统集成和为用户提供全面解决方案，形成以全球化布局为特征的产业链方向发展。同时，轨道交通运营方式正向网络化和多样化发展，对轨道交通运营管理和设备的安全性、可靠性提出了更高、更苛刻的要求，推动轨道交通装备向高安全性和可靠性、易维护方向发展。由此，我国发展"技术先进、安全可靠、经济适用、节能环保"的轨道交通装备，提升交通运输人流、物流效率，兼顾资源节约和环境友好，成为未来轨道交通产业的新趋势和新要求。

1.2.1　动车组需求

我国在 2020 年将全面建成小康社会，国民经济和城镇化将快速发展。铁路尤其是高速铁路作为国家重要的基础设施和安全、快捷、舒适、绿色、大众化的交通工具，在未来的经济发展中起着更加突出的作用，高铁进一步发展前景广阔。我国铁路动车组的需求面临以下特点。

（1）铁路路网里程快速发展。

按照中长期铁路网规划，到 2020 年，一批重大标志性项目建成投产，铁路网规模达到 15 万 km，其中高速铁路 3 万 km，覆盖 80%以上的大城市，为完成"十三五"规划任务、实现全面建成小康社会目标提供有力支撑。到 2025 年，铁路网规模达到 17.5 万 km 左右，其中高速铁路 3.8 万 km 左右，网络覆盖进一步扩大，路网结构更加优化，骨干作用更加显著，更好发挥铁路对经济社会发展的保障作用。展望到 2030 年，基本实现内外互联互通、区际多路畅通、省会高铁连通、地市快速通达、县域基本覆盖。

（2）铁路客运量持续增长。

2015 年全路预计可实现发送旅客 19.5 亿人次，比 2014 年增长近 8%，其中动车组发送旅客约占 26%。随着经济发展及城市化进程的加快，必然带来旅客运输的持续增长，同时高铁路网形成后，特别是高铁在 1 500 km 运距以内的比较优势，旅客出行会更多地选择高铁。未来铁路客运市场需求旺盛，必然带来对动车组的需求。

（3）动车组产品需求呈现多样化。

随着高铁及城际铁路的进一步发展，为进一步满足广大旅客对出行的需求，以及适应不同地域环境，适应长距离、大运量、高密度等运输模式，未来对动车组产品的需求会更加多样化。目前国内还缺少耐高盐雾、耐风沙等特殊环境的动车组；未来徐州—兰州—乌鲁木齐高铁开通，以及高铁路网全面形成后，跨线运营的长大交路，势必对夜间开行的卧铺动车组提出新的需求；行包动车组研制也亟待开展；不同速度等级、不同编组数量的城际动车组需求也日益提高。动车组还没有形成完善的系列化产品，不能完全满足日益增长的多样化需求。

（4）动车组维修市场日益增强。

再经过十年左右的发展，我国动车组将逐步进入稳定的更新换代发展期，维修和翻新改造将成为新的市场增长点，按照保有量 2 000 列及目前的高级修临时价格测算，预计每年发生 800～1 000 列次的高级修，费用 190 亿～240 亿元，高级修将成为装备制造企业新的经济增长点。同时，如此规模化的高级修也必将对维修配件及维修技术发展提出更高的需求。

（5）中国动车组走向世界。

中国高铁必将"走出去"，"走出去"战略也为动车组发展提出了新的要求，其中知识产权是"走出去"首先要解决的问题。目前国内各型动车组在出口方面还没有构建完善的中国动车组技术标准体系，自主品牌影响力不够，还不能形成强大的国际竞争力，"走出去"迫切须要中国建立自己的动车组技术标准体系。中长期铁路"八纵八横"路网规划如图 1-9 所示。

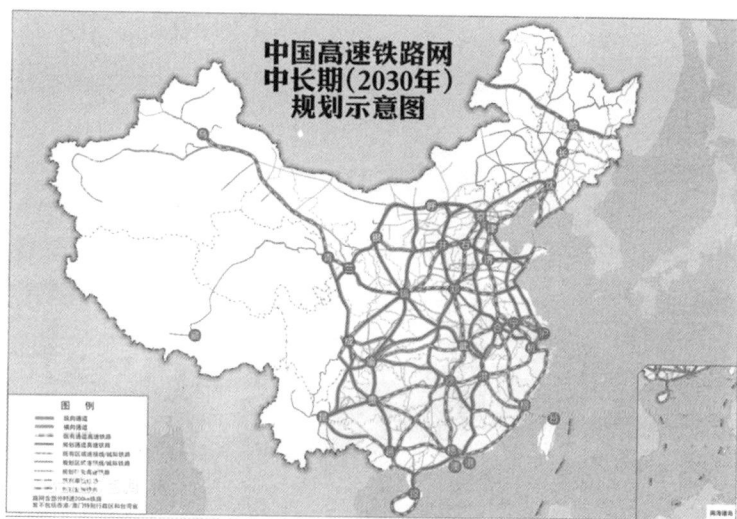

图 1-9　"八纵八横"路网规划

1.2.2　动车组产品现状

经过近十年引进、消化、吸收、再创新的艰苦历程，我国自主研发了 CRH$_1$、CRH$_2$、CRH$_3$、CRH$_5$、CRH$_6$ 及 CRH380 等系列共 21 个型号产品，时速覆盖 200～400 km，包含普通、高寒、城际、综合检测、卧铺等多类车种。国内动车组主要谱系如图 1-10 所示。

1. 国内动车组发展历程

2004 年以来，按照国务院"引进先进技术，联合设计生产，打造中国品牌"的总体要求，在铁道部、科技部统一组织和领导下，动车组的持续创新得以推进。动车组技术创新经历了以下四个阶段。

（1）第一阶段：引进消化吸收再创新阶段。

在一次性引进时速 200～250 km 动车组技术基础上，分阶段实施了国产化，国产化率达到了 70%。成功解决了引进技术与中国铁路环境"水土不服"的问题，同时为自主创新奠定

国内高速动车组

Regina E2-1000 Velaro-E SM3

CRH₁ CRH₂ CRH₃ CRH₅

200～250 km/h

8编组座车 | 16编组座车 | 16编组卧车 | 8编组座车 | 16编组座车 | 16编组卧车 | 统型动车组 | 简统动车组 | 耐高寒风沙 | 国产化工作 | 16编组卧车

300～350 km/h

CRH₂C一阶段 CRH₂C二阶段 CRH₃

350～380 km/h

CRH380D | CRH380A | CRH380AL | 智能化列车 | 永磁电机 | 广深港项目 | 出口型动车组 | 谱系化项目 | 公务动车组 | CRH380B | 380B高寒 | CRH380BL | CRH380CL

500 km/h

更高速度列车

车型	时速200～250 km	车型	时速300～350 km	车型	时速400 km及以上
CRH₁A CRH₁B CRH₁E		CRH₂C		CRH380A-001	
CRH₂A CRH₂B		CRH₃C		CRH380B-002	
CRH₂E		CRH380A		更高速度试验列车	
CRH₃A		CRH380AL			
CRH₅A		CRH380B/BL			
CRH₆		CRH380C/CL			
		CRH380D			

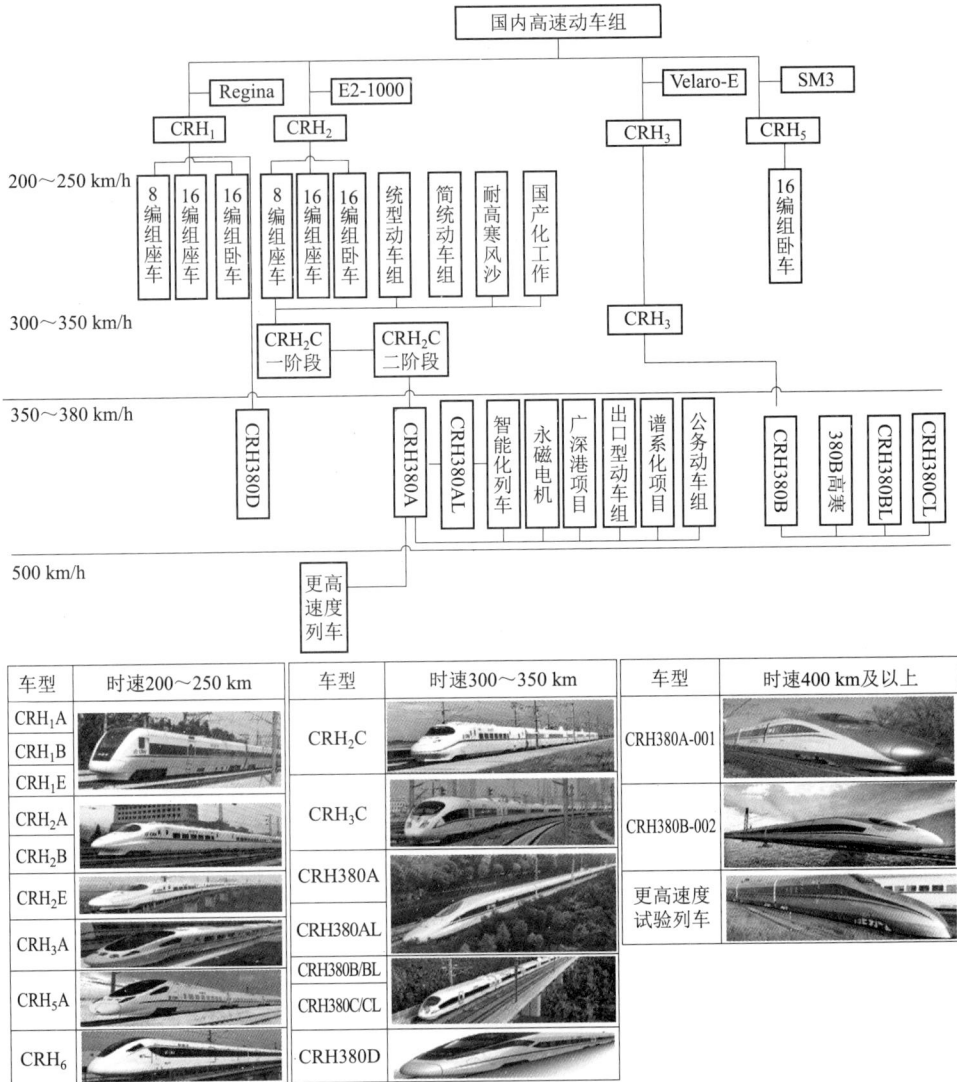

图1-10 国内动车组主要谱系

坚实的基础。对引进动车组进行了全面的仿真分析、地面试验和线路试验，构建了动车组产品研制平台。以此为基础，研制出时速250 km长编组动车组和卧铺动车组。

（2）第二阶段：自主提升创新阶段。

在掌握时速200～250 km动车组技术的基础上，为满足京津城际的需求，重点解决围绕速度提升带来的牵引性能提升、舒适性提升、制动性能提升等问题，研制了时速300～350 km动车组。在京津、武广、郑西等线路进行了一系列科学研究试验，掌握了时速350 km条件下列车的系统行为规律。以武广和郑西高铁需求为目标，对牵引性能、车体强度与模态、转向架等方面进行了系统的提升与优化，突破了制约速度提升的关键技术，成功研制出时速350 km高速动车组。

通过对大量的科学试验和运营维护数据的分析，建立了高速列车仿真精确模型，丰富和完善了高速列车仿真和试验验证体系，标志着高速列车自主研发平台已经形成，为新一代动

车组的研制奠定了坚实的基础。

（3）第三阶段：全面创新阶段。

自 2008 年 3 月始，在铁道部、科技部共同引导和推动下，依托"十一五"国家科技支撑计划项目，借助各参与单位的优势科技资源，从基础研究开始，逐步进入系统性研究。以满足京沪新一代高速动车组顶层技术指标为目标，从设计标准、仿真计算和试验数据入手，对大量运营数据、型式试验、研究试验积累数据进行了对比分析，涵盖了动力学、空气动力学、气密强度、振动模态、弓网受流、牵引性能、运行阻力、制动性能、振动噪声等 28 个方面。在此基础上，通过对既有高速动车组的分析研究，系统科学地提出了新一代高速动车组创新目标和创新方向。

京沪新一代高速动车组在没有任何技术转让的情况下，通过国内研发团队的一致努力成功实现自主研制，全面提升了中国高速列车技术的整体水平，并带动了机械、电子、信息等相关产业的发展。通过突破速度提升等一系列重大关键技术，进一步整合国内相关优势科技资源和优势产业资源，形成完整的高速铁路技术装备产业链，增强了我国高速铁路自主创新能力，建立并完善了高速列车技术体系。

（4）第四阶段：持续创新阶段。

为持续完善高速列车技术体系，以运营安全性、装备自主化、发展可持续、运营高效率为目标，以 CRH380 系列动车组形成的创新成果为基础，通过技术外推与拓展，进行系列产品的持续创新。首先，为深入开展高速动车组安全性研究，搭建前瞻性基础科学研究和新材料、新技术应用研究的移动试验平台，研制了更高速度试验列车。其次，根据科技部高速列车重大科技专项规划，正在进行高速列车谱系化、智能化、体系化技术研究，以及基于永磁电机牵引传动系统的高速列车为代表的节能环保技术研究。再次，针对国内区域经济的发展和城市集群的形成，研发城际、市域动车组。最后，针对国内多平台共存导致的运营组织不便问题，目前正在组织研制中国标准自主化动车组。

2. 新一代动车组简介

新一代 CRH380 系列动车组是国内自主研发的代表车型，其运营速度、安全性、舒适性和节能环保等指标达到了国内外先进水平。现以 CRH380A 为例简要介绍如下。

CRH380A 高速动车组继承"先进、成熟、经济、适用、可靠"的技术优势，在系统研究了轮轨关系、流固耦合关系、弓网关系的基础上，结合京津、武广、郑西等线路一系列科学研究试验的成果，以安全可靠为核心，在确保运营速度、舒适性、环保节能等性能满足顶层技术指标的前提下，CRH380A 在系统集成、头型、车体、转向架、减振降噪、牵引系统、弓网受流、制动系统、旅客界面等方面进行了系统创新。

1）系统集成

（1）概述。

高速列车是高速铁路的关键子系统，与高速铁路其他五个子系统（工务工程、通信信号、牵引供电、运营调度、旅客服务）之间存在轮轨关系、弓网关系、流固关系、电磁兼容等典型耦合关系。同时，高速列车自身也是多学科、多系统、多部件的集成。高速列车系统集成的目的是确保高速铁路各子系统之间、高速列车自身各系统之间的相互兼容、整体优化。

在结合京沪线的线路条件、自然条件等要素，以及系统分析总结京津线路试验数据的基础上，以武广、郑西大量线路科学试验为 CRH380A 动车组技术创新的重要技术保障，确定

了 CRH380A 顶层技术指标，明确了各系统的创新方向。在系统分析的基础上，以安全设计为核心，以速度设计为目标，提出了各系统方案。为充分验证创新方案，对各系统、部件进行了大量的仿真计算及地面试验验证，同时研制了 1 列试验动车组和 1 列实车模型车分别对主要系统和车上结构方案进行实车验证。在京津、武广、郑西、沪杭、京沪高铁线路进行的试验，累计达 152 大类、2 800 余项，试验运行里程近百万公里，参与单位近百家，对 CRH380A 研发提供了有力支撑。经过对 CRH380A 的试验结果进行系统分析，对 CRH380A 持续优化，最终形成 CRH380A 动车组样车。

（2）技术方案。

CRH380A 动车组有 8 辆编组及 16 辆编组两种形式，整列动车组采用动力分散的交流传动方式，采用低阻力流线型头型、轻量化铝合金车体、高速转向架、先进的噪声控制、VVVF 牵引控制、电空复合制动、高可靠性的网络控制等技术。CRH380A 持续运行速度 350 km/h，最高运行速度 380 km/h，最高试验速度 400 km/h 以上。16 辆编组采用 14M2T 编组方式，全列设商务车 1 辆、一等车 4 辆、二等车 10 辆、餐车 1 辆，定员 1 066 人，牵引总功率 21 560 kW；8 辆编组采用 6M2T 编组方式，设带观光区的二等座车 2 辆、一等座车 1 辆、带残疾人设施的一等座车 1 辆、二等座车 3 辆、餐座合造车 1 辆，总定员 494 人，牵引总功率为 9 600 kW。

① 高安全性设计。

安全性是 CRH380A 高速动车组的设计核心，其最重要的指标主要指列车的运行安全性、气动安全性、结构安全可靠性、防火安全性、制动安全性、故障导向安全六方面。

（a）运行安全性。

为满足高速列车安全运行，须抑制轮轨接触固有的蛇行运动，以保证列车的运动稳定性并有充足的安全裕量，通过合理匹配轮轨关系和循环优化系统悬挂参数，大幅度降低轮轨作用力。CRH380A 动车组设计临界速度 550 km/h 以上，实测脱轨系数小于 0.13，远低于国际标准 0.8 限值，列车的运行安全性指标裕量充足。

（b）气动安全性。

动车组高速运行，尾车的车体上下表面产生气压差，导致气动升力的产生。气动升力过大会影响列车运行的安全性。CRH380A 通过纵断面轮廓线及鼻锥引流设计，优化头型表面压力分布，控制头型的上下表面压力基本平衡，达到降低尾车气动升力的目标。

在强侧风作用下，列车空气动力学性能恶化，侧向力迅速增加，影响列车的横向稳定性，严重时将导致列车倾覆。CRH380A 通过车体外形轮廓和头型设计，提高侧风稳定性。

（c）结构安全可靠性。

结构安全可靠性是指结构承受载荷的能力和长时间运行下结构的抗疲劳断裂能力。

在高速运行条件下，轨道的高低和横向等不平顺引起的振动会加剧；两车高速交会时气流急剧变化所产生的交会压力波，导致结构振动加剧，影响结构安全可靠性。CRH380A 优化车体、转向架等承载结构，提高强度。合理匹配结构与线路的模态参数，使承载结构的固有振动频率避开轨道的激励频率，避免了其振幅加大带来的巨大损伤。

（d）防火安全性。

CRH380A 在预防、报警、隔离与疏散等防火全过程进行了系统设计：采用低烟无毒阻燃材料及防火结构设计，防止火灾发生；车内设有烟火报警、乘客报警装置以实现自动报警和人工干预；设有联锁控制和紧急疏散设施（逃生窗、逃生梯），火灾发生时，可实现列车停车、

乘客紧急疏散。

（e）制动安全性。

CRH380A 的电空制动系统在复合制动和空气制动模式下，300 km/h 速度紧急制动时制动距离小于标准要求 3 800 m，制动初速度为 350 km/h 的制动距离小于标准要求 6 500 m。制动盘热容量充足，满足动车组安全平稳停车的要求。

（f）故障导向安全。

CRH380A 设速度、加速度、电流、电压、温度、压力等多种类型传感器，全面检测走行部、承载、乘坐环境等系统及部件的动态行为和参数变化，根据不同的故障设定模式自动实施警示或保护，实现了故障自诊断、预警与安全导向，从而提高列车运行安全的主动防御能力。

列车装有自动保护系统（ATP），在列车超速、司机操作失误等非正常情况下，进行保护性制动，并能够控制停车，确保安全。

② 高舒适性设计。

高速动车组舒适性综合反映乘客的乘坐感受，主要包括振动、噪声、车内压力波动、车内乘坐环境。CRH380A 以人机工程为基础，全面分析声振耦合关系，采用等声压级等设计方法，形成了时速 350 km 以上高速列车的综合舒适度指标体系和评估标准。

通过合理匹配转向架的悬挂参数和结构参数，衰减来自轨道及外界的不利振动，避免与车体产生共振，降低乘坐环境的振动加速度幅值，改善舒适度。

对噪声源和噪声传播途径进行识别，按照等声压级和分频段控制原则，进行减振降噪设计。CRH380A 以 350 km/h 速度运行时，客室中部噪声达到 68 dB 以下。

在高气密车体的条件下，CRH380A 采用高静压能力的换气装置，将车内压力变化率控制在 200 Pa/s 以下，抑制隧道运行或会车时车外压力波动传入车内，避免给旅客耳膜带来不舒适感。

从旅客的需求出发，以人机工程理论，综合考虑空间设计、设施设置、造型、色彩、温度、湿度、照明等因素，为旅客提供宽敞、方便、舒适、时尚、现代的乘坐环境。

③ 高环保性设计。

CRH380A 是节能环保的高速列车，主要体现在低能耗、轻量化、污物收集等方面。

降低气动阻力是控制高速列车能耗的关键，头型设计以空气动力学理论为指导，对诸多设计变量循环优化，提升气动阻力性能。

动车组制动时可最大限度使用再生制动，牵引电机转换为发电机，能量反馈电网，发电功率比牵引功率高 50%，再生制动利用率达 90%。

采用 15 t 轴重轻量化设计，降低能耗，可减轻轮轨作用力，降低轮轨磨耗。

采用真空集便系统，可实现全程的零排放。

采用 LED 节能光源。

2）低阻力流线型头型

（1）概述。

头型设计决定了列车运行的气动性能（气动阻力、气动升力、侧向力、交会压力波）及运行的节能环保（气动阻力、气动噪声）等关键的技术指标。

针对 CRH380A 先后提出 20 种概念设计方案，对设计变量进行了 200 余次的模型优化，平衡技术性能和文化特性的需求，确定 10 种优选方案进行仿真计算。从中选出 5 种综合性能优良、外形特征鲜明的设计方案，通过 17 项 75 次仿真计算，760 个工况的气动力学试验

和 60 个工况的噪声风洞试验，优化气动性能，确定了最优的头型方案。

（2）技术方案。

CRH380A 头型概念取材于长征火箭，造型圆润、光滑，线条流畅，形态饱满。头型为旋转抛物体特征的楔形结构，如图 1-11 所示。外形轮廓全新设计，减小断面面积，纵断面型线为双拱形，水平断面型线为长扁梭型，如图 1-12 所示。头部流线型长度达到 12 m，长细比较 CRH$_2$C 增加了 31%。优化驾驶舱倾角为 21°（CRH$_2$C 为 32°）。截面积变化率按前区、中区、后区三段控制，较 CRH$_2$C 更趋线性化。全新的头型设计，降低了气动阻力、气动噪声和交会压力波，抑制了尾车气动升力，提高了气动安全性。

图 1-11 CRH380A 头车三维形线图

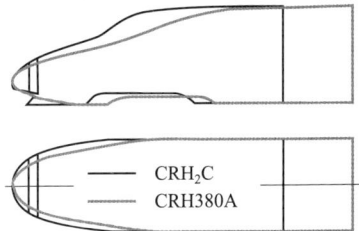

图 1-12 截面形状对比图

（3）技术成果。

风洞试验结果表明，与 CRH$_2$C 头型相比，CRH380A 头型综合气动性能有较大提升：头车气动阻力减小 15.4%，气动噪声降低 7%，列车尾车升力降低 52%，侧向力降低 6%。

线路试验结果表明：与 CRH$_2$C 头型相比，CRH380A 短编组列车运行阻力降低约 5%，长编组列车运行阻力降低约 14%，尾车气动升力接近零。隧道交会压力波均小于气密强度设计标准 ±6 000 Pa，300 km/h 速度下隧道交会压力波比 CRH$_2$C 降低 37%，350 km/h 速度下隧道交会压力波比 CRH$_2$C 降低 20%，会车性能优于原型车。

新头型综合气动性能优良，达到了设计目标。

3）高气密强度的轻量化车体

（1）概述。

车体是高速动车组的关键承载部件。随着速度提升，线路和气流扰动增强，列车耦合振动加剧，影响结构可靠性。CRH380A 车体设计的核心在轻量化、等强度设计的原则下，通过结构优化和模态参数匹配，实现车体气密强度、振动模态性能提升，保证高速运行列车的结构安全可靠性。

研究进行了多种车体设计方案的优化比选，仿真计算 81 次。研制了 3 辆试验车体和 1 列试验车，进行了 4 项 28 次实车试验和 15 项线路试验以验证设计。

（2）技术方案。

CRH380A 系列动车组车体采用了薄壁、筒形的整体承载式铝合金结构，如图 1-13 所示。主要技术措施（见图 1-14）如下：

优化车体断面轮廓，侧墙和车顶型材采用变截面设计，降低交会压力波和侧向力，提高刚度和气密强度；

底架边梁、地板和侧墙连接区采用高强度结构，提高刚度和气密强度；

端墙、隔墙、门区采用中空型材，司机室骨架和蒙皮优化，提高局部刚度和气密强度；

根据承载和振动特性，合理匹配刚度—质量分布、局部与整体模态参数；

改进门窗结构，提高气密强度；车体采用气密焊接结构，车门采用旋转杆式多点压紧机构，提高车体整体气密性；

采用高静压新型换气装置，提高车内压力的控制能力，降低车内压力变化。

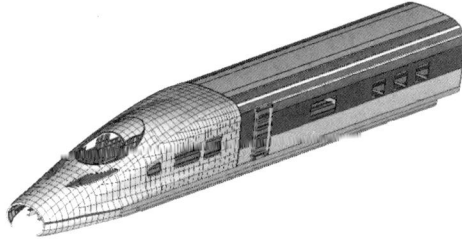

图 1-13　CRH380AL 头车车体

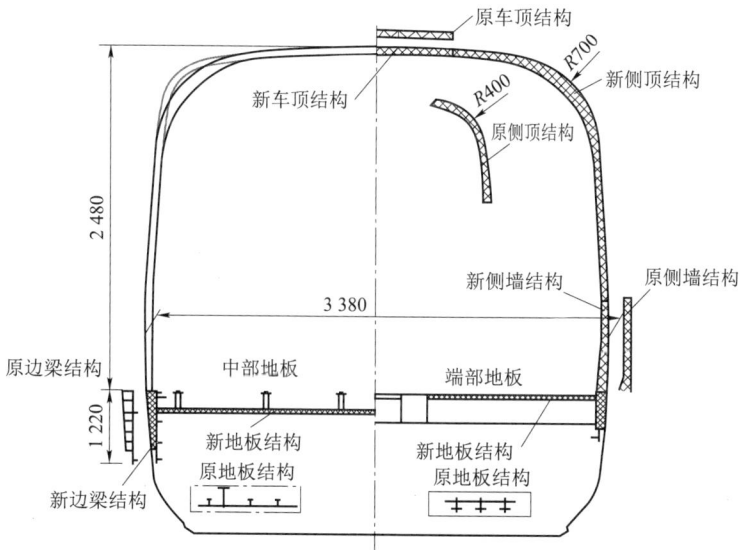

图 1-14　主要技术措施（车体断面对比）

（3）技术成果。

CRH380A 车体气密承载能力由 ±4 000 Pa 提高到 ±6 000 Pa，增加了 50%。车体和设备舱关键部位的最大应力值大幅下降，安全系数提高 30% 以上，保证了长期运行的结构安全性。

车体气密性从 4 000 Pa 降到 1 000 Pa 用时超过 180 s，远大于标准规定的 50 s。车内压力变化率低于 200 Pa/s，保证了列车高速运行时的乘坐舒适度。

车体弯曲刚度比 CRH$_2$A 车体提高了 51%，扭转刚度提高 38%。车体结构模态的一阶垂向弯曲频率达 16.8 Hz，比 CRH$_2$A 提高近 10%。地板一阶固有频率提高了 22%，端墙一阶固有频率提高了 21%。整备车体一阶垂向弯曲频率 10.89 Hz，车体、转向架与线路模态匹配良好。

4）安全可靠的高速动车组转向架

（1）概述。

转向架承担列车的承载、导向、减振、牵引和制动功能，决定列车的运行安全和动力学

性能，是高速列车的核心技术之一。

随着运行速度的提高，转向架设计面临线路激扰导致的轮轨耦合加剧、转向架动态载荷增加、气动激扰影响运行平稳，以及零部件长期服役的可靠性等一系列问题。新一代 CRH380A 高速动车组转向架提升重点主要是进一步提高运行安全性，改善运行平稳性和舒适度，并提高转向架及各子系统的可靠性。

研究完成动力学及结构强度仿真分析 45 项，52 项实验台试验验证，安全评估试验 3 次，长期跟踪试验 3 次，科学性研究试验 6 次，型式试验 2 次，以及试验车 4 种空气弹簧方案比选。

（2）技术方案。

新一代 CRH380A 动车组转向架继续采用经过长期运用验证成熟可靠的技术和结构，为满足 350 km/h 以上速度长距离运营要求，转向架的主要技术方案如下。

① 适应轴重载荷增加重新设计构架。

构架按 16 t 轴重进行轻量化设计并按寿命要求进行疲劳考核。材料采用耐候钢板钢管，采用薄壁大断面结构，使构架重量控制到最小。完成并通过 1 000 万次构架循环加载疲劳试验，按照线路实测的构架动应力幅值进行疲劳寿命评估，满足寿命要求。

② 轮轴和轴承满足 420 km/h 试验速度和 15 t 轴重技术要求。

新一代 CRH380A 动车组转向架的轮轴材料和结构按 15 t 轴重和寿命要求进行强度设计，安全率符合标准要求，且簧下重量较 CRH_2A 型车进一步降低，有利于动力学性能的提高。车轴根据标准进行 1 000 万次的全尺寸试样疲劳极限测试。轴箱轴承按照最高试验速度 420 km/h 进行了 120 万 km 的耐久试验，满足可靠性要求。

③ 高速齿轮箱驱动装置。

为满足持续高速运行，将齿轮箱及联轴节结构进行了提升，传动比由 3.036 降低为 2.379，并设置了防飞石打击防护结构。

④ 高热容量基础制动装置。

新一代 CRH380A 动车组转向架基础制动装置采用高热容量的转向架制动盘片，同时采用新型闸片结构使制动力更为均匀，有效地减少热斑、颤振。同时有效解决盘面因热负荷导致的翘曲问题，实测制动盘温升有大幅度降低。

⑤ 转向架悬挂系统优化。

为了有效衰减来自轨道的激振和空气动力激扰，降低车辆系统的振动，提高乘坐舒适性，新一代转向架的二系悬挂进行了多项改进：匹配悬挂系统参数，采用低刚度的非线性空气弹簧；增加抗侧滚扭杆装置；头尾车转向架设半主动横向减振器；抗蛇行减振器增倍。

⑥ 转向架安全冗余。

CRH380A 动车组设置转向架安全监测报警系统，对转向架的运行状态进行监测，轴温报警装置对轴承温度进行预警，抗蛇行减振器由两个增加为四个，保证故障工况的运行安全性，提高安全冗余。

（3）技术成果。

临界速度提高到 550 km/h 以上，线路试验实测构架横向加速度最大值为标准限值的 45%（CRH_2A 构架横向加速度最大值为标准限值的 81%）；脱轨系数 0.13，为标准限值的 16.3%（CRH_2A 脱轨系数最大值为标准限值的 88%）；实测轮轴横向力最大值为标准限值的 43.6%（CRH_2A 轮轴横向力最大值为标准限值的 86%）。运行安全性指标具有足够的安全裕量。

乘坐舒适性改善了 30%～50%，使 350 km/h 速度条件下的舒适性指标远优于时速 250 km 动车组的水平。

转向架构架动应力降低了 30%，疲劳寿命提高了 2 倍，可以确保转向架结构在 30 年全寿命周期内的安全可靠性；车轮每 10 万 km 平均磨耗降低 24%，保证长期高速运行条件下的稳定性。

5）先进的噪声控制技术

（1）概述。

随着速度的提升，轮轨噪声、气动噪声、受电弓系统噪声和结构振动噪声急剧增强。其中轮轨噪声能量以速度的 3 次方增长，气动噪声和受电弓噪声能量以速度的 6 次方增长，同时结构振动也更加剧烈，辐射的噪声也更大。CRH380A 减振降噪设计的关键问题是按照分频段控制、等声压级设计和轻量化设计三大控制策略，采用"减、隔、吸、降"的技术手段，实现对噪声源和传播途径的控制。CRH380A 减振降噪共进行了 13 大项、450 多次实验室和现车测试。

（2）技术方案。

根据各典型噪声源频谱特性、振动和噪声传播规律，针对不同噪声源、不同车体断面采取不同的减振降噪措施。

减振设计：增加车体局部刚度，采用浮筑地板安装结构、新型弹性连接结构和优质阻尼材料。

隔声设计：采用新型复合隔音材料，提高侧门、车窗、风挡的隔声性能，并对薄弱环节进行优化处理。

吸声设计：采用高吸声复合材料，对内饰件结构和表面材料进行吸声处理。

降低噪声：采用新头型、气动性能优良的受电弓导流装置，并对车间连接风挡、车窗、车门及车顶设备进行平顺化设计，降低气动噪声。

（3）技术成果。

线路测试结果表明：CRH380A 以时速 300 km 运行时，客室中部噪声水平达到 66 dB（A）；以时速 350 km 运行时，客室中部噪声水平达到 68 dB（A），达到世界领先水平。CRH$_2$C 以时速 300 km 运行时，客室中部噪声水平为 70 dB（A）；以时速 350 km 运行时，客室中部噪声水平为 72 dB（A）。目前国外动车组以时速 300 km 运行，客室噪声水平一般控制在 68 dB（A）。

6）高性能的牵引系统

（1）概述。

牵引系统为动车组高速运行提供驱动力，在降低空气阻力的基础上，提升牵引系统功率是提高动车组速度的主要手段。结合京津、武广线路长期跟踪运行实测数据，经过系统分析和计算，提出了系统提升方案。在牵引系统的研发设计过程中，累计完成了仿真计算 30 项，控制软件优化调整 20 多次，完成了包含地面耐久性试验和线路长距离、满负荷、持续高速运行试验在内的 105 项试验。

（2）技术方案。

CRH380A 动车组长编组采用 14M2T 编组方式，设 7 个动力单元，每个单元设 1 台变压器、2 台变流器、8 台电机；短编组采用 6M2T 编组方式，设 3 个动力单元。通过改变关键部件的材料、结构和冷却系统，合理匹配系统参数，提高了单位功率重量比，重量仅增加了 10%，

单元功率提升了 23%。长编组动车组整车牵引功率达到 21 560 kW，短编组动车组整车牵引功率达到 9 600 kW，CRH₂A 动车组整车牵引功率为 4 800 kW。

变压器：改变绕组材质，优化绕组结构，提升单位体积载流量，同时增大通风机容量，提高冷却功率33%，容量提升至 4 174 kV·A（CRH₂A 为 3 060 kV·A）。

变流器：采用 1 500 A 大功率 IPM 模块（CRH₂A 为 1 200 A），最高工作温度由 125 ℃ 增加为 150 ℃。对冷却系统进行改进，采用环保冷媒介质，优化控制参数，容量提升至 1 956 kV·A（CRH₂A 为 1 670 kV·A）。

电机：增大铁芯长度，优化绕组线圈结构形式，提升电磁性能，匹配通风量，功率提升 33%，达到 400 kW（CRH₂A 功率为 300 kW）。

（3）技术成果。

CRH380A 动车组实现了高起动加速和高速运行能力。

0～200 km/h 的起动平均加速度为 0.48 m/s²，CRH₂C 动车组为 0.395 m/s²。

加速到 300 km/h，加速时间 236 s，加速距离 11.8 km；CRH₂C 加速时间 350 s，加速距离 17.4 km。

加速到 350 km/h，剩余加速度 0.090 7 m/s²，加速时间 347 s，加速距离 21.9 km；CRH₂C 剩余加速度 0.02 m/s²，加速时间 572 s，加速距离 37.6 km。

加速到 380 km/h，剩余加速度 0.047 7 m/s²，加速时间 470 s，加速距离 34.5 km。

轻量化的牵引系统部件设计，降低了新一代动车组的单位重量能耗：

300 km/h 速度下，人均百公里能耗 3.64 kW·h，CRH₂C 为 3.65 kW·h；

350 km/h 速度下，人均百公里能耗 4.38 kW·h；

380 km/h 速度下，人均百公里能耗 5.12 kW·h。

7）高速双弓受流性能

（1）概述。

结合我国高速铁路采用弹性链型悬挂接触网的特点，同时考虑随着列车速度提高，气流激扰对受电弓受流性能影响的加剧，CRH380A 长编动车组采用半主动控制的受电弓。

通过对受电弓 10 余次的空气动力学及弓网耦合等仿真分析，提出了受电弓的局部优化方案。通过 40 余项台架试验和风洞试验，验证了受电弓的强度及可靠性。通过空气动力学试验、受流试验等线路试验，证明双弓受流稳定、性能优良。

（2）技术方案。

CRH380A 长编动车组采用半主动控制的受电弓，可以实现随列车速度变化自动调整弓网间的接触压力，实现双弓稳定受流。受电弓分别安装在 5 号和 13 号车。

（3）技术成果。

CRH380A 长编动车组在双弓受流时，弓网间的接触压力为 80～340 N，在标准接触压力 20～399 N 之间；弓网间的燃弧次数为 0.52 次/160 m，在标准 1 次/160 m 以内，满足 CRH380A 长编动车组时速 380 km 双弓受流的性能要求。

8）安全环保的制动系统

（1）概述。

制动系统是保证高速列车安全停车的重要手段。CRH380A 运营时速达到 380 km，整个列车的动能将达到 5 GJ。CRH380A 制动系统设计须解决的关键问题是，保证在规定的距离

内安全平稳停车的前提下，充分利用再生制动，提高能量回馈，降低机械磨耗。

系统研究京津、武广、郑西线路试验情况和跟踪数据，从列车制动性能、基础制动热容量、滑行控制等方面进行系统、全面的仿真计算及技术分析，确定了 CRH380A 制动系统的技术方案。为验证设计方案，进行了 8 项制动计算及仿真计算，23 项零部件及系统地面试验，8 次线路试验，对制动性能进行了系统的试验验证。

（2）技术方案。

CRH380A 制动系统为微机控制直通式电空制动系统，采用电空复合制动、电制动优先的控制方式，主要由风源系统、制动控制系统、防滑装置、基础制动装置等组成。

根据列车编组形式确定制动控制单元，通过优化制动控制提高牵引系统的再生制动能力，最大再生制动功率达到 30 000 kW 以上，列车可提供的最大再生制动功率是牵引功率的 1.5 倍。再生制动能力满足常用制动 5 级及以下（最大 7 级）的列车制动需求，从而减少制动盘和闸片磨耗，节能环保，降低运行成本。线路跟踪数据表明，列车每运行 30 万 km 才须更换 1 次闸片。

根据列车黏着特性、基础制动热容量和制动距离要求等综合因素进行减速度设计，合理选择基础制动摩擦副的特性参数，柔性控制减速度变化率，减少列车纵向冲动，满足舒适度要求，实现了平稳停车。

为满足时速 380 km 纯空气紧急制动的停车要求，采用新型的高热容量气动卡钳式基础制动装置，优化制动盘结构形式和安装方式以提高热容量；制动闸片采取浮动式结构，保证制动盘片接触均匀。

在防滑控制方面，采用复合制动滑行控制模式，针对中国铁路线路特点，充分利用轮轨黏着，合理确定滑行判据及优化防滑控制策略，保证安全制动距离，有效避免了车轮擦伤。

（3）技术成果。

试验结果表明：制动系统安全可靠、节能环保；再生制动利用率高，能量回馈率达 90%；复合制动匹配合理，制动减速平稳；基础制动热容量充裕，防滑控制精准。初速 300 km/h 紧急制动距离为 3 787 m，初速 350 km/h 紧急制动距离为 5 908 m，初速 380 km/h 紧急制动距离为 7 499 m，满足安全平稳停车需要。

9）人性化的旅客界面

（1）概述。

旅客界面设计坚持以人为本，满足多样化、个性化需求。采用人机工程学理论与方法，针对乘客进行了大量的线路调研分析，对各设备进行人机尺寸理论分析，制作 1:1 模型验证；同时对车内 20 个部件进行了 58 项耐久性、可靠性试验，并开展精调工作，确保设备操作方便快捷、可靠耐用，达到了旅客界面人性化的布局。

（2）技术方案。

CRH2C 旅客界面整体简朴、自然，风格崇尚简洁、雅致；CRH380A 旅客界面设计体现了中国传统文化与时代感的完美融合。

通过对中国铁路出行旅客数量、乘坐时间、消费档次等方面的大量调研分析，CRH380A 按照 32:6:1 的比例设置了二等、一等和商务座席。座席尺寸在满足定员要求的前提下，最大限度提高旅客车内活动空间，使车内人机尺寸比 CRH2C 更宽敞，如二等座椅前后间距由 980 mm 提升至 1 000 mm，一等座椅前后间距由 1 160 mm 提升至 1 200 mm。

在列车服务设施配置中，将人体工程学理论与方法融入其中，合理布置功能空间，并通过对出行旅客携带行李、餐饮、卫生方面的习惯调研分析。CRH380A 每列车在端部相比 CRH_2C 均设置了功能更为齐全的设施；9 号车上设有餐车，可提供全列定员 50% 以上的供餐能力。

（3）技术成果。

CRH380A 旅客界面充分体现了先进性、现代感和中国文化特色，是目前世界上服务设施功能最全、综合水平最高的旅客列车。

1.2.3 动车组发展趋势

1. 国内动车组发展趋势

1）国产化和自主化深化研究

为降低动车组零部件运用、维护成本，提升质量技术水平，自主开发国内外市场，须要持续对动车组关键系统、部件进行深入国产化替代和自主化开发研究，重点围绕转向架、列车控制系统、牵引传动与控制、制动系统等技术依赖或独家供货的系统、部件开展工作。

2）用户统型需求

为强化自主开发、原始创新，鼓励技术进步，掌握核心技术和主导权，铁道部规划了研制具有完全自主知识产权的简统化动车组产品，并分步实施，以期最终构建中国动车组技术标准的产品体系，中国铁道科学研究院已着手规划实施方案。该型动车组将作为今后中国铁路的主产品。

3）全寿命周期成本

在国内各型动车组产品平台技术日趋成熟后，产品的竞争逐渐转向全寿命周期成本的竞争，合理配置动车组设计，降本增效，延长修程，合理优化检修内容，是动车组产品研发的长期工作。

4）新线路开通带来的运营条件扩展需求

2016 年 7 月，国家发展改革委、交通运输部、中国铁路总公司联合发布了《中长期铁路网规划》，勾画了新时期"八纵八横"高速铁路网的宏大蓝图。"八纵"通道包括沿海通道、京沪通道、京港（台）通道、京哈—京港澳通道、呼南通道、京昆通道、包（银）海通道、兰（西）广通道。"八横"通道包括绥满通道、京兰通道、青银通道、陆桥通道、沿江通道、沪昆通道、厦渝通道、广昆通道。部分地区具有高寒、风沙、强紫外线等气候特点，须研发适应产品。

2. 国外动车组发展趋势

当前美国、俄罗斯、巴西、缅甸、新加坡、南非、土耳其等国正在规划和建设高速铁路，积极寻求与中国合作并借鉴中国高铁的成功经验。中国高速铁路以运营规模大、体系完整、成本合理在国际市场竞争中保持自己独特的优势。

欧洲在高速列车领域发展时间长，各国间互联互通需求大，形成了一套体系完善、技术兼容的标准。正因为此，新兴高铁市场在选用列车时更多参照欧洲标准。因此，基于我国高速列车技术，开发出口型高速动车组，研究开发实现"走出去"成为必然。

1.3　动车组总体设计流程

通常情况下，全新车型设计的主流程分为六个设计阶段：前期策划（决策）阶段，设计策划阶段，方案设计阶段，技术设计阶段，施工设计阶段，产品试制、验证及确认阶段。总体设计主流程见图 1–15。以既有车为基础改进车型设计流程可简化为四个设计阶段：方案设计阶段、技术设计阶段、施工设计阶段、产品试制、验证及确认阶段。

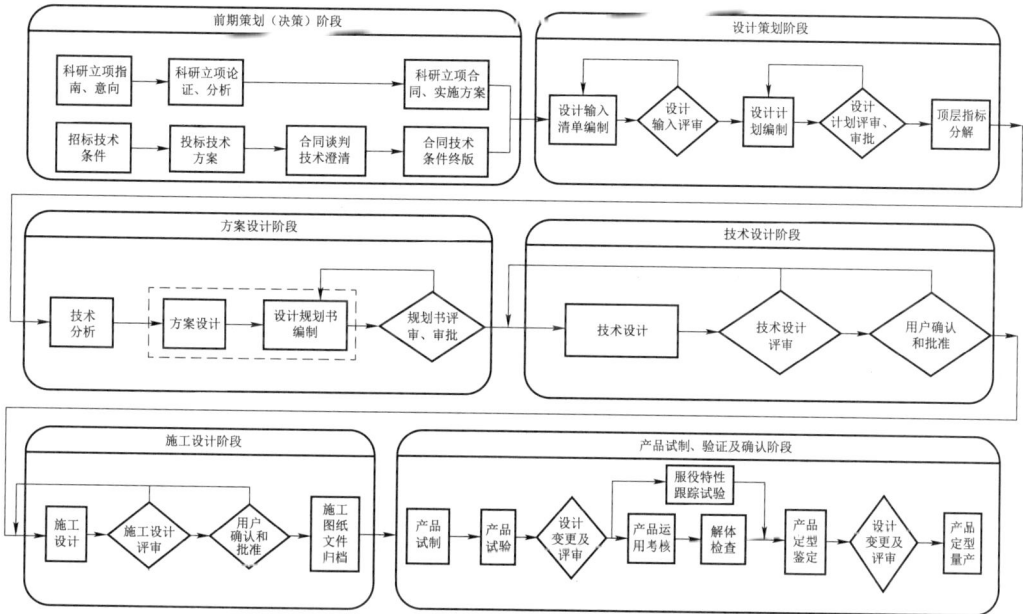

图 1–15　高速动车组总体设计主流程

1.4　动车组总体设计内容

1.4.1　前期策划（决策）阶段

1. 设计目标

确定项目的可行性，确定顶层技术指标、项目的工作分工、工作计划及相应工作要求。针对科研项目，完成科研立项可行性分析报告及科研立项合同文件；针对订单项目，完成投标文件编制工作。

2. 设计原则

项目总体设计目标简要，可实施；工作分工及计划可实施。

3. 输入文件

1）科研项目

主要包括技术决策、相关会议要求，自主研发意向，如动车组简统化技术研究；或国家、铁道部科研立项指南要求，自主立项研发意向，如中国标准动车组研制、出口型动车组研制。

2）产品项目

主要包括招标技术条件，以及对该项目的定位与要求。

4. 输出文件

1）科研项目

总体策划：编制工作计划和工作要求。

工作计划：主要工作阶段、时间节点、输出文件、主要活动、责任分工。参照 Q/SFJSG 03-01《产品设计开发计划编制指南》编制设计开发计划。

工作要求：项目定位与目标（对该项目的要求）、调查与分析要求、解决的主要问题、各责任部门输出文件格式要求、评审要求等。

科研立项可行性分析报告：按相关科技部、铁总等部门提供的模板编制相关内容。

科研立项合同：按照不同立项要求，汇总各部室调研结果，形成科研合同草稿，经评审、审批，形成合同报出稿。

实施方案：根据科研合同、项目情况，制订报出实施方案，主要包括项目目标、解决关键难点、技术路线、项目组织、各系统实施方案、实施节点计划。

2）产品项目

总体策划：编制工作计划和工作要求；完成项目顶层技术指标编写。

工作计划：主要工作阶段、时间节点、输出文件、主要活动、责任分工。参照 Q/SFJSG 03-01《产品设计开发计划编制指南》编制设计开发计划。

工作要求：项目定位与目标（对该项目的要求）、调查与分析要求、解决的主要问题、技术方向、编制的主要文件清单及分工、各输出文件格式要求、评审要求、工作方式等。

顶层技术指标包含总体原则、指标体系等内容，其中指标体系至少包含以下内容：

（1）速度指标；

（2）列车编组和运能指标；

（3）牵引能力指标；

（4）安全性指标；

（5）综合舒适性及环境指标；

（6）综合经济性指标；

（7）对外环境影响指标；

（8）系统可靠性及可维护性指标；

（9）环境适应性指标；

（10）线路条件指标等。

项目输出文件：投标技术文件（包括澄清函）；汇总各部室技术文件，形成投标技术文件，经评审、审批，形成报出稿；投标技术文件评审报告。

1.4.2　设计策划阶段

1. 设计目标

设计开发策划是产品的设计和开发过程的基础。

通过策划，划分设计阶段，确定每个阶段的任务次序、重要因素和强制性步骤，确定产品配置管理、接口管理的内容，确定适合于每个阶段的评审、验证和确认活动等，并输出设计开发计划来对产品的整个设计和开发过程进行规定和控制。

完成顶层技术指标分解。

2. 设计原则

产品分为新产品和改进产品。

新产品的设计和开发至少分为方案设计、技术设计和施工设计三个阶段。改进产品的设计和开发可根据具体情况简化设计阶段。

3. 策划要点

对于各设计阶段，应尽可能地对每项设计任务做出策划，规定任务次序、强制性步骤、责任人和完成时间等。必要时，可编制单项设计计划进行辅助控制。

对于每项设计任务，应规定设计开发评审、验证及确认的要求。必要时，可编制专项的评审、验证及确认计划进行辅助控制。

应明确设计任务中的重要因素，并为之配备相应的设计人员。

对导入顾客项目中的新技术/新产品，应确保通过了确认。

对于产品配置管理，应尽早从方案设计阶段开始实施。

对于设计转包，如果需要，应在方案设计阶段做出规划。

对于设计安全评估，如果需要，应在方案设计阶段做出规划。

4. 主要工作

1）设计策划工作

设计开发组织为矩阵结构，即项目总体部组织实施每个产品（或每个系列产品）从设计开发策划到产品生命完结全过程的设计和开发工作，各开发部组织实施所有产品属于本部业务范围内的设计和开发工作。

对于每个产品的设计和开发，由项目总体部牵头组织，其他开发部在各设计阶段配置相应设计人员。

与顾客的技术接口，项目总体部组织以召开设计联络/审查会的方式为主，也可以汇报文件方式处理。

设计策划阶段完成项目顶层技术指标分解。

2）顶层技术指标

（1）顶层技术指标内容。

动车组顶层技术指标是动车组总体性能的标志，设计初期通过分析合同要求、标准等输入条件，从速度、列车编组和运能、牵引能力、安全性、综合舒适性及环境、综合经济性、对外环境、系统可靠性及可维护性、环境适应性、满足线路条件等方面提出动车组综合技术指标，以满足运用要求。其中指标体系至少包含以下内容：

速度指标，列车编组和运能指标，牵引能力指标，安全性指标，综合舒适性及环境指标，综合经济性指标，对外环境影响指标，系统可靠性及可维护性指标，环境适应性指标，线路条件指标，等等。

（2）顶层技术指标分解。

顶层技术指标分解须对各项技术指标进行逐一分析，论述为满足顶层技术指标拟遵循的设计思想和采取的技术措施，为动车组实施方案的提出提供依据，同时也为列车其他系统和部件的技术分析提供方向性指导。

以京沪高速列车为例，顶层技术指标分解如下。

① 速度。

从牵引能力上分析，列车的持续和最高运行速度主要涉及牵引功率和运行阻力两个因素。经分析计算，新一代高速列车通过增加动力单元，提升牵引功率，以及改善空气动力学性能可降低运行阻力。列车在 350 km/h 的剩余加速度不小于 0.05 m/s^2，380 km/h 的剩余加速度不小于 0.02 m/s^2，列车从 0 加速至 350 km/h 耗时 418 s，加速距离 27.5 km；列车从 350 km/h 加速至 380 km/h 耗时 230 s，加速距离 23.5 km。即在一个分相供电区域列车既可实现从 0 加速至 350 km/h，亦可实现从 350 km/h 加速至 380 km/h，列车牵引能力的配置能够满足指标中持续运行速度和最高运行速度的要求。关于试验速度，经分析计算，列车空载和充分利用牵引系统的短时最大功率，能够满足试验速度大于 400 km/h 的要求。

从运行安全性分析，须保证试验速度超过 400 km/h 运行时列车不发生蛇行失稳。经计算分析，通过转向架悬挂参数，以及转向架与车体间耦合参数的优化和匹配，列车最高蛇行临界速度大于 500 km/h，保证了超过 400 km/h 试验速度条件下的运行安全。

从运行可靠性分析，一方面，在最高运行速度条件，列车各系统和部件均能持续发挥各自功能；另一方面，转向架、车体及悬挂件等重要部件的静强度、疲劳强度满足持续 350 km/h 的运行要求。

② 列车编组和运能。

编组、定员及车辆类型是列车的重要技术指标，均须系统分析和综合考虑，从集成设计的角度满足指标需求。

新一代高速列车采用 16 辆编组，除了考虑站场条件及车辆联挂等条件满足要求外，还考虑了以下运能匹配等因素。日本东海道新干线全长 515 km，加上 1975 年通车的山阳新干线 553 km，东京至博多新干线里程达到 1 068 km；1990 年后生产的在东京—大阪—博多开行的高速列车如 300 系、500 系、700 系，以及 2007 年开行的 N700 系，全部采用 16 辆编组。可见在日本，长距离繁忙干线多采用 16 辆编组。2008 年 8 月，上海局首先开行了 CRH$_2$ 型时速 200～250 km 的 16 辆长编组座车，在大于 500 km 的中长途运输上，其运能、运输管理及列车运营管理方面均优于 8 辆短编组和两短编组重联形式。京沪高速铁路全长 1 320 km，比东京至博多的里程还长 252 km，其沿线区域类似日本的东京至博多，是我国经济最发达、人口最稠密的地区之一。基于以上考虑，新一代高速列车采用 16 辆编组形式。

通过各车型数量的合理配备和客室内部空间的优化设计，新一代高速列车总定员 1 073 人。

新一代高速列车设置 1 辆 VIP 车、4 辆一等车、1 辆餐座合造车、10 辆二等车，总定员 1 073 人。其中，VIP 车定员 24 人，一等车定员 174 人，二等车定员 875 人。

VIP 车：随着我国经济进一步快速发展，届时，乘车的高端商务人士数量将增加，需求

层次将进一步提升，VIP车的需求成为必然。参考最新的E5型新干线列车VIP车的设置（东北新干线，10辆编组，设置1辆VIP车），研究认为新一代高速列车设置1辆VIP车是合理的。

一、二等车：据调查，目前CRH$_2$型动车组一等车票最先售完，即使第46列后CRH$_2$型车增加了1辆一等车（共2辆一等车），一等车票也仍然供不应求，可见随着物质生活水平的不断提高，越来越多的人开始注重更舒适的乘坐环境。欧洲高速列车一等车数量所占比例较高，普遍为33%～40%，如法国TGV-A共9辆载客车，一等车3辆、二等车6辆；德国ICE2共6辆载客车，一等车2辆、二等车4辆；西班牙AVE S103共7辆载客车，一等车3辆、二等车4辆。日本新干线列车一等车数量所占比例相对较低，16辆编组一般设3辆一等车，如1992年的300系、1997年的500系和1998年的700系；但2004年的800系列车值得关注，该车用于九州新干线（线路长128 km，列车6辆编组），全部采用一等车。可见，增加一等车的比例将是未来的趋势。新一代高速列车16辆编组设4辆一等车，远期考虑增加一等车数量，设5辆或6辆一等车。

餐座合造车：随着经济的发展和生活节奏的加快，旅途中在餐车就餐人数正在减少，套餐的需求逐渐增加，目前动车组运营情况也说明了这一点。因此，新一代高速列车的餐饮区不宜设置过大，采用餐座合造车形式较为适宜，保留足够的套餐存放和加热设备，以及饮料供给，完全能够满足未来运营的需求。

③ 牵引能力。

满足最小运行追踪间隔3 min的要求；

0～200 km/h平均加速度0.4 m/s^2；

350 km/h剩余加速度≥0.06 m/s^2；

380 km/h剩余加速度≥0.02 m/s^2。

通过动、拖比的优化设计，列车设2辆拖车、14辆动车，牵引电机功率365 kW，列车总功率20 440 kW。经分析计算，列车从0加速至200 km/h平均加速度为0.41 m/s^2，350 km/h剩余加速度为0.06 m/s^2，380 km/h剩余加速度0.02 m/s^2，满足指标要求。

经计算，列车350 km/h的制动距离小于8 500 m。列车以350 km时速持续运行3 min的距离为17.5 km。从牵引和制动能力分析，列车满足最小运行追踪间隔3 min的要求。

④ 安全性。

设计临界失稳速度≥460 km/h；

脱轨系数<0.8；

轮重减载率<0.8；

动态横向力（轴）<10+（P_1+P_2）/3（kN），P_1、P_2为轴对应的轮重。

以上4项为轮轨动力学的安全性指标，经计算分析，新一代高速列车通过转向架优化设计，以及悬挂参数和车间耦合参数的优化和匹配，以上安全性指标满足要求。

防火、防烟、防毒性能：不低于相关国际标准。

新一代高速列车材料将按照相关的防火、防烟及防毒国际标准实施。

紧急制动距离：350 km/h时≤6 500 m；380 km/h时≤8 500 m。

制动系统的设计、制动减速度曲线的设置，以及基础制动装置的能力设计均与列车紧急制动距离相关。新一代高速列车采用电制动与空气制动的复合制动形式，安全制动模式为空

气制动，保证了列车紧急制动的动作安全性；通过制动减速度曲线的优化设计，经计算分析，列车速度在 350 km/h 的制动距离为 6 400 m，380 km/h 时制动距离为 8 300 m，满足指标要求。基础制动装置容量方面，通过优化制动盘、片结构和材料性能，满足技术要求。

安全监控：设置轴温、齿轮箱温度检测，以及走行部运行状态检测装置。

为确保列车在更高速度条件下的运行安全性，新一代高速列车拟设置轴温和齿轮箱温度检测装置，实时监测轴箱和齿轮箱温度。经过分析，温度检测装置的结构和性能均可工程化实现；另外，随着列车速度进一步提高，为确保安全，走行部如构架、车轴的加速度等运行状态参数也须实施检测和跟踪。经分析，新一代高速列车设置走行部安全运行状态检测装置是必要的，其结构和性能均可工程化实施。

⑤ 综合舒适性及环境。

舒适度指标：$N \leqslant 2$。N 表示舒适度指标，$N < 2$ 为舒适，$2 \leqslant N < 4$ 为较舒适，$N \geqslant 4$ 为不舒适。

运行平稳性指标：$W \leqslant 2.5$。W 表示平稳性指标，$W < 2.5$ 为优，$2.5 \leqslant W < 2.75$ 为良好，$2.75 \leqslant W < 3.0$ 为合格。

运行品质：车体横向、垂向加速度 $< 2.5 \text{ m/s}^2$。

以上 3 项为轮轨动力学的舒适性指标，经计算分析，新一代高速列车通过转向架优化设计，以及悬挂参数和车间耦合参数的匹配，满足指标要求。另外，舒适性指标还与车体与转向架的模态匹配、车体底架刚度等因素相关。经计算分析，通过优化车体模态，增加底架刚度，可有效减小车体振动，提高乘坐舒适性。

气密性：客室气压从 4 kPa 降至 1 kPa 时间超过 50 s；客室气压变化值：$< 200 \text{ Pa/s}$。

客室气密性和气压变化值性能指标主要涉及以下方面：

车体气密性：通过气密结构设计，实现车体的气密性能指标。

车门、车窗、风挡气密结构：通过车门、车窗及风挡的气密结构优化设计，实现其气密性能指标。

车内气压控制：设置连续换气装置，控制列车过隧道和交会时车内气压变化。

经分析，新一代高速列车在车体结构，车门、车窗及风挡等车内气压控制方面，均能满足气密性指标的要求。

新一代高速列车将在车体底架结构、车体隔声降噪材料、地板、内装材料等方面实现突破，以满足噪声指标的要求。经分析，实施方案可行，噪声控制能够达到预期目的。

照度：可调节，满足阅读要求。

新一代高速列车将本着"以人为本、乘客至上"的方针，实施客室灯光的设计，以满足可调节和阅读的要求。

客室内空气质量：新风量 10～15 $\text{m}^3/$（h·人），可调节。

通过优化通风系统的风道结构和废排风道结构，满足指标要求。通过采用新型换气装置，经计算分析，新一代高速列车新风量达到 20 $\text{m}^3/$（h·人）。

客室内温度：夏季 24～26 ℃，冬季 20 ℃以上。

客室内温度控制性能指标与车体隔热性能和列车空调系统的能力设计有关：新一代高速列车拟综合考虑隔热材料与内装材料的匹配，首先满足车体隔热性能的要求；同时，客室采用双机组单元式空调系统，在制冷和制热容量上保证客室温度在一定范围内。经计算分析，

客室内温度能够满足指标要求。

旅客服务功能：提供车载影视娱乐服务、餐饮和信息服务功能。

新一代高速列车拟全车设置影视娱乐服务系统和信息服务系统，VIP 车设独立影视系统，一等车设公共视频、独立音频系统，二等车设公共音频、视频系统；每车设信息显示系统，可显示到发站、温度等信息。经结构技术分析，新一代高速列车在车内设置旅客服务系统能够满足服务需求。

⑥ 综合经济性。

轴重是高速列车重要技术指标之一，从运营经济性、轮轨作用力，以及车外噪声等方面考虑，低轴重列车无疑具有优越性。列车轴重的确定又与路轨建设标准、列车系统性能等参数息息相关。新一代高速列车最大轴重按 15 t 设计，主要考虑以下因素。

（a）技术平台沿袭的考虑。

表 1-5 列出了国内、欧洲和日本几种典型高速列车的轴重数据。

表 1-5　国内外典型高速列车的轴重

车型	500 系	700 系	E2-1000	CRH$_2$C	TGV-A	ICE1	ICE3	Velaro E	CRH$_3$
动拖比	16 动	12 动 4 拖	8 动 2 拖	6 动 2 拖	2 动 10 拖	2 动 12 拖	4 动 4 拖	4 动 4 拖	4 动 4 拖
最大轴重/t	11.1	11.3	13	14	17	19.5	16	17	15.69
平均轴重/t	10.9	11.1	12.6	12.9	16	15.1	13.8	14.2	14.7

从表 1-5 中可见，由于历史的原因，日本新干线列车走动力分散（动车比例较大）、轻量化技术路线，其最大轴重一般较低，小于 13 t；CRH$_2$C 型动车组以 E2-1000 型动车组为原型车，考虑到定员重量，以及给水系统在我国的适应性，车辆重量有所增加，按最大轴重 14 t 设计，实车称重最大轴重为 13.7 t，与设计初衷基本相符。从试验数据对比分析，CRH$_2$C 型动车组在轮轨作用力、经济性等方面较之 CRH$_3$ 有较大优越性。新一代高速列车仍将沿袭低轴重的设计路线。

（b）减振降噪性能提升的考虑。

从表 1-5 还可看出，在欧洲，无论是早期的，如 TGV-A、ICE1 等动力集中动车组，还是后来的 ICE3、Velaro E 等动力分散动车组，由于列车的动车比例较少，单车牵引功率较大，以及牵引系统部件、车体等部件重量较大等因素，车辆最大轴重一般在 16～19.5 t。CRH$_3$ 以 Velaro E 为原型车，通过轻量化设计优化，最大轴重为 15.69 t。尽管 CRH$_3$ 型动车组在轻量化、经济性方面不如 CRH$_2$C 型动车组，但其车辆的减振、降噪性能优于 CRH-300 动车组。

为提高车辆减振、降噪性能，新一代高速列车将在车体断面、底架、减振材料，以及车内地板等方面进行优化，重量均有所增加。

（c）列车总体性能参数匹配的考虑。

通过列车牵引能力的分析和运行阻力技术分析，新一代高速列车按最大轴重 15 t 设计，牵引、制动、强度、安全性等均满足运行要求。

综合以上分析，新一代高速列车按最大轴重 15 t 设计，既兼顾了轻量化设计思想，又考虑了列车性能的提升。

运行阻力：350 km/h 时基本阻力＜180 N/t（8 辆编组）。

经计算分析，通过优化车头形状，以及优化车窗、车门和车顶导流罩结构，新一代高速列车基本阻力公式为 $6.35+0.024\ 1\ V+0.001\ 2\ V^2$。

列车以 350 km/h 速度运行时基本阻力为 161 N/t。

总效率≥0.82。总效率主要指牵引传动系统的效率，即从受电弓获得接触网的电能开始，到车轴发挥牵引力全过程的能量利用率。新一代高速列车通过系统和部件的效率管理，以及传动部件间接口的效率管理，实现总效率的目标，部件效率管理如下：

牵引变压器效率：0.99；

整流器效率：0.985；

逆变器效率：0.975；

牵引电机效率：0.94；

联轴器和齿轮箱效率：0.95。

⑦ 对外环境影响。

车外噪声：测试方法满足 ISO 3095：2005 标准，具体指标优于国际同类产品指标。经计算分析，通过噪声管理和各系统部件的结构优化，新一代高速列车在 350 km/h 速度运行时，车外 25 m 处噪声小于 89 dB（A）。

电磁干扰：满足 EN 50121：2000 标准。通过系统结构优化，经分析，新一代高速列车电磁兼容性能满足指标要求。

排放：运行状态下无污物直接排外。新一代高速列车设置污物箱和灰水箱，污物箱与灰水箱一体化，实现零排放。经分析，污物箱和灰水箱的容量、强度和结构均满足运行要求。

⑧ 系统可靠性及可维护性。

牵引系统：动力损失一半时仍可持续运行。新一代高速列车牵引总功率为 20 440 kW，动力损失一半仍有 10 220 kW。经计算分析，此时列车仍可以 250 km/h 的速度持续运行。

列车网络控制系统：采用冗余结构。新一代高速列车网络控制系统采用双环网结构，通过光纤进行数据和指令传输；除此以外，还设有备用线传输系统，系统可靠性和冗余度高。

故障率指标：基本可靠性 MTBF＞300 h，任务可靠性 MTBFS＞30 000 h。新一代高速列车将充分考虑部件可靠性，在电气设备性能可靠性方面实现突破，实现顶层技术指标的要求。

寿命≥20 年。除了易损易耗件，以及按维修规程定期更换的系统或部件外，列车寿命指标主要体现在车体、转向架构架，以及内装等主结构上。新一代高速列车车体与转向架构架疲劳强度按 30 年以上寿命设计，其材料的防腐性能均能满足寿命要求；内装主结构及其装饰部件在正常维护和保养条件下，亦能满足 20 年的寿命要求。

年可运用天数≥330 天。将从运营的角度考虑新一代高速列车年可运用天数，以列车日常检查、整备、一级、二级修，以及三级至五级修程的时间为基础来评判和设计，按列车日平均运行 2 500 km，年运行 80 万～90 万 km 来计算，列车维护和检修周期如下：

1 次 A4 修 18 天，1 次 A3 修 10 天，其他检修 5 天。新一代高速列车年可运用天数为332 天。

⑨ 环境适应性。

雪：积雪 17～19 cm，＜210 km/h 运行；

        20～22 cm，＜160 km/h 运行；

        23～30 cm，＜110 km/h 运行；

30 cm 以上，停运。

以上 4 项是积雪条件下对列车运行适应性的考核指标。新一代高速列车头车采用防雪犁结构的排障器，经计算分析，其静强度和疲劳强度满足上述指标要求。

风：侧风 15 m/s 下可正常运行。

高速运行条件下，侧风对列车运行安全影响较大。通过对新一代高速列车车体断面的优化，以及车体与转向架间接口方式和悬挂参数的优化，来提高列车抗侧风能力。

环境温度：−25～40 ℃。

环境温度适应性指标有两层含义：第一，在此种环境条件下运营，客室内温度应控制在规定温度范围内；第二，在此种温度环境条件下，车内、车外的系统和部件能正常工作，发挥各自的性能。新一代高速列车各系统和部件均按照环境温度−25～40 ℃的条件进行设计，充分考虑了低温环境和高温环境。经初步分析，列车各系统和部件满足指标要求。

海拔：1 500 m 以下。

海拔增高主要考虑绝对气压变化对客室乘客的影响，以及空气较稀薄时对设备通风冷却的影响。根据经验和相关试验分析，新一代高速列车在 1 500 m 海拔以下运行时，上述问题不会影响到列车的性能。

雨、雾、沙尘天气可正常运行。

雨、雾、沙尘天气对列车高速运行安全有一定影响。雨主要影响列车高压系统，如受流和绝缘等；雾主要影响司机瞭望；沙尘主要影响设备通风冷却及客室新风等，通过在进风口设置不同形式的滤网，可满足正常运行要求。

⑩ 线路条件。

站台高度：1 250 mm。

新一代高速列车地板面高度 1 300 mm，高出站台 50 mm，适应站台高度；车体与转向架间设空气弹簧和高度调整阀，保证空重车车体地板面高度保持一致；另外，车轮踏面最大磨耗 35 mm，当磨耗 20 mm 时，空气弹簧与车体间通过加调整垫（20 mm）的形式，保证车体地板高度基本不变。

供电条件：单相 50 Hz，额定网压 25 kV。网压在 22.5～29 kV 时列车可满功率运行；网压在 22.5～17.5 kV 时列车应线性降功率运行；网压在其他范围时应能实施保护。

新一代高速列车设 7 个牵引单元，采用双弓受流，受电弓通过接触网受电，电源制式单相交流 25 kV、50 Hz。列车牵引系统按额定 25 kV 进行设计。经计算分析，列车能够满足指标的供电条件要求。

1.4.3 方案设计阶段

方案设计阶段是产品设计和开发过程中最重要的阶段。方案设计又称初步设计，是将顾客的要求转化为产品的工业设计方案或总体方案的过程，其目的是为顾客提供可选择的产品雏形。

1. 设计目标

完成整车的初步方案，完成设计规划书编写，确定产品的雏形，满足与用户交流的目标。

2. 设计原则

方案设计全面、完整；方案可实施。

3. 主要工作

1）方案设计分析

为实现动车组的总体要求，通过系统分析和总结前期动车组在试验及运用过程中存在的问题，运用计算机仿真、实验室试验和线路运行试验等手段，经多层面的创新研究，实现速度、舒适度及环境适应性设计要求。

（1）满足运行速度要求。

为满足高速动车组运行速度要求，须研究列车本身的动态行为问题，以及车间耦合、轮轨耦合、弓网耦合、流固耦合关系，重点通过对牵引系统、制动系统、高速转向架、高速受电弓、高速车体等关键系统分析，实现运行速度设计要求。

① 牵引能力校核。

通过系统分析既有动车组地面试验和京津线牵引试验数据，在既有技术平台的基础上，合理匹配牵引功率与速度特性，系统匹配电气参数，确定合理的牵引系统输出能力。

② 减少运行阻力。

动车组运行阻力，主要包括空气阻力及摩擦阻力，与车体断面及头型、受电弓导流罩、天线安装结构、门窗的平顺度、外风挡包覆范围等因素相关。当运营时速达到 350 km 以上时，空气阻力已成为最主要的列车运行阻力，减少气动阻力成为速度提升的关键。

③ 制动能力提升。

高速列车的制动功率与运行速度的三次方成正比，与制动距离成反比，并随着速度的提高，列车制动黏着系数等比下降。在时速 350 km 以上和黏着限制、热容量限制的条件下，确保高速列车在安全距离内制动停车，并防止列车滑行是制动系统满足速度运行要求的重要技术难题。

④ 转向架设计。

转向架设计应重点考虑轴重及运行速度适应性问题。随着速度的提升，轮轨动作用力加剧，激振频宽增大，运动稳定性的裕度减小。转向架集成设计须重点考虑结构安全性、轻量化、稳定性与曲线通过性等因素。转向架轴重结合整车配置确定，应尽可能采用国际上高速铁路成熟的轮对及齿轮驱动装置降低传动比，并通过降低传动比、减小簧下重量、优化动力学参数、优化转向架结构及参数来提升动力学性能。

⑤ 受电弓性能及可靠性提升。

动车组高速运行，受电弓的运行阻力、摩擦噪声、气动噪声急剧增加，受电弓的跟随稳定性降低，受流性能更加难以控制。

受电弓设计主要在前期成熟动车组基础上，通过优化结构实现受电弓高速受流性能和运行可靠性的提升。

⑥ 车体设计。

车体设计须重点考虑车体结构的强度、刚度、模态、气密强度等因素。

⑦ 空调通风系统。

空调通风系统设计须首先进行制冷量、制热量、新风量、通风量等计算，根据计算配置空调设备，然后结合内装结构，布置车内通风系统。

车内压力波动是高速动车组设计须要重点考虑的因素，车内压力波动配置须考虑运行速度、隧道线路等条件，配置车内压力波动控制装置，抑制车外压力的变化传入车内。

⑧ 给水卫生系统。

根据定员、动车组运行距离及用水设施，配置给水卫生系统，包括车下排水污物箱、污水箱、水封等。

⑨ 辅助供电系统。

辅助供电系统设置须满足动车组正常供电使用要求，以及应急供电要求。

⑩ 网络系统。

网络系统须满足网络信息传输的实时性要求，并可根据其他系统的接口变化做相应的调整，按照动车组的整体特性调整网络控制系统的接口及控制软件。

⑪ 通风冷却系统。

根据车辆牵引、空调等系统配置通风冷却系统，系统配置须综合考虑空气动力学、设备舱内压力、温度、流场分布等因素，并根据用风设备等特点配置冷却进风过滤网。

⑫ 车下设备安装。

车下设备吊装结构的强度、紧固方案须具有足够的安全裕量及防松措施，并具有一定的辅助安全设计结构，以满足设计最高时速运行的要求。

设备舱裙板、底板安装结构采用防脱落设计，即使安装螺栓部分失效，也不会脱落；设备舱骨架与设备相连，形成整体框架结构，即使局部螺栓失效，也不会危及行车安全。

⑬ 车端连接。

根据需要设置不同形式的车钩缓冲装置、车端连接器、内风挡、外风挡、车端减振器及高压连接系统等。为减少运行阻力和噪声，外风挡、高压系统设备布置须尽量平滑。

⑭ 整车气密性。

速度与整车气密性要求直接相关，气密性涉及部件包括车体的气密结构，门、窗、风挡的气密性结构及车体贯穿管线部位（采用灌装密封胶处理结构）等。

⑮ ATP 设备。

重点考虑 ATP 设备周边设备的电磁兼容性，协调 ATP 供方内部电源接地系统与车上电源系统接地系统相匹配，完善 ATP 电源系统与车上电源系统的兼容性，提高 ATP 设备本身的抗干扰能力，进而提高运行可靠性。

（2）满足舒适度要求。

随着动车组运营时速逐渐提高，气动噪声、轮轨噪声、结构噪声、振动，以及高速会车的气压波动急剧增加，直接影响旅客乘坐舒适性。通过噪声控制、气流组织等方面的结构和参数优化，在平稳性、振动、噪声、气压、温度和湿度等环境控制方面实现良好匹配。

① 平稳性提高。

高速动车组在直线、直岔，以及不同曲线半径上的横向平稳性、垂向平稳性均须小于 2.5，才算具有良好的平稳性。

平稳性主要通过合理匹配转向架横向刚度和横向阻尼，安装主动、半主动横向减振器，优化阻尼参数等措施，提高横向平稳性；垂向悬挂系统主要匹配一系、二系垂向刚度。通过垂向阻尼匹配关系，确定垂向动力学参数，进而提高垂向平稳性。

② 振动控制。

车体局部刚度提高：以既有平台车型为基础，统筹考虑局部结构改进对车体整体刚度的影响，避免应力转移。通过采用双层地板、加强司机室车头骨架及加厚蒙皮等结构提高车体

局部刚度，并通过仿真模拟及试验进行验证。

运转设备减振：通过合理选择风机动平衡检测精度、增加设备内部减振元件、对内部运转部件安装结构优化等措施，实现空压机、空调机组、换气装置、司机室空调室外机等运转设备的减振。

减少车内设备结构激振：通过提高盒子间、车内装饰的刚度，优化车内装饰及设备接口结构和门锁结构，减少车内设备结构激振。

③ 噪声控制。

随着速度的提升，列车振动和噪声将增大，通过优化车外设备安装结构及受电弓导流罩的外形，以降低气动噪声；优化车内装饰及设备的结构，提高刚度，减少结构噪声；改变自振频率，回避或局部减弱共振频率段；固定结构采用弹性连接，隔绝振动传递途径；统筹考虑提高车体、地板、墙板、车窗的隔声性能；根据各部位的振动、噪声频谱情况，设置不同类型、结构的吸声材料；充分利用车内设备的吸声性能，控制客室振动及噪声，从而提升舒适度。

噪声传播途径控制方法主要如下。

内部增加隔声材料，司机室局部蒙皮加厚，外端墙增设吸声、隔声材料，受电弓部位车顶内侧增设阻尼材料和隔声降噪材料，以提高隔声性能。

分析车下各部位的噪声频谱，在车体底架下面、裙板内侧设置不同的吸声材料或喷涂阻尼浆，减少传到客室内部的轮轨噪声及车下设备的工作噪声。

分析门、窗、内风挡结构，提高部件的隔声性能，并通过噪声试验进行效果评价。

重点部位采用隔声地板结构，提高隔声隔振效果；合理选用吸声减振材料，根据各部位噪声频谱测试情况，采用不同类型的吸声减振措施。

进行座椅等车内设备吸声设计，提高客室内中低频吸声性能，降低客室混响噪声。

④ 优化车内空气环境。

提高车内温、湿度控制，优化气流组织：结合内装工业设计进行客室送风口布置，合理布置风道系统，提高客室内送风均匀性，调配客室区域与通过台区域回风比例，优化客室气流组织；采用计算机仿真技术对空调系统送、回风均匀性、车内气流组织进行优化；搭建1:1模型试验车，对优化后空调系统进行测试，对存在问题进行改进。

车内粉尘控制：优化端部新风口结构形式，增大新风口面积，抑制灰尘通过新风风道进入车内。选择适合高速运行的新型滤网，设置合理、方便的检修更换位置，延长新风滤网的更换周期。

（3）外部接口须要解决的问题。

① 线路。

综合分析列车高速运行时的线、车作用关系，评估高速区段线间距等对动车组的影响。

② 隧道。

考虑动车组高速进出单隧道及双隧道内高速交会压力波动过大，分析隧道（单、双）、车作用关系，分析隧道对车辆的影响，必要时可提出动车组限速要求建议。

③ 牵引供电。

分析现有过分相方式对动车组的影响，合理选择动车组相关部件寿命。

2）方案设计主要内容

（1）总体设计。

根据设计输入，进行列车总体技术分析及总体技术参数设计；列车总体配置设计及列车编组、平面、车下设备布置、车顶设备布置设计；将整车 RAM 目标分配到列车的各个子系统。

（2）各系统方案审查。

评审、专题会议审查，确定各系统初步方案。

（3）接口设计组织。

初步组织主要系统进行接口设计联络，确定列车及各系统主要接口规范。

（4）隐患分析。

组织各系统进行隐患识别和分析，分析范围应涵盖系统（包括硬件和软件）、接口、运营和维护等方面，从设计、制造、测试、运营和维护等方面考虑制订相应的预防/减轻措施，并记录所有隐患分析和相应的措施。

（5）形成总体技术方案。

结合以上内容，形成列车初步总体技术方案和隐患登记册。

4. 输出文件

输出文件包括设计规划书、总体技术方案（可以包括在设计规划书中）、总体技术方案评审报告、整车隐患登记册。

1）设计规划书

（1）任务来源和设计依据。

包括项目目标、设计原则、设计总体要求、设计相关标准、总体要求、设计约束。根据本设计规划书和相关图纸进行设计；严格按照产品设计计划的进度要求进行设计；定义动车组车型编号及图纸图号。

（2）重点解决的问题。

满足阶段招标技术条件的主要技术指标要求、知识产权、经济性、设计执行标准、车体轮廓与限界等。

（3）动车组运用条件。

包括地理条件、气候条件、线路条件、运输组织、供电条件、建筑限界、信号、运用服务设施。

（4）动车组基本要求。

包括动车组设计基本原则、动车组基本技术性能。

（5）动车组的组成及主要技术参数。

包括动车组牵引制动特性、动车组各组成部分、高压供电及牵引传动系统、列车的控制监测与诊断、制动系统、辅助供电系统、旅客信息系统、烟火报警系统、轴温报警系统、照明、列车控制车载设备、通信车载设备、车辆连接系统、车体结构、转向架、车内结构、车内环境控制系统、供排水与卫生系统、排污、车上布置及设备、司机室、车内设备。

（6）美工与标志。

所有标志符合铁道部有关规定，详见《时速 200 公里及以上高速动车组型号及车号编制规则》和《CRH 动车组标志规定》。动车组各部在为旅客提供信息及警示、为维修与操作提供提示及说明处，都应配有明显的标志。各种标志采用环保型、耐久型的材料制作，并容易清洗。

（7）涂装。

车外所有涂装标志符合铁道部有关规定。

（8）列车维修及保养。

包括可靠性管理、维修经济性、清洗。

2）总体技术方案评审报告

（1）可靠性设计。

完成可靠性设计初步方案，确定整车及各系统的可靠性指标。

（2）检查及验收。

包括检查与验收的作业、试验内容、试验报告、整车鉴定项目、重量分配计划。

（3）文件资料。

包括须完成的计算资料、技术文件、使用维护文件。

（4）技术资料及随车提供物品。

包括质量保证、一般要求、质量保证期。

（5）主要变更及评审要求。

包括主要系统变更评审等级要求，应与既有相近车型进行对比，将主要变更点进行整理，并按变更程度进行不同级别评审。

（6）重大设计变更。

重大设计变更是指造成整车、关键系统的技术性能参数变更或导致项目整体执行计划须要做出重大调整的设计方案变更。

1.4.4 技术设计阶段

技术设计是方案设计阶段的延伸和拓展。通过对产品的主要组件或系统进行细化描述，及/或通过模型进行展示，向顾客提供一个更详细的产品定义，并为施工设计打好基础。技术设计阶段主要对初步设计方案进行论证、修订。

1. 设计目标

技术设计是对方案设计输出内容的细化和完善，完成产品的主要组件和系统的设计，为施工设计打下基础。

2. 设计原则

各设计方案细化，图纸拆图就可进行施工设计；各系统部件方案完善、明确。

3. 主要工作

1）技术设计主要工作

技术设计是对方案设计输出内容的细化和完善，应完成产品的主要组件和系统的设计，为施工设计打下基础。根据方案设计阶段的策划，在技术设计完成前，要进行产品设计安全评估。

2）技术设计主要内容

（1）总体设计方案论证。

包括总体配置方案论证、限界校核、重量控制校核、噪声管理方案、火灾管理方案、电磁兼容方案、人机工程管理方案。

（2）接口管理。

组织进行接口设计联络，确定列车及各系统接口规范。

（3）各系统技术方案论证审查。

评审、专题会议审查、签审各系统最终技术方案，各系统最终技术包括系统方案说明、仿真、计算、分析及验证文件。

（4）组织各系统试制、验证。

策划组织模型车、关键系统的试制、试验方案，进一步论证方案的可行性。

① 模型车策划。

工作：策划模型车验证方案、试制组织形式、检查与确认形式、实施计划。

输出：模型车策划方案。

② 其他系统策划。

根据技术设计进展，修订试制计划，根据系统、部件试制情况调整相关系统设计方案。

（5）组织进行用户对设计方案的审批。

（6）组织提出进口件、提前试制件清单。

（7）组织签审、下发长线件采购技术条件，配合采购招标工作。

（8）组织各系统进行故障模式、影响及重要性分析（FMECA）。

（9）组织各系统进行安全原则及规范要求符合性评估（DSA）。

（10）组织各系统进行子系统 RAM 预计（若需）。

（11）组织相关系统进行故障树分析（若有）。

（12）建立故障树，进行定性、定量计算，编制故障树分析报告（若有）。

（13）组织各系统进行隐患登记册更新。

（14）编制 RAM 分析报告（若需）。

（15）编制安全分析报告（若需）。

4. 设计输出

（1）总体技术方案。

包括动车组的组成及主要技术参数、动车组车体、转向架、牵引、制动、网络等技术方案、美工及标记。

（2）限界校核计算。

包括静态限界校核、小曲线通过校核及动态限界校核。动态限界校核为计算车辆动态包络线。

（3）重量控制方案。

细化重量控制方案，形成动车组重量控制文件。

（4）噪声管理方案。

针对受电弓区域和客室端部噪声值偏高的问题，结合前期线路测试数据，分析原因，须对端部转向架、车间连接处及受电弓对车内噪声有重大影响区域有针对性地采取减振降噪措施，并针对车窗四周、车外目的地/车号显示窗等漏声部位实施密封处理措施。

结合前期线路测试数据，分析车下设备的噪声特点，针对噪声影响较大的空调和换气等装置，须采取措施降低车下设备的运行噪声。完成车内噪声预测分析，形成噪声管理方案。

（5）火灾管理方案。

包括材料防火方案、结构防火方案、车载防火设施布置，综合以上内容形成火灾管理方案。

（6）电磁兼容方案。

明确电磁兼容执行标准，提出电气设备安装时的降低电磁噪声措施，提出电磁干扰的防止措施，形成电磁兼容控制方案。

（7）人机工程管理方案。

包括车内乘坐空间人机工程分析、车内座椅等设备人机工程分析、车内给水卫生系统各设备人机工程分析、售餐、就餐设施人机工程分析，形成人机工程管理方案。

（8）模型车策划方案。

包括模型车制作目的（研制内装结构、内装效果、空调通风方案等，同时可作为用户对车内人机界面和旅客服务设施设计进行确认的依据）及模型车制作方案。

（9）整车的 FMECA 表、DSA 表、隐患登记册更新。

（10）RAM 分析报告、安全分析报告（若需）。

（11）故障树分析报告（若有）。

1.4.5　施工设计阶段

施工设计阶段是完成产品制造所需的全部产品图样和设计文件的过程。施工设计阶段要将技术设计方案图纸化、文件化，以指导生产。

1. 设计目标

完成全套设计图纸，完成所有设计文件编制。

2. 设计原则

图纸清晰明确，设计文件要求合理、可实施。

3. 主要工作

1）施工设计主要工作

依据设计开发计划的安排和设计规划书规定的要求，进行施工设计工作。重点控制影响产品制造周期的设计任务，以及须要经过提前试制试验进行确认的设计任务。

为评价设计和开发的结果满足要求，应识别问题并提出解决方案，最终依据产品设计开发计划的安排和设计规划书的规定进行设计开发评审。

2）施工设计主要内容

（1）总体施工设计图纸、文件编制。

包括总体施工设计图纸、最终均衡计算、总体制造技术条件、产品质量特性分类、产品八防分类、整车例行试验大纲（包括产品落成尺寸测量大纲）、整车型式试验大纲。

（2）维护文件。

包括产品履历簿、使用维护说明书、司机操作手册、检修规程、培训文件、部件图册。

（3）文件审查。

包括请供资料签审、图纸签审、制造技术条件签审、部件、整车型式试验大纲、例行试验大纲签审、整车型式试验大纲组织编制、报部、采购技术条件签审、美工技术条件。

（4）设计管理。

包括不同系统接口协调、设计符合性管理、与其他部门的接口、设计变更管理、配置管理、各系统试制、设计评审。

（5）RAMS 工作。

包括组织各系统对隐患登记册、FMECA、DSA 进行更新；RAM 分析报告、安全分析报告更新（若需）；编制系统安全报告（若需）；编制 RAM 证明计划（若需）；组织各系统进行 LCC 分析预计；编制整车 LCC 分析报告。

4. 设计输出

（1）总体施工设计图纸。

包括各车型总布置图；各车型断面布置图；施工设计输出的产品图样和设计文件应符合 Q/SF 00—003《产品图样及设计文件完整性》规定，给出采购、生产和服务的适当信息、产品的制造与检验规则、产品的安全使用与维护指南等。

（2）最终均衡计算。

（3）总体施工技术条件。

包括依据与适用范围；应执行的标准和法律法规；主要技术参数；车辆型式和列车编组；车辆主要尺寸及车辆限界；载客能力；车辆计算重量；列车动力性能；互换性要求；防火和安全要求；单位制；质量控制；标识；车辆运输；制造要求；鉴定项目；动车组制造和组装要求；制造精度与公差要求；检查和试验；动车组相关的型式试验项目；质量分级；随车供应范围；车辆回送；质量保证；需定期计量的仪表。

（4）产品落成尺寸测量大纲。

包括依据及适用范围；测量对象车种；实施地点；测量检查时期；使用设备、装置、工具；测量步骤；测量部位、记号；检查记录（车辆落成尺寸测量检查记录表）。

（5）产品质量特性分类。

（6）产品"八防"分类。

根据动车组的主要零部件"八防"要求，分析动车组性能要求及标准，参照相关图纸、技术协议、动车组制造技术条件执行情况。"八防"包括：防裂（裂损）、防脱（脱落）、防燃（燃轴）、防断（断裂）、防爆（爆炸）、防火（火灾）、防离（分离）、防飏（放飏）。

（7）整车例行试验大纲。

根据《高速电动车组整车试验规范》编制整车例行试验大纲，详见表 1-6。

表 1-6　高速电动车组试验项目

序号	项　目	型式试验	例行试验	研究性试验
1	起动加速试验	●	●	○
2	牵引特性试验	●	○	○
3	动力制动试验	●	○	○
4	防空转/滑行性能试验	●	○	○
5	速度控制系统试验	●	●	○
6	牵引和制动能力试验	●	○	○
7	运行阻力试验	●	○	○
8	网压波动试验	●	○	○
9	网压突变试验	●	○	○

序号	项　目	型式试验	例行试验	研究性试验
10	网压中断试验	●	○	○
11	静态传动效率试验	●	○	○
12	保持制动试验	●	○	○
13	停放制动试验	●	○	○
14	静态制动性能试验	●	●	○
15	制动运行试验	●	●	○
16	防滑保护性能试验	●	○	○
17	总风缸气密性试验	●	●	○
18	整车压缩空气系统气密性试验	●	●	○
19	升弓风缸气密性试验	●	●	○
20	主空压机系统试验	●	●	○
21	辅助空压机系统试验	●	●	○
22	其他压缩空气设备试验	●	●	○
23	运行稳定性试验	●	○	○
24	横向稳定性试验	●	○	○
25	运行品质试验	●	○	○
26	运行平稳性试验	●	○	○
27	受电弓静态性能试验	●	●	○
28	弓网受流性能试验	●	○	○
29	接地回流装置检查	●	○	○
30	基本功能试验	●	●	○
31	冗余功能试验	●	●	○
32	逻辑控制试验	●	●	○
33	故障诊断系统试验	●	●	○
34	旅客信息系统试验	●	●	○
35	网络重联控制功能试验	●	●	○
36	辅助电气设备和辅助电源试验	●	●	○
37	蓄电池充电试验	●	○	○
38	安全设备检查	●	●	○
39	安全措施检查	●	●	○
40	电气系统的各种保护试验	●	○	○
41	网侧谐波试验	●	○	○
42	动车组对外射频骚扰测试	●	○	○
43	静电放电抗扰度试验	●	○	○

续表

序号	项 目	型式试验	例行试验	研究性试验
44	内部电磁干扰试验	●	○	○
45	雷电过电压试验	●	○	○
46	操作过电压试验	●	○	○
47	绝缘试验	●	●	○
48	车辆辐射噪声测量	●	○	○
49	车辆内部噪声测量	●	○	○
50	称重	●	●	○
51	静态限界检查	●	○	○
52	动态限界检查	○	○	●
53	曲线通过检查	●	○	○
54	前照灯照度测量	●	○	○
55	室内照度测量	●	○	○
56	静置车辆通风性能试验	●	○	○
57	静置车辆空调性能试验	●	○	○
58	静置车辆采暖性能试验	●	○	○
59	空调制冷运行试验	●	○	○
60	采暖运行试验	●	○	○
61	隔热性能试验	●	○	○
62	重联运行试验	●	●	○
63	空气动力学试验	●	○	●
64	动应力试验	○	○	●
65	车载列控设备试验	●	●	○
66	典型运行图检查	●	○	○
67	能量消耗试验	●	○	○
68	滚动振动台试验	○	○	●
69	过分相试验	●	●	○
70	车体自振频率试验	○	○	●
71	整车气密性试验	●	●	○
72	淋雨试验	●	●	○
73	回送救援试验	●	○	○

注：●—应进行试验项目；○—不进行试验项目。

（8）整车型式试验大纲。

根据《高速电动车组整车试验规范》编制整车型式试验大纲。

（9）随车备品清单。

根据合同要求编制随车备品清单。

1.4.6 产品试制、验证及确认阶段

1. 设计目标

组织完成整车及部件试验验证，完成产品确认。

2. 设计原则

整车及部件充分验证。

3. 主要工作

1）产品试制、验证、确认主要工作

为确保设计开发输出满足输入的要求，依据产品设计开发计划的安排和设计规划书的规定，对设计开发输出进行验证。

为确保产品能够满足规定的使用要求或已知的预期用途的要求，依据产品设计开发计划的安排和设计规划书的规定，在产品交付或运用之前（只要可行）进行确认。

组织设计开发更改的控制，设计开发更改贯穿产品的设计和开发、制造、试验调试及运用过程。

导致设计开发更改的情形通常分为重大变更和一般变更两种。重大变更是指产品的关键结构、关键材料或系统原理等发生了重大变化，除此之外则为一般变更。应根据更改的性质对更改，尤其是重大变更的更改进行适当的评审、验证或确认，并使更改在实施前得到批准。更改的评审应包括评价更改对产品组成部分和已交付产品的影响，更改的评审结果及任何必要措施的记录应予保留。

对设计和开发过程中延迟和异常的工作实施控制。当出现延迟和异常时，应对可能造成的风险或影响进行评估，并迅速与顾客沟通，形成异常工作纪要，同时制订相应措施，使计划工作尽快执行。

产品交付顾客运用之后，应对产品设计和开发过程中所做的更改进行统计，与所设定的设计损失费用目标进行比对。分析设计和开发变更的原因，并采取相应的纠正和预防措施，以持续提高设计质量，逐步减少设计损失。

2）产品试制、验证、确认主要内容

组织整车和部件试制的实施；试制过程中设计变更管理；组织进行鉴定工作；与用户确认型式试验大纲、例行试验大纲；例行试验报告、型式试验报告的确认、评审、报批；型式试验中问题整改；组织策划编制、报批运用考核及解体检查实施方案和考核大纲；组织实施运用考核及解体检查；配合第三方编制运用考核及解体检查报告；组织进行设计方面技术审查、样车审查、型号合格证材料申报。

4. 输出

（1）鉴定报告。

鉴定报告主要内容如下：

鉴定程序；成立鉴定委员会；产品性能、特点和设计验证概况；产品工艺准备和生产验证概况；产品质量检验策划和控制概况；产品试验及验证资料；产品图纸和设计文件；整车

型式试验进行情况及试验报告（根据合同要求）；部件型式试验进行情况及报告（根据合同要求）；部件首件鉴定情况及资料；产品检查、验证资料（尺寸测量、例行试验等）；样车检查和记录；鉴定意见及建议整改验证；鉴定结论与评价；参加鉴定人员；附表及附件；例行试验报告、型式试验报告、报告用户审批意见。

（2）运用考核及解体检查大纲、报告。

大纲在制订过程中参考如下文件：

《中国铁路总公司关于印发〈中国铁路总公司铁路机车车辆设计定型管理办法〉的通知》（铁总科技〔2014〕169 号）；大纲由质检中心、主机厂和铁路局在参考以上文件要求的基础上共同讨论编制提出。

样车审查材料及意见和型号合格证申报材料按《中国铁路总公司关于印发〈中国铁路总公司铁路机车车辆设计定型管理办法〉的通知》（铁总科技〔2014〕169 号）要求执行。

（3）例行试验报告、型式试验报告。

（4）隐患登记册、FMECA、DSA 更新。

动车组总体设计按设计任务区分，又可以分为动车组总体技术参数设计、动车组外部接口设计、动车组总体配置设计及动车组 RAMS 设计。其中前期策划阶段、设计策划阶段确定动车组总体技术参数，方案设计阶段确定并完成动车组外部接口设计，方案设计阶段、技术设计阶段确定动车组配置方案。动车组 RAMS 设计从设计策划阶段介入，伴随总体设计的整个过程。

第2章

动车组总体参数设计

客运高速化是当今世界发展的趋势，也是现代社会高效率的标志。速度是交通运输现代化的最重要标志。进入 20 世纪 70 年代以来，由于能源危机、环境污染、交通安全等问题日益突出，能耗、污染、效益、安全等逐步成为交通运输的重要技术发展方向。

动车组总体技术参数针对环境特点和运营需求，结合基础理论研究和规范、标准的要求，从动车组全局高度反映车辆的总体技术特点和技术水平，因此是判断动车组是否满足用户要求及先进性的主要技术指标。动车组的总体技术参数一般包括：速度、轴重、限界、编组、长度、定员、车型、牵引能力、制动能力、安全性指标、空气动力学性能、乘坐环境、对外环境、可用性与可维护性能等。

本章介绍了动车组总体技术参数的范围、选择依据等内容，并以 CRH380A 动车组为案例进行了说明。

2.1 动车组总体技术参数范围

2.1.1 依据

总体技术参数直接影响车辆各个子系统的设计，具有自顶而下的刚性约束和资源配置作用，是各个子系统设计的目标和依据。

总体技术参数的选择依据包括采购合同、高速铁路设计规范（TB 10621—2014）、高速动车组整车试验规范、铁路技术管理规程，以及相应的 TSI、EN、IEC、GB 标准。以国内时速 350 km 客运专线为例，以下环境条件是动车组设计所需要的基本参数。

2.1.2 运用环境条件

1. 地理条件

海拔高度：≤1 500 m。

地震烈度：最高动峰值加速度≤0.3g。

2. 气候条件

环境温度：–25～40 ℃。

相对湿度：（该月月平均最低温度为 25 ℃）≤95%。

最大风速：一般年份 15 m/s，偶有 33 m/s。

有风、沙、雨、雪、雾霾等天气，偶有盐雾、酸雨、沙尘暴等现象。

3. 线路条件

（1）建筑限界。

限界要求限制了车辆的最大允许外形。客运专线限界按《高速铁路设计规范》（TB 10621—2014）中 1.0.6 条执行，既有线限界符合《标准轨距铁路建筑限界》（GB 146.2—1983）。

（2）坡道。

坡道是确定车辆的牵引、制动能力必须考虑的重要因素。

国内区间正线最大坡度：12‰，困难条件下：20‰。

站段联络线坡度：不大于 30‰。

（3）最小曲线半径。

最小曲线半径对于车辆长度、车辆定距、转向架轴距、车间关系、转向架与车体间的匹配等有重要的影响。

国内正线的线路平面曲线半径应满足《高速铁路设计规范》（TB 10621—2014）的要求，如表 2-1 所示。

表 2-1　最小曲线半径表　　　　　　单位：m

设计行车速度/（km/h）	350/250	300/200	250/200	250/160
有砟轨道	一般最小 7 000	一般最小 5 000	一般最小 3 500	一般最小 4 000
无砟轨道	一般最小 7 000	一般最小 5 000	一般最小 3 200	一般最小 4 000
最大半径	12 000	12 000	12 000	12 000

（4）缓和曲线。

缓和曲线影响车辆的动力学性能。缓和曲线为三次抛物线线型，缓和曲线超高顺坡率为 $1/(10 V_{max})$，困难条件下为 $1/(8 V_{max})$。

缓和曲线长度（m）：

良好条件：$\geq 11 \times 10^{-3} \times V_{max} \times h$；

一般条件：$\geq 10 \times 10^{-3} \times V_{max} \times h$。

其中，V_{max} 为线路的设计最高速度或该曲线的限制速度，km/h；h 为实设超高值。

缓和曲线长度取整为 10 的整数倍。

（5）线间距。

线间距对列车的空气动力学、交会速度、车辆强度、舒适度等有重要影响。各速度级下线间距如下：

200 km/h 速度级：4.2 m；

250 km/h 速度级：4.6 m；

300 km/h 速度级：4.8 m；

350 km/h 速度级：5.0 m；

高速线与新建普速铁路、既有线：5.3 m。

（6）最大超高。

超高对列车的动力学性能、通过速度等有重要影响。

有砟轨道最大设计超高值：170 mm；

无砟轨道最大设计超高值：175 mm。

（7）欠超高允许值一般小于 90 mm。

（8）高速车与中速车共线时，欠、过超高之和允许值一般小于 110 mm。

（9）实设超高与欠超高之和允许值一般小于 220 mm。

（10）道岔。

道岔不小于 12 号。侧线通过限速如下：

区间渡线 160 km/h；进出站 80 km/h；转线 220 km/h。

（11）区间最小竖曲线半径。

竖曲线半径对列车的动力学性能、速度、舒适性等有重要影响。区间最小竖曲线半径见表 2–2。

表 2–2　区间最小竖曲线半径

速度/（km/h）	≥300	250～<300	160～<250	<160
最小竖曲线半径/m	25 000	20 000	15 000	10 000

（12）车站站台。

站台参数影响车辆限界、结构等设计。

距轨面高度：1 250 mm；

边缘距轨道中心距离：1 750 mm。

（13）站台有效长度。

编组长度须满足站台有效长度的要求。

16 辆编组≥450 m；

8 辆编组≥230 m。

（14）线路不平顺管理。

线路不平顺影响列车的动力学性能。轨道动态管理试验暂行标准见表 2–3。

表 2–3　轨道动态管理试验暂行标准

项　目	300 km/h≤V≤350 km/h			
	Ⅰ级	Ⅱ级	Ⅲ级	Ⅳ级
轨距/mm	$1\,435^{+4}_{-3}$	$1\,435^{+6}_{-4}$	$1\,435^{+7}_{-5}$	$1\,435^{+8}_{-6}$
水平/mm	5	6	7	8
三角坑（基长 2.5 m）/mm	4	6	7	8

项　目		300 km/h≤V≤350 km/h			
		Ⅰ级	Ⅱ级	Ⅲ级	Ⅳ级
高低/mm	波长 1.5～42 m	5	8	10	11
轨向/mm		4	5	6	7
高低/mm	波长 1.5～70 m（V≤250）	7	9	12	15
轨向/mm	波长 1.5～120 m（V≥300）	6	8	10	12
车体垂向加速度/（m/s²）		1.0	1.5	2.0	2.5
车体横向加速度/（m/s²）		0.6	0.9	1.5	2.0
轨距变化率（基长 2.5 m）/‰		—	—	—	—
曲率变化率（基长 18 m）（1/m²×10⁻⁶）		—	—	—	—
横向加速度变化率（基长 18 m）/（m/s³）		—	—	—	—

注：① 高低和轨向偏差为计算零线到波峰的幅值；

② 水平限值不包含曲线按规定设置的超高值及超高顺坡量；

③ 三角坑限值包含缓和曲线超高顺坡造成的扭曲量；

④ 车体垂向加速度采用 20 Hz 低通滤波，车体横向加速度采用 10 Hz 低通滤波；加速度等速检测速度在 V_{max}±10% 范围内；

⑤ 避免出现连续多波不平顺和轨向、水平逆向复合不平顺。

（15）轨底坡：1:40。

（16）辙叉心作用面至护轮轨头部外侧的距离：1394^{+0}_{-3} mm。

（17）辙叉翼轨作用面至护轮轨头部外侧的距离：1348^{+3}_{-0} mm。

2.1.3　运输组织

追踪列车间隔时间：3 min；

动车组起动附加时间：≤2.5 min；

动车组停车附加时间：≤1.5 min；

动车组立折时间：≤15 min；

动车组技术折返作业时间：≤5 min。

2.1.4　运用

动车组采用长、短两种编组方式运营。其中长编组为 16 辆编组，短编组为 8 辆编组，同型号短编组可以重联运行。动车组两端均可操纵控制，运行时由列车前端司机室操纵控制，其他司机室均自动隔离。动车组不允许通过驼峰。动车组任何情况下均不得与货物列车混编。动车组不允许通过货场高站台。

动车组发生故障后，采用救援机车或动车组进行救援。救援机车采用自动空气制动机和标准 15 号自动车钩对故障动车组进行救援。救援动车组可以与故障动车组直接联挂并进行

救援。

2.1.5 供电条件

（1）供电制式。

单相交流：25 kV；

频率：50 Hz。

（2）供电方式。

AT：2×25 kV；

直接：1×25 kV。

（3）接触网电压。

接触网电压符合《轨道交通　牵引供电系统电压》（GB/T 1402—2010）的要求。

（4）接触网采用全补偿简单链型悬挂或全补偿弹性链型悬挂方式。

（5）接触网参数。

接触网的相关参数满足《高速铁路设计规范》（TB 10621—2014）11.5 节的要求。

接触线额定张力：300 km/h 速度及以上时不小于 25 kN。

接触线悬挂点高度：

300 km/h 速度及以上：5 300 mm；

秦沈客运专线：5 600 mm；

胶济客运专线：6 450 mm。

接触线最高点高度：6 500 mm；

接触线最低点高度：≥5 150 mm；

接触网结构高度：≥1 400 mm；

接触线高度变化：

300 km/h 及以上速度等级：

坡度：0‰；

坡度变化率：0‰。

300 km/h 以下速度等级：

坡度：≤1‰；

坡度变化率：≤0.5‰。

接触网跨距：

标准跨距：50～55 m；

最大跨距：≤65 m。

接触线最大风时对受电弓中心的偏移：500 mm。

（6）分相供电区长度：23～58 km。

（7）相分段上的中性段长度应小于 200 m 或无电区长度大于 220 m。

（8）列车过分相方式：手动过分相方式、地面磁铁传感车上转换模式的车载式自动过分相方式、CTCS 模式的车载自动过分相方式。

2.1.6　通信信号

（1）闭塞分区长度一般为 1 000～1 200 m。

（2）通信。

有线：轨道电路；

无线：GSM–R。

（3）列车运行控制方式。

300 km/h 及以上速度等级高速铁路采用 CTCS3 列车运行控制方式，200 km/h 速度等级铁路采用 CTCS2 列车运行控制方式，160 km/h 速度等级客货共线铁路及既有线铁路采用 CTCS0（LKJ）列车运行控制方式。

（4）车载设备：列车控制系统车载设备、无线通信车载设备、司机操控分析系统（EOAS）车载设备（预留）、列车追踪接近预警系统车载设备（预留）。

2.1.7　运用服务设施

（1）检查与维护。

检查库设单相交流 400 V 50 Hz 或 3AC 380 V 50 Hz 供电制式的电源设施，供整备、维护、检修使用。

（2）供水设施。

相距距离最长 1 320 km。注水口型式符合《铁道客车给水装置》（TB/T 1720—2010）的有关规定。供水质量为非直接饮用水。

（3）排污设施。

排污间隔：动车组每日入动车所时可排污。

排污口型式为 2.5 寸快速接头，符合 UIC 563《客车卫生和清洁设备》标准。

2.1.8　环境特点和运营需求

环境特点和运营需求是确定总体技术参数的依据，因此总体技术参数主要围绕运能、旅行时间、舒适性、节能环保、安全性等方面的因素进行确定。具体可从速度、列车编组和运能、牵引能力、综合舒适性及环境、综合经济性、对外环境、系统可靠性及可维护性、环境适应性、满足线路条件、安全性等方面，结合相关的技术标准和规定进行总体参数的设计。

2.2　动车组总体技术参数选择

围绕上述范围，动车组的总体技术参数主要包括以下项点。

2.2.1 运能

运能是指在规定条件下，单位时间内列车所能运送的旅客人数。运能涉及列车的运营管理、维护性及经济性，是确定车辆基本配置的基础。

对于动车组，运能体现在车辆编组、长度、定员、车型等方面。目前国内动车组一般采用 8 辆编组或 16 辆编组。250 km/h 速度级和 350 km/h 速度级的有关参数如表 2–4 和表 2–5 所示。

表 2–4　国内 250 km/h 速度级动车组运能参数

车型	速度等级/ （km/h）	编组/ 辆	编组长度/ m	定员/ 人	供应商
CRH$_1$	200	8	213.5	611	BSP
CRH$_2$A	250	8	201.4	626	四方
CRH$_2$B	250	16	401.4	1 219	四方
CRH$_2$E（卧）	250	16	401.4	1 230	四方
CRH$_5$	200	8	211.5	586	长客
CRH$_2$A（统）	250	8	201.4	613	四方

表 2–5　国内 350 km/h 速度级动车组运能参数

车型	速度等级/ （km/h）	编组/ 辆	编组长度/ m	定员/ 人	供应商
CRH$_2$C1	300	8	201.4	626	四方
CRH$_2$C2	350	8	201.4	610	四方
CRH380A	380	8	203	494	四方
CRH380AL	380	16	403	1 066	四方
CRH$_3$	350	8	200	600（进口） 556（国产化）	唐车
CRH380B	350	8	200	500	长客
CRH380BL	350	16	400	1 043	唐车
CRH380A（统）	380	8	203	566	四方

2.2.2 旅行时间

旅行时间取决于速度和行车调度。

速度是动车组牵引、弓网、制动、车体和转向架等系统设计方案的关键和核心技术指标。目前，国内动车组的速度等级主要分为 250 km/h 和 350 km/h。

2.2.3 舒适性

舒适性一般是指由铁路车辆运动引起的振动和/或惯性力传递到乘客全身的复杂感觉。

舒适性是动车组人机工程设计的重要指标，主要体现在车辆的振动、车内噪声、空气质量、温度、湿度、车内气压变化、车内微风速、照明、旅客界面、餐饮服务、信息服务等方面。国内动车组舒适性技术指标如表 2-6 所示。

表 2-6　国内动车组舒适性技术指标

项　点	国内动车组技术指标
舒适度	客室 $N_{MV} \leqslant 2.0$ 司机室 $N_{MV} \leqslant 3.0$
平稳性	客室 $W \leqslant 2.5$ 司机室 $W \leqslant 2.75$
车内噪声	司机室 $\leqslant 79$ dB（A） 客室中央噪声 $\leqslant 68$ dB（A），客室端部噪声 $\leqslant 70$ dB（A）
新鲜空气量	夏季：15 m³/h，外温 $\geqslant 35$ ℃ 　　　15～25 m³/h，外温 <35 ℃ 冬季：15 m³/h，外温 $\geqslant -10$ ℃ 　　　10 m³/h，外温 < -10 ℃
客室空气粉尘浓度	<0.5 mg/m³
应急通风量	定员条件下：$\geqslant 10$ m³/（人·h）
室内空调微风速	客室内（在座席上方位置）：<0.4 m/s 通过台（在顶板送风位置）：<2.0 m/s
温度、湿度	外气计算温度 40 ℃、相对湿度 46% 时，客室温度 24～28 ℃，相对湿度 $\leqslant 65\%$ 车厢内温度均匀性不超过 3 ℃
车内气压变化率	1 s 内的最大压力变化 $\leqslant 500$ Pa，3 s 内的最大压力变化 $\leqslant 800$ Pa，10 s 内的最大压力变化 $\leqslant 1\,000$ Pa，60 s 内的最大压力变化 $\leqslant 2\,000$ Pa
车内微风速	夏季在 0.08～0.70 m/s 之间 冬季在 0.05～0.25 m/s 之间
照明	室内照度符合 TB/T 2917—1998 在逃生路线上配有适当等级的照明 $\geqslant 5$ lx
旅客界面	根据合同要求
餐饮服务	根据合同要求
信息服务	设广播系统、通话系统、视频系统、内外部显示系统

2.2.4　节能环保

节能环保性能是衡量动车组技术水平的重要指标。节能意味着能源、设备等资源的高效率使用，环保则表示较低噪声、减少车内外环境破坏与污染。

节能环保体现在动车组的轻量化、运行阻力、能耗、电磁干扰及辐射、车外噪声、废弃物排放、再生制动等技术性能方面。国内动车组的节能环保指标见表 2-7。

表 2-7　国内动车组的节能环保指标

项　点	指　标
轴重	轻量化设计，最大允许轴重须符合线路要求

项　点	指　标
车外噪声	当动车组以一定速度通过空旷平直线路时，在距轨道中心线 25 m 和距轨面高度 3.5 m 处的噪声≤88 dB（A）（200 km/h） ≤90 dB（A）（250 km/h） ≤94 dB（A）（300 km/h） ≤95 dB（A）（350 km/h） ≤97 dB（A）（380 km/h）
	动车组起动时（速度达到 30 km/h），在距轨道中心线 7.5 m 和距轨面高度 1.2 m 处的噪声≤80 dB（A）
	停车时，所有设备在额定工况下工作，距轨道中心线 7.5 m 和距轨面高度 1.2 m 处的噪声≤75 dB（A）
	停车时，所有设备在正常工况下工作，在距轨道中心线 7.5 m 和距轨面高度 1.2m 处的噪声≤65B（A）
运行阻力	在无环境风时，动车组的空气阻力系数为： 控制车不大于 0.17 尾车不大于 0.18 中间车（无受电弓）不大于 0.09 中间车（有受电弓）不大于 0.15
能耗	各区间和总里程的能耗小于设计值
电磁干扰和辐射	电气设备的电磁兼容性符合 GB/T 24338
废弃物排放	集便装置和垃圾箱
再生制动	轮周再生制动功率不低于轮周牵引功率
内装材料及室内空气有害物质限量	符合 TB/T 3139—2006

2.2.5　安全性

安全性是动车组运用的前提和保证，是动车组各系统、零部件设计的最主要要求，动车组设计坚持"故障导向安全"原则。在动车组设计中，通过对动车组的安全性能进行分析识别，将安全性分为运行安全性、防火安全性、结构可靠性、制动安全性、运用安全性，分别采取针对性设计措施。设置监测设备对运行安全性、运用安全性、防火安全性进行监测，根据不同的故障设定模式自动实施警示或保护，实现了故障自诊断、预警与安全导向，提高列车主动防御能力。设置安全回路，采取安全逻辑设计，对影响制动安全的列车失电、分离等故障，导向安全停车，保护列车及人员安全。对车体、转向架等关键结构部件的结构可靠性，充分考虑设计裕量以保证产品安全可靠。

动车组主要从限界、转向架稳定性、转向架耐疲劳度、紧急制动、防冲撞、防火、抗侧风倾覆及监控等方面保证人员、设备和运行的安全性。

国内动车组主要安全性指标见表 2-8。

表 2-8　国内动车组主要安全性指标

项　点	指　标
限界	客运专线机车车辆限界暂行规定、《标准轨距铁路机车车辆限界》（GB 146.1—1983）
运行稳定性	脱轨系数≤0.8
	轮重减载率准静态 $\Delta P/P$≤0.65；动态 $\Delta P/P$≤0.8
	轮轴横向力 H≤（10+P_0/3），P_0 表示静轴重
	轮轨最大垂向力 P≤170 kN
横向稳定性	构架横向加速度峰值不得有连续 6 次以上达到或超过 8 m/s²
转向架耐疲劳度	转向架构架及主要受力部件的疲劳强度满足要求
紧急制动距离	制动初速度 380 km/h，不大于 8 500 m 制动初速度 350 km/h，不大于 6 500 m 制动初速度 300 km/h，不大于 3 800 m 制动初速度 250 km/h，不大于 3 200 m 制动初速度 200 km/h，不大于 2 000 m 制动初速度 160 km/h，不大于 1 400 m
防冲撞	司机室前端排障器能承受 137 kN 的静压力 各车能在 5 km/h 速度的调车冲击下保持正常状态
防火	非金属材料须为阻燃、低烟、无毒（低毒）、无卤的非延燃性材料或防火材料 内装材料阻燃性能满足《动车组用内装材料阻燃技术条件》（TB/T 3237—2010） 非金属材料的阻燃要求满足《机车车辆阻燃材料技术条件》（TB/T 3138—2006）或 DIN 5510-2 灭火器配置符合《动车组消防安全管理暂行规定》（铁办〔2007〕83 号） 车上客室、司机室、电气柜、厨房、厕所及其他防火重点部位设烟雾探测装置 当火灾发生时，动车组的设计能满足乘客迅速疏散的要求 车辆端墙（门）具有耐火性能，可以保证起火后 15 min 之内不会通过其蔓延到相邻车辆，同时能维持运行 15 min，使动车组驶离不易停车处理事故的区域
抗侧风倾覆	在侧风影响下，确保列车运行的稳定性
逃生	尺寸及布局，也包括伤害保护、出口和疏散口及紧急设备的易取性等方面 人员疏散设施，包括走道和紧急出口、窗口和相关设施，应按合同规定检测 残疾人员设施，包括卫生间专用区域、移动不便及视力、听力障碍人士的帮助设施，并确保设施能方便取用
司乘人员	驾驶员视线及挡风玻璃反光影响，也包括挡风玻璃刮雨器、清洗器、除雾器及除霜器（如果具备） 控制器、仪器（尤其在点亮时）及指示灯在白天和夜晚的可视性不能因为直射或反射光的不良影响而难以辨认 控制设备及座椅的人体工学设计可以提高人员操作的精确度，使人员身体疲劳度及疏忽操作风险降到最低
救援	应按合同及有关标准配置车辆的救援设备 备注：TSI 铁路车辆标准给出了欧洲对高速列车在这方面的要求
安全监控	自动紧急制动 自动预警设备 驾驶员安全装置或设备 自动列车保护设备，或任何等效的速度调节及随车信号设备 车辆速度计 事件或数据记录设备 火警监测及灭火装置 乘客紧急装备 其他子系统（如制动、侧门）的安全电路 警铃、风笛、喇叭
列车自动保护系统	装备有列车自动保护系统，在所有运行条件下能实现正常功能

项　点	指　标
故障导向安全	对动车组进行安全性分析识别，对运行安全性、防火安全性、结构可靠性、制动安全性、运用安全性分别采取针对性设计措施，提高列车运行安全的主动防御能力
电磁兼容	所有的设备在安装后运转正常，没有干扰效应

2.2.6　系统可靠性及可维护性

系统可靠性及可维护性（RAMS）性能是分析、保证、评价动车组可靠性、可用性、可维护性、安全性的关键指标。

通过隐患分析、安全关键项识别、FMECA 分析等，对车辆各系统及运营维修等进行危害分析识别，对动车组潜在故障进行预防处理，提高可靠性。国内动车组的系统可靠性及可维护性见表 2-9。

表 2-9　国内动车组的系统可靠性及可维护性

项　点	指　标
故障率	每百万 km 不大于 1
维修经济性	年可运用天数（高级修除外）不低于 340 天，年可运行里程 60 万～80 万 km

2.3　动车组总体参数匹配优化设计

动车组是由相互关联的多个系统集成的整体，各系统间能够匹配协调地工作才能保证车辆的正常运行。动车组总体技术指标为列车各系统和部件的功能和性能目标提供方向。

2.3.1　速度

旅行速度是指列车在区段内运行，将其在分界点的停留时间计算在内的平均速度。对动车组而言，是指为满足旅行速度须要具备的持续运行能力。

为满足运行速度的要求，须考虑运行阻力、牵引系统与机械传动系统之间的匹配、高速下的弓网关系、转向架悬挂参数和轮轨参数的匹配，以及高速运行对零部件强度的要求等方面的匹配。

1. 运行阻力与牵引功率的匹配

运行阻力是确定牵引功率的依据。列车总阻力由机械阻力和空气阻力构成，机械阻力与列车速度呈线性关系，空气阻力与列车速度的平方呈线性关系。理论研究和试验表明，列车以 350 km/h 以上速度运行时，列车运行阻力的 90% 以上来自于空气阻力。运行阻力越大，牵引功率随之加大。因此，准确把握列车运行阻力特性，尤其是空气阻力特性，关系到列车总功率的设置，以及能否满足速度和加速度指标，同时也为优化运行阻力的目标和方向提供重要依据。

运行阻力在设计阶段通过仿真计算、风洞试验确定，并通过实车线路试验进行验证以最终确定。

以 CRH380A 型动车组为例，为了降低气动阻力，在 CRH_2-300 型动车组的基础上，根据仿真分析和风洞试验结果，采用了更大长细比、减小驾驶舱仰角的流线型头型，有效地改善了列车空气动力性能，保证了牵引性能。如图 2-1 所示。

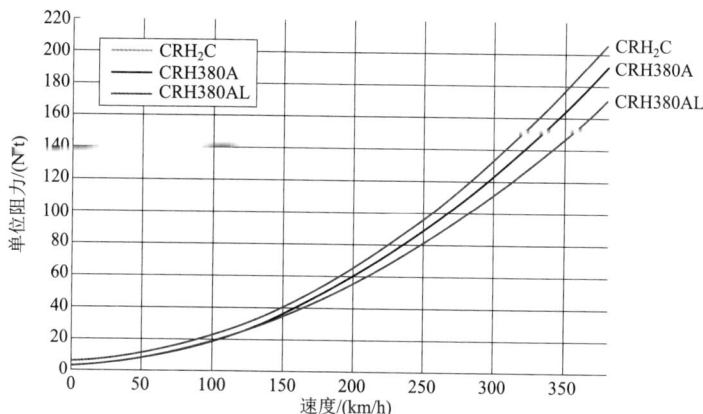

图 2-1　CRH380A 及 CRH_2C 的阻力

2. 牵引系统与机械传动系统的匹配

牵引系统与机械传动系统的接口主要是牵引电机与齿轮箱的接口关系，关系到齿轮传动比与电机转速，以及电机扭矩发挥的匹配。

图 2-2 为在研制过程中，对 CRH380A 动车组齿轮传动比选配与牵引曲线相互关系的分析研究结果。

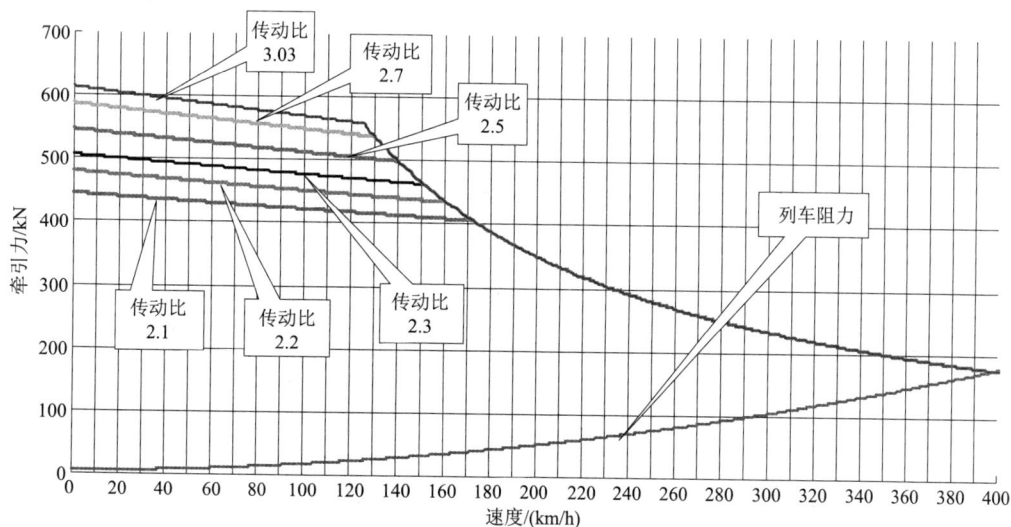

图 2-2　CRH380A 动车组齿轮传动比选配

由图 2-2 可见，随着传动比的减小，列车在低速段的牵引力降低，加速性能也会降低。为满足从 0 加速至 200 km/h 的平均加速度要求，齿轮传动比应按大于 2.2 来匹配。

另外，齿轮传动比、电机最高转速还与列车最高运行速度存在匹配。经技术验证，由于受到轴承最高转速的限制，CRH380A 动车组牵引电机最高持续转速为 6 120 r/min，表 2-10 列出了 CRH380A 动车组齿轮传动比与最高持续运行速度的匹配关系。

表 2-10　CRH380A 动车组齿轮传动比与最高持续运行速度的匹配关系

牵引电机持续最高转速 6 120 r/min		
传动比	列车速度/(km/h)（新轮轮径 860 mm）	列车速度/(km/h)（车轮全磨耗 790 mm）
2.2	451	414
2.3	431	396
2.4	413	380
2.5	397	364

由表 2-10 可见，齿轮传动比越小，列车最高运行速度值越高。为满足最高运行速度 380 km/h 的要求，须按照全磨耗状态来进行校核，这样齿轮传动比须小于 2.4。

从齿轮传动比与起动速度段的平均加速度的匹配关系，以及与列车最高持续速度的匹配关系可以看出，CRH380A 动车组齿轮传动比（2.379）选在 2.2~2.4 之间能同时满足最高运行速度和起动平均加速度的要求。

3. 弓网关系与速度的匹配

受电弓受流特性直接影响牵引功率的发挥，是制约列车速度的瓶颈之一。弓网受流性能主要采用弓网动态接触力、离线率、火花次数等参数进行评价。

静态接触压力、空气动力接触压力与惯性力的矢量和构成弓网间的动态接触压力。静态接触压力与供风压力调整值有关，其值随受电弓的高度变化而变化，幅度较小。火花次数主要与平均动态接触压力有关。图 2-3 为 CRH$_2$-300、CRH$_3$ 开口/闭口方向的接触压力散点对比图。

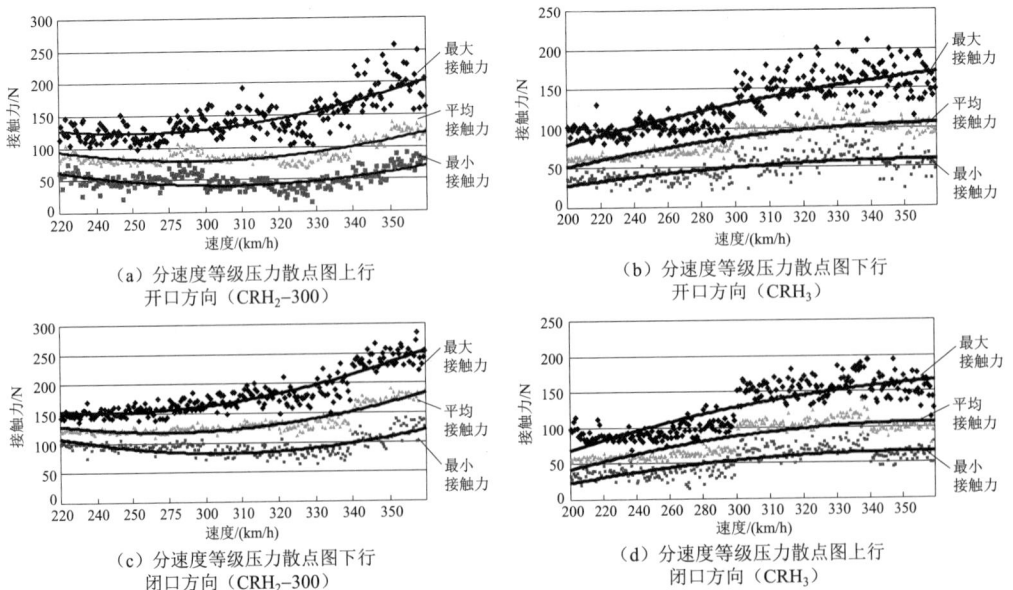

(a) 分速度等级压力散点图上行
开口方向（CRH$_2$-300）

(b) 分速度等级压力散点图下行
开口方向（CRH$_3$）

(c) 分速度等级压力散点图下行
闭口方向（CRH$_2$-300）

(d) 分速度等级压力散点图上行
闭口方向（CRH$_3$）

图 2-3　CRH$_2$-300、CRH$_3$ 开口/闭口方向接触压力散点对比图

从图 2-3 可见，弓网动态接触压力随速度增加逐渐增大。

火花次数是评价受流效果的最直观的参数，火花次数的多少总体上体现平均动态接触压力的大小。对 CRH$_2$-300 和 CRH$_3$ 动车组在某试验区段运行一个单程所产生的离线火花次数进行统计分析，离线火花统计见表 2-11（开口方向）。

表 2-11　离线火花统计（开口方向）

速度级/（km/h）	300	310	320	330	340	350	370
离线次数（CRH$_2$-300）	443	262	486	459	443	391	463
离线次数（CRH$_3$）	355	379	488	516	383	451	256

CRH380A 动车组受电弓为半主动控制，受电弓设置接触压力控制器。在线路试验前，先在控制器预先设定一条列车速度—接触压力曲线。在线路试验时，根据试验设备火花、离线率、动态接触压力等监测数据，不断在线修正受电弓控制器内各速度点对应的接触压力值，最后得出列车运营的最优的速度—接触压力曲线（见图 2-4）。

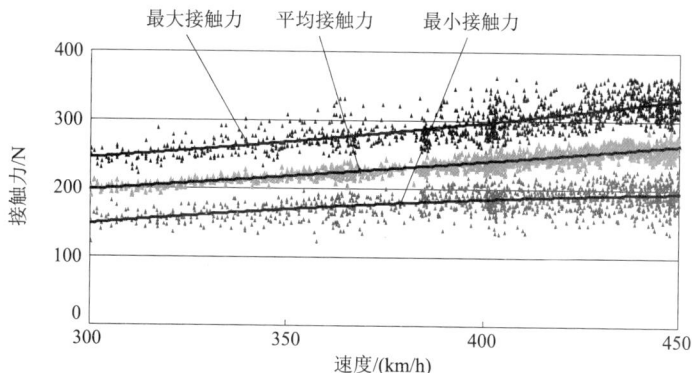

图 2-4　CRH380A 速度—接触压力曲线

经试验验证，CRH380A 型动车组开口和闭口方向离线电弧较小，无大拉弧现象，燃弧次数为 0.52 次/160 m（标准值为 1 次/160 m）。

4. 转向架轮轨参数、悬挂参数与速度的匹配

随着速度的提高，须要合理匹配转向架轮轨参数、悬挂参数，以保证动车组的运动稳定性、安全性和运行平稳性。

保证高速列车的运动稳定性，须要合理匹配轮轨关系、一系定位刚度、二系横向阻尼和抗蛇行阻尼，使高速列车的设计临界速度高于实际运营速度，并有一定裕量。

高速动车组的安全性一般采用车轮的脱轨系数、轮重减载率、轮轴横向力对脱轨进行评价。影响运行安全性的主要因素一般为一、二系悬挂参数的设计和匹配，以及运行速度。在悬挂参数确定的条件下，安全性指标一般随速度提高而增加。

运行平稳性主要考察动车组在运行过程中所具备的运行品质，将其作为反映车辆系统乘坐舒适性的关键技术目标。影响运行平稳性的主要因素一般为悬挂参数的设计和匹配，以及运行速度。在悬挂参数确定的条件下，平稳性和舒适度指标一般随速度提高而增加。

因此，根据速度等级，合理匹配转向架轮轨参数、悬挂参数对动车组的性能具有重要意义。

1）轮轨参数与速度的匹配

轮轨关系是车辆系统与轨道系统的界面，决定着车辆的动力学性能和线路轨道的状态。随着速度的不断提升，轮轨作用力和气流力加剧，车辆和线路的耦合作用，以及与气流的流固耦合作用更加复杂，轮轨耦合关系越来越复杂。轮轨参数中，对速度影响最大的是轮轨踏面匹配。

轮对踏面形状的设计首先要保证轮对在高速运行条件下具有优越的动力学性能，即较高的运行平稳性和蛇行失稳临界速度。在此前提下，希望车轮具有较高强度，并与钢轨之间形成较低接触应力水平和较低磨耗指标，以保证轮对在长时间运行情况下具有稳定的动力学性能和可靠的安全运行特性。

在我国有 TB、LM 和 LMA 型等踏面，分别适用于低速、准高速（160 km/h）和高速铁路。除了欧洲高速车轮 S1002 外，全世界所有铁路所使用的轮轨几何型面（包括 LMA 踏面）都是由几条半径不同的圆弧或直线段构成，加工简单。问题是这样型面的轮轨在滚动接触过程中，接触点从一个圆弧转移到另一个半径不同的圆弧。从不变形的角度理解刚性接触的话，接触点要发生跳跃，按 Hertz 理论计算最大接触压力的话，最大压力也会有突变。但实际轮轨挤压变形会使这种跳跃和突变得到缓解。S1002 车轮踏面在其滚动圆附近采用了数值化设计理念，即采用了两条高次曲线代替圆弧，同 UIC60 配合得较理想。如果 S1002 踏面直接用在我国高速线（CHN60 轨，1/40 轨底坡），轮轨接触点分布随轮对横移时，接触点分布极不均匀。轮对发生横移时，接触点位置在车轮踏面和钢轨顶面发生横向跳移，尤其轮对中心由轨道中央线从 1 mm 到 4 mm、从 8 mm 到 9.5 mm、从 10 mm 到 12 mm 要发生三次跳跃（如图 2-5 中箭头所示），显然是在接触几何上没有匹配好。虽然我国的高速钢轨型面和欧洲高速钢轨的型面非常相近，但是型面的一点点差异，就会导致很大的接触点位置差异。

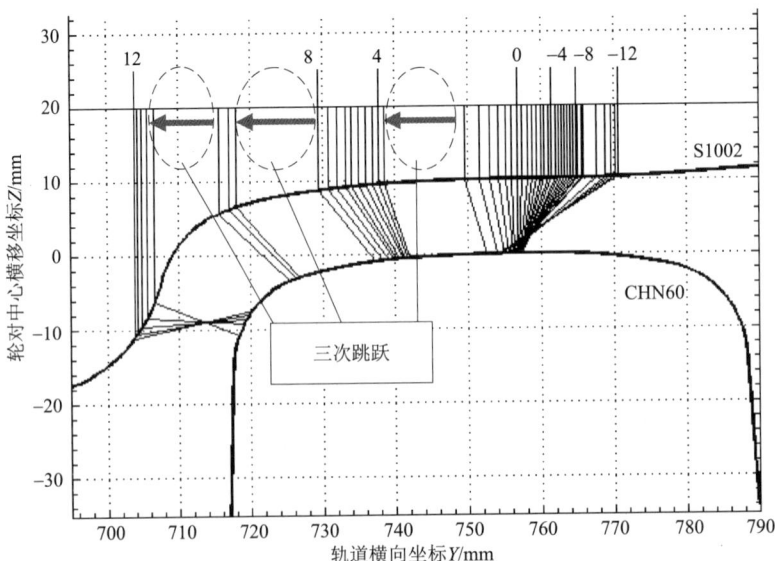

图 2-5　S1002 轮对和 CHN60 轨的轮轨接触情况

在 CRH380A 型动车组车轮踏面设计过程中，经过三种轮轨匹配方案的比选，最终确定

了 LMA 磨耗型踏面。

轮轨关系对车辆非线性临界速度的影响（以 CRH_2 车辆参数进行比对）见表 2–12。

表 2–12　轮轨关系对车辆非线性临界速度的影响

踏面类型	LMA	JAPA	S1002
轮对内侧距 1 353 mm	551.3 km/h	594.7 km/h	587.5 km/h
轮对内侧距 1 360 mm	476.3 km/h	561.5 km/h	512.9 km/h

2）转向架悬挂参数与速度的匹配

（1）一系定位刚度。

在采用 LMA 踏面的基础上，仿真计算得出一系纵向定位刚度和横向定位刚度对临界速度的影响规律：适当增大一系纵向和横向定位刚度可以提高车辆系统的临界速度，但定位刚度并非越大越好，当一系定位刚度增大到一定程度后，临界速度增加越来越缓慢，甚至还会下降；同时一系定位刚度过大对曲线通过性能不利。

轮对轴箱定位装置的纵向和横向定位刚度对转向架临界速度具有决定性的作用，当轮对轴箱定位节点的橡胶发生老化（出现间隙或刚度严重变小）时，转向架容易在较低的速度下发生运动失稳（如图 2–6 和图 2–7 所示），以致不能满足正常运营的要求。因此，为了保证转向架具有较高的临界速度，必须给轮对轴箱合理的弹性定位。

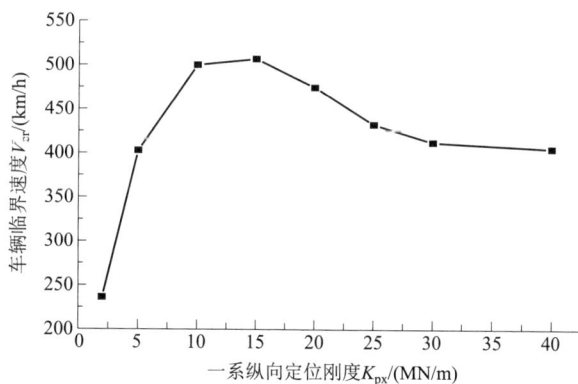

图 2–6　一系纵向定位刚度对临界速度的影响

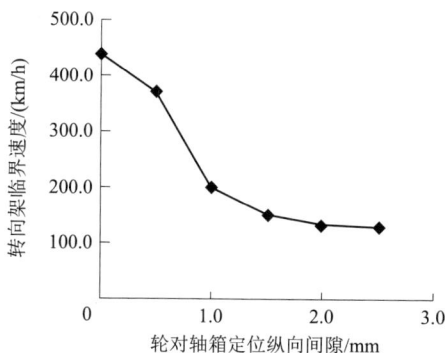

图 2–7　一系纵向间隙对临界速度的影响

综合考虑临界速度和轮轴横向力，一系纵向定位刚度的合理取值范围为：纵向定位刚度 10～15 MN/m；横向定位刚度 6～8 MN/m。在此范围内既有较高的临界速度（490 km/h），又不产生较大的轮轴横向力。

（2）二系阻尼的选取。

理论分析表明，抗蛇行减振器的作用表现为通过连接车体，对转向架施加回转阻力矩，抑制转向架的摇头运动，提高转向架的临界速度。但当回转阻力矩达到一定程度后，临界速度不再明显增加。抗蛇行减振器的阻尼特性由卸荷速度和卸荷力确定。

5. 高速运行时对零部件强度的要求

动车组的运行速度较高，因设备自身运转、高速不稳定气流、轨道不平顺等外界因素带来的振动，以及列车加减速冲击等问题，对车辆零部件提出了较高的强度要求。

1）车体

随速度提升，线路和气流扰动增强，对车体的强度和模态匹配提出了更高的要求。

（1）气密强度。

列车在高速通过、隧道运行、暴露在强侧风下等工况下将造成较大的空气动力载荷。列车高速会车尤其是隧道内高速会车时，车体外表面空气压力幅值随交会速度提高而显著增大，车体承受着较大的气动载荷，同时也会引起车内较大的压力变化。因此车体必须具有足够的气密强度和良好的气密性，保证车体结构的疲劳可靠性和乘坐舒适性。

根据国内动车组的运用经验和试验测试，速度由 200 km/h 提升到 350 km/h 后，车体气密强度由 ±4 kPa 提升至 ±6 kPa。

（2）静强度。

为了保证动车组在规定的载荷条件下，车体不会产生永久变形和整体结构断裂，须保证车体的强度满足屈服强度或弹性极限强度的规定。

对 CRH380A 型动车组的车体进行 100 t 压缩、50 t 拉伸、三点支撑、40 kN·m 的扭转等工况的静载荷试验。静强度试验表明车体安全系数大于 1.34，车体安全裕量充足。

（3）模态。

工作状态下的车体，落在转向架上，其固有频率应不同于转向架的蛇行运动频率和点头频率，以便在整个速度范围内不出现共振，以保证乘坐舒适度。

因为车体的固有频率会随质量、刚度和支承条件而改变，所以各车型的车体固有频率也就不同。

根据系统匹配特点，CRH380A 型动车组头车、中间车车体一阶垂弯频率均大于 10 Hz。整备车体线路模态试验结果与转向架一阶沉浮、轮轨及轨道周期性激扰频率等无重叠，车体、转向架与无砟轨道模态匹配良好。

2）转向架

随着速度的提高，线路不平顺激扰引起轮轨系统间耦合动态作用加剧，激扰频率范围变宽，激发起更强的车辆振动。作为高速列车的走行机构，转向架的功能是承载、导向、缓冲、牵引和制动，其动载荷随速度的提高而增加，转向架承载结构面临着服役期内疲劳失效的考验，因此其强度决定着列车的运行安全和运行品质。

（1）静强度。

为了保证动车组在各种载荷条件下，转向架不会产生永久变形和结构断裂，须保证转向

架的强度满足材料屈服极限，不会发生塑性变形。

对 CRH380A 型动车组的转向架构架进行应力测试，应力不超过构架的材料屈服极限，未发生塑性变形。

（2）疲劳强度。

在高速运行条件下，转向架须能够满足长期服役要求。

对 CRH380A 型动车组的转向架构架主结构进行 1 000 万次、各吊座 200 万次疲劳试验；全尺寸车轴、车轮 1 000 万次疲劳试验，空气弹簧 120 万次疲劳试验，各零部件的刚度未发生明显变化，应力值在疲劳极限范围内。

2.3.2　运能

运能指标涉及列车的运营管理、维护，以及经济性。为满足运能要求，应重点考虑车辆编组、车型、车辆载重等方面的匹配。

车辆编组主要考虑站场及车辆联挂等条件，同时考虑运行区间的运能需求。根据《高速铁路设计规范》（TB 10621—2014），国内一般车站的旅客站台长度有 230 m、450 m 两种设置，车辆的编组长度应适应站台的条件。另外，运行区间的经济和人口状况也是确定编组数量的参考因素。

车型：主要根据需求设置一定数量的一等车和二等车。

车辆载重：载重能力决定着载客量，但又受轴重等经济性指标的约束。

2.3.3　牵引能力

牵引能力是实现速度和运能目标的基本保证，也是检验车辆能否按规定的运行时刻完成行驶任务，且运行能耗符合要求的主要指标。

（1）牵引能力应满足最小运行追踪间隔要求。

根据《高速铁路设计规范》（TB 10621—2014）最小运行追踪间隔一般为 3～4 min。

（2）牵引能力应满足区间运行时间的要求。

（3）在给定阻力曲线基础上，牵引功率的匹配应满足加速度要求。

《高速动车组整车试验规范》规定起动加速度、平均加速度和最高运营速度的剩余加速度应符合设计要求。

IEC 61133《车辆组装后和运行前的整车试验规范》第 6.4 条规定起动和加速性能应符合规定的数据要求。

UIC 660《保证高速列车技术兼容性的措施》规定为了确保与其他交通形式正确兼容，在平直线路上运行的时间内，平均加速度应满足以下值：

0～40 km/h：$\geqslant 0.48$ m/s^2；

0～120 km/h：$\geqslant 0.32$ m/s^2；

0～160 km/h：$\geqslant 0.17$ m/s^2；

最高速度下，剩余加速度 $\geqslant 0.05$ m/s^2。

2.3.4 制动性能

制动性能是实现列车高速运行时的安全保障，也是调整列车速度的手段。根据《铁路技术管理规程》，动车组必须达到的制动性能（制动距离）如下：

初速度 380 km/h：≤8 500 m；

初速度 350 km/h：≤6 500 m；

初速度 300 km/h：≤3 800 m；

初速度 250 km/h：≤3 200 m；

初速度 200 km/h：≤2 000 m；

初速度 160 km/h：≤1 400 m；

初速度 120 km/h：≤800 m；

常用制动冲动限制的极限值小于 0.75 m/s^3。

根据上述要求，须合理设置制动减速度曲线，以满足闭塞区间设置要求及最小运行追踪间隔要求。

2.3.5 安全性

安全性指标包括临界失稳速度、脱轨系数、轮重减载率、动态横向力（轴）、防火、制动安全，以及安全监控等指标。

进行安全性计算时，认为轨道的随机输入是各态历经的，因此可以用一段有限长时间历程曲线的不平顺输入来模拟动车组在实际线路上的运行情况。为了较为完全地反映动车组的实际动态响应，计算时动车组在一段无激扰直线轨道上运行，然后在一段足够长的不平顺轨道上运行，计算时最高速度为 350 km/h。

影响运行安全性的主要因素一般为一、二系悬挂参数的设计和匹配，以及运行速度。在悬挂参数确定的条件下，安全性指标一般随速度提高而增加。

1. 脱轨系数

脱轨系数用于评定车辆的车轮轮缘在横向力作用下是否会爬上轨面而脱轨，定义为某一时刻作用在车轮上的横向力和垂向力之比。对脱轨系数具有影响的参数是一系纵向和测力轮对直接测量的轮轨力，脱轨系数应符合以下条件：

第一限度$(Q/P)_{lim}$=1.2；

第二限度$(Q/P)_{lim}$=1.0。

其中，Q——轮轨横向力，kN；

P——轮轨垂向力，kN。

《高速电动车组整车试验规范》规定：$(Q/P)_{lim}$=0.80。《跨欧高速铁路系统的可互操作性》铁路车辆子系统规定：$(Q/P)_{lim}$=0.80（曲线半径 $R \geq 250$ m）。UIC 518 规定：$(Q/P)_{lim}$=0.8。

根据试验测试，CRH380A 型动车组的脱轨系数＜0.26，远低于上述标准值。

2. 轮重减载率

轮重减载率 $\left(\dfrac{\Delta P}{\overline{P}}\right)$ 是用于评定脱轨安全性的另一个方法，主要影响因素是线路条件。计算表明，当轴重和簧下质量一定时，线路条件对轮重减载率影响较大。

3. 轮轴横向力

在实际运行速度范围内，由于构架的横摆和摇头自振频率很高，对于转臂式定位结构，一系横向定位刚度相对较大，构架和轮对间的横向位移很小，因此一系横向定位刚度对横向力的影响不明显。

《高速电动车组整车试验规范》规定：$H_{\text{lim}}=10+P_0/3$。

其中：P_0——静轴重，kN。

《欧洲高速铁路联网高速列车技术条件》规定：$H_{\text{lim}}=0.85(10+P_0/3)$，$\overline{H}=0.33(10+P_0/3)$。

《铁道车辆动力学性能评定和试验鉴定规范》（GB/T 5599—1985）规定：$Q \leqslant 1.9+0.3P_{\text{st}}$，$P_{\text{st}}$ 为车轮静载荷。

UIC 518《铁路车辆动力性能、安全性、线路疲劳、乘坐质量试验和认证方法》规定：$H_{\text{lim}}=0.85(10+P_0/3)$。

4. 防火、防烟、防毒性能

防火、防烟、防毒性能指标涉及列车各系统和部件的材料，如高压电缆、内装材料等，具体考虑如下方面：

电线电缆材料满足防火、防烟、防毒性能的标准；内装材料满足防火标准；减振隔热材料满足防火标准要求；其他非金属材料满足防火标准要求。

5. 制动安全

紧急制动距离满足要求。

6. 安全监控

为确保列车在更高速度条件下的运行安全性，设置轴温、齿轮箱温度检测，以及走行部运行状态检测装置，实现重要安全数据的实时监控，主要考虑如下。

（1）转向架。

轴温检测设备的性能与结构安装的匹配；齿轮箱温度检测设备的性能与结构安装的匹配；走行部加速度状态监测装置的性能与结构安装的匹配。

（2）网络控制系统。

网络系统与安全监控设备的接口和信息传输数据实时监控。

2.3.6 综合舒适性及环境

为了满足舒适度、运行平稳性、运行品质等综合舒适性及环境指标，须要考虑如下因素。

1. 动力学

悬挂参数：须考虑车体模态的悬挂参数匹配。阻尼参数：须考虑车间及主动、半主动悬挂阻尼的参数匹配。

2. 气密性

列车高速运行时，为防止交会和过隧道车内气压变化较大给乘客带来诸如耳鸣、耳痛等

不适，列车客室内须保证气密性。主要考虑：

车体：车体气密性控制；

空调系统：换气装置的压力保护功能满足隧道和交会工况；

车外设备：门、窗及风挡结构气密性满足要求。

3. 车内噪声

确定列车噪声管理策略和各系统部件噪声控制目标。

4. 照度

照度须可调节、满足阅读要求。客室照度也与诸多因素相关，综合考虑如下：

车内设备：客室照明结构与人机工程的匹配；

辅助供电系统：照明供电与辅助供电系统的匹配。

5. 客室内空气质量

新风量 10～15 m³/（h·人），可调节。客室内空气质量涉及乘坐舒适性，主要须考虑：

空调系统结构：风道系统与换气系统的匹配，新风结构与车体结构的匹配，新风量与废排量的匹配。

6. 客室内温、湿度

夏季 24～26 ℃，冬季 20 ℃以上。客室内温、湿度主要考虑如下：

空调系统：风道系统与空调制冷、制热能力的匹配，风道系统与客室温度场、流场均匀度匹配，车内增湿装置与空调的匹配等。

车体：车体隔热性能与温度匹配。

7. 旅客服务功能

旅客服务功能设施主要以丰富旅客旅途文化生活、减少旅途疲劳感，以及满足旅途正常生活之需，具体如下：

车内设备：旅客服务设备的安装结构与性能满足要求；

辅助供电系统：辅助供电系统匹配旅客服务设备。

2.3.7 综合经济性

针对平均轴重、运行阻力等综合经济性技术指标，主要考虑如下因素。

1. 平均轴重

轴重是高速列车重要技术指标之一，是指按车轴形式及在某个运行速度范围内，该轴允许负担的并包括轮对本身质量在内的最大总质量。轴重的选择与线路、桥梁及车辆走行部的设计标准有关，涉及列车运营速度、轮轨作用力，以及车内外噪声等。根据 TB 10621—2014，线路设计轴重为 20 t。为满足轴重指标要求，重点考虑如下。

（1）系统集成。

轴重与车辆重量的综合匹配。

（2）牵引系统。

牵引系统参数和牵引曲线的确定应满足轴重的要求和列车总重要求。

（3）各系统部件。

满足轴重相应的静强度和疲劳强度要求。

2. 运行阻力

运行阻力除了机械阻力外，就气动阻力方面，还涉及车头、车身、车尾、外部设备的阻力。

3. 总效率

总效率主要涉及牵引传动系统的效率，重点考虑牵引系统各部件的效率管理，以及牵引系统和传动系统各部件的效率匹配。

2.3.8 对外环境

针对车外噪声、电磁干扰、废弃物排放等对外环境指标，主要考虑如下内容。

1. 车外噪声

测试方法满足 ISO 3095：2005 标准。车外噪声主要考虑：

提出列车噪声管理策略和各系统部件噪声控制目标，各部件按噪声控制目标进行控制，符合要求。

2. 电磁干扰

满足 EN 50121：2000 标准。电磁干扰主要考虑：

列车强电、弱电布置与抗干扰和对环境干扰的匹配；列车系统间电磁干扰与电磁兼容的匹配；车内设备间的抗干扰匹配；强电、弱电设备和布线配置的匹配和兼容。

3. 排放

运行状态下无污物直接排出车外。排放主要考虑：污物、污水存放功能与安装结构的匹配；污物、污水容量与运行环境的匹配；污物、污水排放形式与维护环境的匹配。

2.3.9 系统可靠性及可维护性

系统可靠性及可维护性顶层技术指标如下。

1. 牵引系统

考虑动力损失一半时仍可持续运行，并满足 250 km/h 速度运行要求。

2. 列车网络控制系统

采用冗余结构，主要考虑如下：

网络拓扑结构与可靠性的匹配；网络结构与各系统信息传输与控制的匹配。

3. 故障率指标

基本可靠性：MTBF＞300 h；

任务可靠性：MTBFS＞30 000 h。

故障率指标主要考虑如下：

各系统部件的生命周期与运营环境的匹配；各系统部件的生命周期与维护修程的匹配。

4. 寿命

寿命≥20 年。

寿命指标主要考虑如下：

车体结构疲劳强度与服役环境的匹配；车体表面处理与运营环境的匹配；转向架构架疲

劳强度与服役环境的匹配；转向架表面处理与运营环境的匹配。

5. 年可运用天数

年可运用天数≥330 天（高级修时间除外）。年可运用天数指标主要考虑各系统部件检修周期和规程与检修时间的匹配，以及系统和部件功能与运营环境的匹配。

2.3.10 环境适应性

环境适应性顶层指标如下。

1. 雪

主要考虑排障器防冲击能力、排障器结构强度、排障器的空气阻力满足要求。

2. 风

侧风风速 15 m/s 下可正常运行。主要考虑随着列车运行速度的不断提高，列车在侧风，尤其是强侧风环境下运行。在背风侧会产生较大的涡旋，其气动性能急剧恶化。当侧风风速增大时，列车所受气动力及倾覆力矩随之迅速增加，列车的倾覆系数也就随之增大。

（1）车体。

须考虑侧风风速与车体结构表面压力的关系；车体侧面积、受电弓导流罩与空气的流固耦合匹配；运行速度与车体侧风风速的关系。

（2）转向架。

悬挂参数与列车倾覆系数匹配满足要求。

3. 环境温度

环境温度指标主要考虑各系统和部件性能的发挥与温度环境的匹配；各系统和部件性能与维护检修环境的匹配；空调通风系统性能符合环境温度的要求。

4. 海拔

1 500 m 以下，海拔指标主要考虑冷却通风系统与空气流量的匹配。

5. 雨、雾、沙尘

雨、雾、沙尘指标主要考虑高压系统和部件绝缘性能与材料和结构的匹配；冷却通风系统通风系统结构符合防尘性能的要求；车外各系统设备满足防雨性能要求；车体结构符合水密性能要求。

2.3.11 满足线路条件

满足线路条件的顶层指标如下。

1. 站台高度

站台高度 1 250 mm，针对站台高度指标主要考虑如下。

（1）车内设备。

地板结构高度匹配、地板结构与车内总体结构和空间结构的匹配。

（2）转向架。

车轮磨耗后的策略；高度调节方式满足空、重车要求。

2. 供电条件

网压在 22.5～29 kV 时，列车可满功率运行；网压在 22.5～17.5 kV 时，列车应线性降功率运行；网压在其他范围时，应能实施保护。

供电条件指标主要考虑牵引系统功能发挥（包括高压系统）与网压变化的匹配，辅助供电系统与网压变化的匹配。

2.4　动车组总体参数分解

2.4.1　限界

整备载荷和定员载荷状态：均应符合《客运专线机车车辆限界暂行规定》；须上既有线的动车组限界还应符合《标准轨距铁路机车车辆限界》（GB/T 146.1—1983）。

静态限界：最大标准公差的新车或最大标准公差的磨耗到限车不超越限界轮廓。

动态限界：动车组外廓动态位移与建筑限界间隙符合合同要求；通过站台时的允许速度符合合同要求。

2.4.2　速度

国内动车组最高运营速度分为 200 km/h、250 km/h、300 km/h、350 km/h 和 380 km/h 等速度级。

2.4.3　轴重

轴重：≤17 t。

定员轴重：符合设计（轴重差≤2%）。

每侧轮重与两侧轮重平均值之差：≤±4%。

每个车轮的轮重与该轴两轮平均轮重之差：≤±4%。

总重：≤±3%。

2.4.4　编组

主要采用 8 辆编组和 16 辆编组形式。8 辆编组总长约 200 m，16 辆编组总长约 400 m，满足站台长度 230 m、450 m 下编组长度限制。

2.4.5　车型

综合考虑定员数量及车型种类，一般设置一等车、餐座合造车、二等车等，根据需要设

置观光区、卧铺车等。

2.4.6 曲线通过能力

单车和动车组通过曲线：通过曲线顺利，各零部件运动自如，相邻零部件不发生干涉。

联挂运行时：国内一般为 $R250$ m。

单车调车时：$R150$ m。

S 形曲线时：曲线 $R180$ m+最小过渡直线 10 m+曲线 $R180$ m。

2.4.7 空气动力学

列车应具有完善的气动外形，以及良好的空气动力学性能，满足《高速列车空气动力学性能计算和试验鉴定暂行规定》。无风环境时，动车组空气阻力系数要求见表 2-13。空气阻力的验证在设计阶段通过三维流场数值计算和风洞试验进行。

表 2-13　动车组空气阻力系数要求

车型	控制车	尾车	中间车（无受电弓）	中间车（有受电弓）
空气阻力系数	≤0.17	≤0.18	≤0.09	≤0.15

空气压力波对车体和车窗的作用：300 km/h 以下速度等级的动车组，最大车内外压差≤4 000 Pa；300 km/h 及以上速度等级动车组，最大车内外压差≤6 000 Pa。

车内压力变化率：1 s 内的最大压力变化≤500 Pa，3 s 内的最大压力变化≤800 Pa，10 s 内的最大压力变化≤1 000 Pa，60 s 内的最大压力变化≤2 000 Pa。

结构上，头尾部为细长而呈流线型结构；列车下部均设导流罩，安装可靠，且能方便开启；纵断面平滑过渡，形状不一致时加过渡段；外表平整光滑，无突出和凹陷；受电弓外形具有良好的空气动力学性能；动车组运行时，不会影响邻线列车正常运行。当列车交会时，动车组对与之交会的其他列车产生的交会压力波最大幅值小于 6 000 Pa。

无环境风时，动车组端车的气动升力接近于零，不影响动车组正常运行。在侧风影响下，确保列车运行的稳定性。对于垂直于动车组纵向对称面的常值侧风下的运行限速，符合表 2-14 规定。

表 2-14　纵向常值侧风限制条件

风速/(m/s)	15	25	30	>33
列车最高运行速度/(km/h)	300	200	160	停运

2.4.8 密封性能

气密性试验：动车组车内外压力差由 4 000 Pa 降至 1 000 Pa 的时间大于 50 s。

水密性试验：喷水试验结束后 10~20 min 内，检查车内各个部位，不得有渗漏。车体、

安装在车体外的电气设备及组装完成后的车辆，其外壳的水密性符合《铁道车辆漏雨试验方法》（TB/T 1802—1996），无渗漏水的现象。

所有设备的外壳防护等级按 IEC 60529 防护等级（IP 编码）执行，满足动车组的实际运用要求。

2.4.9　弓网受流性能

受电弓平稳升到最高工作高度，无有害的冲击；从落弓高度到最高工作高度，受电弓从开始动作到升起的上升时间不超过 10 s；在工作范围的任何高度降弓时，开始降弓时应快速动作；降弓动作应无有害的冲击。

受电弓处于最高工作位置时，在水平方向上分别以 300 N 的力施加在框架左右顶端，两侧位移应保持均衡，力取消后不得有永久变形；300 N 作用力下，每侧的横向位移不超过 30 mm。

紧急降弓系统（ADD）动作时间不大于 1 s。

弓网动态接触压力：最大值：$F_{max} \leqslant F_m + 3\sigma$（N）。

最小值：$F_{min} = 20$（N）。

平均值：$F_m \leqslant 0.000\ 97\ V^2 + 70$（N）。

标准偏差：$\sigma \leqslant 0.3 \times F_m$（N）。

离线电弧：最大燃弧时间：$T_{max} < 100$ ms。

燃弧率：$\mu < 5\%$。

燃弧次数：<1 次/160 m。

受电弓滑板振动幅度：2 A<150 mm。

垂向加速度［硬点 a（m/s^2）］：<490（V<200 km/h）；<588（200 km/h≤V<300 km/h）；<686（300 km/h≤V≤350 km/h）。

硬点检测值超过标准值跨数应小于检测总跨数的 0.5%。

接地回流电阻值不大于 0.05 Ω。

2.4.10　防火性能

列车应具有良好的防火特性。防火性能应根据 BS 6853、DIN 5510 或其他标准进行设计。结构设计应符合相关防火规定并尽可能防止火灾发生。

包括电缆在内的材料应是阻燃、低烟排放、无毒、无卤素的不易燃材料或防火材料，内部材料应符合环境保护标准要求。

通道地板和端门应提供 15 min 的防火隔墙，防止火灾蔓延。

车内应配备烟雾探测系统以探测内部火灾，触发火灾报警时列车应能够在不发出当前速度警告的情况下保持运行。每节车厢应提供足够数量的灭火器。灭火器种类符合法定要求。

在每节车厢内应提供两个灭火器，在司机室内需提供一个灭火器，具体位置应方便乘客与列车乘务员使用。

2.4.11　安全性

安全性满足《轨道交通可靠性、可用性、可维修性和安全性规范及示例》(GB/T 21562—2008)中有关要求。

设计保证动车组运行时的安全性，并具有一定的安全裕量。

设计保证电路中出现故障，不造成运行危险或对旅客和乘务员造成危害。危害正常运行的故障能够立即识别，并按"故障导向安全"的原则进行设计。

设计保证紧急故障时有相应的应急功能，如应急照明、应急通风及应急出口等。应急照明及列车广播系统能维持 120 min，应急通风系统可维持 90 min。

有关电气事故的防护措施满足相关规定，确保旅客不受到伤害。

所有电气设备箱/壳体都安全接地，确保操作及检修维护人员的安全。

具备与高压电气相关的安全保护措施、明确的安全联锁要求，确保维护和检修人员的安全，同时高压电气设备的放电不会对动车组低压控制电路造成损害，具体如下：

① 采用高压联锁设计；

② 受电弓升弓与接地保护装置，以及与真空断路器之间进行联锁设计；

③ 通过设置良好的接地系统和浪涌保护措施，降低高压异常放电对低压设备和低压电路的冲击，避免对低压控制电路造成损害。

所有的电机、电器、电子装置、电线电缆等须采取相应的防霉（霉菌和真菌）、防老鼠等啮齿类小动物的措施。

动车组相关零部件须满足中国国家认证认可监督管理委员会 3C 认证的要求。

应急设施：列车须设司机用紧急设备、客室应急设备、灭火设备、逃生设备及紧急按钮等，最大限度地为司乘人员和旅客提供一个安全可靠的乘车环境。

2.4.12　舒适度

动车组平稳性指标达到优秀，分析频率为 0.5～40 Hz。

乘坐舒适度指标达到《动力学性能试验鉴定方法及评估标准》所规定的 2 级，分析频率为 0.4～80 Hz。

2.4.13　强度

列车应符合《200 km/h 及以上速度级铁道车辆强度设计及试验鉴定暂行规定》（科教装〔2001〕21 号）的各项规定，或满足寿命期内的实际安全运用要求。

乘客每人重量按 80 kg 计算。整备状态下车体最低自振频率不低于 10 Hz。车体气密强度载荷为 ±6 000 Pa。各车应能在 5 km/h 速度的调车冲击下保持正常状态。司机室前面部分缓冲器吸能容量应至少大于 10 kJ。在低速碰撞时应只损坏车头易更换的鼻部，而主结构不受到破坏。

2.4.14　耐振动和耐冲击性能

车上安装的各种设备应能承受动车组运行中的各种振动和冲击，应符合 IEC 61373《铁路应用　机车车辆设备　冲击和振动试验》的要求。

在动车组运行速度范围内不允许出现谐振现象。各种设备应在规定方向的振动和冲击的幅值下进行试验，各种设备应能正常工作，无永久性变形或损坏。

2.4.15　环境保护

环境保护方面在设计时须遵守《铁路环境保护规定》等有关环境保护的规定。

2.4.16　车体

1. 性能

（1）车体强度符合《200 km/h 及以上速度级铁道车辆强度设计及试验鉴定暂行规定》（科教装〔2001〕21 号）的要求。

（2）车体模态满足要求。

（3）车下设备布置满足轮重差要求。

（4）司机室前端下方排障器中央的底部能承受 137 kN 的静压力。

2. 结构

车体断面符合并充分利用《客运专线机车车辆限界暂行规定》，尽量增大车内空间，提高舒适性，具体如下：

车体宽度：3 380 mm；

中间车辆车体长度：24 500 mm；

车体高度（车顶距轨面高度，新轮，不含受电弓）：3 700 mm；

地板距轨面高度：1 300 mm；

车钩中心线高度：1 000 mm；

两端车钩中心线距轨面高度：$1\,000^{+10}_{-25}$ mm；

两端过渡车钩中心线距轨面高度：880^{+10}_{-40} mm；

中间车钩中心线距轨面高度：$1\,000^{+10}_{-15}$ mm。

车体的焊接执行 EN 15085《轨道应用　轨道车辆和车辆部件的焊接》标准。

司机室前端下方的排障器在车辆正常位置时距轨面高度为 150 mm，排障器上的排障橡胶距轨面 20 mm，在车轮踏面磨耗允许范围内可调节高度。

车顶具备足够强度，满足检修维护人员在其上部的作业需求。车顶及侧墙外表面尽可能避免突起和凹沟。车体两侧裙板上设排污口、注水口盖板，外形与侧裙板保持一致。

车下安装设备的安装方式应保证运用安全和安装方便；车下导流罩与侧墙圆滑过渡，其最低点在车辆正常位置时距轨面高度为 200 mm；车下设备舱采用密封结构，以避免雨、雪、杂物的进入。强度及刚度满足实际运用需要。

2.4.17　转向架

1. 性能

动力学性能满足《动力学性能试验鉴定方法及评估标准》的规定。

2. 构架

《200 km/h 及以上速度级铁道车辆强度设计及试验鉴定暂行规定》（科教装〔2001〕21 号）；

UIC 515–4《客车转向架结构强度试验方法》；

UIC 615–4《转向架构架强度试验规程》。

3. 轮轴

EN 13260《铁路应用　轮对和转向架　轮对　生产要求》；

EN 13261《铁路应用　轮对和转向架　车轴　产品要求》；

EN 13262《铁路应用　轮对和转向架　车轮　产品要求》。

4. 结构

采用两轴无摇枕转向架。动力转向架和非动力转向架应采用基本一致的结构形式。动力转向架牵引电机为架悬式，每个构架上反对称地布置两台牵引电机。

（1）悬挂系统。

列车采用二级悬挂系统。一系悬挂采用转臂式定位方式或拉杆式定位方式；二系悬挂采用空气弹簧装置。

（2）构架。

构架采用 H 形焊接结构，主体结构包括侧梁、横梁等。

（3）轮对。

车轮的踏面与轮缘的形状为磨耗形。车轴采用空心轴。空心轴内孔径为 ϕ 30 mm、60 mm、65 mm 中的规格尺寸。

（4）轴承。

轮对轴承为单元式自密封免维护轴承。

（5）轴箱及定位节点。

列车采用转臂式或拉杆式轴箱定位装置。轮对轴箱装置应便于更换。定位节点为金属橡胶减振元件，为轮对提供纵、横向弹性定位。

（6）轴箱弹簧。

轴箱弹簧采用钢制螺旋弹簧。通过橡胶垫（或聚氨酯类）与转向架构架、轴箱隔离，以保证电气绝缘，并可缓冲高频振动。

在最大超载重量下运行时，钢制螺旋弹簧及止挡处均不得有压碰现象，不得发生弹簧折断。

垂向减振器与钢制螺旋弹簧并联安装，用以衰减振动。

（7）空气弹簧装置。

二系悬挂中采用空气弹簧装置。可以通过加减水平调整垫调整车体地板高度（车钩中心高度）。二系悬挂应设防过冲保护装置。

① 空气弹簧。

空气弹簧由空气弹簧胶囊、紧急橡胶堆、摩擦片等组成，在整个环境温度范围内均应保证气密性。其设计应保证在空气弹簧无气时能够行驶，并在故障工况下也可以通过弯道。

②　高度调整阀。

高度调整阀能根据载重的变化自动调整空气弹簧的内压，保持车体高度一定。

（8）减振器。

减振器用于吸收振动能量，以减缓由于轨道不平顺等引起的振动和冲击，或抑制蛇行运动。在整个环境温度范围内应防止灰尘进入及油泄漏。

（9）牵引拉杆装置。

车体和转向架之间设置牵引拉杆，以传递牵引力和制动力。牵引拉杆装置两端带有弹性节点。

（10）抗侧滚扭杆装置。

在采用两点式支撑时，为车体提供侧滚刚度。根据不同的车辆重量及偏载情况选配采用适当刚度的抗侧滚扭杆装置。

（11）止挡。

为限制车体相对转向架的垂向、横向或纵向的移动量，可设置必要的止挡。

（12）联轴节。

联轴节用于传递电机与齿轮箱之间的扭矩。鼓形齿大变位联轴节，由两个半联轴节组成，分别与电机输出轴和齿轮箱输入轴连接，易于拆装。

（13）齿轮箱。

齿轮箱用于将电机的高转速降低至车轮所需的转速。齿轮箱箱体应具有足够的强度，应能够抗碎石打击。齿轮箱应设温度或振动传感器，温度传感器应对大小齿轮的轴承均进行监测。齿轮箱应采取措施防止油泄漏，并设有油位检查装置。

2.4.18　牵引高压系统

1. 性能

牵引功率满足加速性能要求。对于车轮半磨耗状态下，动车组至少应达到如下牵引特性参数的要求：

（1）动车组牵引动力性能应能满足最小追踪间隔时间 3 min 的要求；

（2）动车组在 15 m/s 风速的逆风下能正常运营；

（3）牵引动力装置可利用的黏着系数按最不利条件考虑；

（4）动车组的轮周再生制动功率应不低于轮周牵引功率。

牵引系统故障时的工作能力：

（1）当动车组一节动车无动力时，在定员载荷下，当天可正常运行；

（2）当动车组 25%及以下动力失效时，在定员载荷下，可全程往返一次；

（3）当动车组 25%～50%动力失效时，在定员载荷下，可在 12‰的坡道上起动，并前进到最近车站，乘客下车后，动车组空车返回基地；

（4）当一列定员载荷的动车组因故障停在 12‰的坡道上，另一列空载动车组能够从坡底将故障动车组顶推到下一站。

定速运行时，动车组可平稳控制，不超过设定速度值±2 km/h；牵引、惰行、制动工况转换时无大的冲击和振动。

在网压波动时，动车组应保证：

（1）网压在 22.5～29 kV 间，发挥额定功率；

（2）网压在 22.5～19 kV 间，牵引功率可线性下降至额定功率的 84%；

（3）网压在 19～17.5 kV 间，牵引功率线性下降至零，辅助设备应正常工作；

（4）网压在 29～31 kV 间，牵引功率线性下降至零，辅助设备应正常工作。

网压突变：网压突变时，动车组以额定功率运行，牵引时供电电压从接近标称电压突然增加 10%；电制动时供电电压从接近标称电压突降 10%，系统应正常。

网压中断：网压中断时，系统不发生故障，网压恢复后系统能重新正常工作。

当牵引系统运行于牵引工况额定工作点时，其效率应不小于 0.85，其中：

（1）牵引变压器效率应不低于 0.95；

（2）牵引变流器效率应不低于 0.96；

（3）牵引电机在持续点的效率应不低于 0.94。

网侧性能满足以下指标：

（1）20%额定功率以上时，功率因数（λ）≥0.97；

（2）主变压器原边电流畸变率（THD）<5%；

（3）当 8 辆编组动车组发挥额定功率时的等效干扰电流（J_p）<2.5 A。

受电弓应符合《轨道交通 机车车辆 受电弓特性和试验 第 1 部分：干线机车车辆受电弓》（GB/T 21561.1—2008）和《轨道交通 受流系统 受电弓与接触网相互作用准则》（TB/T 3271—2011）的各项规定，优先采用低噪声受电弓。

主变压器应符合《轨道交通 机车车辆牵引变压器和电抗器》（GB/T 25120—2010）的要求，推荐采用以下指标：耐压等级 70 kV，雷电冲击电压 170 kV。

牵引变流器应符合《铁路应用 机车车辆电气设备 第 1 部分：一般应用条件和通用规则》（GB/T 21413.1—2008）、《轨道交通 机车车辆用电力变流器 第 1 部分：特性和试验方法》（GB/T 25122.1—2010）、《轨道交通 机车车辆电子装置》（GB/T 25119—2010）、《轨道交通 机车车辆 组合试验 第 1 部分：逆变器供电的交流电机及其控制系统的组合试验》（GB/T 25117.1—2010）等标准要求。振动与冲击满足 IEC 61373《铁路应用 机车车辆设备 冲击和振动试验》标准的要求。

牵引电机应符合《电力牵引 轨道机车车辆和公路车辆用旋转电机 第 1 部分：除电子变流器供电的交流电机之外的电机》（GB/T 25123.1—2010）、《电力牵引 轨道机车车辆和公路车辆用旋转电机 第 2 部分：电子变流器供电的交流电机》（GB/T 25123.2—2010）、《轨道交通 机车车辆 组合试验 第 1 部分：逆变器供电的交流电机及其控制系统的组合试验》（GB/T 25117.1—2010）和《动车组牵引电动机技术条件》（TB/T 3238—2010）等标准的有关要求。其中，振动试验项目根据 IEC 60349-2：2010 执行。

2. 结构

1）主电路设计

牵引传动系统由数个相对独立的基本动力单元组成，一个基本动力单元主要由变压器、牵引变流器和牵引电机等组成。在基本动力单元中的电气设备发生故障时，可全部或部分切

除该动力单元，但不应影响到其他动力单元的使用。

当牵引电机采用并联供电方式时，应保证牵引电机负荷分配均匀。

2）高压设备

高压设备应符合 IEC 60077-1《铁路应用　机车车辆电气设备　第 1 部分：一般使用条件和通用规则》标准及其他相关标准。其中，车顶高压设备雷电冲击耐受电压不小于 185 kV，爬电距离不小于 1 000 mm，电气间隙不小于 310 mm，绝缘子的结构高度不小于 400 mm。

受电弓应能适应中国客运专线接触网。受电弓数量设置应具有冗余性，即采用单弓受流方式时，至少应有两台受电弓；采用双弓受流方式时，则至少应有四台受电弓。采用双弓受流方式时，两弓的距离应满足两组动车组联挂运行时通过接触网分相关节的距离要求。列车还应安装自动降弓装置。受电弓最高试验速度应不小于最高运营速度的 1.1 倍。

主断路器采用真空断路器。主断路器符合《铁路应用　机车车辆电气设备　第 4 部分：电工器件交流断路器规则》（GB/T 21413.4—2008）的要求。每台受电弓至少配备一个主断路器，可有选择地进行操作。

在高压侧应安装具有自动恢复功能的避雷器，以保护动车组免受雷击。

3）其他高压设备

包括网压、网流检测装置、接地装置和高压隔离开关等。

主电路在各车辆间采用高压电缆及相应的高压连接器连接。车顶高压连接应具有通流能力强、高绝缘性、高柔韧性、高安全性、高可靠性，以及低辐射、低电磁干扰等特点。

（1）变压器。

在网压变化范围内，主变压器输出电压、电流及功率应满足列车牵引和再生制动的要求。

主变压器适用于额定电压为单相 25 kV/50 Hz 的电压制式。次级绕组为牵引变流器提供电能。主变压器具有过流监控和保护功能。

主变压器安装结构及强度应满足在车体下部吊装的要求。主变压器箱体应有足够的强度，以防止机械损坏（如碎石击打），符合有关标准的要求。主变压器应能承受运动中的振动和冲击负荷，满足 IEC 61373《铁路应用　机车车辆设备　冲击和振动试验》标准要求。

主变压器设有冷却油温、油循环流动状态等监控保护装置，并须设置气体保护装置。主变压器冷却单元应耐风沙磨损、耐腐蚀，冷却单元（过滤网）的设置应易于清洁。

主变压器中应采用阻燃的变压器油，油品的维护和补给应满足 IEC 60296：2003《变压器和开关设备用的未使用过的矿物绝缘油》，以及我国常规的条件和相关的环境保护要求。

（2）牵引变流器。

牵引变流器应采用结构紧凑、易于运用和检修的模块化结构。

牵引变流器由多重四象限变流器、直流电压中间环节和电机逆变器组成，牵引变流器的模块应具有互换性。牵引变流器采用的功率半导体器件应确保牵引变流器的可靠性、易维护性、安全性和经济性；应符合元件的发展方向，优先采用 3 300 V 及以上电压等级的功率元件。

牵引变流器具有中间直流环节过压保护、输入输出过流保护、输出短路保护、冷却液或模块超温保护和接地故障保护功能项目，通过故障时关闭功率元件的门极、断开接触器和断开主断路器方法实现保护功能。

牵引变流器应采用有利于环保的冷却方式。牵引变流器的防护等级不低于 IP54。

（3）牵引电机。

列车采用三相交流异步牵引电机。牵引电机由电压源逆变器供电，采用变频、变压（VVVF）调速运用方式。牵引电机至少应采用 200 级耐电晕绝缘结构。

所有牵引电机在外形尺寸、安装尺寸和电气性能方面一致，均应能在所供动车组上完全互换。

根据牵引电机的结构及出线方式对电机进行有效防护。对于采用接线盒出线的电机，必须采取防止灰尘、油、水进入到电机接线盒内的有效措施，接线盒处防护等级不低于 IP54。

维修电机时，允许仅更换定子或仅更换转子，并能保证电机特性的一致性。

电机应能承受运行中的振动和冲击负荷，符合 IEC 61373《铁路应用　机车车辆设备　冲击和振动试验》标准要求。

牵引电机应设定子温度监测、轴承温度监测、转速监测。牵引电机应采用送风机强迫通风冷却。

（4）电传动系统。

电传动系统应具备完善的诊断系统，对各种故障应具有相应的保护措施。动车组对空转、滑行的保护功能必须有效。对牵引电机过流、接地、三相不平衡、缺相、超速等故障应有良好的保护功能。所有故障信息应储存并能读出，重要故障应通过网络传递给列车级控制系统，并可供司机和随车机械师在显示器上查阅。对牵引系统可能发生的各种预期故障的相应诊断保护措施应全面。

2.4.19　制动系统

系统应按故障导向安全的原则进行设计，应具有常用制动、紧急制动 EB、紧急制动 UB 和停放制动等功能，并应具有保持制动功能或其他能够在坡道上起动而不溜逸的措施。

1. 性能

制动形式：电制动+电气指令式空气制动。应充分发挥再生制动的作用，最大限度地将制动能量反馈回电网；在动车组运行速度范围内，动力制动应能满足运用调速的要求，并尽可能采用动力制动。

基础制动形式：盘形制动。各制动级位施加的制动缸压力及制动和缓解作用时间、制动安全环系统功能满足合同要求。

空电匹配性能：优先采用动力制动；动力制动力不足时，由空气制动补充。

纵向冲动值：不应超过 0.75 m/s^3。

紧急制动时的瞬时减速度：不大于 1.4 m/s^2。

动轴发生空转/滑行时，系统能进行有效抑制，同时动车组监控系统应有空转/滑行显示。当轨面黏着恢复后，动车组应能尽快恢复牵引/电制动力。

动车组在定员载荷下应能通过施加停放制动确保在 20‰ 的坡度上停放，并具有不小于 1.2 倍的冗余。整列车保持制动力满足动车组定员载荷状态下，在规定坡道停车的要求。紧急制动时，动车组的各部件和设备不应出现故障和损坏。

2. 结构

动车组制动系统由直通式空气制动控制系统、动力制动系统（如再生制动等）、风源和基

础制动装置等组成。直通式空气制动控制系统由电子制动控制单元（EBCU）、气动控制单元（PBCU）、防滑控制单元及附件组成。

司机操纵台上设制动控制器。司机通过操纵制动控制器手柄施加不同级别的制动。

动车组车上应设置缓解空气制动及停放制动（手动缓解拉绳除外）的装置，需要时可在车内进行单车制动缓解操作。

牵引控制单元（TCU）控制动力制动设定值的执行，EBCU 控制空气制动设定值的执行。

制动系统设有与车载列车运行控制系统的接口，并受其控制。对于车载列车运行控制系统发出的紧急制动指令，原则上应优先触发紧急制动 UB。当紧急制动 EB 与紧急制动 UB 之间可以实现故障导向安全联锁控制时，可优先触发紧急制动 EB。

基础制动：采用盘形制动装置，制动盘热容量须满足动车组最高运营速度下连续两次紧急制动的热负荷要求，并须满足最高试验速度下的紧急制动能力要求。

闸片与制动盘必须匹配，热容量满足运用工况要求。制动夹钳具有闸片间隙自动调整功能，闸片与制动盘之间的间隙应均匀。

列车应设停放制动装置，在安装停放制动装置的车轴两侧均设手动缓解装置，通过手动缓解装置可以紧急缓解该停放制动。

2.4.20　风源系统

1. 性能

动车组压缩空气供给系统应满足用风要求，应能为制动系统及其他风动装置提供清洁、干燥的压缩空气，并在动车组 50% 以下单元的空气压缩机出现故障时，仍能维持动车组正常运营。

在规定的时间内，总风缸压力下降值不应超过规定值。

升弓风缸压力高于辅助空压机起动压力设定值，辅助空压机应不工作；升弓风缸压力低于辅助空压机起动压力设定值，辅助空压机应起动工作。

供风装置应满足供风时间的要求，包括满足跟踪时分的要求和整备作业的要求。

列车总风管风压应位于 750～1 000 kPa 之间。当救援或回送时，总风管风压为 500 或 600 kPa，动车组制动系统应能正常工作。

输出空气质量不低于 ISO 8573-1《压缩空气　第 1 部分：杂质和质量等级》中规定的 3-3-4 级要求。

动车组供风管路密封良好，保证在额定工作压力下，5 min 内泄漏量不得超过 20 kPa。

2. 结构

压缩空气供给系统应包括空气压缩机、油水分离器及干燥器等主要部件。装设受电弓的车辆应设置辅助空气压缩机系统，以供总风缸欠压或无风时的升弓。

2.4.21　辅助供电系统

辅助供电系统由分散布置在若干车厢的各电源设备向干线供电。用电设备包括空气压缩机、冷却通风机、油泵/水泵电机、空气调节系统、采暖设备、照明设备、旅客服务设备、应

急通风装置、诊断监控设备等。

1. 性能

中压供电制式优先使用 3 相 380 V/50 Hz 制式，低压供电制式优先使用 DC 110 V 制式。供电输出品质应符合 UIC 550《客运车辆供电装置》、IEC 61287《铁路设施　安装在铁路机车上的电力变流器　第 1 部分：特性和试验方法》的要求。

列车应设足够容量的碱性蓄电池组以供应急使用，应急通风至少应维持 90 min，其余应急用电至少应维持 2 h，包括应急照明、应急显示、维修用电、通信及其控制等。蓄电池组运行时可在线充电。

应急用电按用电等级分类进行供电支援，并具有低压保护功能。各种制式的辅助供电电源系统采用冗余设计，并具有相互支援功能。供电设施应具有自诊断功能和故障保护措施。

各辅助供电电源装置和用电设备应能承受运动中的振动和冲击负荷，满足 IEC 61373《铁路应用　机车车辆设备　冲击和振动试验》的要求，应符合《铁路应用　机车车辆电气设备　第 1 部分：一般使用条件和通用规则》（GB/T 21413.1—2008）的要求。应保证过分相时旅客电源插座、照明、旅客信息系统、娱乐系统及其他重要负载不断电。

2. 结构

动车组内各车应设 AC 220 V/50 Hz 的插座。各制式供电设备均应有各自独立可靠的安全接地措施。车体外两侧适当位置装有供列车干线供电用的外接辅助电源插座。动车组的库用插座与受电弓应设联锁。CIR 设备供电线路应单独设置，直接由蓄电池供电。

2.4.22　列车的控制、监测与诊断

1. 性能

动车组上设控制、监测与诊断系统，采用网络方式实现通信联系。系统为由网络连接在一起的基于微处理器的分布式智能控制与诊断系统。控制、监测与诊断系统应具有冗余功能，列车级、车厢级（或单元级）总线及重要控制设备或装置应冗余，不能因单一总线或控制设备或装置故障，影响动车组的正常运营。通过网络把产生的故障诊断信息传输到中央诊断系统。

动车组上设运行性能安全监测系统。该系统应能对动车组和各个重要功能系统的重要部件的性能进行实时监测和报警，确保动车组运行安全。

2. 结构

列车的每端上至少设两个中央控制单元，互为冗余，只有一个中央控制单元管理器作为总线仲裁器运行，其他作为潜在的总线仲裁器。通过钥匙开关选择主控端车。

列车设 GFX–3A 型分相位置信号采集装置采集分相信息，列车也可通过 ATP 采集分相信息实现列车过分相控制，两者的转换优先采用自动转换方式。列车也可以实现手动过分相。

系统应能与信号系统相配合。动车组控制系统设有与车载列车控制设备的信息接口。列车运行速度受车载列车控制设备控制。当列车超过规定速度运行时，该设备将通过制动系统自动减速运行，确保列车运行安全。列车按运行图规定速度运行。车上具有恒速设置功能，可以控制列车恒速运行。

动车组应能够完成在正常条件下的牵引、制动、方向、辅助系统、车门、空调、防空转、

防滑等子系统的逻辑判断、控制和状态监视功能。系统可在保护发生后将动车组投入到特定的工作状态，系统应能在非正常条件下导向安全。系统应具备冗余功能，任何单点故障不应影响动车组运营。

动车组在易于维修人员接触的位置设有数据接口，其中网络、牵引、制动的数据接口应在车上，维修人员可以使用便携式设备（以下简称 PTU）通过该数据接口或通过 IC 卡采集和分析相关设备的故障数据和工作状态，以便对动车组进行调试、维护、检修等作业。

动车组设置车载信息无线传输设备（以下简称 WTD），实现动车组运行信息、车载系统设备状态和故障信息的实时传输，具体技术要求按运装客车〔2010〕295 号文执行。

2.4.23　空调系统

空调系统具备如下功能：供应新风与排放废气、采暖和制冷、气流的输送和分配、新风过滤或与回风混合后过滤、应急通风、调节和控制等。

1. 性能

（1）客室内各测点微风速。

夏季：0.08～0.70 m/s；

冬季：0.05～0.25 m/s。

（2）新鲜空气量。

夏季：15 m³/h，外温≥35 ℃；15～25 m³/h，外温＜35 ℃；

冬季：15 m³/h，外温≥−10 ℃；10 m³/h，外温＜−10 ℃。

（3）车辆的制冷性能。

外气计算温度 40 ℃，相对湿度 46%时，客室温度 24～28 ℃，相对湿度≤65%。

（4）温度均匀性。

车厢内温度均匀性：不超过 3 ℃；

采暖运行车厢内温度均匀性：不超过 2 ℃。

（5）车内平均相对湿度。

车内平均相对湿度：≤65%。

（6）客室平均温度。

夏季：24～28 ℃；

冬季：18～22 ℃。

（7）CO_2 浓度。

在定员状态下 CO_2 浓度：＜0.15%。

（8）室内空气粉尘浓度。

室内空气粉尘浓度：＜0.5 mg/m³。

（9）压力波动。

满足《高速电动车组整车试验规范》的要求：

优：≤200 Pa/s；

良：≤800 Pa/3 s；

合格：≤1 250 Pa/3 s。

2. 结构

每节车厢须配置独立的空调系统。客室内设废排风道，废气通过废排单元排出车外。司机室应具有单独的空调出风口，卫生间和通过台纳入空调范围。采暖方式采用电加热装置。电加热装置具有可恢复和不可恢复两级超温保护。每节车厢均设置应急通风功能。应急通风设备由车载蓄电池供电。

空调机组性能满足实际运用要求，具有全列自动控制失效时的单车应急手动控制功能（可实现单车全冷和半冷控制）。采用 R134a 或 R407c 型环保制冷剂。

客室内回风口和废排风口的设置应保证车内气流和温度分布的均匀性，应不受客室门打开或关闭的影响。

采用被动式压力保护系统时：当动车组会车或过隧道时，安装在头车的压力波传感器将压力波动信号传给控制单元，关闭新风和废排阀门，实现对车内压力波动的控制。

采用主动式压力保护系统时：当动车组会车或过隧道时，通过高静压的换气装置抑制车外压力波动传入车内，实现对车内压力波动的控制。

2.4.24　供排水系统与卫生系统

根据需求设卫生设施和盥洗设施。一般除餐车外每车设卫生设施和盥洗设施，并设大件行李间和饮水机、垃圾箱。

1. 供排水系统

1）性能

水箱的容积应适合交路需要最长 1 320 km 的供水环境。注水口形式符合《铁道客车给水装置》（TB/T 1720—2010）的有关规定。供水质量为非直接饮用水。列车静止或运行时，供水装置不得发生虹吸现象。供水质量符合《生活饮用水卫生标准》（GB 5749—2006）。

2）结构

供水装置由水箱及管路系统组成。

供水装置注水口分设车体两侧，应有防污染措施，并通过溢水装置实现注水过量保护。在车上设置水位显示器或低水位报警显示功能，便于动车组列车及时注水。

供水装置需有防冻、防腐设施。水位指示灯采用常亮方式。

车上水箱设注水接口、防冻排空管、供水接口和水位传感器，箱体采取防寒措施；采用重力或泵水单元向车上设备供水。

车下水箱设注水接口、防冻排空管、供水接口和水位传感器。箱体采用不锈钢材质，设置电加热装置及隔热保温材料；由泵水单元向车上供水，可通过水位显示器显示水箱存水情况。

供水管路应有防冻、防腐措施。所有水箱和管道必须与排空管路相连，保证在系统停止使用时仍能排空余水，以防冻结。

每节车厢设沸腾式电开水炉，适合中国的水质，并具有缺水保护功能，面板处设指示灯及纸杯架。

2. 排污设施

1）性能

污物箱容积根据运行交路和定员确定，至少满足运行一天的需要。污物箱应有防冻措施。

污物箱设有状态显示器，主要功能包括电源显示、加热工作显示、污物箱 20%、80% 和 100% 液位显示、故障显示等。

2）结构

（1）卫生设施应有措施确保使用人员的卫生安全。

（2）排污口型式为 2.5 寸快速接头，符合 UIC 563《客车卫生和清洁设备》标准。

（3）污水箱。

当车底架下设备布置无法设置污水箱时，污水应通过防逆流的水封装置排出车外，并不得影响动车组外观和车下设备的正常使用。

（4）排污。

采用真空集便装置，并能配合使用真空抽吸式地面接收设施（包括移动式真空抽吸式排污设施）。污物箱布置在车下。污物箱两侧设置真空外排接头（通用 2.5 寸快速接头）。污物箱内设置 20%、80% 和 100% 感应式液位传感器，可在车上、车下显示。从便器到污物箱的管路须要做防冻处理，有保温措施。

每辆车上设有垃圾收集装置。客室端部垃圾箱容量不小于 40 L，卫生间垃圾箱容量不小于 10 L。

2.4.25　车内装饰及设备

1. 性能

客室内净空高度：	＞2 200 mm；
地板面距轨面高度（整备状态）：	1 250～1 300 mm；
侧门净通过宽度（一般）：	≥720 mm；
（残疾人用）：	≥800 mm；
侧门开启时，门槛顶面以上高度：	≥1 850 mm；
司机室端门净开宽度：	≥550 mm；
司机室端门开启时净开高度：	≥1 850 mm；
通过台宽度：	约 1 000 mm；
通过台高度：	≥2 050 mm；
外端门宽度：	≥820 mm；
外端门高度：	≥1 900 mm；
客室端门净通过宽度（一般）：	≥750 mm；
（残疾人用）：	≥800 mm；
客室端门净通过高度：	≥1 900 mm。

侧门：安装后应保证气密性的要求，应具有良好的隔声、隔热性能，并具有良好的阻燃性。能适应最高运营速度的运用需要；侧门应具有自动/手动功能，紧急情况下，可通过设置在车内部及外部的开关打开车门。能用钥匙从车内部锁闭车门，能实现动车组在存放线时对全列车门的锁闭功能。其中，在头车每侧各设置一个可从外部开启、锁闭的车门（采用专用钥匙）；侧门具有障碍物检测功能，车门关闭时如检测到障碍物则车门返回打开状态，防止夹伤旅客或夹坏物品。

外端门：应具有耐火性能，关闭后应确保起火后 15 min 之内不会通过其蔓延到相邻车厢。

门在全开或全闭时可手动锁定。

普通卫生间门：净开空间至少为 1 900 mm×450 mm，残疾人卫生间门净开空间至少为 1 900 mm×800 mm。

司机室后端门：净开空间至少为 1 700 mm×430 mm。

车内各门：结构应满足紧急情况下人员疏散的要求。

侧窗：外层玻璃能承受±6 kPa 的压力载荷，窗固定后应保证气密性要求。侧窗传热系数不大于 3.5 W/（m²·K），计权隔声值不小于 25 dB。

应急车窗：应急车窗标记应具有夜光功能，以便于在照明系统故障时操作。定员小于 40 人时，至少设置 2 个应急车窗；定员大于 40 人时，至少设置 4 个应急车窗。

座椅按照人机工程学的原理设计，保证乘客的安全和舒适。一、二等座椅强度及耐久性要求满足《动车组乘客座椅》（TB/T 3263—2011）或 UIC 566《客车车体及其部件的载荷》的要求。

客室行李架：行李架应具有足够的强度。行李架材料应透明或半透明，方便旅客查看。

2. 结构

1）内部装饰

车内墙、顶、地板安装尽可能采用无木骨架的模块化结构。墙、顶采用工程塑料类装饰板、铝板覆膜装饰板或其他轻量化装饰材料。

侧墙板的窗口下沿设平窗台，宽度约 80 mm。地板采用隔声减振结构。地板周围及各螺栓、管道等穿过地板处必须满足密封要求，保证水不渗漏到地板内部。

车内装修应隔断热桥，各板、梁、柱之间采用隔声减振措施。卫生间地板坚固耐用，在卫生间的寿命期内不得塌陷。地板布采用橡胶地板布，具有防滑、耐磨、抗撕裂、防火等特性，地板布间的接头及连接具有防水功能。橱柜、内墙板和间壁采用三聚氰胺贴面胶合板或铝蜂窝板或其他轻量化材料，柜门装有铰链和锁，门的开启度大于 90°。

在上部需维护和检修的位置，须在平顶板上设活顶板或检查门。底架、车顶、侧墙、端墙应铺设隔热材料，具有隔热和吸声的作用，不因吸水导致性能明显降低。

2）内部设备

侧门门板采用铝型材骨架内填充芯材的夹层结构，保证具有较高的隔声、隔热性能。门内外两侧分别设有门扣手。

外端门采用自动门或手动门，优先采用风挡两侧可联动的自动门，采用自动门时应设障碍返回防夹装置。密封结构采用周边膨胀胶条密封或迷宫式，应能够阻止烟扩散。

客室设自动拉门，通过固定于门两侧的感应装置或按钮实现开关门操作，并设障碍返回防夹装置。门在全开位置均可由乘务员用钥匙将门锁定。

普通卫生间采用手动拉门或折页门，使用通用钥匙锁闭。残疾人卫生间门为自动拉门，采用控制开关开关门，内部采用机械锁进行锁闭，在外部可使用通用钥匙锁闭。

司机室后端门为手动折页门或拉门，采用专用钥匙锁闭。

侧窗为固定式车窗，采用整体框机械安装，密封胶密封的方式，应便于整体更换。侧窗配置遮阳窗帘，窗帘应便于拆卸、清洗。

每节车厢的客室设应急用车窗。车窗应满足正常运营的要求，并可在紧急情况下用应急破窗锤打碎以供逃生用。窗上设有红色圆形标记。

此外，客室还应设行李架。

2.4.26　车间连接

车端连接系统与动车组系统设计紧密相关，包括下列内容：

机械连接：如车钩缓冲装置、风挡、空气管路等；

高压电器连接：如车顶高压电缆、主电路电气设备的电缆连接等；

辅助系统和列车供电连接：如中压供电母线、直流供电母线等；

控制系统连接：如列车通信和控制总线、制动控制线等。

（1）车钩缓冲装置。

性能满足运用要求。满足动车组列车在回送和救援时，机车牵引制动工况下的运行要求。能在不架起车体的情况下进行拆装和检修。

（2）端部车钩缓冲装置。

列车两端采用密接式车钩缓冲装置，带有压缩空气连接器和电气自动连接器。车钩钩头形式按 TSI《泛欧高速铁路系统车辆子系统互通性技术条件》附录 K 的 10 型车钩轮廓执行。密接式车钩及缓冲装置的强度满足实际运用需求。电气自动连接器（简称电钩）的设置应保证与其他动车组联挂时，不发生干涉。

（3）中间车钩缓冲装置。

采用密接式车钩缓冲装置或半永久车钩。

（4）前端开闭机构。

前端开闭机构应具有良好的空气动力学外形。前端设计应尽可能密闭，并能防止叶片、灰尘和冰雪等杂物进入。前端开闭机构为电控气动机构，并具备机械锁闭功能。

前端开闭机构应能在司机室中操纵。司机给出打开指令后，开闭机构自动打开，打开状态锁闭，发出完成信号。司机给出关闭指令后，开闭机构自动关闭成锁闭状态，发出完成信号。

前端开闭机构还应能手动操作开闭。打开后应不影响前端车钩的联挂功能，以实现动车组回送及救援。

（5）车辆间连接风挡。

动车组车辆间设内风挡，对噪声、水、雪及外气压力起密封作用。风挡通道净通过高度≥1 850 mm，净通过宽度≥800 mm。

动车组车辆间设外风挡，以降低运行阻力、减少气流影响。

（6）过渡车钩。

① 救援或回送时，动车组端部车钩与救援机车的 15 号车钩联挂处采用过渡车钩。

② 过渡车钩应设置可与《机车车辆用制动软管连接器》（TB/T 60—2014）规定的空气软管相连接的过渡风管接口，为救援和回送时提供压缩空气。

③ 过渡车钩的设计应能满足动车组在救援或回送过程中以 120 km/h 速度运行的需要。

④ 过渡车钩的结构形式应满足动车组被既有机车救援及回送，以及各型动车组相互之间救援及回送的要求。

2.4.27　旅客信息系统

1. 性能

动车组设集中控制的旅客信息系统，具有旅客引导和旅行信息服务功能，使乘客了解乘

车旅行信息。旅客信息系统能够提供车内外信息显示、公共广播、内部通信等功能。

车外信息显示的内容包含：车次、始发站和终点站、车厢顺序号。车内信息显示的内容包含：车次、车厢顺序号、始发站信息、发车/离站信息、途中信息、预到站信息、中间站到站信息、终点站到站信息。

公共广播包含人工广播和自动广播。人工广播通过车厢内的固定通信站可以向全列或单车进行公共广播，由蓄电池供电，确保列车在紧急情况下，其人工广播功能正常。每列车至少在司机室和机械师室设一个固定通信站，可以发布通告并通过车内扬声器进行广播。

内部通信应为车内司乘人员之间提供对讲通话，并具备优先级，优先级高的通话能强制切断占用优先级低的通话。

车内还设有集中控制的影音娱乐系统，娱乐系统可为乘客提供音视频娱乐服务。

2. 结构

每车均设车厢控制单元、功放单元、共线电话、车内显示器、车外显示器、扬声器等旅客信息系统设备。

每车还均设车厢控制单元、音视频解码单元、视频显示器等影音娱乐系统设备。

2.4.28　电磁兼容

满足《电磁环境控制限值》（GB 8702—2014）的规定。

（1）电磁兼容。

动车组所有电气设备和检测设备均具有良好的电磁兼容性，符合《轨道车辆　电磁兼容》（GB/T 24338）的有关规定，相互不影响对方正常工作。

同时应采取有效措施，避免不正常的情况发生，考虑以下三个方面：

① 车辆内部的电磁兼容；

② 动车组与铁路基础设施之间的电磁兼容；

③ 动车组与外部空间之间的电磁兼容。

（2）电磁辐射。

系统应能在技术条件规定的环境中正常、可靠工作，同时，系统不对轨道电路、通信信号及沿线的广播电视等系统产生有害干扰。

2.5　典型动车组的总体参数

2.5.1　国外典型动车组的总体参数

国外典型动车组的总体参数如表 2–15 所示。

表 2-15　国外典型动车组总体参数

车辆型式	日本								法国			西班牙	欧洲	韩国	德国			意大利		瑞典
	100 系	300 系	500 系	700 系	E1 系	E2 系	400 系	E3 系	TGV-A	TGV-R	TGV-D	AVE	TGV 欧洲之星	TGV-Korea	ICE 1	ICE 2	ICE 2.2	ETR 460	ETR 5000	X 2000
运营速度/(km/h)	230	270	300	285	240	275	240	275	300	300	300	300	300	300	280	280	330	250	300	200
编组	12M4T	10M4T	16M	12M4T	6M6T	6M2T	6M1T	4M1T	2L10T	2L8T	2L8T	2L8T	2L18T	2L18T	2L12T	1L7T	4M4T	6M3T	2L11T	1L5T
动力配置方式	2M 分散	2M1T 分散	4M 分散	4M1T 分散	2M2T 分散	2M 分散	2M 分散	2M 分散	动力集中	动力集中	动力集中	动力集中	动力集中	动力集中	动力集中	动力集中	2M2T 分散	2M1T 分散	动力集中	动力集中
转向架 M/T 构成	24M/8T	20M/12T	32M	24M/8T	12M/12T	12M/4T	12M/2T	8M/2T	4M/11T	4M/9T	4M/9T	4M/9T	6M/18T	6M/17T	4M/24T	2M/14T	8M/8T	12M/6T	4M/22T	2M/10T
车轴 M/T 构成	28M/16T	40M/24T	64M	48M/16T	24M/24T	24M/8T	24M/4T	16M/4T	8M/22T	8M/18T	8M/18T	8M/18T	12M/36T	12M/34T	8M/48T	4M/28T	16M/16T	12M/24T	8M/44T	4M/20T
车轴合计数	64	64	64	64	48	32	28	20	30	26	26	26	48	46	56	32	32	36	52	24
车间连接方式	车钩式	车钩式	车钩式	车钩式	车钩式	车钩式	车钩式	车钩式	铰接式	铰接式	铰接式	铰接式	铰接式	铰接式	车钩式	车钩式	车钩式	车钩式	车钩式	车钩式
组合运用	不可	不可	不可	不可	（准备）	一部可	可	可	可	可	可	可	不可	不可	不可	可	可	不可	不可	可
编组长度/m	402.10	402.10	404.00	404.70	302.10	201.40	148.65	107.65	237.95	200.19	200.19	200.144	393.72	387.43	357.92	205.40	200.00	236.60	327.60	140.00
编组定员/人	1 321	1 323	1 324	1 323	1 235	630	399	270	485	377	545	329	794	935	669 14T:759	395	425	458	594	288 只 1st:198
编组质量（空车）/t	857	630	620	628	692.5	365.9	318.0	219.7	435	383	380	392	752	699	790	423	365	（416.5）	598	321
编组质量（定员）/t	925	710	700	708	760.4	404.7	343.3	237.3	479	416	424	421	816	774	845	453	400	433.5	635	343
轴重（最大定员）/t	15.0	11.3	11.1	11.3	17.0	13.0	13.0	13.0	17.0	17.0	17.0	17.2	17.0	17.0	19.5	19.5	14.0	—	17.0	17.5

续表

项目	日本								法国			西班牙	欧洲	韩国	德国			意大利		瑞典
车辆型号	100系	300系	500系	700系	E1系	E2系	400系	E3系	TGV-A	TGV-R	TGV-D	AVE	TGV欧洲之星	TGV-Korea	ICE 1	ICE 2	ICE 2.2	ETR 460	ETR 5000	X 2000
轴重（平均定员）/t	14.5	11.1	10.9	11.1	15.8	12.6	12.3	11.9	16.0	16.0	16.3	16.2	17.0	16.8	15.1	14.2	12.5	12.0	12.2	14.3
车体材料	钢	铝合金	铝合金	铝合金	钢	铝合金	钢	铝合金	钢	钢	铝合金	钢	钢	钢	铝合金	铝合金	铝合金	铝合金	铝合金	不锈钢
气密耐压/kPa	5.35	7.35	10.08	9.10	5.35	8.04	5.35	7.65	—	6.0	6.0	6.0	—	—	5.5	5.5	—	6.0	6.0	—
头车长度/m	26.050	26.050	27.000	27.35	26.050	25.700	23.075	23.075	22.150	22.150	22.150	22.127	22.150	22.150	20.560	20.560	25.675	27.650	20.250	17.255
高度/mm	4 000	3 650	3 690	3 650	4 485	3 700	4 070	4 080	4 100	4 100	4 100	4 100	4 100	2 814	3 840	3 840	3 840	3 700	4 000	3 900
宽度/mm	3 380	3 380	3 380	3 380	3 380	3 380	2 947	2 945	2 814	2 904	2 896	2 904	2 814	2 814	3 070	3 070	2 950	2 800	3 020	3 080
转向架中心距/m	17.5	17.5	17.5	17.5	17.5	17.5	14.15	14.15	14.0	14.0	14.0	14.0	14.0	14.0	19.0	19.0 Tc:18.1	17.375	19.0	19.0	17.7 Tc:14.5
中间车长度（车钩面）/m	25	25	25	25	25	25	20.5	20.5	21.845	21.845	21.845	21.845	21.845	21.845	26.4	26.4	26.4	—	—	—
车辆高度/mm	4 000	3 650	3 690	3 650	4 485	3 700	3 970	4 080	3 480	3 480	4 300	3 480	3 480	3 480	3 840（餐车4 295）	3 840	3 840	3 460	3 800	3 900
车辆宽度/mm	3 380	3 380	3 380	3 380	3 380	3 380	2 947	2 945	2 904	2 904	2 896	2 904	2 814	2 904	3 020	3 020	2 950	2 800	2 860	3 080
供电方式	A	A	A	A	B	AB	BC	BC	BF	BF、BEF	BF	BE	BEG	A	D	D	D BDF BDEF	E EF	BE	D
主回路控制方式（主要表示AC牵引时）	可控硅	GTO	GTO	GTO	GTO	GTO	可控硅	GTO	可控硅	可控硅	可控硅	可控硅	GTO	可控硅	GTO	GTO	GTO	GTO	GTO	GTO
	相位控制	VVVF-IV	VVVF-IV	VVVF-IV	VVVF-IV	VVVF-IV	相位控制	VVVF-IV	他励IV	他励IV	他励IV	他励IV	VVVF-IV	他励IV	VVVF-IV	VVVF-IV	VVVF-IV	斩波	VVVF-IV	VVVF-IV

（*注1）供电方式符号 A: 25 kV/60 Hz; B: 25 kV/50 Hz; C: 20 kV/50 Hz; D: 15 kV/16 2/3 Hz; E: 3 kV/DC; F: 1.5 kV/DC; G: 750 V/DC

续表

	日本								法国			西班牙	欧洲	韩国	德国			意大利		瑞典
车辆型式	100系	300系	500系	700系	E1系	E2系	400系	E3系	TGV-A	TGV-R	TGV-D	AVE	TGV欧洲之星	TGV-Korea	ICE 1	ICE 2	ICE 2.2	ETR 460	ETR 5000	X 2000
主电动机方式	直流机	感应机	感应机	感应机	感应机	感应机	直流机	感应机	同步机	同步机	同步机	同步机	感应机	同步机	感应机	感应机	感应机	感应机	感应机	感应机
额定输出/(kW/台)	230	300	285	275	410	300	210	300	1 100	1 100	1 100	1 100	1 020	1 100	1 200	1 200	500	500	1 100	815
主电动机数(编成)/台	48	40	64	48	24	24	24	16	8	8	8	8	12	12	8	—	16	12	8	4
M轴:再生	—	40轴	64轴	48轴	24轴	24轴	—	16轴	8轴	8轴	8轴	8轴	12轴	12轴	8轴	4轴	16轴	12轴	8轴	4轴
M轴:电阻	48轴	—	—	—	—	—	24轴	—	—	—	—	—	—	—	—	—	—	—	—	—
制动方式 M轴:空气盘形	2组/轮轴	2组/轮轴	2组/轮轴	2组/轮轴	2组/轮轴	2组/轮轴	2组/轮轴	2组/轮轴	2组/轮轴	2组/轮轴	2组/轮轴	2组/轮轴	2组/轮轴	2组/轮轴	2组/轮轴	2组/轮轴	2组/轮轴	2组/轮轴	2组/轴	2组/轮轴
制动方式 M轴:路面	2组/轴	—	2组/轴	2组/轴	—	—	—	—	—	—	—	—	—	—	—	—	—	—	—	—
制动方式 T轴:电磁钢轨	—	—	—	—	—	—	—	—	—	—	—	—	—	—	2组台车	2组台车	2组台车	2组台车	—	2组台车
制动方式 T轴:空气盘形	—	—	—	2组/轴	—	—	—	—	—	—	—	—	—	—	—	—	—	—	—	—
转向架	2组/轮轴	2组/轮轴	—	2组/轮轴	4组/轮轴	4组/轮轴	4组/轮轴	4组/轮轴	4组/轴	4组/轴	4组/轴	4组/轴	4组/轴	4组/轴	4组/轴	4组/轴	4组/轴	3组/轴	3组/轴	2组/轴
转向架型式	有摇枕	无摇枕	无摇枕	无摇枕	无摇枕	无摇枕	无摇枕	无摇枕	无摇枕	无摇枕	无摇枕	无摇枕	无摇枕	无摇枕	无摇枕	无摇枕	无摇枕	无摇枕	无摇枕	无摇枕
车外25 m噪声dB(A)/速度(km/h)	≤75/230	≤75/270	≤75/300	≤75/285	≤75/240	≤75/275	≤75/240	≤75/275	≤95/300	—	≤91/300	—	—	—	≤92/300	—	—	—	—	—

2.5.2 国内典型动车组的总体参数

目前"和谐号"高速动车组有 CRH₁、CRH₂、CRH₃、CRH₅、CRH380 等产品系列。其中，CRH₁ 型动车组由青岛 BST 公司制造，CRH₂ 型动车组由青岛四方机车车辆股份有限公司制造，CRH₃ 型动车组由唐山轨道客车有限公司制造，CRH₅ 型动车组由长春轨道客车股份有限公司制造；CRH380 新一代高速动车组中，CRH380A 型由青岛四方机车车辆股份有限公司制造，CRH380B、C 型由长客股份和唐车公司制造，CRH380D 型由青岛 BST 公司制造。

1. CRH₁ 型动车组

CRH₁ 型动车组有 CRH₁A、CRH₁B、CRH₁E 三种车型。CRH₁A 是 8 编组座车，CRH₁B 是 16 编组座车，CRH₁E 是 16 编组卧铺车。CRH₁B 和 CRH₁E 均是在 CRH₁A 技术平台基础上，通过扩大编组、调整车内设备来实现的。CRH₁ 型动车组主要技术参数见表 2-16。

表 2-16   CRH₁ 型动车组主要技术参数

动车组型号	CRH₁A	CRH₁B	CRH₁E
头车长度/m	26.95	26.95	26.95
中间车长度/m	26.6	26.6	26.6
总长/m	213.5	426.3	426.3
车辆宽度/m	3.328	3.328	3.328
车辆高度/m	4.04	4.04	4.04
转向架中心距/m	19.0	19.0	19.0
地板面距轨面高度/m	1.25	1.25	1.25
转向架轮径（新/旧）/mm	915/835	915/835	915/835
转向架固定轴距/mm	2 700	2 700	2 700
车钩高度/mm	880	880	880
受电弓工作最低高度/m	5.3	5.3	5.3
受电弓工作最高高度/m	6.5	6.5	6.5
定员/人	635	1 355	676
最高运营速度/（km/h）	200（前 40 列）/250	250	250
最高试验速度/（km/h）	250	275	275
牵引功率/kW	5 500	9 600	9 600
动力配置	5M+3T	10M+6T	10M+6T
牵引电动机功率/kW	265	265	265
起动加速度/（m/s²）	0.6	0.6	0.6
紧急制动距离/m（制动初速度 200 km/h）	≤2 000	≤2 000	≤2 000
编组形式	8 辆编组，可两编组联挂运行	16 辆编组	16 辆编组

续表

动车组型号	CRH₁A	CRH₁B	CRH₁E
车种	一等车、二等车、酒吧座车合造车	一等车、二等车、餐座车合造车	一等车、二等车、卧铺车、餐座车合造车
客室布置	一等车 2+2 座、二等车 2+3 座	一等车 2+2 座、二等车 2+3 座	一等车 2+2 座、二等车 2+3 座、卧铺包间 4 人
适应站台高度/mm	500~1 200	500~1 200	500~1 200
传动方式	交直交	交直交	交直交
车体材料	不锈钢	不锈钢	不锈钢
空调系统	分体式空调系统	分体式空调系统	分体式空调系统
转向架类型	无摇枕空气弹簧转向架	无摇枕空气弹簧转向架	无摇枕空气弹簧转向架
转向架一系悬挂	单组钢弹簧单侧拉板定位+液压减振器	单组钢弹簧单侧拉板定位+液压减振器	单组钢弹簧单侧拉板定位+液压减振器
转向架二系悬挂	空气弹簧+橡胶堆	空气弹簧+橡胶堆	空气弹簧+橡胶堆
转向架轴重/t	≤16	≤16	≤16
受流电压	AC25 kV/50 Hz	AC25 kV/50 Hz	AC25 kV/50 Hz
牵引变流器	IGBT 水冷 VVVF	IGBT 水冷 VVVF	IGBT 水冷 VVVF
制动系统	电空摩擦制动（盘形制动）和再生制动	电空摩擦制动（盘形制动）和再生制动	电空摩擦制动（盘形制动）和再生制动
辅助供电制式	三相 AC380 V/50 Hz	三相 AC380 V/50 Hz	三相 AC380 V/50 Hz
蓄电池系统	110 V DC	110 V DC	110 V DC
计算机系统	分布式	分布式	分布式
轨距/mm	1 435	1 435	1 435

2. CRH₂ 型动车组

CRH₂ 型动车组共有四种车型：CRH₂A、CRH₂B、CRH₂C、CRH₂E。其中，CRH₂A 是技术平台基础，最高营运时速为 250 km；CRH₂B 为 16 节长编组座车；CRH₂C 为时速 350 km 速度级动车组；CRH₂E 为 16 节长大编组的卧铺动车组。CRH₂ 型动车组主要技术参数见表 2-17。

表 2-17　CRH₂ 型动车组主要技术参数

动车组型号	CRH₂A	CRH₂B	CRH₂C	CRH₂E
头车长度/m	25.7	25.7	25.7	25.7
中间车长度/m	25.0	25.0	25.0	25.0
总长/m	201.4	401.4	201.4	401.4
车辆宽度/m	3.38	3.38	3.38	3.38
车辆高度/m	3.7	3.7	3.7	3.7
转向架中心距/m	17.5	17.5	17.5	17.5
地板面距轨面高度/m	1.3	1.3	1.3	1.3

动车组型号	CRH₂A	CRH₂B	CRH₂C	CRH₂E
转向架轮径（新/旧）/mm	860/790	860/790	860/790	860/790
转向架固定轴距/mm	2 500	2 500	2 500	2 500
车钩高度/mm	1 000	1 000	1 000	1 000
受电弓工作最低高度/m	4.888	4.888	4.888	4.888
受电弓工作最高高度/m	6.8	6.8	6.8	6.8
定员/人	626	1 270	626	670
最高运营速度/(km/h)	250	250	350	250
最高试验速度/(km/h)	275	275	385	275
牵引功率/kW	4 800	9 600	8 760	9 600
动力配置	4M+4T 可两列重联	8M+8T	6M+2T 可两列重联	8M+8T
牵引电动机功率/kW	300	300	365	300
起动加速度/(m/s²)	0.40	0.40	0.40	0.40
紧急制动距离/m（制动初速度为最高运营速度时）	≤2 000	≤2 700	≤3 800	≤2 700
编组形式	8辆编组，可两编组联挂运行	16辆编组	8辆编组，可两编组联挂运行	16辆编组
车种	一等车、二等车、餐车	一等车、二等车、餐车	一等车、二等车、餐车	二等车、卧铺车、餐车
客室布置	一等车2+2座 二等车2+3座	一等车2+2座 二等车2+3座	一等车2+2座 二等车2+3座	二等车2+3座 卧铺包间4人
适应站台高度/mm	1 100～1 250	1 100～1 250	1 100～1 250	1 100～1 250
传动方式	交直交	交直交	交直交	交直交
车体材料	大型中空铝合金型材	大型中空铝合金型材	大型中空铝合金型材	大型中空铝合金型材
空调系统	准集中式	准集中式	准集中式	准集中式
转向架类型	无摇枕空气弹簧转向架	无摇枕空气弹簧转向架	无摇枕空气弹簧转向架	无摇枕空气弹簧转向架
转向架一系悬挂	螺旋钢弹簧+垂直减振器+转臂定位	螺旋钢弹簧+垂直减振器+转臂定位	螺旋钢弹簧+垂直减振器+转臂定位	螺旋钢弹簧+垂直减振器+转臂定位
转向架二系悬挂	空气弹簧+横向减振器+抗蛇行减振器	空气弹簧+横向减振器+抗蛇行减振器	空气弹簧+扭杆+横向减振器+双抗蛇行减振器	空气弹簧+横向减振器+抗蛇行减振器
转向架轴重/t	≤14	≤14	≤15	≤14
受流电压	AC25 kV/50 Hz	AC25 kV/50 Hz	AC25 kV/50 Hz	AC25 kV/50 Hz
牵引变流器	IGBT 水冷 VVVF	IGBT 水冷 VVVF	IGBT 水冷 VVVF	IGBT 水冷 VVVF
制动系统	再生制动+电气指令式空气制动	再生制动+电气指令式空气制动	再生制动+电气指令式空气制动	再生制动+电气指令式空气制动
辅助供电制式	三相AC 400 V 单相AC 400 V AC 220 V	三相AC 400 V 单相AC 400 V AC 220 V	三相AC 400 V 单相AC 400 V AC 220 V	三相AC 400 V 单相AC 400 V AC 220 V

动车组型号	CRH$_2$A	CRH$_2$B	CRH$_2$C	CRH$_2$E
蓄电池系统	DC 100 V	DC 100 V	DC 100 V	DC 100 V
计算机系统	分布式	分布式	分布式	分布式
轨距/mm	1 435	1 435	1 435	1 435

3. CRH$_3$ 型动车组

CRH$_3$ 型动车组最高营运时速为 350 km，为 8 节编组座车。CRH$_3$ 型动车组主要技术参数见表 2–18。

表 2–18　CRH$_3$ 型动车组主要技术参数

动车组型号	CRH$_3$
头车长度/m	25.86
中间车长度/m	24.825
总长/m	约 200
车辆宽度/m	3.265
车辆高度/m	3.89
转向架中心距/m	17.375
地板面距轨面高度/m	1.26
转向架轮径（新/旧）/mm	920/830
转向架固定轴距/mm	2 500
车钩高度/mm	1 000
受电弓工作最低高度/m	5.3
受电弓工作最高高度/m	6.0
定员/人	557
最高运营速度/(km/h)	350
最高试验速度/(km/h)	394
牵引功率/kW	8 800
动力配置	（2M+1T）+2T，可两列重联
牵引电动机功率/kW	550
起动加速度/(m/s^2)	0.46
紧急制动距离/m	≤6 500 m（制动初速度 350 km/h）
编组形式	8 辆编组，可两编组联挂运行
车种	一等车、二等车、酒吧座车合造车
客室布置	一等车 2+2 座、二等车 2+3 座
适应站台高度/mm	1 100、1 200、1 250
传动方式	交直交
整备重量/t	425.08

动车组型号	CRH₃
车体材料	大型中空铝合金型材
空调系统	单元式空调机组
转向架类型	SF500 型无摇枕空气弹簧转向架
转向架一系悬挂	螺旋钢弹簧+垂直减振器+转臂定位
转向架二系悬挂	空气弹簧+扭杆+横向减振器+双抗蛇行减振器
转向架轴重/t	15
受流电压	AC 25 kV/50 Hz
牵引变流器	IGBT 水冷 VVVF
制动系统	直通式电空制动系统+基础制动装置
辅助供电制式	三相 440 V/60 Hz
蓄电池系统	DC 110 V
计算机系统	分布式
轨距/mm	1 435

4. CRH₅型动车组

CRH₅型动车组最高营运时速为 250 km，为 8 节编组座车。CRH₅型动车组主要技术参数见表 2–19。

表 2–19　CRH₅型动车组主要技术参数

动车组型号	CRH₅
头车长度/m	27.6
中间车长度/m	25.0
总长/m	211.5
车辆宽度/m	3.2
车辆高度/m	4.27
转向架中心距/m	19
地板面距轨面高度/m	1.27
转向架轮径（新/旧）/mm	890/810
转向架固定轴距/mm	2 700
车钩高度/mm	950
受电弓工作最低高度/m	5.3
受电弓工作最高高度/m	6.5
定员/人	622
最高运营速度/（km/h）	200
最高试验速度/（km/h）	250
牵引功率/kW	5 500

续表

动车组型号	CRH$_5$
动力配置	（3M+1T）+（2M+2T）
牵引电动机功率/kW	550
起动加速度/（m/s²）	0.5
紧急制动距离/m（制动初速度 200 km/h）	≤2 000
编组形式	8 辆编组，可两编组联挂运行
车种	一等车、二等车、酒吧座车合造车
客室布置	一等车 2+2 座、二等车 2+3 座
适应站台高度/mm	500～1 200
传动方式	交直交
整备重量/t	451.3
车体材料	大型中空铝合金型材
空调系统	车顶单元式空调系统
转向架类型	二系空气弹簧摇枕转向架
转向架一系悬挂	双组钢弹簧双转臂定位+液压减振器
转向架二系悬挂	空气弹簧+橡胶堆
转向架轴重/t	≤17
受流电压	AC 25 kV/50 Hz
牵引变流器	IGBT 水冷 VVVF
制动系统	再生制动+直通式空气制动
辅助供电制式	三相 AC 380 V/50 Hz
蓄电池系统	DC 24 V
计算机系统	分布式
轨距/mm	1 435

5. CRH380 新一代高速动车组

CRH380 新一代动车组设计营运时速为 350 km，最高营运时速为 380 km，按编组长短分为 8 节编组座车及 16 节长编组座车。CRH380 新一代高速动车组主要技术参数见表 2-20。

表 2-20　CRH380 新一代高速动车组主要技术参数

动车组类型	CRH380A/L	CRH380B/L	CRH380CL	CRH380D
头车长度/mm	26 250	25 525	26 200	27 850
中间车长度/mm	24 500	24 175	24 175	26 600
总长/m	203/403	400	400	215/428
车辆宽度/mm	3 380	3 260	3 260	3 368

动车组类型	CRH380A/L	CRH380B/L	CRH380CL	CRH380D
车辆高度/mm	3 700	3 890	3 890	4 160
地板面距轨面高度（整备状态）/mm	1 300	1 260	1 260	1 250
转向架轮径（新/全磨耗）/mm	860/790	920/830	920/830	920/850
轴距/mm	2 500	2 500	2 500	2 700
轮对内侧距/mm	1 353	1 353	1 353	1 353
受电弓落弓时高度/mm	4 500	4 260	4 260	4 710
定员/人	494/1 027	490/1 004	1 004	494/1 028
最高运行速度/(km/h)	380	380	380	380
最高试验速度/(km/h)	420	>400	420	420
牵引功率/kW	9 600/20 400	9 200/18 400	19 200	9 600/19 200
动力配置	6M2T/14M2T	4M4T/8M8T	8M8T	4M4T/8M8T
牵引电动机功率/kW	400/365	585	615	630
平直道上 0~200 km/h 的平均加速度/(m/s²)	>0.4	>0.4	>0.4	0.4
350 km/h 时制动距离/m	<6 500	<6 500	<6 500	<6 100
编组形式	8 辆编组（可联挂）/16 辆编组	8 辆编组（可联挂）/16 辆编组	16 辆编组	8 辆编组（可联挂）/16 辆编组
车种	一等车、二等车、VIP车（仅长编组车有）、餐车	一等车、二等车、VIP车（仅长编组车有）、餐车	一等车、二等车、VIP车、餐车	一等车、二等车、VIP车（仅长编组车有）、餐车
传动方式	交直交	交直交	交直交	交直交
车体结构	铝合金	铝合金	铝合金	铝合金
空调系统	准集中单元式	集中式空调（司机室为分体式）	集中式空调（司机室为分体式）	单元式空调机组
通风换气形式	供排气一体型连续换气装置	独立的新风和排风装置，集中控制	独立的新风和排风装置，集中控制	被动式压力保护换气
风挡形式	气密式内风挡、橡胶外风挡	折棚式内风挡、橡胶外风挡	折棚式内风挡、橡胶外风挡	折棚式风挡
转向架类型	两轴无摇枕转向架	两轴无摇枕转向架	两轴无摇枕转向架	无摇枕空气弹簧
构架形式	H 形焊接构架	H 形焊接构架	H 形焊接构架	H 形焊接构架
转向架一系定位方式	螺旋钢弹簧+垂直减振器+转臂定位	转臂式轴箱定位	转臂式轴箱定位	转臂式无磨耗定位
转向架二系定位方式	空气弹簧+扭杆+横向减振器+双抗蛇行减振器	空气弹簧+Z 形牵引拉杆+横向挡	空气弹簧+Z 形牵引拉杆+横向挡	无摇枕的空气弹簧悬挂
牵引杆形式	单拉杆	Z 形双拉杆	Z 形双拉杆	单拉杆牵引

动车组类型	CRH380A/L	CRH380B/L	CRH380CL	CRH380D
转向架轴重/t	≤15	≤17	≤17	≤17
受流电压	AC 25 kV/50 Hz	AC 25 kV/50 Hz	AC 25 kV/50 Hz	AC 25 kV/50 Hz
功率器件形式	IGBT/IPM	IGBT	IGBT	IGBT
制动系统	再生制动+电气指令空气制动	电制动和电空制动	电制动和电空制动	直通式电空制动/再生制动
辅助供电制式	三相 AC 400 V 单相 AC 400 V AC 220 V	二相 AC 440 V/60 Hz	二相 AC 440 V/60 Hz	AC 400 V/50 Hz,TT; DC 110 V, TT
网络拓扑结构	环形 ARCnet 网	列车总线 WTB,车辆总线 MVB	列车总线 FSK,车辆总线 RS485,HDLC 结构	分布式
轨距/mm	1 435	1 435	1 435	1 435

第3章

动车组外部接口设计

3.1 概 念 阐 述

3.1.1 系统的基本概念

系统科学作为一门科学技术体系，不管在哪个层次上、哪一门学科，都以系统为研究和应用对象。系统在自然界和人类社会中是普遍存在的。

所谓系统是指由互相关联、互相制约、互相作用的一些部分组成的具有某种功能的总体。这样定义的系统具有概括性和抽象性。一个系统的组成部分之间的相互关联、制约、作用，以及所具有的功能，只有对具体实际系统才能具体化。与系统相关的主要内容包括如下几方面。

（1）系统概念的相对性。

互相关联、互相制约、互相作用的组成部分叫作系统结构，组成部分本身也可能是一个系统，叫作原系统的子系统，而原系统则可能是更大系统的组成部分，这就是系统概念的相对性。

（2）系统边界。

系统的以外部分叫作系统环境，系统和系统环境的分界叫作系统边界。研究具体系统时，必须明确系统边界。

（3）系统的输入与输出。

系统对其环境的作用叫作系统输出，环境对系统的作用叫作系统输入。

（4）系统行为。

系统结构和环境决定了系统功能，系统功能是通过系统输入—输出关系表现出来。系统每个时刻所处的状态叫作系统状态，系统状态随时间的变化叫作系统行为。

3.1.2 接口的相关概念

接口：不同子系统之间工作界面上的对接关系和配合关系。接口是一种关系。

边界：指子系统工作界面上各接口属性的集合，即子系统间连接的界面。

边界与接口示意图如图 3-1 所示。

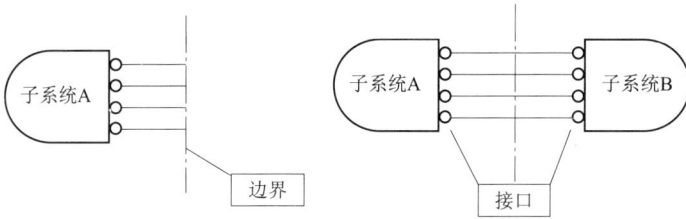

图 3-1　边界与接口示意图

接口的重要性：

① 建立子系统间的联络。

② 保证子系统间的信息传输畅通。

接口分类：

① 从连接关系可分为外部接口和内部接口。

② 从连接属性可分为软接口和硬接口。

接口的重要性：

① 建立子系统间的联络。

② 保证子系统间的信息传输畅通。

接口的管理方法：

① 对接口间的关系对接管理。

② 对接口间的数据、信息对接管理。

3.1.3　系统的描述与研究方法

1. 系统的描述方法

（1）框图法。

框图法较为直观，它侧重于外部的描述，将整个系统看作一个整体，在考虑系统周围的环境及边界时，分析系统的输入和输出。外部对系统的作用即是输入，而系统对外部的作用称为输出。系统的环境代表了一个系统以外的又与系统有关联的所有其他部分。环境与系统的分界叫作系统边界。

（2）集合法。

集合法侧重于系统的内部，着重分析系统的元素及元素之间的各种关系。集合对系统的描述包含了系统是由诸要素（组成部分）组成的整体，元素之间各种关系的集合，以及元素之间的组织结构。系统的结构是指诸要素相互作用、相互依赖所构成的组织形式。作为一个系统，必须包括其元素的集合、元素之间关系的集合和元素的组织结构。

2. 系统的研究方法

复杂系统的特征反映到研究过程，就表现为涉及学科知识的多种多样，信息来源的各不相同，有的定量、有的定性，而且信息精度不均衡。系统参数敏感性很不一致，系统高层次

结构比低层次结构难描述。针对上述情况，对开放的复杂系统采取特殊的研究方法。

（1）对低层次子系统集成"组"进行"宏观性"处理。

由于系统是复杂系统，系统层次多且关系复杂，子系统数目大。对这样的系统，不可能从最基本的子系统开始进行结构分析。而可以将子系统按其功能特点、结构特点予以划分，将具有共同属性的子系统归于同一子系统组，形成高一层次的子系统。对该子系统（组）则侧重其输入、输出特性的研究，而不侧重其内部结构的分析。该子系统（组）的状态（或称为该子系统（组）的输出变量）可视为整个复杂系统的一个或一组参数。于是，对于上述分类后的子系统（组），尽管组间存在各种关联乃至反馈关系，然而任一子系统级的元素与其他子系统组的元素相对来说具有独立性。采取了略去其结构的微观细节，抓住其主要属性，在宏观上对各类别的子系统（组）分别进行研究的办法。根据实际情况，应用人类一切已有的信息处理技术，进行定性定量相结合的研究。

（2）对系统较高层次部分采用"微观性"处理。

在研究中要精细地研究较高层次系统的结构，详细地描述各部分的反馈关系，可以建立系统的仿真模型，该模型是开放复杂巨系统的主体模型，原来子系统（组）的状态是该主体模型中的参数。

（3）通过系统连接扩大系统功能。

开放系统与外界不断进行着信息、能量、物质的交换，以这些要素为纽带，可以为系统与系统进行连接，使系统功能扩大。例如，某系统输出作为与它相关的另一个系统的输入，反过来另一个系统的输出作为与它相关的另一个系统的输入，反过来另一个系统的输出又作为该系统的输入。这样一来，这两个系统就可能形成一个更大的开放复杂巨系统。

（4）进行系统主模型的参数调试。

为了适应系统信息来源的多样性、信息量的差异性、处理方法的灵活性和参数精度的不均衡性，必须认真分析系统特点。子系统（组）的状态是主模型的参数，因此可以采用参数确定方法库中任何一种方法实现对子系统组的描述，确定的参数将有不同的精度。尽管主体模型的多重反馈结构设计使大部分参数具有不敏感性，即部分弥补了上述缺陷，然而对于投入生产实践应用的模型来说，系统模型的调试是一个保证模型真实性的重要步骤。参数调试方法库中的各种方法可任选或互相结合使用，在这里离不开人的定性判断，因此专家系统是一种较好的方法，显然它也是复杂系统下的一个子系统。

（5）采用系统接口技术。

实现复杂系统所使用方法的广泛性、技术的集成性，要求对系统采用的各种计算机语言、各种数据，以及文件进行接口。计算机接口技术在复杂系统的研究中起了极其重要的作用。

（6）实现与知识工程技术（尤其是专家系统）相结合。

无论在子系统组内，还是子系统组间，还是整个系统，都存在大量的依据于人的知识及人的推理、分析而做出的指导与决策行为，或者是专家知识的直接选配应用，因此运用人工智能学科中的专家系统，可以有效地部分代替上述的工作。知识工程技术广泛地用于复杂巨系统研究中的各部分，既可用于各子系统组的数据处理、模型选择，又可以用于主体模型的参数调试，还可用于决策分析，甚至于在未来也可对复杂系统整体实行智能控制与管理。

（7）定性与定量方法结合。

在系统认识、分析信息的采集及处理、各种模型的建立、参数的调试、模拟实验、决策分析，以及系统控制过程中都要体现这种结合，特别是在模型建立前的定性的行为模式判断、模型运行后的结果比较及结构修改，以及参数变动、定型的过程中更要注意。

3.1.4　接口管理方法

接口管理是解决系统之间相互关系并协调控制的方法，通常须要采用多种解决方案进行管理。接口管理方法除采用一般系统分析方法和逻辑推理方法外，还涉及工程技术和管理科学等知识范畴。描述性、逻辑性、规范性、可行性这些特点交织在一起，构成了系统接口管理独特的思想方法、理论基础、基本程序和方法步骤。在系统分析的研究和应用中，人们逐渐探索、积累和总结出多种学科的工作方法和程序，具有一定代表性的有美国的霍尔（A. D. Hall）"三维结构"模式。在借鉴霍尔的"三维结构"模式基础上，接口管理可以通过"时间维"和"逻辑维"构成管理矩阵，用以描述系统各部分接口的管理工作。如矩阵中的点 $A(i, j)$（$i=1, 2, \cdots, n$；$j=1, 2, \cdots, m$）代表一项具体的接口管理活动，同时对应不同管理活动的知识需求，确立时间、逻辑、知识三维接口管理模式。系统各部分接口管理的每一阶段应确定管理内容和管理目标，每一步骤应具有相应的管理手段和管理方法。

组织项目管理是指通过项目将知识、技能、工具和技术应用于组织和项目活动，以达到组织目标的方法。它和项目管理的区别在于"组织"扩展了项目管理的范围，不仅包括单个项目管理，还包括项目组合管理。接口管理是组织项目管理的重要内容。组织项目管理强调项目整体、范围、时间、沟通、风险等管理，并力求项目管理标准化，以及具有可测量性、可控性及可持续改进性。

高速铁路系统集成管理方法的研究，采用以系统工程和醒目组织管理方法为理论依据，结合高速铁路、城际铁路工程实践，重点解决系统功能优化和组织管理中的接口问题，总结归纳，提出按照系统接口总图、接口识别表、接口管理控制表（包括技术接口、施工接口、接口标准和解决方案）、接口状态显示图等高速铁路系统集成接口管理程序。

在实施接口技术管理时，必须协调好系统间的功能接口和技术接口问题，协调好在设计、装备制造、施工、安装、调试、测试等不同阶段的接口体系，包括客运专线六大系统之间的内部接口体系，以及客运专线系统与外部环境的接口体系。必须对接口体系进行详细缜密的策划，提出和确定接口的组成机构、内容和实施要求，以及接口的管理模式，以确保设计、施工及调试的工作质量，避免因接口不当或疏漏而产生的经济、时间及性能损失。

3.2　高速铁路子系统划分

高速铁路系统可划分为八个系统，分别为高速列车系统、工务工程系统、运行控制与通信系统、牵引供电系统、运营调度系统、客运服务系统、安全防灾系统及综合维修系统。高速列车与外部子系统间接口关系如图 3-2 所示。

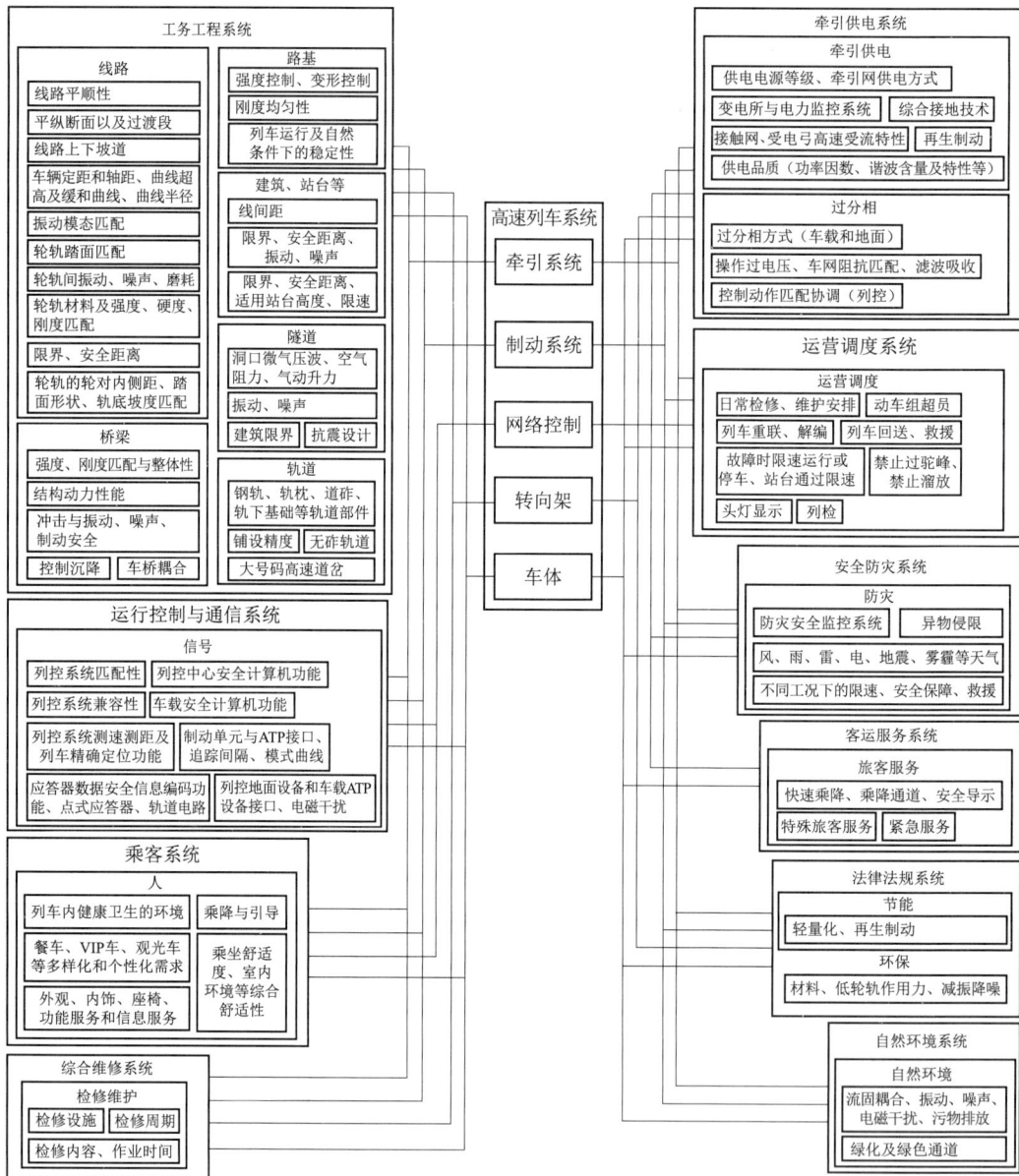

图 3-2　高速列车与外部子系统间接口关系图

（1）高速列车是高速铁路的核心技术装备和实现载体，是当代高新技术的集成，涵盖了信息通信、电力电子、材料化工、机械制造、自动控制等多学科、多专业，是世界各国科学技术和制造产业创新能力、综合国力，以及国家现代化程度的集中体现和重要标志之一。高速列车不仅包含传统轨道列车车辆车体、转向架和制动技术，还具有复杂的牵引传动系统与控制、计算机网络控制、车载运行控制等关键技术。

（2）工务工程是一个庞大的系统，涉及路基、桥梁、涵道、轨道等专业工程，还涉及路基与桥梁的过渡、路基与隧道的过渡、桥梁与隧道的过渡，以及路基与桥隧等线下基础与轨道结构的过渡。工务工程系统须要考虑与高速列车系统、运行控制与通信系统（轨道电路、

道岔转辙设备）、综合维修系统等外部系统接口。

（3）运行控制与通信系统是集先进的计算机、通信及自动控制技术为一体的综合控制与管理系统，采用电子器件或微电子器件作为控制单元，并利用集中管理、分散控制的集散控制方式，是保证列车运行安全、提高列车行车效率的关键子系统。

（4）牵引供电系统是高速铁路系统的能量保障系统，主要功能是为高速列车运行提供稳定、高质量的电能。牵引供电系统一般由供电系统、变电系统、接触网系统、SCADA 系统、电力供电系统等构成。

（5）运营调度系统是集计算机、通信、网络等现代化技术为一体的现代综合系统。运营调度系统主要是铁路管理部门对运力资源进行动态调配优化以完成列车的计划、运行、设备维修等一系列任务，是完成高速铁路运输组织，特别是高速铁路系统日常运营的根本保证。

（6）客运服务系统是直接面向旅客的系统，一流的运营管理要求客运服务必须达到较高的水平，这除了良好的管理制度及高素质的运营服务人员外，还涉及票务管理技术、旅客服务技术、市场营销策划技术、客运组织技术。

（7）安全防灾系统是风、雨、雪监测，以及地震、异物侵限监控等子系统的集成系统，实时监测高速列车本身状态和线路运行环境。在危险情况出现时，及时反应，使列车运行状态转向安全。

（8）综合维修系统中，相关人员组织高速列车、线路、供电等各系统的综合维修。

动车组运行在一个复杂的非线性大系统中，对外接口众多，主要包括：列车—工务工程接口；列车—牵引供电接口；列车—列控系统接口；列车—运营调度接口；列车—客运服务接口；列车—安全防灾接口；列车—自然环境接口；列车—法律法规接口；列车—乘客接口；列车—综合维修接口。本书重点介绍动车组与线路接口设计、动车组与牵引供电系统接口设计和动车组与列控系统接口设计。

3.3 动车组与线路接口设计

3.3.1 轨道不平顺对列车的激扰作用

随着行车速度的不断提高，轨道几何不平顺对车辆振动、轮轨作用力等的影响越来越大。轨道几何不平顺成为直接抑制行车速度的主要因素，也是影响轨道和车辆部件损伤、使用寿命、维修费用的主要因素。为评估车辆的振动特性，计算高速列车运行过程中随机振动响应，优化改进高速列车轨道耦合系统的动力学性能，以及设计、选购车辆，诊断系统病害等，都必须先掌握轨道几何不平顺幅值和波长的统计特征和规律，分析不平顺与列车之间的相互作用。

按不平顺对机车车辆激扰作用的方向、不平顺的波长、显现记录时有无轮载作用等，轨道几何不平顺分类如下：

```
                                    ┌─ 高低不平顺
                                    ├─ 水平不平顺
                        ┌─ 垂向轨道不平顺 ─┼─ 扭曲不平顺
                        │                ├─ 轨面短波不平顺
                        │                └─ 新轨轨身垂向周期性不平顺
                        │
                        │                ┌─ 新轨方向不平顺
按激扰方向区分 ─┼─ 横向轨道不平顺 ─┼─ 轨距偏差
                        │                └─ 轨身横向周期性不平顺
                        │
                        │                ┌─ 方向水平逆向复合不平顺
                        └─ 复合轨道不平顺 ─┴─ 曲线头尾的几何偏差

                        ┌─ 短波不平顺
按波长特征区分 ─┼─ 中波不平顺
                        └─ 长波不平顺

按有无轮载区分 ─┬─ 静态不平顺
                        └─ 动态不平顺
```

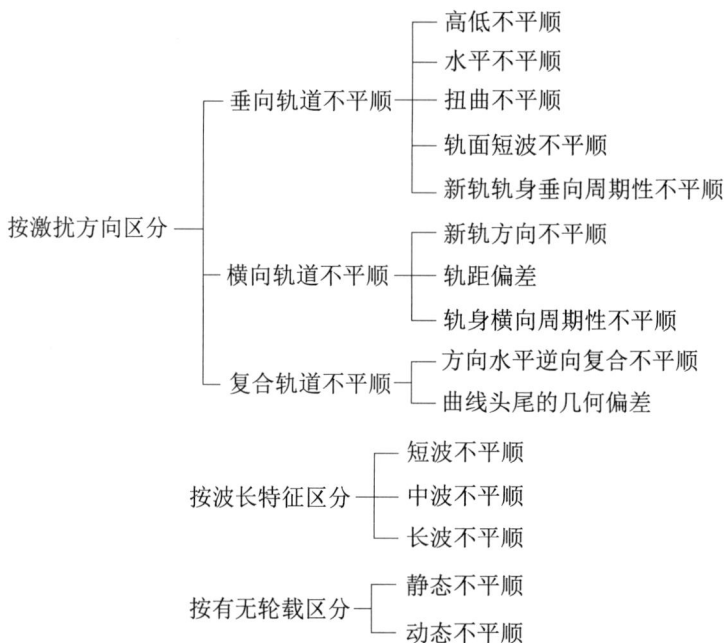

1. 轨道不平顺对车辆的振动影响

列车高速运行时，在轨道不平顺的激励作用下，将引起车辆—轨道系统的强烈振动，加剧轮轨间的动力相互作用，影响行车的平稳性和舒适性，产生较大的轨道结构变形，引起轨道结构各部件，以及轨下基础的破坏，甚至会造成车辆脱轨，威胁行车安全。因此报告分析了几何不平顺对车辆振动特性的影响。

轨道刚度是影响轨道结构振动和动态传递特性的关键因素，也是影响轮轨相互作用和列车运行品质的重要因素。

评价铁道车辆舒适性最直接的标准就是车体振动加速度。当采用考虑频率的车体加速度来评定舒适度时，世界各国有着不同的评价指标，如欧洲的 Sperling 指标、日本的舒适度系数、美国的 Janeway 指标、英国铁路的乘坐指数、法国的疲劳时间等。一般来说，对于短时间内的舒适度分析，车体振动加速度是一个最主要的指标，而对于长时间的舒适度的分析则须要考虑加速度的幅值、频率及持续时间等指标。我国铁路对机车车辆运行的平稳性（旅客乘坐的舒适性）分别按车体振动加速度和舒适度指标来评定。

欧洲规范 Eurocode 对客车车体垂向振加速度的评定标准见表 3-1。

表 3-1　Eurocode 客车车体垂向振动加速度评定标准

评定等级	优秀	良好	合格
车体垂向振动加速度/（m/s²）	1.0	1.3	2.0

我国在 200～350 km/h 的轨检车动态不平顺管理标准中，对车体振动加速度实行日常保养、舒适度、紧急补修三级管理，标准如表 3-2 所示。

表 3-2　高速铁路轨道几何不平顺动态管理标准建议值（半峰值）

管理标准	车体垂向振动加速度	车体横向振动加速度
日常保养	0.10g	0.06g
舒适度	0.15g	0.10g
紧急补修	0.20g	0.15g

对于我国高速铁路客车，在进行动力学性能评定时，参考国内外资料车体振动加速度的舒适度标准可取为：垂向振动加速度 0.13g，横向振动加速度 0.10g。

目前，我国新建的高速铁路基本都是无砟轨道。与有砟轨道结构相比，无砟轨道的刚度大、阻尼小，轮轨力、车体的振动加速度大，车辆运行的舒适性较差。

从上述分析可以得出以下几点结论：

（1）几何不平顺对车辆的临界速度有较大的影响，加入不平顺后车辆的临界速度会降低，在计算车辆临界速度时应根据实际轨道结构的不平顺来计算。

（2）列车在直线上行驶时，安全性指标和舒适性指标均未超限，但车辆的垂向振动比横向振动激烈，因此设计优化车辆时应注重车辆各系悬挂的垂向减振阻尼参数。

（3）列车在曲线上行驶时，由于列车速度低，其安全性指标和舒适性指标都满足相关要求，且有较大的安全裕量。但车辆的横向振动比垂向振动激烈，因此若要提高列车过曲线的速度，必须注重其各系悬挂的横向减振参数。

（4）轨道的整体垂向刚度和垂向阻尼对车辆临界速度的影响可以忽略不计。轨道的整体横向刚度越大则车辆系统对应的临界速度越低，但当横向刚度超过 100 kN/mm 以后，临界速度基本保持不变。车辆系统的临界速度随着轨道整体横向阻尼系数的增大而增大，但幅度并不大。可知，对于横向刚度较大、阻尼较小的轨道结构，如无砟轨道，其车辆系统的临界速度较小。

（5）对于垂向刚度越大、阻尼越小的轨道结构，轮轨垂向力和车体垂向振动加速度越大。无砟轨道的刚度大、阻尼小，则列车在无砟轨道上运行时，轮轨力、车体的振动加速度大，车辆运行的舒适性较差。因此高速列车参数匹配设计与优化要求更严。

2. 线路平纵断面对车辆振动的影响

线路平纵断面设计参数直接影响线路等级，以及行车的安全性和舒适性，主要影响因素有曲线半径、超高、缓和曲线长度和竖曲线半径。

从上述分析可以得出以下几点结论：

（1）曲线半径对车体的竖向舒适性影响不大；当曲线半径小于平衡半径时，随曲线半径增大，各动力学指标均下降，此时增大曲线半径对行车安全性和舒适性有利；当曲线半径大于平衡半径时，各指标又有上升趋势。

（2）车体的竖向加速度随着超高值的增大而不断增大，与欠、过超高关系不大，其他指标与超高值为近似线性关系，且超高为平衡超高时各指标数值最低，最有利于行车的安全性和舒适性。

（3）随着缓和曲线长度增加，系统振动响应逐渐减小；缓和曲线长度大于 300 m 以后，各指标下降幅度趋于平缓，所以缓和曲线长度也不宜过长，这是由于缓和曲线长度过长，一

方面对减小系统振动响应有限，另一方面也增大了线路的养护维修量。

（4）随着竖曲线半径的增大，无论是凹形还是凸形竖曲线，增载与减载的量值都逐渐减小，车体的竖向加速度绝对值也都逐渐减小，竖曲线半径增大，对行车安全性和舒适性有利。

3.3.2 动车组与轨道的匹配设计

1. 动车组轮轨接触几何匹配

高速列车与一般轨道部件（钢轨）的关系，即通常所说的"轮轨关系"，是连接高速列车子系统与轨道及基础子系统的纽带，是轮轨系运输（即铁路运输）的基本问题、核心问题，也是机车车辆动力参数设计的主要激励源。在高速列车运行中，轮轨关系承担着承力、传力、导向及实现高速、平稳运行的重要功能，并激起列车的动力响应，成为高速列车关键外部接口之一。

现代轮轨关系的研究主要集中于轮轨接触几何、轮轨接触力学、轮轨材料匹配、轮轨动力行为等方面的研究，重点解决轮轨运行品质（列车运行安全性与平稳性）、轮轨损伤（车轮损伤、钢轨损伤）和轮轨系统优化（材料匹配优化、接触几何优化、抑制损伤发展）等技术问题。

轮轨接触几何匹配一直是铁路运输系统中的重要课题，至今仍不缺乏其发展的生命力。从最初的马拉木轨轨道到今天的钢制轮轨匹配，轮轨几何匹配经历了圆柱接触、锥形接触至磨耗型接触的过程，真实记录下了人类认识自然、改造自然的脚印。

轮轨接触几何学是从车轮与钢轨的廓形来计算和讨论它们之间可能存在的接触关系、约束状态。它一方面可以计算轮轨接触点的位置和轮对横移、摇头、侧滚等之间的关系，反映轮轨之间某一时刻的客观现实；另一方面接触关系也决定了轮轨相互作用中至关重要的环节，可以说它是轮轨相互作用耦合点。所以轮轨接触几何学无论从分析轮对接触客观状态角度，还是从轮轨动相互作用的角度来说，都具有相当重要的意义。

曲线轨道中钢轨在空间的静态位置由于受曲线超高、加宽、曲率等因素的影响，是一个空间的曲面；轮对通过曲线时，由于受轨道的空间曲线线型约束，加上轮对踏面廓形本身的复杂性，使得轮对廓形空间分布极为复杂。在这种情况下给如何正确地仿真轮轨接触带来了极大的难度。

我国20世纪80年代至90年代曾先后研究过直轨道对称轮对几何接触、任意轮廓的轮轨空间几何约束等，推出了轮轨接触曲面搜索法、轮对接触点迹线法、轮对接触的延拓方法、轮对接触数值精确解法、新型轮轨空间动态耦合方法等。这些方法的出现有力地推动了我国轮轨接触几何学的发展，为轮轨相互作用研究提供了可靠基础。实践表明在不考虑轮轨动态作用带来的轮对位移动态变化时，轮轨接触点迹线法不失为一种可靠、快速而有效的计算轮轨几何接触的方法。

1）动车组轮轨接触几何分析

（1）高速列车车轮廓形及关键特征参数。

车轮踏面是确保高速行车荷载有效传递，实现高效牵引和制动，保障列车平稳运行的关键。车轮廓形的微小变化都会通过轮轨接触关系的改变而影响行车品质及设备寿命。因此车轮廓形的选择极其重要，其与钢轨断面廓形的有效匹配是高速列车外部接口的重点环节。

图 3-3～3-5 展示了组成钢轨廓形的部分控制性尺寸。

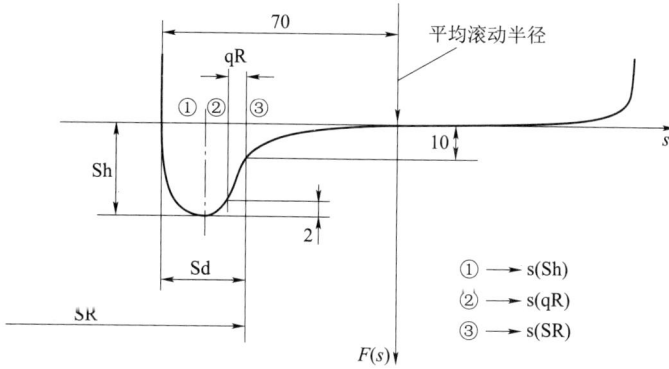

图 3-3　车轮踏面尺寸示意图

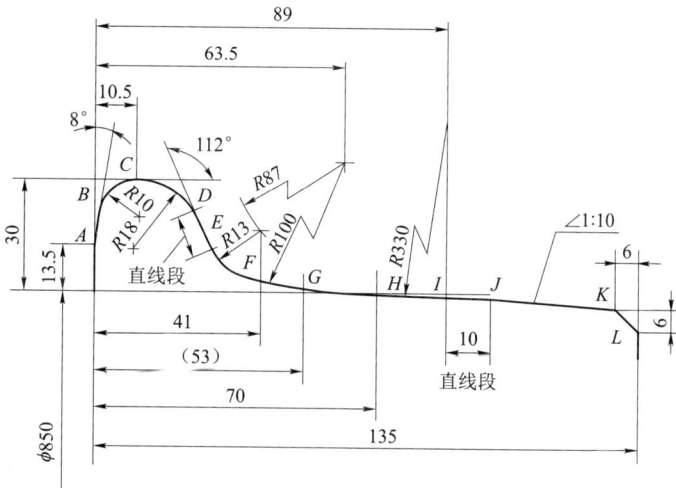

图 3-4　S1002 轮踏面示意图

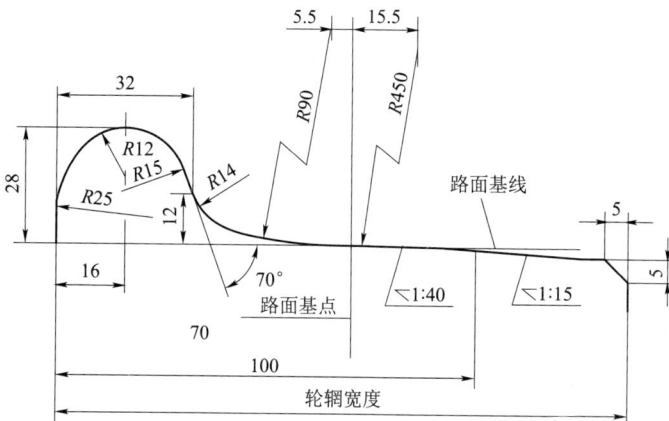

图 3-5　LMA 轮踏面示意图

国际上普遍采用的高速列车轮轮踏面廓形为 S1002，我国主要采用 LMA 磨耗型车轮踏面。两类踏面在踏面曲线构成及轮缘高度、厚度等方面均有所差别。S1002 车轮采用 1 360 mm 轮内距，滚动圆直径 850 mm，踏面配合 UIC60 钢轨廓面已在德、法高铁应用多年，性能稳定可靠，但无法满足我国岔区固定辙叉过岔要求。LMA 车轮采用 1 353 mm 轮内距，滚动圆直径 850 mm，其廓面从我国 LM 磨耗型踏面发展而来，与我国 CHN60 钢轨廓形有较好的匹配度，特别是能满足我国固定辙叉过岔要求。在综合各方面因素后，我国高速铁路确定采用了在我国有较丰富应用经验的 LMA 车轮踏面匹配 CHN60 系列的高速轨。与轮内距关系极为密切的控制参数——轨距，标准轨距为 1 435 mm，但中国量取时取轨面以下 16 mm 的钢轨两内侧作用边之间的距离，欧洲则采用轨面以下 14 mm 进行尺寸控制。如图 3-6 所示。

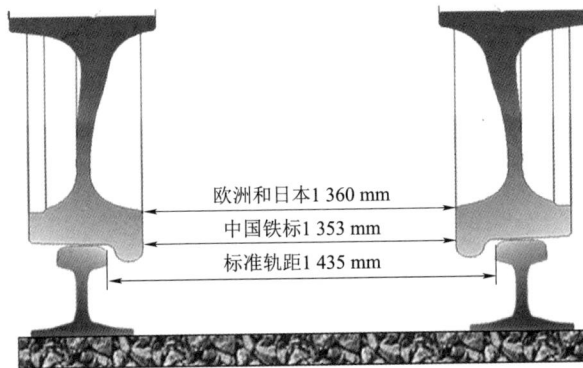

图 3-6　各国轨距比较

图 3-7 是应用于各国快速、高速铁路的典型车轮踏面曲线对比。

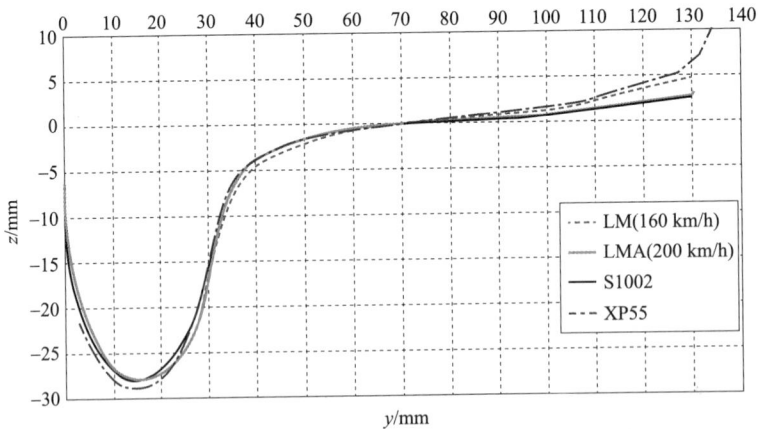

图 3-7　典型车轮踏面曲线对比

（2）高速铁路用钢轨断面。

德、法等欧洲国家高速铁路主要采用 UIC60 钢轨，日本采用 JIS60 钢轨，我国采用 CHN60 及 CHN60N 断面钢轨。高速铁路用钢轨各国均为 60 kg/m 级。选材以综合考虑轨材的强度和韧性指标，突出强调韧性指标以防止钢轨脆性断裂。图 3-8～3-10 所示为各型钢轨、轨头断面。

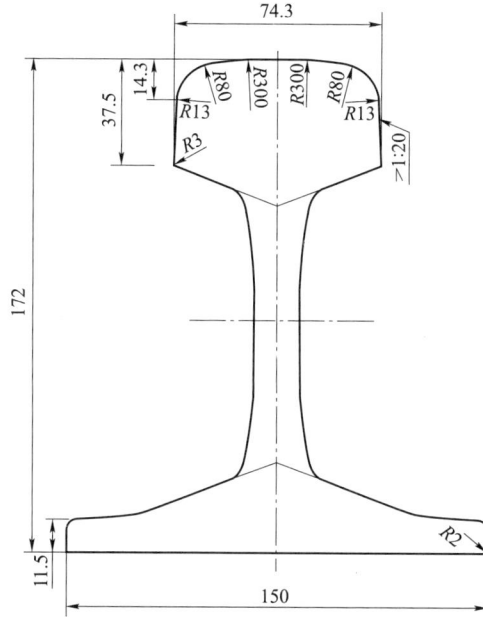

图 3-8　UIC60 钢轨断面尺寸图

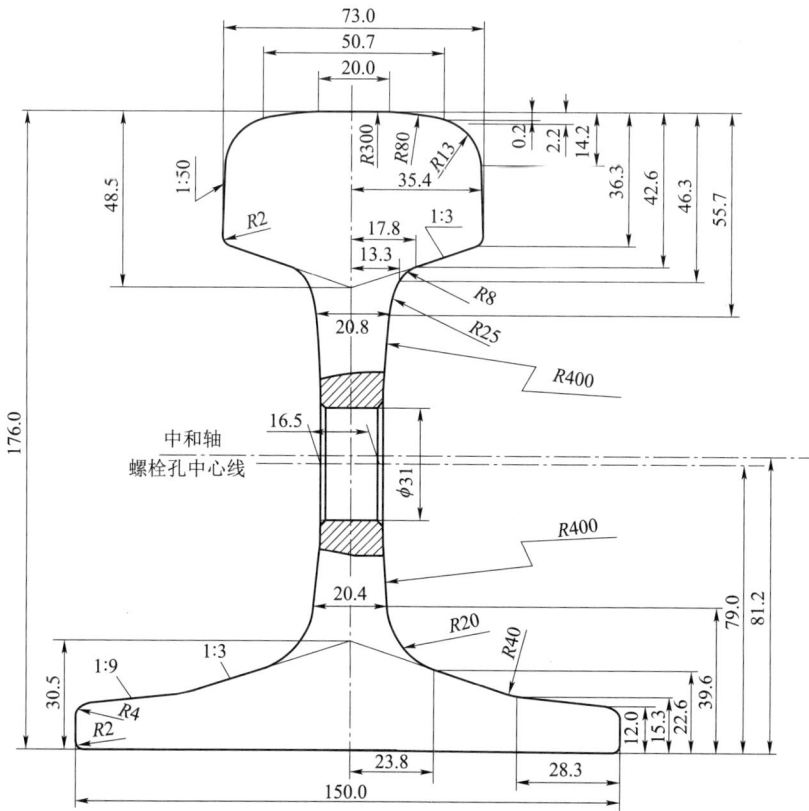

图 3-9　CHN60 钢轨断面尺寸图

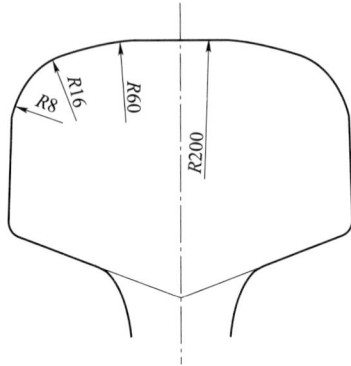

图 3-10　CHN60N 轨头断面示意图

在我国高速铁路运营经验积累了一段时间后，铁科院研究开发了 CHN60N 钢轨。该断面在 CHN60 钢轨的基础上，对钢轨轨距角处廓形进行了优化，将轨头圆弧段由 $R13$–$R80$–$R300$–$R80$–$R13$ 五段圆弧优化为 $R8$–$R16$–$R60$–$R200$–$R60$–$R16$–$R8$ 七段圆弧，轨头曲率减小，更为"凸起"，以期防止出现轨距角接触或双光带等，使高速行车轮轨接触斑始终集中于轨头中间位置。

2）高速铁路非正常轮轨接触状态

正常的轮轨接触存在一个可能的接触区域，见图 3-11。这个区域很难精确地确定下来，因为钢轨和车轮的空间位置分布与许多因素有关。

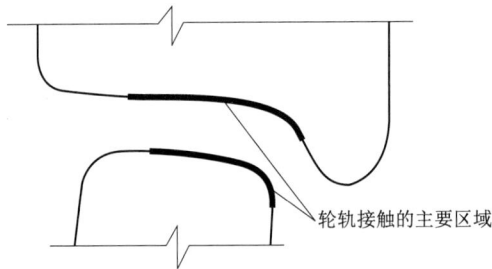

图 3-11　轮轨接触区域示意图

在这个可能的区域，车轮与钢轨的几何接触关系主要有一点接触、两点接触和共形接触，见图 3-12。

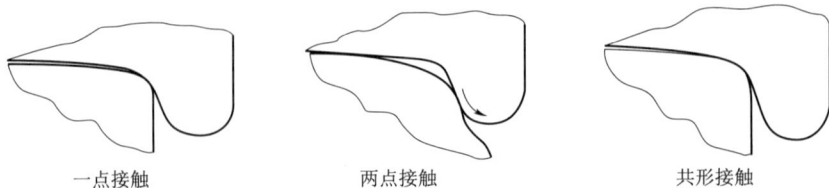

一点接触　　　　　两点接触　　　　　共形接触

图 3-12　轮轨接触的几种典型类型

（1）一点接触。

此处的"一点接触"指的是轮轨接触以一个"尖点"的形状存在，接触斑的面积非常小，接触应力极为集中。这种接触行为轻则产生钢轨和车轮踏面裂纹，重则造成轨角剥离，伴随

出现的大的纵向蠕滑会导致钢轨材料发生塑性流动；更严重的是可能导致车辆蛇行失稳，诱发钢轨交替侧磨。显然这是一种应该极力避免出现的接触状态，保证轮轨接触区域廓形的平滑，及时修理伤损的钢轨轨头，恢复和重建轮轨廓形是防止类似病害的主要手段。

造成一点接触的原因主要有：不正确的轮轨接触设计；在役钢轨轨头被磨平；车轮踏面过于凹陷等。如图 3-13 所示。

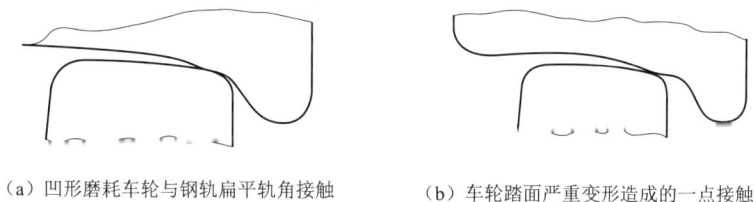

（a）凹形磨耗车轮与钢轨扁平轨角接触　　　（b）车轮踏面严重变形造成的一点接触

图 3-13　不良的轮轨廓形导致一点接触

（2）两点接触。

钢轨出现严重磨损，车轮受到较大的横向力或有较大的摇头角时，容易出现两点接触。其中一点在轨面与踏面，一点在轨内侧面与轮缘。

两点接触时，车轮相对钢轨只可能存在一个转动中心。若轮对以轨面接触点为滚动中心，则轮缘接触点处必然产生滑动，切削轨侧和轮缘金属；若以轨内侧接触点为滚动中心，则有可能发生车轮爬轨，严重时酿成爬轨、脱轨。现实中多为第一种运动状态，这时会加速轮缘磨耗和轨侧磨耗，甚至导致钢轨塑流。

（3）共形接触。

共形接触指的是轮轨接触区域形面相同或非常相似，接触斑面积较大。随着不断的磨合，轮缘与轨距角会出现共形，称之为轮缘共形接触，是共形接触中最典型的一种。接触点在轨头上时，车轮踏面与钢轨轨头间也可能存在共形接触。共形接触接触斑面积增大，接触压应力相应减小，在接触区域出现比较均匀的磨耗，能较好地保护钢轨和车轮，防止因接触应力和蠕滑力过大带来的病害。如图 3-14 所示。

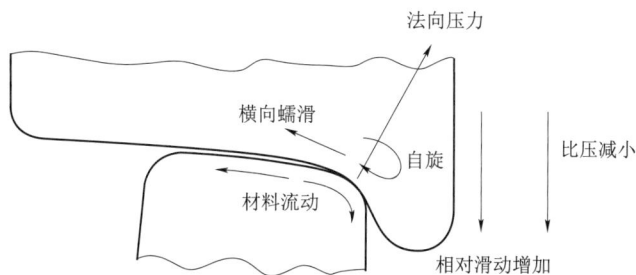

图 3-14　轮缘共形接触时的均匀磨耗模型

分析表明，在疲劳寿命周期内轮轨型面会保持该形状不变，并且运用非常成功，突出表现在：能保持型面形状不变；常用轴重下能够控制轨角疲劳；单位压力小，能够形成轮轨润滑膜；锥度大小适中，不像一点接触那样会产生大的踏面锥度。

从实践来看，共形接触是最理想的接触方式，但是如何界定"一点接触"和"共形接触"有一定的困难，可以说"共形接触"是广义的"一点接触"。

现实中，在复杂的运营条件下，轮轨接触关系不可能是一成不变的，上述分类只能定性地就某一确定的匹配关系进行分析，可以指导型面打磨的方向，但无法建立起量化的指标。

总之，目前我国采用的 1 353 mm 轮内距 LMA 踏面，匹配改进的 CHN60N 断面 60 kg/m 钢轨，接触点在车轮和钢轨上的分布区域都较集中，处于理想的轮轨接触状态，能够获得较好的动力稳定性能，维护并维持这一轮轨关系有利于持久保证我国高速铁路的行车品质。

2. 动车组轮轨接触区域力学行为

1）轮轨接触力学行为

轮轨接触区域存在复杂的力学行为，主要包括轮轨黏着力（起动力、紧急制动力、常规制动力）、轮轨法向力（经由轮轨接触角传递的列车垂向力）、轮轨蠕滑力（纵向蠕滑力、横向蠕滑力、蠕滑力矩）、轮缘力等。有关轮轨接触力学行为的研究至今仍是轮轨交通研究领域里最活跃、最重要的部分。图 3-15 为轮轨接触区域复杂的传力及运动关系。

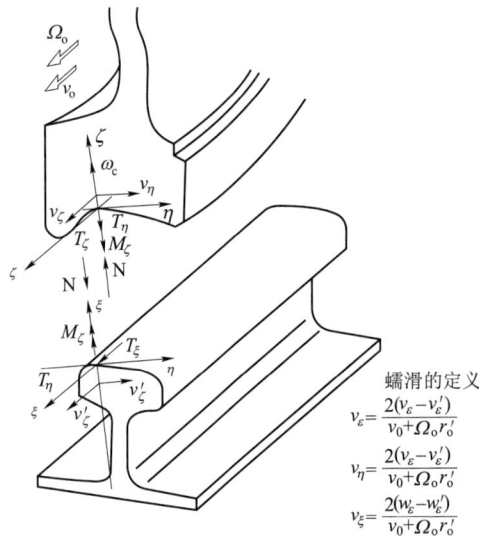

蠕滑的定义

$$v_\varepsilon = \frac{2(v_\varepsilon - v_\varepsilon')}{v_0 + \Omega_o r_o'}$$

$$v_\eta = \frac{2(v_\varepsilon - v_\varepsilon')}{v_0 + \Omega_o r_o'}$$

$$v_\xi = \frac{2(w_\varepsilon - w_\varepsilon')}{v_0 + \Omega_o r_o'}$$

图 3-15　轮轨接触力学行为示意图

（1）轮轨黏着力。

黏着是指由于正压力而保持动轮与钢轨接触处相对静止的现象。黏着系数是黏着状态的关键性指标，数值上为动轮不空转时的最大轮周牵引力与黏着重量的比值，是动轮和钢轨接触点上的静摩擦系数，即相对速度趋于零时的滑动摩擦系数。动轮踏面和钢轨接触面间的摩擦阻力，称为黏着力。列车处于牵引运行时，动轮作用于钢轨的力在任何情况下至多只能等于而不能大于黏着力，否则动轮就会在钢轨上空转（打滑），使牵引力急剧下降甚至消失。在动轮不空转条件下，根据黏着系数确定的牵引力，称为黏着牵引力。列车黏着重量是所有动轮作用于钢轨的垂直重量之和。

黏着系数 μ、黏着重量 P 和黏着牵引力 F 的关系如下：$F = P \cdot \mu$。

黏着力的大小决定了列车牵引能力的大小，也决定着与之匹配的原动机功率。一定类型的机车具有的设计黏着重量是固定值，也决定着黏着制动的效能。

由于黏着是列车赖以前进的来源，黏着系数的大小就成为确保高速列车有效运行的关键性参数，须要严格控制，防止空转浪费能源，也防止由此引起轮轨擦伤。黏着系数同许多因

素有关，主要如下。

① 动轮受力状态。机车原动机传给动轮的力越是均衡、稳定，黏着系数就越大。如电力机车和电力传动柴油机车，每个牵引电动机的特性相同，分配的电流相等，黏着系数就大。

② 动轮踏面和钢轨表面的状态。表面越是平整、干燥，黏着系数就越大。如果表面不平、潮湿或有霜、雪、冰、水、油垢等，则黏着系数降低。向动轮和钢轨间撒以小颗粒的干砂，可以增大摩擦力，提高黏着系数。

③ 动轮直径和装配。各动轮的直径越一致，装配越准确，黏着系数就越大。蒸汽机车各动轮的直径不同，或者动轮轴与钢轨平面的投影不成直角，都会使动轮在滚动中带有空转，降低黏着系数。

④ 运行速度。黏着系数随列车运行速度的提高而降低。列车在运行中，会产生冲击、振动和蛇行运动，动轮在钢轨上会发生纵向滑动和横向滑动。而且钢轨表面不平整，运行速度越高，这些现象越严重，轴重转移也越大，重量减少的动轮会发生空转，全列车的黏着系数会减小。

⑤ 线路的曲线半径。曲线半径越小，黏着系数越低。列车在小半径曲线线路上运行，受离心力和向心力的影响，动轮在钢轨上产生横向滑动。此外，动轮踏面有一定斜度（内方直径大，外方直径小），在小半径曲线线路上，由于外轨有超高，当列车速度不够高而偏靠内轨时，则同一轴上左右两动轮以直径不同的滚动圆滚动，还有内、外轨长度不同，造成一侧动轮在滚动中带有空转，横向滑动和空转都降低黏着系数。通常用对比试验的方法求出黏着系数的降低率。

黏着系数由专门试验确定，其计算公式一般归纳为与机车运行速度 v 成反比的形式。试验结果证明：黏着系数受随机因素的影响，试验点的离散度较大，但黏着系数的图形基本上是一条随运行速度提高而降低的带状面，称为带状黏着区。通常采用这个黏着区的平均值作为计算标准，所以把它称为计算黏着系数。

（2）轮轨法向力。

轮轨法向力是轮轨间垂向荷载在接触斑上的具体体现，与垂向荷载、接触角、轮轨材质和轮轨廓形等多种因素相关。一方面基于轮轨法向力的耦合，实现了车辆与下部基础垂向荷载的相互作用和有效传递，成为下部基础设计的重要依据，此一问题可以借由轮轨系统动力学得到合理解决；另一方面轮轨法向力也成为接触斑处轮轨材质失效的关键性因素，轮轨接触应力成为衡量轮轨材质失效与否的重要标志。

轮轨接触应力计算是一个十分复杂的问题，主要是因为轮轨之间的接触关系很难建立能完全反映轮轨接触客观现实的计算方法。轮轨接触与轮轨滚动、轮轨蠕滑、轮轨滑动等交织在一起，使得轮轨接触面（斑）处集中着材料、弹塑性力学、轮轨动力学和摩擦学等多学科的许多前沿性课题。1882 年 Hertz 发表了开创性的论文《论弹性固体的接触》，奠定了接触力学的基础。Hertz 接触理论虽然假定接触表面是光滑的，无摩擦效应，接触表面仅传递法向力。但是时间证明，在计算手段所限的 20 世纪初中叶，Hertz 理论经受了实践的检验，使得它成为轮轨接触力学的基础。由于 Hertz 理论计算受到诸多假定的束缚，这使得它的应用有一定的局限性，人们在不断试图改善其假定，以满足更多的需要。在 Hertz 理论的基础上进行了扩展，又研究了轮轨间非弹性状态的法向接触应力、轮轨滑动接触应力和轮轨滚动接触应力。进而深入分析轮轨破损机理、材质选择与列车运行品质，以及轮对和轨道结构参数对轮轨接

触应力的影响等。随着计算手段的提高，有限元法得到迅速发展，在接触力学，特别是轮轨接触中，开始越来越多借助有限元、无限元等，力图突破 Hertz 理论的边界。但这些方法毋庸置疑地是基于 Hertz 接触理论的轮轨接触力计算，结合轮轨蠕滑理论基本可以满足工程计算的需要。

（3）轮轨蠕滑力。

轮轨蠕滑指具有弹性的钢质车轮在弹性的钢轨上以一定速度滚动时，在车轮与钢轨的接触面间产生相对微小滑动。

（4）轮缘力。

轮缘力是在出现大轮对横移，超过轮轨游间，轮缘接触钢轨内侧工作边而产生的横向力。其必须具备两个条件：一是轮轴横向位移达到轮轨游间；二是轮轨接触几何上存在轮缘接触的可能性。这种受力关系一般出现在既有铁路小半径曲线地段，从前述轮轨接触几何分析可知，正常情况下我国现行高速铁路轮轨匹配关系不太可能出现轮缘接触状态。

2）高速铁路轮轨接触力学的发展

现场实验和运营实践表明，列车高速运行时，轮轨接触行为表现出不同于既有铁路的一些特征：一是热固耦合问题，高速接触条件下接触区域产生很大的接触能量，一部分以应力应变的形式体现出来，另一部分转化为热能，影响轮轨接触材料材质性能的逐步转化。二是气固耦合问题，多方试验表明，随着列车速度的提高，正常情况下的车轮动载有逐渐减小的趋势，列车荷载存在向空气转移的可能，基于气固耦合的轮轨接触关系仿真分析无疑是前沿性课题。三是高速条件下轮轨接触区域呈超高频振动状态，结构的柔性特性被充分地体现出来。

3.3.3　动车组轮轨匹配优化原则

1）高速铁路轮轨匹配功能需求

高速铁路的高速度、高可靠性和高安全性是高速铁路赖以生存和发展的必要条件，为此要求轮轨接口至少应具有以下特点。

（1）高平顺性。

高平顺性是实现高速的前提，主要体现在从波纹到中波、长波、超长波的全敏感频率控制上，相应地要求轮轨几何状态一致性高，各类几何偏差小。

（2）高可靠性。

高速列车承载着人民群众生命财产安全，必须具有高可靠性，要求轮轨接口材质不能发生脆性失效，尽可能减少风险点（如采用 100 m 定尺生产，500 m 长钢轨现场焊接，应尽可能减少焊接接口）。

（3）高稳定性。

高速铁路安全风险管控要求高，行车密度大、速度快，轮轨接口状态必须足够稳定，磨耗发展缓慢，且不易影响行车品质。

（4）易维护性。

高速铁路钢轨的制造、铺设成本极高，状态要求严格，为在系统状态安全可控的前提下，实现其应用价值的最大化，要求轮轨接口应有确定的维护方法。

2）基于高速行车需求的轮轨匹配优化

考虑到上述功能需求，轮轨匹配优化是一个多因素、多目标的优化问题。功能需求即为优化的目标，轮轨匹配的优化宜重点从以下几方面加以考虑。

（1）合理选材，实现轮轨均匀磨耗。

合理选择车轮和钢轨的材质，在力学指标上达到强度、硬度、韧性的平衡，在确保强度的前提下，尽可能提高材料韧性，防止轮轨接口的突发性失效；选择合适的硬度指标，防止过大的轮轨硬度差（钢轨与车轮踏面硬度比不宜高于 1.2）而损伤设备。

为保证高可靠性和高安全性，应尽可能地提高材质的纯净化程度，优选均匀、质地致密的钢材。

（2）优选廓形，保持光带稳定居中。

轮轨接触为细观尺度上的物理行为，廓形的改变直接影响轮轨接触传力及病害发生发展情况。高速铁路良好的线路状态为控制光带位置提供了良好的基础。优化轮轨廓形，保持光带稳定居中，为高速、平稳行车创造条件，为预防病害和廓形整治提供基础。

（3）严控焊接接头数量及质量，防止接头失效。

接头是无缝化的高铁线路设备中安全风险最大的位置之一，技术许可的条件下，减少接头数量，提高焊接质量应作为轮轨接口优化匹配的重要内容。

通过高速列车与线路接口性能的仿真，分析高速列车与线路的相互作用机理，得到如下结论及建议。

① 轨道几何不平顺对车辆的临界速度有较大的影响，因此高速列车的临界速度应根据实际轨道结构和几何不平顺计算；当列车在直线段上行驶时，其安全性和舒适性指标均未超限，车辆的垂向振动比横向剧烈，建议列车在直线段行驶时，车辆各系悬挂的垂向减振和阻尼参数可进一步优化；列车在曲线段行驶时，其安全性和舒适性指标未超限，车辆的横向振动加速度相对较大，宜根据不同曲线线路条件寻求与列车最佳匹配的横向减振和阻尼参数。

② 轨道的整体垂向刚度越大、阻尼越小，车辆系统的轮轨垂向力和车体垂向振动加速度就越大；整体横向刚度越大、阻尼越小，车辆系统的临界速度越低。因此建议采用刚度大、阻尼小的轨道结构，如无砟轨道结构，此种结构下高速列车参数匹配设计与优化要求更严。

③ 曲线半径对车体的竖向舒适性影响不大。当曲线半径小于平衡半径时，随曲线半径增大，各动力学指标均下降，此时增大曲线半径对行车安全性和舒适性有利；当曲线半径大于平衡半径时，各指标又有上升趋势。

④ 车体的竖向加速度随着超高值的增大而不断增大，与欠、过超高关系不大，其他指标与超高值为近似线性关系；且超高为平衡超高时，各指标数值最低，最有利于行车的安全性和舒适性。

⑤ 随着缓和曲线长度增加，系统振动响应逐渐减小；缓和曲线长度大于 300 m 以后，各指标下降幅度趋于平缓，所以缓和曲线长度也不宜过长，这是由于缓和曲线长度过长，一方面对减小系统振动响应有限，另一方面也增大了线路的养护维修量。

⑥ 随着竖曲线半径的增大，无论是凹形还是凸形竖曲线，增载与减载的量值都逐渐减小，车体的竖向加速度绝对值也都逐渐减小，竖曲线半径增大，对行车安全性和舒适性有利。

⑦ 通过轮内距为 1 353 mm 与轮内距为 1 360 mm 的车轮踏面与各型钢轨的轮轨接触点分布可知，轮内距为 1 353 mm 的车轮踏面与钢轨的匹配关系较轮内距为 1 360 mm 的车轮踏

面好；轮内距为 1 353 mm 的 LMA 踏面匹配改进的 CHN60N 断面的 60 kg/m 钢轨，接触点在车轮和钢轨上的分布区域都比较集中，处于理想的轮轨接触状态，能保持较好的动力稳定性能。

⑧ 基于高速行车高平顺性、高可靠性、高稳定性和可维修性的功能需求，轮轨匹配的优化宜重点从合理选材、实现轮轨均匀磨耗、优选廓形、保持光带稳定居中、严控焊接接头数量及质量、防止接头失效等方面加以考虑。

3.4　动车组与牵引供电系统接口设计

3.4.1　牵引供电系统

1. 牵引变压器结构及接线方式

电气化铁路采用单相工频交流制式，取电于三相电力系统。牵引变压器作为电力系统与电气化铁路牵引网的连接，向牵引网输送合格的电能。目前，牵引变压器结构种类及接线方式可以分为三大类：单相牵引变压器（纯单相变压器、VV 接线）、YNd11 接线牵引变压器，以及三相—两相平衡变压器。

VV 接线牵引变压器是将两台单相变压器以 V 形方式连接，可以实现由三相系统的两相线电压供电。两变压器次边绕组各取一端连至牵引变电所两相母线上，而它们的另一端则以连成公共端的方式接至钢轨引回的回流线。这时，两臂电压相位差 60°接线，电流的不对称度有所减少，这种接线即通常所说的 60°接线。如图 3-16 所示。

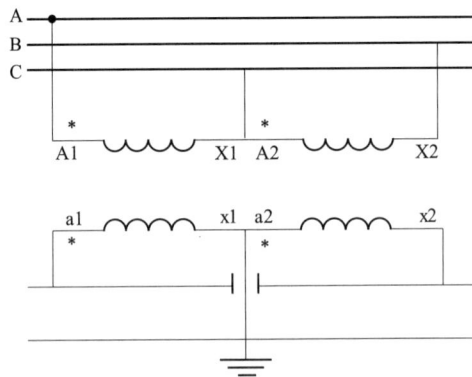

图 3-16　VV 接线牵引变压器

三相—两相平衡变压器用于完成原边三相系统向次边两相系统的平衡变换。原边三相电压相位相差 120°。次边电压相位相差 90°。当两个次边供电臂的负荷相等时，反映到原边的三相电流是对称的。三相—两相牵引变压器接线种类较多，主要包括 Scott 接线、阻抗平衡接线、Le Blanc 接线、YNvd 接线等。下文以 Scott 接线平衡变压器为例来介绍三相—两相平衡变压器。

Scott 接线平衡变压器实际上是由两台单相变压器按规定连接而成的。一台变压器原边绕

组（高座绕组）AD 的一端与另一台变压器的原边绕组（底座绕组）BC 的中点 D 相连，构成倒 T 形，其三个出线端接入电力系统的三相电网。两台变压器次边绕组连成相位差为 90°的开口三角形接线，其公共端接钢轨，其两个开口端接馈电线，并分别接入相邻接触网区段，其接线原理图如图 3–17 所示。

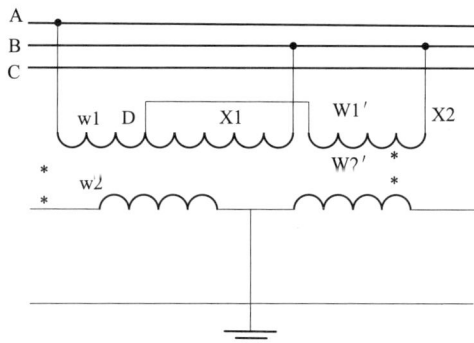

图 3–17　Scott 接线牵引变压器接线原理

2. 接触网结构及悬挂方式

1）接触网结构

接触网是沿铁路线上架空设置向电力机车与车辆供电的特殊形式的输电线路，由接触悬挂、支持装置、定位装置、支柱与基础等部分组成。

接触悬挂：包括接触线、吊弦、承力索及连接零件。接触悬挂通过支持装置架设在支柱上，其功能是将从牵引变电所获得的电能输送给动车组。

支持装置：包括腕臂、水平拉杆、悬式绝缘子串、棒式绝缘子及其他建筑物的特殊支持设备。支持装置用以支持接触悬挂，并将其负荷传给支柱或其他建筑物。

定位装置：包括定位管和定位器，其功能是固定接触线的位置，使接触线在受电弓滑板运行轨迹范围内，保证接触线与受电弓不脱离，并将接触线的水平负荷传给支柱。

支柱与基础：用以承受接触悬挂、支持和定位装置的全部负荷，并将接触悬挂固定在规定的位置和高度上。我国接触网采用预应力钢筋混凝土支柱和钢柱，基础是对钢支柱而言的，即钢支柱固定在下面的钢筋混凝土制成的基础上，由基础承受支柱传来的全部负荷，并保证支柱的稳定性。

2）接触网悬挂方式

接触网悬挂方式按结构的不同分为简单悬挂、单链型悬挂（简称链型悬挂）、双链型悬挂和多链型悬挂。链型悬挂按支柱处采用吊弦的不同，分为简单链型悬挂、弹性链型悬挂和复链型悬挂。

复链型悬挂结构复杂，投资高，日本新干线主要采用这种悬挂方式。国内无成熟的设计、施工和运营经验，在我国京沪高速铁路中尚不具备成熟的应用条件。法国主要采用简单链型悬挂方式；我国京津城际铁路也采用该悬挂方式，并积累了最高运营时速 350 km 的简单链型悬挂运行经验。简单链型悬挂结构简单，便于维护，工程造价低，但是稳定性能稍差。弹性链型悬挂是德国高速铁路主要采用的悬挂形式；在我国武广等多条客运专线应用，我国已掌握弹性链型悬挂的设计、施工、维修、运营等相关技术。

接触悬挂每隔 1 500～2 000 m 进行分段，每一独立分段称为锚段。接触悬挂设置锚段后可以提高供电灵活性，缩小事故范围，还可在下锚处加张力自动补偿装置，保持导线张力不变，使接触线弧度恒定，提高受流质量。相邻两个锚段互相衔接的部分称为锚段关节。当列车通过时，锚段关节应保证受电弓从一个锚段平滑地过渡到另一个锚段。

京沪高速铁路采用弹性链型悬挂。链型悬挂根据线索的锚定方式（即线索两端下锚的方式），可分为未补偿链型悬挂、半补偿链型悬挂、全补偿链型悬挂。

3）接触网导线材料

理想的接触网导线应具有导电性能好、抗拉强度高、易维护等特点。目前接触线主要采用铜合金，如银铜、镁铜等合金材料。采用合金材料后，抗拉强度增加，但导电率下降。因此，接触线材料的导电率优化须在抗拉强度和导电率之间进行折中，世界上主要开行高速列车的国家使用的接触线材料性能比较如表 3-3 所示。目前，导电性能好、抗拉强度高的接触线为日本的 PHC 接触线，抗拉强度为 582 MPa，导电率为 81%，但费用为常规导线 1.5～2 倍，日本在新建铁路中采用此材料。中国的京津城际接触网导线材料采用铜镁合金导线，导电率为 65%，抗拉强度 490 MPa，张力 27 kN。京沪高速铁路的接触网导线采用的铜镁合金，接触网张力达 37 kN。

表 3-3　接触线材料性能比较

国家	接触线材质	导电率/(% IACS)	抗拉强度/MPa	导线密度/(kg/m)	张力/kN	波动传播速度/(km/h)	列车速度/(km/h)	无量纲速度
日本	CS	60	592	0.935	20	525	300	0.57
	PHC	81	582					
德国	CuMg	68	503	1.08	27	569	300	0.53
法国	CuSn	78	537	1.07	24	539	350	0.65
中国	CuMg	65	490	1.08	27	569	350	0.62

3. 牵引供电系统电分相

1）电分相的形成

电力系统采用三相供电方式，并要求每一相的电流大致相等，即保证三相负荷的对称性。电气化铁路是大功率的单相负载，电气化铁路仅从一相取电将造成负荷的严重不对称，会引起较大的负序电流，造成电压不平衡。为尽量保证电力系统三相负荷的对称性，电气化铁路的供电系统采取分段供电方式，每一段由电力系统的不同相供电，通过这种轮流换相方式，实现负荷的基本平衡。

这种分段供电、轮流换相的方式形成了电气化铁路牵引供电系统的一个独特结构——电分相。由于给铁路供电采取分段供电方式，每个相位亦不同，段与段之间须通过适当方式进行绝缘，这种段与段之间的绝缘结构即称为电分相。列车在运行过程中，从一个供电段过渡到另一个供电段的过程，称为列车过分相。

2）电分相结构

我国电分相结构主要有器件式电分相结构和锚段关节式电分相结构两种。

器件式电分相结构在我国早期的电气化铁路中使用较广泛，结构的分相绝缘器一般是由

3 根绝缘件串联而成，一种分相绝缘器如图 3-18 所示，实际线路中的器件式电分相绝缘器如图 3-19 所示。该结构简单，易于检查和维修，无电区长度短；但由于集中载荷大、接头连接工艺要求高等原因，接头处打碰受电弓的现象普遍，且接触线局部磨耗严重，一般一年左右就须要重新做接头或局部更换接触线。尤其是随着列车速度的不断提高，打碰受电弓的程度增加，弓网运行安全无法保证，该分相结构已经完全无法适应于高速铁路的飞速发展。

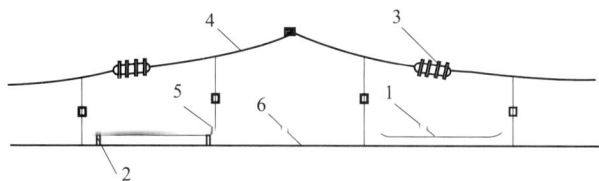

图 3-18　器件式电分相绝缘器

1—主绝缘；2—接头线夹；3—承力绝缘子；4—承力索；5—吊弦；6—导线

图 3-19　实际线路中的器件式电分相绝缘器

　　由于器件式分相结构的固有缺陷，一种新的分相方式——锚段关节式电分相结构在新建高速铁路及既有线改造等工程中，得到广泛采用，并逐步成为我国主要的分相结构形式，如我国京津城际铁路即采用这种方式，京沪、武广等高速铁路也采用了锚段关节式电分相结构。关节式分相结构中，单独设计了一条与带电接触线平行且无电联系的接触线，并把该无电的线路称为中性段，带电接触线在靠近中性段时逐步抬升。列车靠近中性段时，随着接触线的抬升使受电弓脱离接触线，与中性段接触；在运行到另一端时，中性段逐渐抬升，列车脱离中性段，与接触线连接，完成过分相。关节式分相结构有主要有五跨式、七跨式结构形式，如图 3-20 和图 3-21 所示。从运行安全性及弓网耦合性能上，关节式分相具有较好性能，但分相长度比器件式分相结构更长。器件式分相一般为 30 m 左右，而关节式分相长度在 200～1 000 m 之间，高速、双弓条件下，关节式分相长度一般都在 800 m 以上。

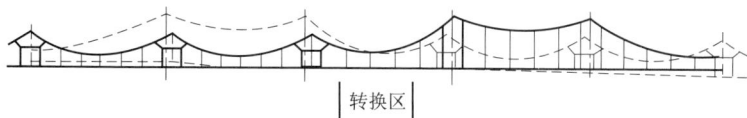

转换区

图 3-20　五跨式锚段关节分相

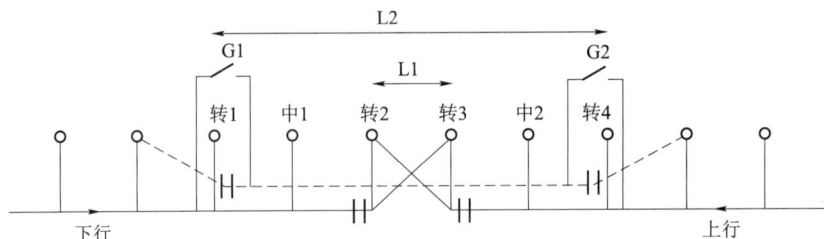

图 3-21 七跨式锚段关节分相

3）电分相带来的问题

高速铁路一般每隔 20～30 km 存在一个分相,如我国新建的京沪高速铁路全长 1 320 km,分相多达 53 处,分相长度约占全线线路的 4%。分相给列车运行、牵引网供电可靠性等带来了较大的影响,成为牵引供电系统的瓶颈。分相带来的主要问题如下。

增加司机操作难度。由于分相频繁,列车司机必须在极短时间内完成众多过分相步骤,司机劳动强度极大,特别是在高速铁路中,过分相几乎无法由司机手动完成,必须采用自动过分相技术。

降低接触网可靠性。过分相过程中的拉弧、过电压、过电流等复杂的电气暂态过程对接触网的可靠性有较大影响。分相附近的接触网烧蚀、断裂的事故时常发生。

导致列车速度损失。分相方式对列车的运行速度产生影响,我国长期以来采用车载自动过分相方式,使列车过分相时须断电惰行,导致列车失电,引起速度损失。在高速铁路中这种速度损失更大,不利于持续高速运行;在重载铁路中,特别是坡度较大的区段,可能造成列车坡停事故。

对列车运行安全、运行寿命的影响。无论哪种过分相方式,列车过分相实际上是车与网相互耦合的一个过程。长期以来,人们缺乏对过分相过程的监测,对过分相的基础数据掌握尚缺乏。从国内外运行经验来看,过分相的过电压、过电流对列车运行安全、运行寿命在事实上确实具有威胁,并造成了多种事故。

继电保护误动作。列车分相与信号配合为信号提出了新的要求,过分相中的过电压、过电流还可能引起保护误动作。

3.4.2 动车组牵引系统

1. 列车高压系统

高压电器是指主电路中使用的电气设备,包括受电弓、真空断路器、避雷器、高压互感器、高压电缆及高压连接器、高压互感器、接地电阻器等。

1）受电弓

受电弓是从接触网获得电能的部件,列车运行时压缩空气通过车的各阀进入受电弓升弓装置气囊,升起受电弓,使受电弓滑板与接触网接触;降弓时,排出升弓装置气囊内压缩空气,使受电弓落下。

2）真空断路器

真空断路器主要由盖板、动作器及真空电弧放电室组成。在主断路器的外部装有隔离开

关。监控、触发断路器，以及断路器的保护是通过列车控制实施的。诊断系统确保主断路器发生任何故障时都能被发现而且发出有关错误信号，接着发生故障的主断路器被锁闭。

3）避雷器

避雷器是一种保护电器，用于限制电气设备运行过程出现的大气过电压及操作过电压，使电气设备免受过电压损害，减少系统的跳闸率及事故率。

氧化锌避雷器是采用 ZnO 等多种金属氧化物制成的，利用其相当理想的伏安特性，其中线性系数只有 0.025 左右，使得避雷器处于正常工作电压时，流过的电流非常小，可认为是一种绝缘体；而当电压值超过某一动作值时，电流急剧增加，电流的增加反过来抑制住电压的上升，从而保护了列车的绝缘设备不被击穿。待电压恢复到正常工作范围时，电流相应恢复极小值，避雷器仍呈绝缘态，不影响系统的正常工作。

4）高压互感器

高速列车上的高压互感器有电压互感器和电流互感器两种，其作用原理与变压器相同。互感器的使用主要起到三个作用：一是为了工作人员的安全，使测量回路与高压电网隔离；二是可以使用小量程的电流表测量大电流，用低量程电压表测量高电压；三是用于各种继电保护装置的测量系统。CRH_2 型动车组的电流互感器额定电流为 5 A，电压互感器的牵引绕组侧额定电压为 100 V。

5）高压电缆

高速动车组正常情况下只有一台受电弓升弓受流，而整列动车组有两台牵引变压器同时工作。因此，为了将 25 kV 高压电送至牵引变压器就须要使用高压电缆和高压电缆连接器。

2. 车载牵引变压器

车载牵引变压器是动车组上的重要部件，用来把接触网上取得的 25 kV 高压电变换为供给牵引变流器及其他电器工作所适合的电压。

变压器中最主要的部件是铁芯和绕组，它们构成了变压器的本体。变压器的铁芯既是磁路，又是套装绕组的骨架。按照铁芯的结构，变压器可分为芯式和壳式两种。芯式结构的绕组装配和绝缘比较容易，所以电力变压器常常采用芯式结构。壳式变压器的机械强度较好，常用于低压、大电流的变压器或小容量电讯变压器。

3. 牵引变流器

CRH_2 型动车组牵引变流器（以下简称变流器）由单相三电平脉冲整流器、中间直流电路、三电平逆变器、真空交流接触器等主电路设备，以及牵引控制装置、控制电源等控制设备组成。上述设备安装在一个箱体内，为减轻重量，箱框采用铝合金结构。每节动车设置 1 台牵引变流器，每台变流器驱动 4 台并联牵引电机。

4. 牵引电机

牵引电机由定子、转子、轴承、通风系统等组成，绝缘等级为 200 级。牵引电机采用转向架架悬方式，机械通风方式冷却，平行齿轮弯曲轴万向接头方式驱动。所有牵引电机的外形尺寸、安装尺寸和电气特性相同，各动车的牵引电机可以实现完全互换。

CRH_2 型动车组采用的牵引电机除具有传统异步电机的优点外，还有以下特点：电机整体机械强度很高，列车高速运行时能承受很大的轮轨冲击力；采用耐电晕、低介质损耗的绝缘系统以适应变频电源供电；为了防止电机轴承的电蚀，电机前后端采用绝缘轴承；电机转子导条采用低电阻、温度系数高的铜合金材料，保证传动系统的控制精度；为了减轻电机自重，

电机采用轻质高强度材料；采用经过验证的轴承和轴承润滑结构，从而减少电机的维护，保证电机轴承更可靠地工作；在输出一定功率的情况下，为减少体积，采用强迫通风和优化的通风结构，充分散热，以降低电机的温升，提高材料的利用率；电机的非传动轴端安装了 2 个速度传感器，用以给传动控制系统提供速度信号，便于逆变器控制和制动控制。

3.4.3　主要接口关系辨识

高速列车系统与牵引供电系统的接口关系涉及范围十分宽泛，既有力学层面的弓网关系，还包括电能质量接口关系、过分相接口关系、再生制动接口关系等。本部分内容阐述车网电气耦合的主要接口关系。

1. 电能质量接口关系

1）电压耦合接口关系

（1）接口关系机理。

电气化铁路作为电力系统的特殊的重要负荷，为确保高速列车的正常运行，要求牵引供电系统具有较高的可靠性。牵引网电压水平对于牵引供电系统供电能力来说十分重要，直接与高速列车接触并提供稳定可靠的高压电源，牵引网电压过高或过低均影响高速列车的稳定、正常、安全运行。

牵引供电系统电压损失包括牵引网电压损失和牵引变压器电压损失，是由牵引供电系统和高速列车在电气上相互作用而产生的。由于牵引变电所的核心设备牵引变压器和牵引网系统均具有一定阻抗，高速列车牵引工况下牵引负荷电流流过牵引供电系统阻抗时产生压差，造成高速列车受电弓上电压和牵引网末端电压会低于首端电压。由于高速列车运行的不均匀性，牵引网电压变化急剧且幅度大。尤其在高速重载铁路，列车取流大，造成的牵引网电压损失也相对较大。当牵引网电压低于高速列车正常工作所需的最低电压时，会造成列车主断路器跳闸，从而引发一系列问题。

高速铁路在车网耦合中还会出现过电压问题，主要有谐振过电压、铁磁谐振过电压、动车过电分相产生过电压。这三者都是高速重载铁路中动车和牵引网间在电气上相互作用下产生的比较突出的过电压问题，产生的过电压会影响牵引供电系统和车载设备寿命，严重者甚至烧损。过电压还会造成保护跳闸，影响牵引供电系统供电可靠性。

（2）关键技术指标。

根据国家标准《轨道交通　牵引供电系统电压》（GB/T 1402—2010）的规定：铁道干线电力牵引变电所牵引侧母线上的额定电压为 27.5 kV，接触网的额定电压为 25 kV，最高允许电压为 29 kV，最低工作电压为 20 kV，非正常情况下不得低于 19 kV。

2）谐波耦合接口关系

（1）接口关系机理。

牵引供电系统中存在的谐波是由动车组产生的。普速列车普遍采用交直性动车组，产生丰富的谐波。谐波由牵引供电系统注入电网造成污染，影响电力系统的稳定运行。随着高速铁路的快速发展，交直交型高速列车相继投入使用，提高了列车的速度和载量。由于交直交型动车采用 PWM 脉宽调制技术，其谐波特性与传统的交直型动车组谐波特性有很大差别，低次谐波得到较大改善，大大降低了总的谐波含量。但交直交型动车产生的谐波电流的频率分

布更广泛，交流侧仍会存在一定量的高次谐波，在列车起动、爬坡、制动等过程中谐波含量还会增大。

牵引网是多导体单相输电线路，由于其导线自感、互感，以及分布电容决定其必然存在谐振频率。高速列车作为谐波源，向牵引供电系统注入大量的谐波电流。由于其谐波频率分布更为广泛，当高次谐波电流频率与牵引网自然谐振频率匹配时，就会激励牵引网谐振的发生，引起谐波电流严重放大，致使母线电压升高，甚至造成设备烧损和停车事故，严重影响铁路正常运输秩序。因此实现牵引网与交直交动车良好的电气匹配，避免谐波谐振问题的发生，是我国当前亟须解决的技术难题之一。

（2）关键技术指标。

列车产生的谐波电流通过牵引供电系统注入标称电压为 110 kV 或 220 kV 的公共电网。根据《电能质量　公共电网谐波》（GB/T 14549—1993），标称电压 110 kV 公共电网谐波电压（相电压）限制：电压总谐波畸变率 2%，奇次谐波含有率 1.6%，偶次谐波电压含有率 0.8%。标称电压为 220 kV 的公共电网可以参照标称电压 110 kV 的公共电网执行。

3）无功耦合接口关系

（1）接口关系机理。

国内普遍采用的交直型动车组自身功率因数低，牵引供电系统提供大量无功，降低了系统的功率因数。为了增大牵引供电系统功率因数，减小从公共电网侧吸收的无功，一般在牵引变电所处设置无功补偿装置，用以补偿动车所需无功。

由于 CRH_2 型动车组高速列车采用 PWM 脉宽调制技术，其功率因数大大提高，一般大于 0.95，对无功需求降低，因此牵引供电系统功率因数也大大改善。

（2）关键技术指标。

电力部门规定牵引供电系统在公共电网侧功率因数不低于 0.8，CRH_2 型动车组的功率因数大于 0.9，无功接口关系满足指标。

4）负序耦合接口关系

（1）接口关系机理。

牵引供电系统为单相工频交流供电，不存在负序。牵引负荷具有单相独立性和不对称性，对于电力系统来说是负序源，产生负序电流。高速列车功率显著增加，速度大幅度提升，使得高速铁路的牵引变电所两供电臂拥有相同负荷的概率减小，不平衡概率增加，加剧了负序的影响。交直交型动车在再生制动工况下，一个供电臂牵引，另一个供电臂再生时，平衡接线牵引变压器对负序具有放大作用，负序问题可能进一步恶化。

（2）关键技术指标。

负序指标受动车组容量、供电系统容量影响较大，由于动车组、牵引供电系统采用单相供电，动车组造成对公用电网的负序问题，须从电力系统侧来反映动车组与负序的耦合关系，但对动车组本身提出负序指标没有意义。值得注意的是，动车组再生制动时，通过牵引变压器耦合后对公用电网负序具有放大作用。

2. 自动过分相接口关系

1）自动过分相接口关系机理

自动过分相接口关系主要是通过车网系统所采用的自动过分相方案将列车高压侧元件与牵引网分段分相结构相耦合，利用线路上或列车上的开关动作完成整个过分相过程。下面对

我国主要采用的地面自动过分相方案和车载自动过分相方案的接口机理分别进行介绍。

地面开关自动切换过分相装置以日本新干线为代表,其原理是在地面设置传感器,列车车头设置感应器,由列车行驶位置来产生控制信号,并将此控制信号发送给地面控制机构,由地面上的真空负荷开关操作完成过分相。如图 3-22 所示,列车从 A 相驶向 CG1 处时,地面感应器接收列车车头信号,产生控制预告信号,使真空负荷开关 S1 闭合,中性段由 A 相供电。列车驶入中性段,到达 CG3 处时,控制回路产生控制信号,真空负荷开关 S1 断开,同时真空负荷开关 S2 迅速合上,此时中性段由 B 相供电,列车不做任何操作,短时断电通过电分相。待列车驶离 CG4 处时,真空负荷开关 S2 断开,设备恢复原始状态,地面开关自动切换过分相过程完成。

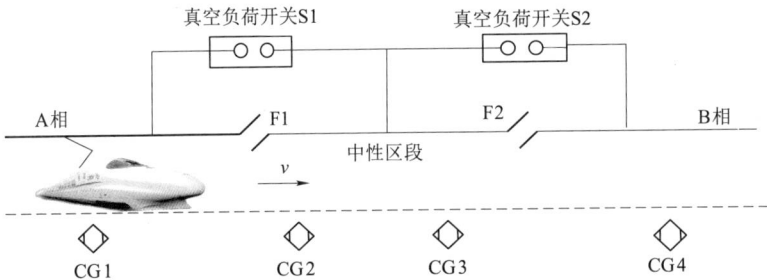

图 3-22 地面开关自动切换过分相方案

车载自动断电过分相装置以英国、法国为代表,其原理是在电分相区域安装感应装置,列车控制室内安装控制装置,从而实现列车自动过分相。如图 3-23 所示,A、B、D、E 处各埋有一块磁铁,其中 A、D 处设在轨道右侧,B、E 处设在轨道左侧。假设列车从 A 相驶来到达 A 处,地面感应装置获得预告信号,列车控制装置在 B 处将辅助绕组关闭,封锁牵引变流器脉冲,行驶到 C 处列车断开主断路器开始进入中性段,列车断电惰行过中性段。列车运行到 D 处获得确认信号,发出复位信号将传感器复位,并将主断路器闭合,到达 E 处时牵引变流器脉冲解锁,辅助电源开启,列车加速运行,车载自动断电过分相过程完成。

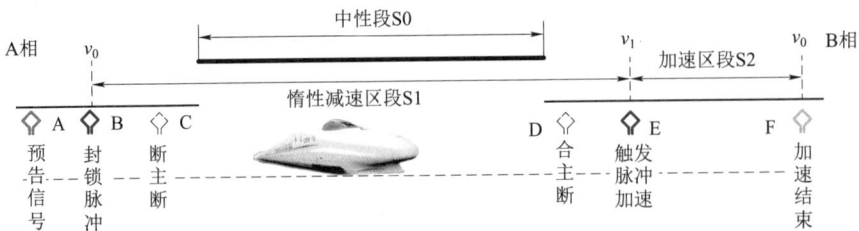

图 3-23 车载自动断电过分相方案

2)自动过分相接口关键技术指标

自动过分相接口关系主要包含以下关键技术指标。

(1)过分相断电时间。

无论是对于车载自动过分相方案,还是对于地面自动过分相方案,过分相过程中的断电时间都是一个重要技术指标。对于车载自动过分相方案,断电时间关系到列车的速度损失;

对于地面自动过分相方案，由于列车不断开主断路器，若列车断电时间过长，会引起失压保护动作，影响列车的正常运行，一般要求地面自动过分相断电时间不大于 0.3 s。

（2）过分相过电压指标。

车载自动过分相过电压可达 90 kV 以上，考虑绝缘配合，动车组的过电压承受能力应满足承受操作过电压 90 kV 的指标要求。

（3）车网电气参数匹配指标。

牵引网中性段、动车组高压电缆的电容与动车组高压互感器的参数在一定匹配条件下，使得列车过分相过程中引起列车与中性段之间产生振荡。过分相过程中的暂态现象会引起列车电压互感器或列车电压器进入饱和工作状态，在与中性段参数匹配的情况下就可能引发铁磁谐振现象，威胁列车的安全运行。建议动车组高压系统、互感器设计应考虑避免谐振，增加电缆的电容放电回路设计。

3. 弓网离线接口关系

1）弓网离线接口关系机理

牵引供电系统通过接触网供给动车组 25 kV 的单相工频交流电。由于受电弓滑板与接触线的接触面积很小，接触面上又存在很多小的接触点，电流就是通过这些细小的接触点传给动车组牵引供电使用的。

电气化铁路电力牵引系统中，当动车组正常运行时，动车通过其顶部的受电弓从高压接触线获取所需的电流，二者良好接触使得两者之间的电压相等，相当于电流导通的良导体。当列车高速运行时，25 kV 的接触网与受电弓滑板之间通过的电流可达 1 000 A 以上，并且受电弓相当于接触导线以与列车相同的速度高速运行。动车组上的受电弓和接触悬挂都是具有一定弹性的电气设备及供电装置。当接触悬挂沿跨距的悬挂弹性不均匀时，在接触线的接头线夹、定位线夹、中心锚结线夹，以及分段绝缘器等处都会造成硬点，从而导致受电弓与接触线发生分离。另外，当动车组运行达到一定速度时，受电弓自身就要产生垂直方向的加速度，从而引起接触悬挂的振动，由此使得二者的良好接触遭到破坏，使受电弓在运行过程中不能很好地与接触线接触受流，最终导致受电弓与接触线脱离。在这种情况下，二者之间的接触压力和摩擦力是非常不平稳的，容易发生受电弓与接触导线的瞬间脱离现象，即"弓网离线"。

列车速度、列车电流和接触力的大小都与弓网离线有十分密切的关系。随着动车运行速度的提高，受电弓的离线率将增大，从而造成弓网追随性恶化及弓网受流系统的振动。在相同接触力的条件下，列车电流越大，离线时所产生的电弧就越严重。

在受电弓与接触线分离的瞬间，弓线之间的电压将急剧升高，电场强度将急剧增强，从而导致受电弓与接触线之间的气体发生击穿，进而引起气体放电现象。放电现象发生时，在电极最近处空气中的正负离子被强电场加速，在移动的过程中与其他空气分子碰撞产生新的离子，这种离子的大量增加现象称之为电离。空气发生电离时，温度急剧上升，同时以弧光的形式发射出能量，这就是在动车组高速运行时产生的电火花现象。这种弧光一般并不需要很大的电压，属于一种低电压、大电流的放电。在正常状态下，气体具有良好的绝缘性能，但当在气体间隙的两端加上足够大的电场时，就可以引起电流通过气体，这就是通常所说的气体击穿，这种现象称之为气体放电。大量研究表明，当受电弓与接触线发生分离时，几乎都会伴随有电弧的产生。

受电弓与接触线分离时，相当于动车组负荷的切除，并且离线时受电弓与接触线频繁地接触与分离，整个牵引供电系统和动车组电气参数将发生改变。受电弓与接触线多次分离和重合，可能导致动车组牵引变压器过电压、过电流的产生，甚至破坏高速列车的受流水平，影响动车组牵引功率。因此，弓网离线电弧的产生机理及其特性与一般断路器电弧相比具有一定的独特性。

当开关电器断开的瞬间，如果电路中的电压高于 10～20 V，而电流大于 80～100 mA，则开关电器的触头就会产生空气击穿现象，在两电极之间产生强烈而持久的气体放电现象，称为电弧。普通意义上的电弧是一种空气被击穿产生的导电现象。

电弧的产生过程是一个复杂的物理过程与化学过程，涉及物质组成和物性变化、可压缩流体的流动、电磁场分布、热量的发散与吸收等，同时又是一个快速时变的过程，其中很多参数都是高度非线性的。通过大量的实际研究表明，高压电路中产生的电弧是一种气体放电现象，它是气体放电的一种形式，是一个电场、磁场、热场及流场变化的综合作用过程，情况极其复杂。另外，在不同的条件下，电弧在运动过程中形态变化较大，电弧特性也不相同。高压电路中产生的电弧，是触头电流通过空气传导而产生的，所以又被认为是一种气体放电现象。故障电弧是电网中一种常见现象，同样在电气化铁路中电弧也是动车组在高速运行过程中的常见现象。由于电弧所处环境的不同，电弧的形态、电弧电压的幅值和波形会有相当大的差别。

2）弓网离线关键技术指标

参照 EN 50317《铁路应用　集电系统　受电弓和接触网的动力交互作用的测量要求及确认方法》、EN 50367《铁路应用　集电受流系统　弓网关系技术标准》。

（1）弓网动态接触力。

弓网动态接触力一般按一个跨距为分析单位，分析参数包括最大值、最小值、平均值和标准偏差。各参数评判标准如下：

最大值：$F_{max} = F_m + 3\sigma$（N）

最小值：$F_{min} = 20$（N）

平均值：$F_m \leqslant 0.000\,97v^2 + 70$（N）（$v$ 为速度，m/s）

标准偏差：$\sigma \leqslant 0.3 \times F_m$（N）

（2）离线（火花）测定。

离线火花的分析参数：最大火花时间、火花次数、离线火花率。评判标准如下：

一次最大离线时间不大于 100 ms；

火花次数不大于 1 次/160 m。

离线率＜0.14%。

（3）接触线平顺性（受电弓滑板所受的垂直加速度）。

垂向加速度不大于 588 m/s²（约 60g）。

（4）受电弓运行轨迹（动态高度）。

接触导线最大垂直振幅 $2A \leqslant 150$ mm。

（5）抬升量。

抬升量不大于 100 mm。

（6）接触网静态弹性。

弹性差异系数计算公式：$\mu = \dfrac{e_{max} - e_{min}}{e_{max} + e_{min}} \times 100\%$

简单链型悬挂：$\mu < 25\%$

受电弓离线即在动车组的运行中，受电弓与接触线机械分离的情况，也是离线时受流质量恶化的重要特征之一，离线用下述两个指标评价受流质量。

（1）离线率。

在一个区段内（一般以一个锚段计），离线时间与运行时间之比为离线率，其表达式为：

$$\upsilon_S = \frac{\sum T_S}{T} \times 100\%$$

其中，T 表示在动车组被测区间运行所用总时间，而 $\sum T_S$ 表示的是被测区间内发生离线的总时间。一般来说，离线率控制在 10% 以下时，受流情况较良好。对于 300 km/h 的高速电气化铁路来说，离线率一般要求控制在 5%。

（2）一次离线的持续时间。

国际上衡量离线的标准主要有三方面：① 小离线，即受电弓与接触线分离的时间 $t < 10$ ms，小离线是由于滑板的微振动或导线的波状磨耗引起的，这种情况一般是无害的；② 中离线，其标准为 10 ms $\leqslant t \leqslant$ 100 ms，每 100 km 只允许出现 12 次；③ 大离线，即受电弓与接触线分离的时间 $t > 100$ ms，每 100 km 允许出现 6 次。中离线和大离线是因受电弓框架跟不上接触线的高度或因硬点冲击而造成的。

4. 再生制动耦合接口关系

再生制动的原理是列车在制动时利用动力车车轮带动牵引电动机作为发电机运行，并将发出的电能反馈到供电系统。再生制动的最大优点是住实现列车制动的同时，可以节约大量电能。但同时，由于车网之间的耦合关系，列车再生制动的同时，也会对牵引供电系统及电网电能质量产生一定的影响。

1）再生制动对牵引供电系统电能质量影响

牵引网上负荷点的电压损失是指外部供电电压水平与牵引网上最低电压水平之差，故为牵引网、牵引变压器和电力系统电压损失的总和。

牵引负荷在电力系统中造成的最大电压损失，应根据电力系统运行方式和牵引负荷的资料进行计算。牵引负荷按计算变压器最大电压损失的条件考虑。电力部门应保证牵引变电所进线母线电压波动不超过国标规定限值。在缺乏电力系统详细资料的情况下可按系统容量进行估算，其值随牵引变电所距电源点的远近而不同。

动车组列车处于牵引状态时，从牵引网取流，由于线路阻抗作用，线路末端电压往往会低于变电所出口电压，即牵引网末端有一定的电压损耗；同理，动车组列车再生制动时，电动机处于发电机运行状态，向电网反馈能量，会引起牵引网电压抬升，造成保护电容击穿等一系列问题，严重时还会造成再生颠覆。

2）再生制动对电网电能质量影响

交流传动动车组由于采用四象限变流器、大电容中间直流环节和正弦脉宽调制或空间电压矢量控制的逆变器，使得三相异步牵引电机谐波电流含量大大降低。高速动车组的核心就是交流牵引传动系统，网侧整流电路通常采用四象限 PWM 整流器，具有谐波含量低、功率

因数高、方便实现再生制动等优点。高次谐波频率分布在 43、45、47、49、51、53、55 等次，有可能导致牵引网产生高次谐振。

由于高速列车多采用交直交型电压传动形式，功率因数接近 1，而且谐波含量大幅下降，与传统铁路采用的交直型相比，谐波问题和无功问题均退居次要地位，而负序问题成为关注的重点。高速列车运行速度高，列车牵引功率大，而且对于电力系统来说牵引负荷本身具有不对称特性，因此高速铁路牵引负荷可能对电力系统负序产生的影响更加明显。对再生制动情况下的牵引负荷引起的负序进行分析十分必要，有助于提高我国高速铁路牵引供电系统技术水平，使我国高速铁路与国民经济和谐发展。

牵引变压器二次侧各端口在三相系统造成的负序功率，不仅与各端口负荷的功率因数有关，而且因端口不同而不同，即与负荷在各端口上的分布方式及牵引变压器的接线方式有关。

当牵引变电所两供电臂仅有单相负荷时，不论牵引变压器接线方式如何，系统负序功率模值等于端口 p 上的牵引负荷功率模值，与牵引负荷所在端口和牵引负荷的功率因数无关。当高速列车处于再生制动状态时，功率因数接近−1，系统负序功率模值与列车再生制动功率模值相等。若牵引变电所供电范围内同时存在多列车，则负序功率等于多列车功率之和。

当牵引变电所两供电臂采用两相（异相）方式供电时，负序电流是由两端口牵引负荷产生的负序电流分量叠加而成，除相位轮换，通过选择牵引变压器接线方式来减小进入系统的负序电流是可采取的措施之一。

3）关键技术指标

为限制再生制动时接触网电压抬升，可在分区所并联超级电容实现再生制动能量的储存。

除采用相位轮换和改变牵引变压器接线方式来削弱负序外，使用并联补偿装置也可以达到削弱牵引负荷产生的负序的目的。

优质的供、用电应具有以下特征：供电电压具有稳定的标称频率、幅值和波形；保持三相电压和电流的平衡，保证电网最大传输效率；持续稳定和充足的电能供应；低廉的电价；对环境的不良影响较小。

从维护电网安全运行的角度，电力系统对电网供电及用电负荷提出了一系列标准，保证系统安全、可靠运行。

（1）供电电压波动。

标准：《电能质量 供电电压偏差》（GB/T 12325—2008）。

基本条款：35 kV 及以上供电电压正、负偏差的绝对值之和不超过标称电压的 10%。如供电电压上下偏差同号时，按较大的偏差绝对值为衡量依据。20 kV 及以下三相供电电压允许偏差为标称电压的±7%。220 V 单相用户的供电电压允许偏差为标称电压的+7%、−10%。

（2）谐波。

标准：《电力系统电能质量技术管理规定》（DL/T 1198—2013）；

《电能质量 公用电网谐波》（GB/T 14549—1993）；

《电磁兼容 限值中、高压电力系统中畸变负荷发射限值的评估》（GB/Z 17625.4—2000），

等同采用 IEC 61000–3–6。

（3）负序。

标准：《电能质量　三相电压不平衡》（GB/T 15543—2008）。

三相电压不平衡主要由不平衡负荷引起，因此标准的衡量点选在电网的公共连接点（PCC），以便在保证其他用户正常用电的基础上，给干扰源用户以最大的限值。

电力系统公共连接点正常电压不平衡度限值为 2%，短时不得超过 4%。低压系统零序电压限值暂不做规定，但是各相电压必须满足 GB/T 12325—2008 的要求。标准规定对每个用户电压不平衡的一般限值为 1.3%，短时不超过 2.6%。根据公共连接点的负荷状况，以及临近发电机、继电保护和自动装置安全运行要求，该允许值可做适当变动，但是必须满足上述规定。

5. 高速列车的跨线运行接口关系

高速列车跨线运行是一项十分复杂的工程，涉及线路、限界、信号、供电、保护、弓网关系等诸多方面。就供电系统而言，跨线运行应注意如下接口的确认与规范。

1）供电能力接口

牵引供电系统的供电能力在设计时按照线路运输条件、车辆参数等因数综合考虑，在跨线运行时应考虑线路的供电能力是否能够满足 CRH$_2$ 型动车组的大功率需求。

由于既有线的接触网载流能力一般较低，在高速列车跨线运行时应进行载流能力校验。既有线的电压设计水平多按照交直型车的电压要求设计。当动车组进行跨线运行时，应考虑牵引网电压水平是否能够满足动车组的电压要求。

2）供电保护接口

动车组牵引变压器数量较多，空载合闸的励磁涌流水平可达到 kA 级，应对既有线的过电流保护进行较核，确认是否可能引起牵引变电所过流保护。

3）过分相接口

应确认既有线的电分相结构与动车组的适应性问题，确认过分相是否有禁止双弓要求。

4）高次谐波谐振风险评估

动车组运行时含有高次谐波，高次谐波可能与供电线路自振频率接近，导致谐波电流放大甚至谐波共振，应充分评估跨线运行的谐振风险，避免跨线运行产生谐波共振。应注意高次谐波对原牵引网中电容器的影响，应充分考虑高次谐波对补偿电容器的破坏，可能引发的熔丝熔断，以及爆肚等问题。

5）与其他交直型电力机车的耦合

动车组高次谐波可能渗透至含有电容器的交直型电力机车中，因此应重视动车组与电力机车的谐波耦合关系。

3.5　动车组与列控系统接口设计

高速列车控制系统是保证列车安全、高效运行的重要设备，高速列车控制系统由地面设备和车载设备两部分组成。高速列车控制系统外部环境包括：列车、司机、GSM–R 无线通信系统、车载设备接口、地面外部设备（联锁、调度集中等）。GSM–R 无线通信系统是高速

列车控制系统地面设备与车载设备间进行双向信息传输的通道。高速列车控制系统地面设备由无线闭塞中心（RBC）、临时限速服务器、轨道电路、列控中心（TCC）、应答器（LEU）、GSM-R 接口设备等组成。高速列车控制系统车载设备由安全计算机（VC）、轨道电路信息接收单元（TCR）、应答器传输模块（BTM）及应答器天线、无线传输模块（RTM）、人机界面（DMI）、列车接口单元（TIU）、测速测距单元、司法记录器（JRU）等组成。

列车测速定位子系统包括应答器、多普勒雷达、速度传感器等关键设备，是高速列车控制系统的重要组成部分。为研究高速列车与列车测速定位子系统的接口关系，首先要分析高速列车与高速列控系统接口关系，高速列车与高速列控系统的软硬件接口如图 3-24 所示，高速列车与列控系统接口辨识一般途径如图 3-25 所示。

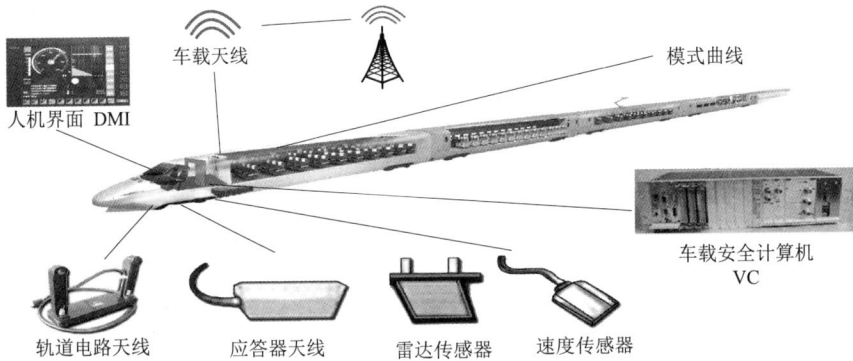

图 3-24　高速列车与高速列控系统软硬件接口

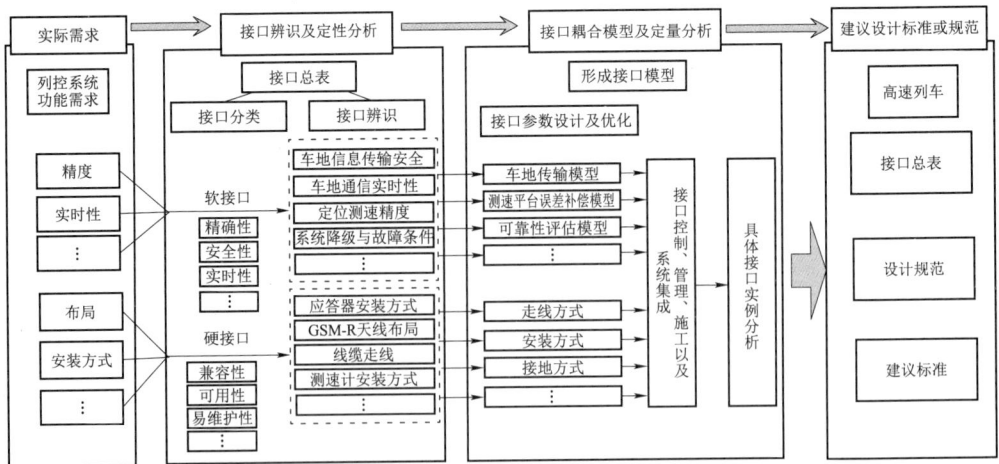

图 3-25　高速列车与列控系统接口辨识一般途径

3.5.1　接口辨识

1. 定位原理和列车位置

列车速度实际就是列车沿轨道径向运行的线速度，列车沿轨道的一维线速度的积分即为列车走行的距离。速度和位置是描述列车运动状态的重要信息，为防止列车超速且与前行列

车保持安全距离，必须可靠、精确地确定列车的速度和位置，列车测速定位的精度制约着列控系统的发展。

定义下列两种类型的数据：

① 仅与指定位置有关的数据称为位置数据（例如：等级转换命令、链接信息）；

② 在一定距离内保持有效的数据称为区段数据（例如：静态限速曲线（SSP）、坡度）。

即使所设置的进路通过一段复杂的线路（如车站），列车位置总是按进路纵向延伸。图 3-26 所示为列车进路示意图。

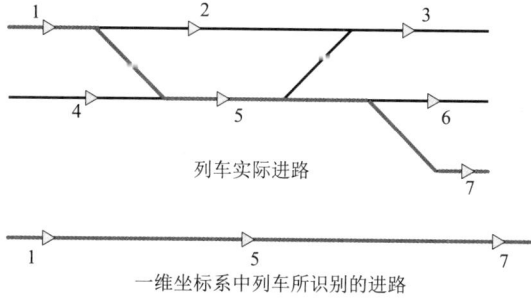

图 3-26　列车进路示意图

车载设备总是参照应答器组来确定列车位置，该应答器组称为最近相关应答器组（LRBG）。每个应答器组的坐标原点由应答器组内编号为 1 的应答器（称为位置参考点）给出，将组内应答器编号增加的方向定义为每个应答器组的正向，列车、限速点等均以应答器坐标系进行位置描述。列车每经过一个定位参考，应答器组进行一次定位修正，并更新一次应答器坐标系，如图 3-27、图 3-28 所示。不能将标记为非链接的应答器组作为 LRBG。RBC 可能不知道非链接应答器组的位置或者非链接应答器组的存在。

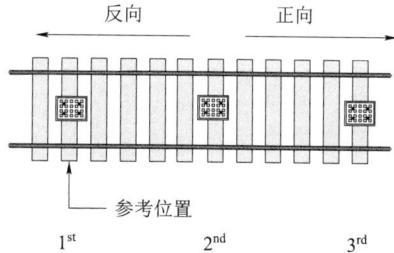

图 3-27　坐标系定义示意图

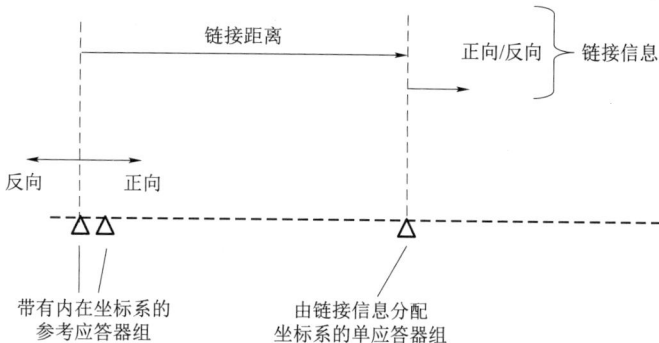

图 3-28　坐标系更新示意图

2. 车载设备接收数据的基准位置

由应答器传送的所有位置数据和区段数据，应以该应答器所属的应答器组的位置参照点和方向为参考。由 RBC 发送的所有的位置数据和区段数据，应以同一条消息中给出的 LRBG 的位置参照点和方向为参考。

LRBG 必须满足下面的要求：

① 当车载设备向 RBC 报告位置时，应把最近通过的应答器组作为位置参照点（以下称为 LRBGONB）；

② RBC 应把车载设备报告的最近相关应答器组作为位置参照点（以下称为 LRBGRBC），在某些时刻 LRBGONB 和 LRBGRBC 可能不是同一个应答器组；

③ 车载设备应能接受以最少八个最近报告给 RBC 的 LRBGONB 中的任何一个为位置参照点的信息。

图 3-29 显示了车载设备和 RBC 对 LRBG 的处理方式。应答器组 A 和 C 已报告给 RBC，并且可以被 RBC 用作 LRBG；应答器组 D-F：根据先前收到的链接信息，车载设备能识别应答器组 D-F，在将来可以用作位置参照点。

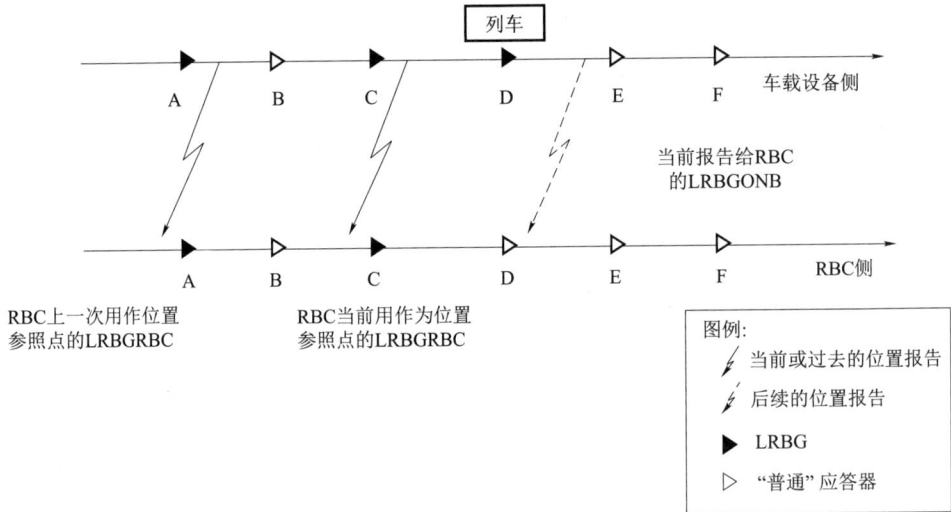

图 3-29　车载设备和 RBC 对 LRBG 的处理方式

3. 传输信息的有效方向

传输信息的有效方向应涉及通过无线传输的信息中的 LRBG 的方向和发送信息的应答器组的方向。由无线或应答器传输到车载设备的数据的适用方向（以应答器组为参考）为双向、正向、反向。

当从无线或应答器接收到信息时，车载设备应只使用与其运行方向一致的信息，而忽略其他信息。而在休眠模式和调车模式时，车载设备应使用双方向的应答器组。如果列车方向未知，车载设备应拒绝仅对一个方向（正向或反向）有效的数据，而应接受双向有效的数据。如果未给单应答器组分配坐标系，则车载设备应拒绝来自这些单应答器组的、仅对一个方向（正向或反向）有效的数据。当主信号机显示停车信号时，如果主信号机处的应答器组是单应答器组，而且在分配坐标系之前列车已经通过，则列车将不实施冒进防护。

对于图 3-30，下面所述适用于连续的区段数据：

130

① 数值（n）应对距离（n+1）有效；

② 距离（1）应使用以前接收到的数据（如：在 SSP 情况下考虑列车长度的影响）；

③ 距离应是无符号的数值增量，用于表示数值（n）和数值（n+1）之间的距离；

④ 最后被传输的数值（n）应对无限长的距离有效，除非数值（n）代表 "区段终点" 的特殊值。

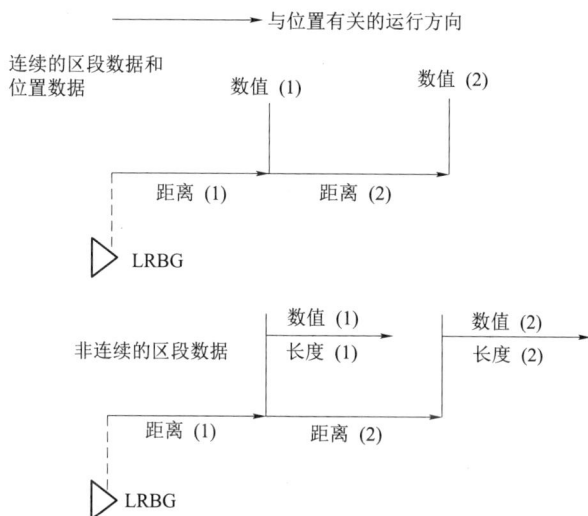

图 3-30 位置数据和区段数据的通用结构

对于图 3-30，下面所述适用于位置数据：

① 距离应是无符号的数值增量，用于表示数值（n）和数值（n+1）之间的距离；

② 距离（1）应使用以前接收到的数据；

③ 每个数值（n）可代表单个或一组数据。

对于图 3-30，非连续的区段数据的结构应允许区段内包含多个要素（与长度（1）对应的数值（1））：

① 至每一个要素起点的距离应是无符号的数值增量，用于代表要素（n）与要素（n-1）之间的距离；

② 距离（1）应使用以前接收到的数据（或初始数据/默认值）；

③ 每个数值（n）可代表单个或一组数据；

④ 要素（n-1）与距离（n）之间没有联系，也就是说，要素可以重叠。

当列车改变朝向或运行方向时，应能从 RBC 中调整位置参照点。如果因 LRBG 的位置和起始位置造成距离（1）变为负数，则可以调整位置参照点，如图 3-31 所示。

关于图 3-30，下面所述适于链接信息：

① 距离（1）应定义为 LRBG 到包含在链接信息中第一个链接应答器组的距离；

② 数值（1）表示与第一个链接应答器组相关的链接信息（如应答器组编号、链接方向等）；

③ 距离（2）应定义为第一个链接应答器组与第二个链接应答器组之间的距离；

④ 数值（2）表示与第二个链接应答器组相关的链接信息（如应答器组编号、链接方向等）。

131

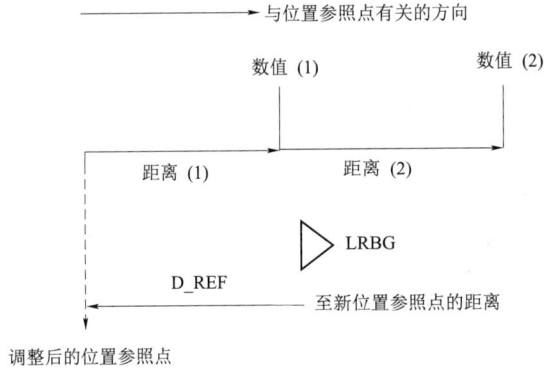

图 3-31　位置参照点的调整

（注：本图针对位置数据/连续的区段数据，但也适用于非连续的区段数据。）

4. 列车位置的置信区间

车载设备使用地面设备传送与位置相关的信息时，应考虑列车位置的置信区间。列车位置的置信区间应与至 LRBG 的距离有关，并应考虑车载设备允许误差（由应答器组的位置参照点和测速测距精度确定）和 LRBG 的位置精度。车载设备应对来自地面设备的距离信息按标称信息进行评估，应考虑位置参照点的位置精度误差。置信区间随列车驶离最近的位置参照点的距离而增加，并与测速测距的精度有关。当检测到下一个链接应答器组时，置信区间应重置。如果链接信息可用，则应由链接信息决定定位精度的大小。如不可用，则使用固定值。定位参照点评估见图 3-32。

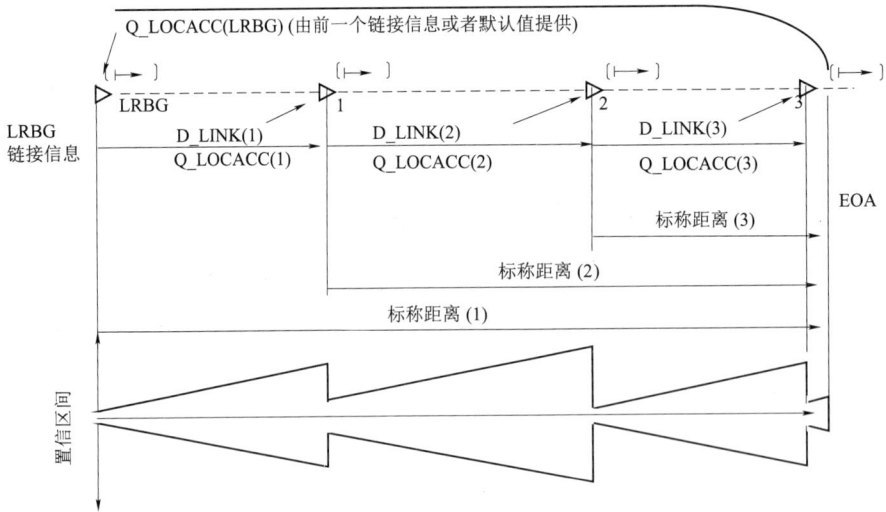

图 3-32　定位参照点评估

应按下列方式确定列车前端位置：

① 估计前端位置。

② 最大安全前端位置：根据实际的置信区间，由估计前端位置加上欠读误差得到。也就是说，相对于列车朝向，该位置在估计位置的前方。

③ 最小安全前端位置：根据实际的置信区间，由估计前端位置减去过读误差得到。也就是说，相对于列车朝向，该位置在估计位置的后方。

末端位置采用同样方式确定。但是，只有与列车完整性信息一起发送时，最小末端才是安全的。如果已对列车位置（根据通过的链接应答器组）进行了校正，则某个位置可能被通过两次，或一次也不通过。车载设备应保证与此位置相关的命令仅被执行一次。除非另有说明，当监控位置信息时应使用列车估计前端位置。

5. 位置报告

位置应是与列车朝向对应的列车前端位置。以 LRBG 朝向为参考，列车朝向定义了开启的驾驶台在列车的哪一侧。列车朝向不应受方向控制手柄位置的影响。如果驾驶台未开启，列车应以最后开启的驾驶台为参考报告其朝向。

位置报告应至少包括以下位置信息和方向信息：

① 列车估计前端位置至 LRBG 的距离；

② 与该距离对应的置信区间，从而确定欠读误差/过读误差；

③ LRBG 标识号；

④ 相对于 LRBG 朝向的列车朝向（只有车载设备才可以处理司机选择的列车运行方向）；

⑤ 相对于 LRBG 的列车前端位置（即列车前端位置位于 LRBG 的正向侧或反向侧）；

⑥ 列车速度；

⑦ 列车完整性信息；

⑧ 相对于 LRBG 朝向的列车运行方向。

列车位置报告中提供的信息见图 3-33。

如果 LRBG 为单应答器组并且朝向未知，应另外使用一个特殊位置报告信息包来报告先前接收到的应答器组。如果列车在两个应答器组之间未改变其朝向，车载设备应结合这两个单应答器组进行位置报告。位置报告中包含的信息应相对于列车朝向（即从前一个应答器组到 LRBG 的方向）。

如果至少满足下列情况之一，车载设备应报告列车位置：

① 当列车停车时（如果对当前模式适用）；

② 当执行模式转换后；

③ 当司机输入列车的完整性信息后；

④ 当检测到列车完整性丢失时；

⑤ 当列车最小安全末端通过 RBC 边界时；

⑥ 当列车改变朝向时；

⑦ 当执行等级转换后；

⑧ 通信会话成功建立后；

⑨ 根据 RBC 的位置报告参数的要求；

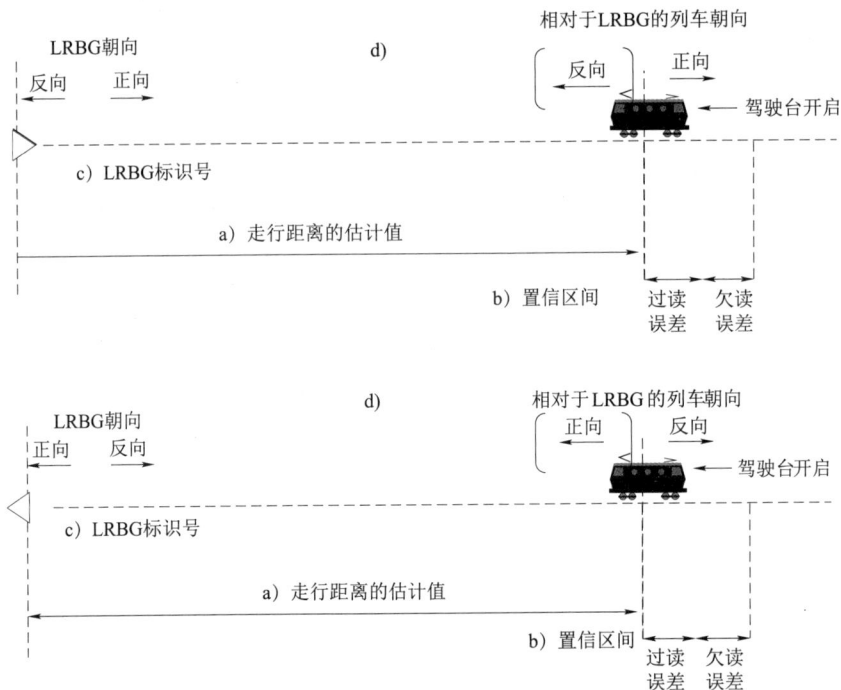

图 3-33　列车位置报告中提供的信息

（注：两个图表示了 LRBG 朝向和列车朝向之间的关系。）

⑩　如果 RBC 未给出位置报告的参数或参数已被删除，在经过每个应答器组时车载设备应报告列车位置；

⑪　当列车最大安全前端通过 RBC 边界时。

RBC 的位置报告参数可以是下列单个或组合情况（其中④和⑤不能组合）：

①　按时间周期性报告；

②　按空间位置周期性报告；

③　当列车的最大安全前端或最小安全末端已通过一个指定的位置；

④　每经过一个应答器组；

⑤　立即。

位置报告参数应一直有效，直到 RBC 给出新的参数为止。在位置报告的信息中应同时包含模式和等级信息。

6. 地理位置报告

根据司机的要求，车载设备应能向司机显示相对于线路公里标的列车估计前端的地理位置。位置指示的分辨率应为 1 m（当司机与调度员通话时，足以让司机向调度员报告列车位置）。如果通过无线和应答器组都能接收到信息，应总是使用最新接收的信息。应总是以应答器组位置参照点作为地理位置参照点，如果实际的地理位置参照点和应答器组位置参照点不在同一个地点，则须要通过"位置偏移量"给出实际地理位置参照点至应答器组位置参照点的距离。

如果列车改变朝向，车载设备应删除已通告但未使用的地理位置参照点。当列车从相关地理参考应答器组驶过该距离偏移量（如果距离偏移量不为零）后，应使用为地理基准提供

的线路公里标，计算地理位置时，应考虑至地理位置参照点的运行距离。如果公里标不是递增的（如跳变、计数方向改变、测量错误等），则在不规则点和下一个新位置参照点之间报告的位置可能是错误的。

如果使用单应答器组提供地理位置信息，并且无链接信息（因而该应答器组的朝向无法确定），车载设备应分别给司机指示应答器公里标，以及应答器与列车估计前端之间的距离。如果使用单应答器组提供地理信息，地面设备应将偏移量设置为零。车载设备应连续计算列车至地理位置参照点的距离，除非通知车载设备不再计算或已超过最大距离 DGEO。

地理位置（相对于每个公里标参照点）消息应包括从地理位置参考应答器组至线路公里标参照点之间的距离（偏移量）、线路公里标参照点的位置、相对于应答器组朝向的线路公里标计数方向。地理位置举例见图 3-34。

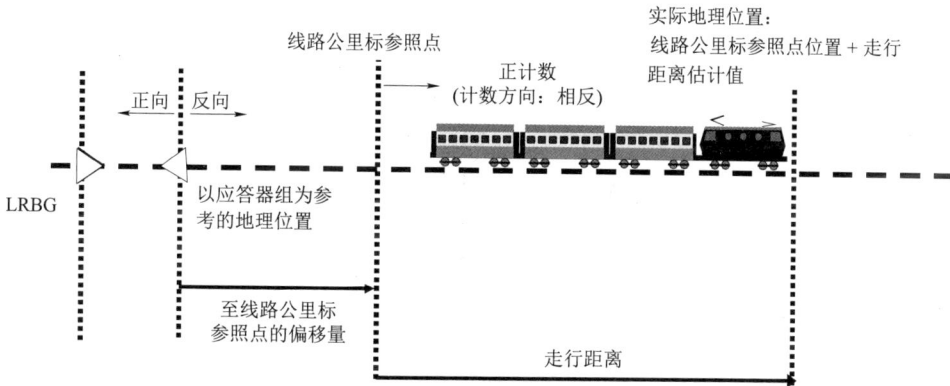

图 3-34　地理位置举例

3.5.2　测速定位单元介绍

速度和位置是描述列车运动状态的重要信息，为防止列车超速且与前行列车保持安全距离，必须可靠、精确地确定列车的速度和位置。常用的测速定位单元有多普勒雷达、应答器、陀螺和加速度计。

1. 多普勒雷达

多普勒效应：波是由频率及振幅所构成，而无线电波是随着波而前进的。当无线电波在行进的过程中碰到物体时，该无线电波会被反射，而且反射回来的波，其频率及振幅都会随着所碰到物体的移动状态而改变。多普勒雷达外观及多普勒效应示意见图 3-35、图 3-36。

根据多普勒频移效应原理，在发射波和反射波之间会产生频差，通过测量频差可以计算出列车的运行速度。若物体是朝着无线电发射的方向前进时，此时所反射回来的无线电波会被压缩，因此该电波的频率会随之提高。雷达发射电磁波的频率为 F，在介质中的传播速度为 a_1，发射角为 c，当雷达以速度 V 平行于反射面运动，发射波与入射波之间的频移与雷达的速度沿发射波方向分量的大小成正比，多普勒雷达工作原理如图 3-37 所示。

图 3-35　多普勒雷达外观

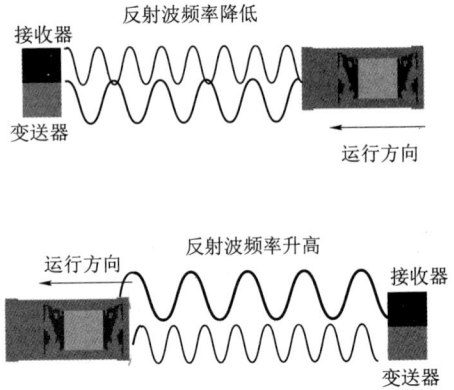

图 3-36　多普勒效应示意

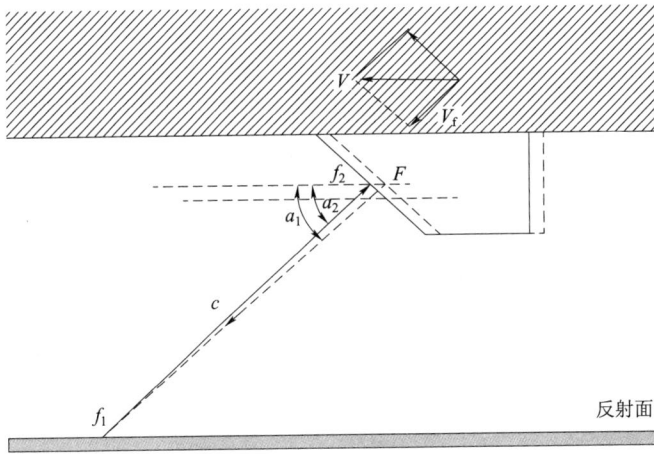

图 3-37　多普勒雷达工作原理

根据《ATP 与车辆硬件接口技术规范》的规定，高速列控系统应该包括两个多普勒雷达单元。带 18 V 直流电的 SDU 单元为两个多普勒雷达脉冲单元供电，发生的脉冲在 0~4 000 Hz 时具有相同的振幅，脉冲呈矩形。应严格遵循制造厂商提供的安装指南，将两个多普勒雷达单元安装在车体上。指定的雷达应向 SDU 产生不超过 1% 的速度输出误差，这包括由于多普勒速度测量导致和由于安装公差及振动导致的组件误差。

2. 应答器

应答器是一种基于电磁耦合原理，用于在特定地点校准列车位置、实现车—地间数据交换的点式高速数据传输设备。它包括地面应答器和车载查询器。应答器安装在线路中央，当车载天线经过应答器上方时，应答器被车载天线发送的电磁能量激活，并开始连续发送报文。当车载天线远去后，应答器停止发送报文。其从车载天线激活到停止发送报文的空间范围只有 1 m 左右，并且应答器具有唯一的编号，可根据列车经过该应答器组各应答器的顺序，判断列车的运行方向。CTCS-3 级列控系统正是利用应答器只能在某一点接收到有效信息的特点，以及应答器编号的唯一性和组内顺序，来实现列车的定位功能和运行方向的判别能力。

系统包括两个 BTM 单元，但同一时间只给一个单元供电，利用车载天线通过应答器时

接收场强信号变化，产生的 attention 信号，提供准确的位置信号。应答器位置信号及工作原理见图 3-38、图 3-39。

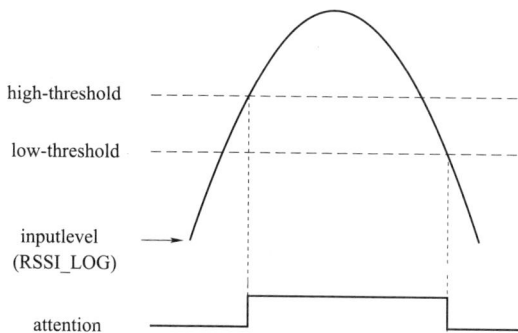

图 3-38　应答器位置信号

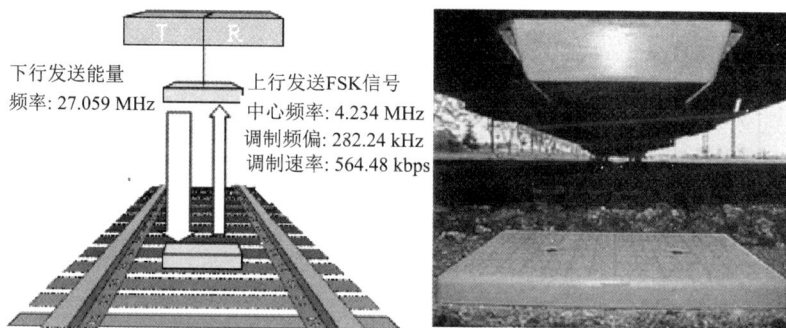

图 3-39　应答器工作原理图

按照设备类型，应答器可分为无源（不可变）应答器和有源（可变）应答器两种。无源应答器不与外界其他设备连接，当被车载设备激活时，发送自身存储的固定不变的报文。有源应答器与地面电子单元（LEU）连接，所发送的报文存储在列控中心设备中，列控中心设备根据联锁设备提供的列车进路信息，以及行车指挥中心 CTC 设备下达的临时限速命令，根据存储的报文模板，实时组帧生成相应的控车报文，周期性地向 LEU 发送。LEU 通过电缆与有源应答器连接，将列控中心发送的报文连续无间断地向有源应答器发送。当有源应答器被激活时，有源应答器发送来自于 LEU 传送的报文，当电缆开路/短路或外部信息无效时，有源应答器发送自身存储的默认报文。

在 CTCS-3 级列控系统中，应答器主要功能是实现列车定位，同时也为后备模式 CTCS-2 级列控系统提供线路数据、临时限速、车站进路等信息。

3. 惯性定位传感器

惯性定位传感器主要有陀螺和加速度计，其中陀螺（gyroscopes）的输出是沿输入轴方向与角速度成正比的信号，用于测量方向；加速度计（accelerometers）的输出是沿输入轴方向与惯性加速度和重力加速度分量成正比的合成信号。每一个轴加速度计的输出，是一个与所有的加速度在其上分量之和成正比的电压，利用惠斯顿电桥的原理，在加速时，作用力使得电桥不平衡，从而产生与加速度成正比的电压。各种加速度计外观图如图 3-40 所示。

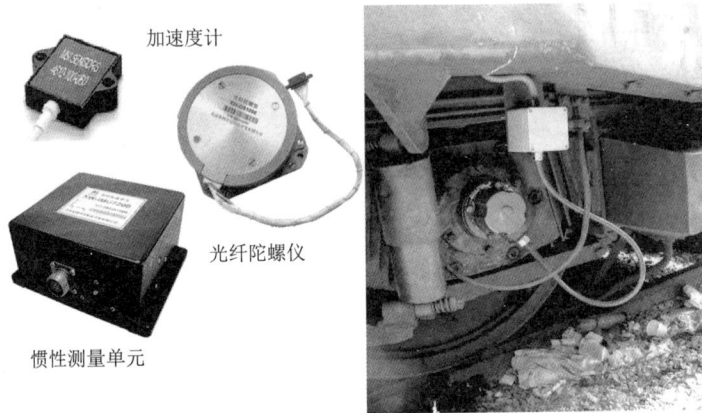

图 3-40 加速度计外观图

3.5.3 接口分析

1. 硬接口分析

（1）机械硬接口。

① 齿轮安装同轴度：1 mm 左右的间隙；

② 霍尔传感器安装与固定：与齿不垂直，影响磁场分布和输出电压，见图 3-41；

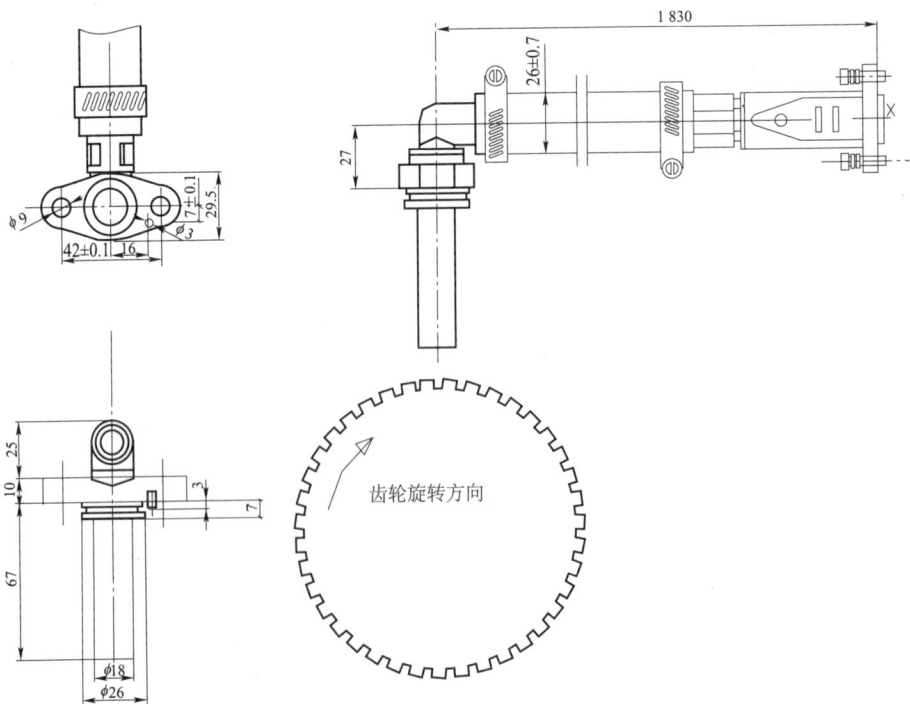

图 3-41 HS22 齿轮霍尔转速传感器机械安全图

③ 列车振动；

④ 轴箱形变；

⑤ 安装绝缘；

⑥ 走行部与车体间的相对运动距离；

⑦ 预留方便安装空间，探头极其脆弱。

（2）电磁硬接口。

齿轮与传感器间的 1 mm 左右间隙，成为整个拖车车体与转向架之间绝缘最薄弱的地方之一，须要保证电磁干扰小。

（3）电源与接地硬接口。

① 供电品质要求很高，电压随负载变化小；

② 电源要求有隔离，避免受到强脉冲的干扰；

③ 考虑最优接地，选择通过阻容接地还是绝缘接地。

2. 软接口分析

（1）考虑磨损和镟修提高测速精度。

在精度允许范围内，通过实际磨损和镟修周期，提出轮径变化函数，并进行校正。如果超出精度允许范围，如坡度较大区段，轮径磨损较大，则通过精度要求，完善修程修制。

（2）考虑牵引制动系统最大加速度提高测速精度。

目前空滑的补偿算法中，对于较小的空滑无法判别，而恰恰在列车行走过程中此种空滑次数最多。因此，需要精确的列车牵引和制动相关参数，如果在进行牵引控制时，能够实时地将牵引控制参数传输给列控测速单元，可以使精度更高。

利用线性系统理论，通过测量速度和加速度的变化，判定轨道在特定气候条件下最大黏着值，使轮轨黏着系数控制在最佳点，解决全天候黏着利用问题，提高测速精度。

3.5.4　电气接口设计

列控系统与动车组之间的电气接口主要由以下几部分构成：

① 供电接口：主要是车辆依据列控系统各设备的电压、功率等参数提供满足列控设备需求的电源接口；针对列控系统电源分配，提供可用于列控系统单独控制的电源，且需要提供总的电源断路器对列控系统总的短路、过压、过流进行控制。

② 信号需求：列控系统进行控车所需的车辆状态信号，主要包括方向手柄状态信息（前向、后向等）、制动手柄信息（运行还是制动位置等）、牵引手柄信息（牵引位置还是关闭位置等）、预断电信号等，以及状态反馈信号（最大制动反馈信号、紧急制动反馈信号等）。

③ 控车信号输出：列控系统输出的控车信号主要包括制动指令（1、4、7、紧急制动）、隔离状态、过分相信号（过分相选择信号和过分相信号）。

④ 接地防护接口：车辆依据列控系统的接地防护需求，就近为列控系统设计设备外壳接地点，并布置接地防护电缆，进行列控系统安全防护。

3.6 动车组与其他接口设计

3.6.1 列车—工务工程接口

高速铁路工务工程技术及各类标准与高速列车的接口是列车与外部子系统接口中最重要的一部分。铁路工务工程作为高速铁路系统工程中的一个子系统起着举足轻重的作用。高速列车与工务工程接口见表3-4。

表 3-4　高速列车与工务工程接口

序号	系统 1	系统 2	接口主题
1. 高速列车与线路的接口			
1	高速列车	线路	线路平纵断面
2	高速列车	线路	线路过渡段
3	高速列车	线路	上下坡道
4	高速列车	线路	车辆定距和轴距、曲线超高及缓和曲线、曲线半径
5	高速列车	线路	轮轨材料及强度、硬度、刚度匹配
6	高速列车	线路	振动模态匹配
7	高速列车	线路	轮轨踏面匹配
8	高速列车	线路	轮轨的轮对内侧距、踏面形状、轨底坡度匹配
9	高速列车	线路	轮轨间振动、噪声、磨耗
10	高速列车	线路	限界、安全距离
2. 高速列车与沿线建筑、站台的接口			
1	高速列车	线路	线间距
2	高速列车	建筑	限界、安全距离、振动、噪声
3	高速列车	站台	限界、安全距离、适用站台高度、限速
3. 高速列车与桥梁的接口			
1	高速列车	桥梁	强度、刚度匹配与整体性
2	高速列车	桥梁	结构动力性能
3	高速列车	桥梁	冲击与振动、噪声、制动安全
4	高速列车	桥梁	控制沉降
5	高速列车	桥梁	车桥耦合
4. 高速列车与路基的接口			
1	高速列车	路基	强度控制、变形控制

序号	系统 1	系统 2	接口主题
2	高速列车	路基	刚度均匀性
3	高速列车	路基	列车运行及自然条件下的稳定性

5. 高速列车与轨道的接口

序号	系统 1	系统 2	接口主题
1	高速列车	轨道	钢轨、轨枕、钢轨扣件、道砟、轨下基础等轨道部件
2	高速列车	轨道	铺设精度
3	高速列车	轨道	无砟轨道
4	高速列车	轨道	大号码高速道岔

6. 高速列车与隧道的接口

序号	系统 1	系统 2	接口主题
1	高速列车	隧道	洞口微气压波、空气阻力、气动升力
2	高速列车	隧道	振动、噪声
3	高速列车	隧道	建筑限界
4	高速列车	隧道	抗震设计

3.6.2　列车—运营调度接口

高速铁路运营调度系统是高速铁路运输管理和列车运行控制的中枢，是高速铁路高新技术的集中体现，是高速铁路运营管理现代化、自动化、安全高效的标志，是提供乘客便捷、优质服务的窗口。它根据机车车辆配备和动力特性、车站配备及作业、沿线线路和设备状态、人员的配备、相邻线路列车运行的状态等，统筹编制列车运行计划，集中指挥列车运行和协调铁路运输各部门的工作。因此，只有建立一个高效率的、现代化的运营调度信息管理系统，才能充分发挥高速铁路本身所具有的运输能力，确保高速铁路的运行安全和优质服务。

高速列车行车指挥方式应采用调度集中控制系统。高速列车运营调度系统应具备计划编制、运行管理、车辆管理、供电管理、客运调度等功能，并符合铁道部相关标准的规定。

运营调度系统与动车组管理信息系统、综合维修管理信息系统互联，接口宜设在调度所。同时，运营调度系统与多个其他相关系统的互联实现了列车安全可靠运行。高速列车与运营调度接口见表 3–5。

表 3–5　高速列车与运营调度接口

序号	系统 1	系统 2	接口主题
运调、客服与其他系统接口			
1	高速列车	运营调度	污物排放、地面供水、垃圾处理
2	高速列车	运营调度	日常检修、维护

序号	系统1	系统2	接口主题
3	高速列车	运营调度	列车重联、解编
4	高速列车	运营调度	列车回送、救援
5	高速列车	运营调度	禁止过驼峰、禁止溜放
6	高速列车	运营调度	动车组超员
7	高速列车	运营调度	列检
8	高速列车	运营调度	故障时限速运行或停车、站台通过限速
9	高速列车	运营调度	头灯显示

3.6.3 列车—客服接口

列车客运服务应以安全、准时、便捷、舒适、文明为目标，为乘客提供持续改进的服务。列车服务组织应为乘客提供符合服务规范的服务设施和乘车环境。在非正常运营状态下，应为乘客提供必要的指导信息。服务组织应向残障等特殊乘客提供相应的服务。为乘客提供的公益或商业服务应以方便乘客、提高服务质量为原则，保证客运服务质量不受影响。高速列车与客运服务接口见表3-6。

表3-6 高速列车与客运服务接口

序号	系统1	系统2	接口主题
1	高速列车	旅客服务	快速乘降、乘降通道、安全导示
2	高速列车	旅客服务	特殊旅客服务
3	高速列车	旅客服务	紧急服务

3.6.4 列车—安全防灾接口

列车与安全防灾的接口体现在防灾安全监控系统与其他各系统的配合上。防灾安全监控系统是风、雨、雪监测，以及地震、异物侵限监控等子系统的集成系统，具体工程应根据高速铁路沿线的气象、地质条件，以及线路环境、运营速度，选用相应的监控系统，合理构建高速铁路防灾安全监控系统。

防灾安全监控系统现场设备应符合无人值守的要求。系统设备具有较完善的故障自诊断和维护功能。防灾安全监控系统应具备与灾害资料数据库的接口条件。防灾安全监控系统应具备与国家气象、地震部门的接口条件。防灾安全监控系统的主要硬件设备宜按双套冗余配置。现场监控设备的选用以寿命长、稳定可靠、少维护并且维修简便、低成本为原则。高速列车与安全防灾接口见表3-7。

表3-7　高速列车与安全防灾接口

序号	系统1	系统2	接口主题
1	高速列车	防灾	不同工况下的限速、安全保障、救援
2	高速列车	防灾	风、雨、雷、电、地震、雾霾等气象条件
3	高速列车	防灾	异物侵限
4	高速列车	防灾	防灾安全监控系统

3.6.5　列车—自然环境接口

高速列车运行过程中会给其周边环境带来一定的影响，如电磁污染、噪声、污物排放等。解决高速列车与自然环境的接口问题关系到列车周边生产生活环境，更关系到铁路事业的发展。

高速铁路沿线环境污染治理工程涉及的内容应包括噪声和振动污染治理、污水和废气治理、固体废物处置、电磁干扰防护等。

针对高速列车噪声污染设置声屏障结构，在设计时应考虑自重、风荷载、列车脉动力及其他荷载，声屏障的设计荷载应根据使用过程中可能同时作用的荷载进行组合，并应按最不利条件进行设计。高速列车与自然环境接口见表3-8。

表3-8　高速列车与自然环境接口

序号	系统1	系统2	接口主题
1	高速列车	自然环境	流固耦合、振动、噪声、电磁干扰、污物排放
2	高速列车	自然环境	绿化及绿色通道

3.6.6　列车—法律法规接口

高速列车与法律法规的接口主要表现在国家相关法律法规在铁路环保节能方面的规定，以及相关的国家标准、行业标准等。具体表现在对列车通过时产生的噪声限值、电磁污染治理、减振，以及排污治理等相关法律法规和标准上。

环境保护工程设计应有明确的防护或治理目标和标准，污染物的排放应符合国家或地方相关标准的规定。污水、废气治理和固体废物处置措施应与节能减排相结合，减少污染物排放，提高清洁生产水平。

由于列车运行带来的电磁干扰（辐射）影响，应根据其影响范围大小与周围生产生活环境保持相应距离，并根据环境影响评价结果进行防护设计。

铁路噪声和振动污染治理应根据列车行驶路线周边敏感建筑和敏感点的规模、分布、环境要求等，采用综合治理措施。高速列车与法律法规接口见表3-9。

表 3-9　高速列车与法律法规接口

序号	系统 1	系统 2	接口主题
1	高速列车	节能	轻量化、再生制动
2	高速列车	环保	材料、低轮轨作用力、减振降噪

3.6.7　列车—乘客接口

服务组织应为乘客提供规范、有效、及时的信息。列车上的座椅、扶手等设施应安全可靠，乘客信息系统应清晰、有效。列车上的残障等特殊乘客优先座椅应有明显标识。列车上的应急设备应保持有效，并设置醒目的标志和操作导引。

列车应向乘客提供适宜的乘车环境。服务组织宜向乘客提供温度、湿度、空气质量、噪声等级和天气状况等候车、乘车的环境信息。列车上应保持空气清新。列车客室内的温度、新风量应符合相关规定。乘车环境应整洁，应及时清除尘土、污迹、垃圾等，不应有异味。列车车厢、空调系统、公共卫生间等列车上直接与乘客接触的服务设施应定期清洁、消毒。服务人员应持有效的健康证上岗，服务人员患有传染性疾病时，不应从事直接为乘客服务的工作。

列车客室噪声限值应符合 GB 14892—2006 的规定。

列车上的宣传横幅、标语、广告等不应遮挡标志标识、指示牌、公告、通知等服务设施，或影响其使用。广告宣传灯箱及灯光的使用不应影响标志标识、指示牌、公告、通知，以及设施设备的辨认和使用。高速列车与乘客接口见表 3-10。

表 3-10　高速列车与乘客接口

序号	系统 1	系统 2	接口主题
1	高速列车	乘客	外观、内饰、座椅、功能服务和信息服务
2	高速列车	乘客	乘降与引导
3	高速列车	乘客	乘坐舒适度、室内环境等综合舒适性
4	高速列车	乘客	餐车、VIP 车、观光车等多样化和个性化需求
5	高速列车	乘客	列车内健康卫生的环境

3.6.8　列车—检修维护接口

高速动车组列车运用检修设备应按动力分散式动车组设计。动车组检修修程宜分为一、二、三、四、五级。动车组检修周期应按配置车型确定。

高速动车组列车检查设施应以符合动车段（所）配属的主型动车组检查、整备作业要求为主，兼顾其他车型作业，实现对动车组的快速检查，提高动车组周转与使用效率。动车组检修设施宜采用状态修与定期修相结合的检修制度，检修方式以换件修为主，主要零部件采

用专业修、集中修。

高速列车检修设施应根据列车三、四、五级检修及走行部、制动系统、受电弓、电气系统、空调系统、车钩连接装置、电机及传动装置、高低压电器、车内设备、车体、车载网络系统、门窗机构、控制系统等检修要求设计。

高速列车检修作业可采用定位修或流水修。

高速列车部件可采用本段修理和委托修理相结合的检修方式。采用本段修理方式时，应设置部件检修库，部件检修库宜靠近检修库布置，并配备相应检修设备；采用委托修理方式时，可在动车段设置作业场地。高速列车与检修维护接口见表3-11。

表 3-11　高速列车与检修维护接口

序号	系统 1	系统 2	接口主题
1	高速列车	检修维护	检修设施
2	高速列车	检修维护	检修周期
3	高速列车	检修维护	检修内容、作业时间

第4章

动车组总体配置设计

4.1　总体配置设计概述

　　动车组总体配置设计是指从整车系统集成的角度，对动车组车体、转向架、牵引系统、制动系统、网络控制系统、辅助供电系统、空调通风系统、旅客信息系统、给水卫生系统、旅客界面、车辆连接等系统的主要设计参数进行合理选择设计，对各车平面、车顶设备、车下设备进行合理布局，对各系统的具体安装结构进行合理设计，从而使整列动车组的性能满足设计任务书、用户需求和相关法律法规的要求。

　　动车组总体配置设计主要包含三个方面：系统配置设计、列车布置设计和结构配置设计。下面就分别从这三个方面进行详细阐述。

4.2　系统配置设计

　　系统配置设计是对动车组车体、转向架、牵引系统、制动系统、网络控制系统、辅助供电系统、空调通风系统、旅客信息系统、给水卫生系统、旅客界面、车辆连接等系统按有关参数进行合理选择设计，通过集成配置使动车组达到牵引、制动、车辆动力学、列车空气动力学、舒适性、安全性等性能要求。

　　下面以时速 300 km 某一型号动车组为例，对车体、转向架、牵引系统、制动系统、网络控制系统、辅助供电系统、空调通风系统、旅客信息系统、给水卫生系统、旅客界面、车辆连接等系统的系统配置设计进行简要说明。

4.2.1　顶层目标

　　在进行动车组系统配置设计之前，必须要确定该动车组设计的顶层目标。顶层目标是动车组各系统进行系统配置设计的原则和根本。动车组设计的主要顶层目标如下。

1）运行速度

持续运行速度：300 km/h；

最高试验速度：350 km/h。

2）列车编组定员

符合国内动车组统型技术要求：

列车编组形式：8 辆编组；

车型设置：1 号车为一等座车、5 号车为餐座合造车、其余为二等座车；

定员：一等车定员 48 人，二等车定员 565 人，总定员 613 人。

3）牵引性能

平原地区、平直道、车轮半磨耗状态（轮径 820 mm）、载重 440 t 条件下，电机功率 365 kW，300 km/h 速度时剩余加速度不小于 0.05 m/s²。

4）安全性能

脱轨系数：$Q/P \leqslant 0.8$；

轮重减载率：准静态$\Delta P/P \leqslant 0.65$；

　　　　　　动态$\Delta P/P \leqslant 0.8$；

　　　　　　倾覆系数$\leqslant 0.8$；

车体气密强度载荷按±6 000 Pa 计算（300 km/h 速度级）；

车体气密强度载荷按±4 000 Pa 计算（200 km/h 速度级）；

紧急制动距离：制动初速 350 km/h 时，小于 6 500 m；

　　　　　　　制动初速 300 km/h 时，小于 3 800 m；

　　　　　　　制动初速 250 km/h 时，小于 3 200 m；

　　　　　　　制动初速 200 km/h 时，小于 2 000 m；

防火性能：符合 DIN 5510–2，设烟雾报警装置；

安全监控：牵引、制动及控制系统的状态、走行部件的安全性、旅客安全相关设施的状态（如车门关闭状态等）等指标符合要求。

5）舒适性

（1）运行平稳性。

动车组平稳性指标达到优秀。乘坐舒适度指标可达到《200 km/h 及以上速度级动车组动力学性能试验鉴定方法及评估标准》所规定的 2 级标准。

（2）车内压力波。

优，不大于 200 Pa/s；良，不大于 800 Pa/3 s；合格，不大于 1 250 Pa/3 s。

（3）车内噪声。

客室中部：不大于 71 dB（A）；

客室端部：不大于 75 dB（A）；

司机室：不大于 80 dB（A）。

（4）照度。

车内照度：符合 TB/T 2917—1998 的标准。

（5）温、湿度。

车内空气平均温度、湿度、空气流速、新风量、应急通风量、空气清洁度按相关标准执

行，总体上符合 TB/T 1804—2009 标准的要求。

（6）旅客界面。

旅客服务功能完善，符合中国高速铁路运营需求和中国乘客使用习惯。

6）综合经济性

轴重：小于 17 t；

运行阻力：$\omega = 5.4 + 0.025\ 5\ v + 0.001\ 46\ v^2$（N/t）。

7）环保指标

（1）车外噪声。

动车组以 350 km/h 速度通过空旷平直线路时，在距轨道中心线 25 m 和距轨面高度 3.5 m 处测量的噪声不超过 99 dB（A）。

动车组以 300 km/h 速度通过空旷平直线路时，在距轨道中心线 25 m 和距轨面高度 3.5 m 处测量的噪声不超过 97 dB（A）。

动车组以 250 km/h 速度通过空旷平直线路时，在距轨道中心线 25 m 和距轨面高度 3.5 m 处测量的噪声不超过 92 dB（A）。

动车组以 200 km/h 速度通过空旷平直线路时，在距轨道中心线 25 m 和距轨面高度 3.5 m 处测量的噪声不超过 90 dB（A）。

当动车组起动，所有设备在正常工况工作时，在距轨道中心线 25 m 和距轨面高度 3.5 m 处测量的噪声不超过 79 dB（A）。

（2）电磁干扰。

动车组所有电气设备均具有良好的电磁兼容性，应符合 GB/T 24338《轨道交通　电磁兼容》的有关规定。

（3）排放。

动车组采取污物收集措施，应无污物直接排放至车外。

8）可靠性

动车组的年平均可运用天数（高级修除外）不低于 340 天，年运营公里数 60 万～80 万 km。

9）线路运行适应性

动车组列车主要在国内新建客运专线或其他客运专线上运营，也可在新建 200 km/h 及 160 km/h 客货共线铁路上以线路允许速度运营，并也能在既有线电气化区段上运行（包括在具备条件的指定区段运营）。

以上为动车组通用性的顶层目标需求，如果该动车组有特殊要求，比如在高寒地区运营的高寒动车组、在沙漠地区运营的抗风沙动车组、在高海拔地区运营的高海拔动车组，还应提出相应的顶层目标要求，如下。

（1）环境适应性。

适应国内东北、西北等最低温度达−40 ℃的高寒地区，适应兰新客运专线高寒、风沙、高温、高海拔、强紫外线等特殊运营环境，适应高温、强风沙等沙漠地区。

（2）牵引性能。

高海拔地区还应综合考虑平原地区、高海拔地区的牵引功率匹配，提出高海拔地区的牵引性能。比如高海拔地区，平直道、车轮半磨耗状态（轮径 820 mm）、载重 440 t 条件下，电机功率 365 kW，300 km/h 速度剩余加速度不小于 0.02 m/s²。

4.2.2　车体

1. 概述

车体一般包括侧墙、端墙、底架、车顶、头车的司机室结构，以及车体附件。按承载结构方式可以将列车车体分为底架承载结构、侧壁承载结构和整体承载结构。底架承载结构即载荷全部由底架来承担的车体结构。侧壁承载结构即全部载荷由侧墙、端墙及底架共同承担的车体结构。整体承载结构是指将底架、侧墙、端墙及车顶牢固地组成为一个整体，呈开口或闭口的箱形结构，此时车体各个部分均能承受载荷。前两种承载结构主要应用于货车车体结构，现代客车车体采用的均是整体承载结构，其最大特点是增强了车体承载能力，减轻了车体自重，降低能耗，减少运行成本和维护成本等。

2. 车体的主要功能

① 承载。承受旅客的重量和各种设备的重量，以及动车组在运行过程中的纵向、横向、垂向和扭转等载荷。

② 设备安装基础。首先是车门、车窗、座椅、行李架、底板、墙板、顶板、间壁、配电盘、玻璃钢盒子间等车内设备安装的基础；其次也是受电弓、空调机组、天线、高压电缆等车顶设备安装的基础；最后也是空调机组（车下式）、牵引变压器、牵引变流器、牵引电机、制动控制装置、辅助电源装置、控制电路接线箱、高压电路接线箱、蓄电池箱、水箱、污物箱等车下设备安装的基础。

③ 隔声减振。降低轮轨噪声、气流噪声、电气设备运转噪声等车外噪声，避免共振，缓解车辆产生的振动。

④ 保温隔热。此为车辆保温隔热性能的重要因素。

3. 车体设计的主要原则

高速动车组比传统机车车辆的运营速度有大幅度增加，这要求动车组车体结构的设计须考虑如下因素：

① 为了减小空气阻力，车体外形须设计成流线型；

② 为了提高乘坐舒适度，车体须采用气密结构；

③ 为降低能耗，车体须采用轻量化设计。

由于铝合金材料的密度低（只有钢材的 1/3 左右），重量较轻，具有强度大、刚度好的特点，所以在高速动车组车体上得到了广泛应用。

4. 车体系统配置

以中空型材为主构成的车体结构称为双壳结构。双壳结构相对于单壳结构，车体质量稍重。但中空型材具有截面刚度高的特性，可以去掉在单壳结构中必须使用的加强材料，从而减少零件数量，降低成本。但过度追求高速动车组的轻量化将对乘坐舒适性和列车空气动力学性能有不利影响。近年来，由于更加重视乘坐舒适性，车体结构也不单纯追求轻量化，而是合理控制车体结构的重量。因此，高速动车组的车顶及侧墙部车体结构均开始使用双壳结构，适当增加车体重量以改善车辆的舒适性。

1）头型

列车头部外形的流线化直接影响整个列车的气动特性，良好的头部外形曲面设计可有效

降低运行时的空气阻力及列车交会压力波等问题。寻求列车最佳头部形状，使其综合气动性能最佳，从而有效地降低空气动力学现象对列车运行和周边环境的影响，是高速列车气动外形设计中一个重要的研究课题。

高速列车头部外形设计的主要原则如下。

（1）保证列车空气动力学性能良好。

将列车头、尾部流线化，提高表面平整度及光滑度，保持较低的车底净高，以尽可能减小空气阻力；增大列车头部的长细比（即车头前段鼻形部位长度与车头后部车身断面半径之比）以减小会车压力波；合理设计车身横截面形状，减小车身所受的其他气动力（升力、横向力，以及纵向摆动力矩、扭摆力矩和侧滚力矩等）。

（2）满足设备布置空间需求及驾驶安全性要求。

高速列车头部外形的设计须要保证车端钩缓装置、安全防护机构、司机室设备等的安装空间，同时，车身外形尺寸、驾驶员的驾驶空间及瞭望视野应满足车辆限界和其他相关标准的要求，以切实保障行车安全。

（3）保证结构强度，制造工艺性和经济性好。

合理布置司机室板梁以保证列车头部的结构强度。车身外形曲面分片设计，门、窗等部件的几何形状尽量简单，以便于蒙皮及门、窗等的加工和组装，降低制造成本。

（4）外形美观。

在保证列车实用性、经济性的前提下，列车外形应尽量美观，具有鲜明的个性和视觉冲击力，以其良好的形象引起人们的注意，从而吸引并创造一定的广告效应，最终吸引客流。

典型的列车头部形状主要有四类，依次为扁宽形（a）、椭球形（b）、梭形（c）和钝形（d），如图 4-1 所示。

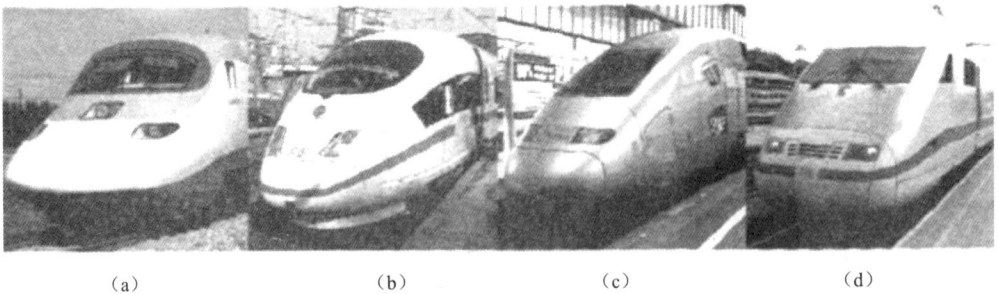

| (a) | (b) | (c) | (d) |

图 4-1　典型的列车头部形状

目前，世界上高速列车的头型发展有两个趋势，以德国和法国为代表的回型头型，这种头型运行阻力较大，但是噪声较小；日本的高速列车头型做成蛇型，运行阻力较小，但是噪声较大。中国的高速列车头型设计是把两种技术做了一定的融合，在低阻力流线头型方面进行了技术创新。图 4-2 所示为 CRH 各型动车组的头型。

时速 380 km 的新一代高速动车组最高运营速度接近飞机低速巡航的速度，列车新头型的设计面临的气动环境极其复杂。由青岛四方研制的 CRH380A，在系统研究各设计要素和不同线路条件的基础上，通过对比分析，设计了 20 种列车头型，综合技术性、文化性和工程可实施性，并进行了大量三维流场数值仿真分析和模型风洞试验，确定了新一代高速列车的头型

（a）CRH₁ 头型 　　　　　　　　　（b）CRH₂ 头型

（c）CRH₃ 头型 　　　　　　　　　（d）CRH₅ 头型

图 4-2　CRH 各型动车组头型

方案，见图 4-3。新一代高速动车组具有更好的流线型造型，外观设计融入了中国民族文化特色，且具有强烈的时代感，美观大气，视觉冲击力更强。CRH380A 的造型概念取材于长征火箭，寓意比肩航空，取势腾飞。试验表明，新头型在气动阻力、气动噪声、列车尾车升力、侧向力，综合气动性能等方面达到世界领先水平。其中，气动阻力比原来动车组降低了 4%，这意味着每年可以节约 6 亿度电能。

图 4-3　CRH380A 头型

2）车身断面形状

车身的外形设计主要是横断面形状设计，车身断面形状与会车压力波、气动横向力、气动升力和倾覆力矩等有关。理论上说，车体距轨面高度越低，越有利于改善列车气动性能；车体宽度越大，气动载荷下的横向稳定性越好，采用裙板和底罩结构的车底结构有利于降低列车气动载荷。比较理想的车身断面形状为鼓形，即车身侧面非直壁，车体四角呈圆弧过渡。

我国 CRH 各型动车组车身横断面形状设计有以下特点：

整个车身断面呈鼓形，车顶为圆弧形，侧墙下部向内倾斜（5°左右）并以圆弧过渡到底架，侧墙上部向内倾斜（3°左右）并以圆弧过渡到车顶。车辆底部采用与车身横断面形状相吻合的裙板遮住车下设备，以减少空气阻力，也可防止高速运行使沙石击打车下设备。车体表面光滑平整，减少突出物：如侧门采用塞拉门；扶手为内置式；脚蹬做成翻板式，使侧门关闭时可以使其包住。两车辆连接处采用橡胶大风挡，与车身保持平齐，避免形成空气涡流。图 4-4 为我国 CRH 各型动车组的车身断面形状。

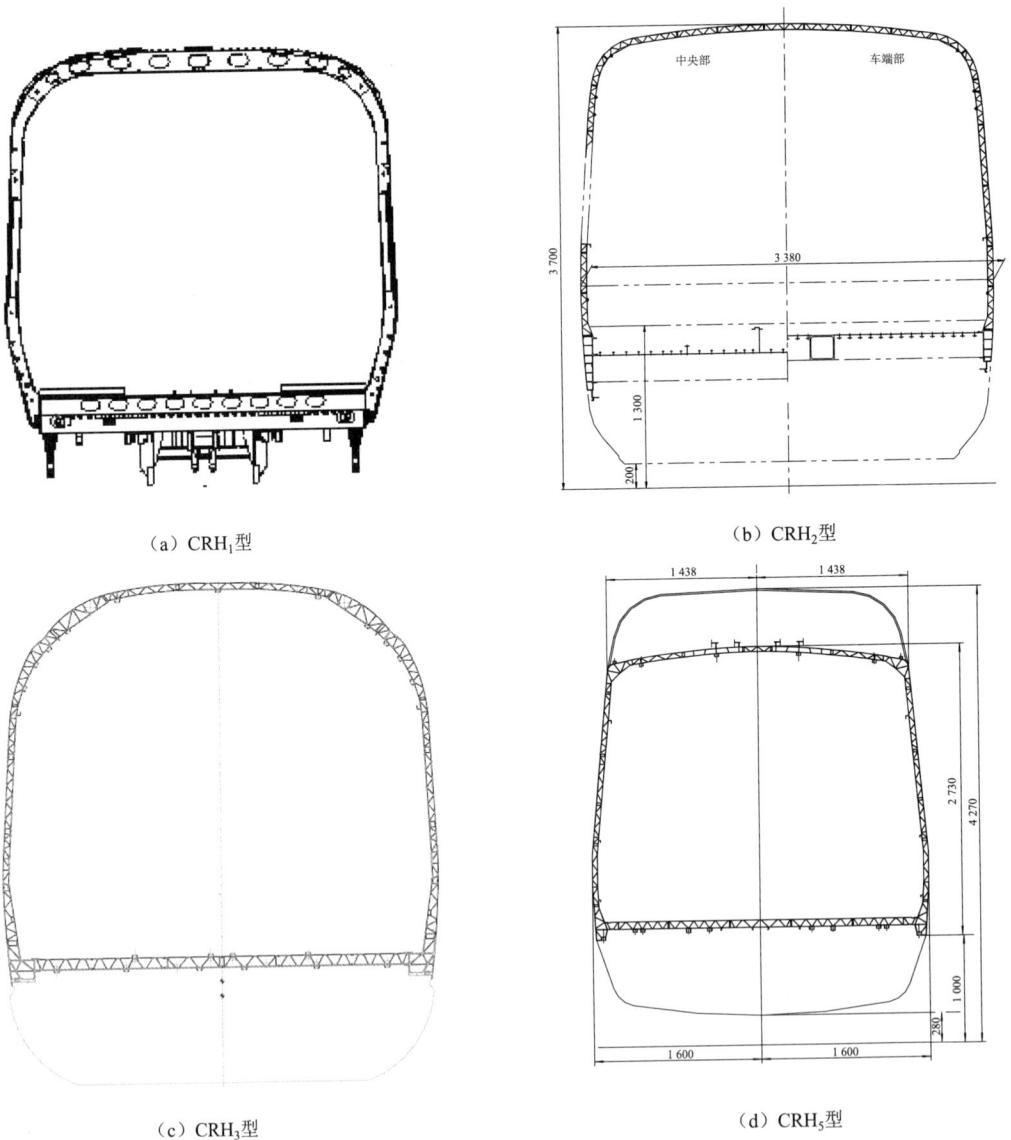

（a）CRH₁型

（b）CRH₂型

（c）CRH₃型

（d）CRH₅型

图 4-4　CRH 各型动车组车身断面形状

3）车体用铝合金材料

高速动车组铝合金车体材料主要有 5000 系、6000 系和 7000 系。5000 系合金是形变 Al–Mg 合金；6000 系合金是形变 Al–Mg–Si 合金；7000 系合金是形变 Al–Zn–Mg 合金。

CRH$_2$ 型动车组车体用铝合金材料须具有强度高、焊接性好、挤压加工性能优、耐腐蚀性强等特性，主要采用了 5000 系合金的 5083、6000 系合金的 6N01、7000 系合金的 7N01 等。这些合金的主要机械性能如表 4-1 所示。

表 4-1　CRH$_2$ 车体用铝合金材料主要机械性能

材料名	泊松比	弹性极限/MPa		疲劳强度/MPa	
		母材部分	焊接部分	母材部分	焊接部分
A5083P-O	0.3	125	125	103	39
A6N01S-T5	0.3	205	120	78	39
A7N01P-T4	0.3	195	176	135	39
A7N01S-T5	0.3	245	205	119	39

各种铝合金材料的具体技术特征如下：

（1）5083 是焊接结构用铝合金，是非热处理合金中强度最大的高耐腐蚀性合金，适合于焊接结构。但挤压加工性较差，难以做成薄壁及中空型材。

（2）6N01 是中等强度的耐腐蚀性铝合金，挤压加工性、加压淬火性均比较优良，能制造出复杂形状的大型薄壁型材，且耐腐蚀性、焊接性较好。

（3）7N01 也是焊接结构用铝合金，其强度高，并且通过常温时效处理，焊接部分的强度能够恢复到接近于母材的强度，耐腐蚀性好。

4）车体的轻量化设计

车体结构须要在保证结构强度及 20 年寿命要求的前提下，力求轻量化。实现结构轻量化的途径主要有两个：一是采用新材料，二是合理优化结构设计。

目前，高速车辆的车体材料主要有不锈钢、高强度耐候钢和铝合金，钢制车辆、不锈钢车辆、铝合金车辆车体的重量比约为 10:7:5。采用铝合金作为车体材料对列车的轻量化具有重要作用，近年来，随着铝合金挤压型材的大型化、轻薄化，以及与车体等长的多品种大型中空挤压型材的出现，使铝合金成为生产高速列车的主导材料。为了进一步减轻重量，改善隔声性能，方便设计制造，国外已开始试用纤维增强塑料夹层结构代替金属制造车体。若用碳素纤维制造车体，又将比铝合金车体减重 30%，这是下一代高速列车的理想材料。

在保证车体强度和刚度的基础上，充分利用等强度理论和结构的有限元分析方法，对车体结构进行优化设计，改变车辆结构参数，可以进一步减轻车辆自重。例如，采用矮车体并采用鼓型断面等方法，可实现轻量化设计。

5）车辆密封要求

车外压力的波动会反映到车厢内，使旅客感到不舒服，轻者压迫耳膜，重则头晕恶心，严重者甚至造成耳膜破裂。为了减少压力波的影响，保证旅客的舒适度，须要采取措施提高车辆的密封性能。

列车的密封须要从车体结构和部件上予以考虑，CRH 系列动车组采用的密封技术主要如下。

（1）结构采用连续焊缝以消除焊接气隙；对不能施焊的部位，用密封胶密封。

（2）采用固定式车窗，车窗的组装工艺要保证密封的可靠性和耐久性。

列车外门对密封效果具有重要作用。CRH 系列动车组外门采用密封性能良好的塞拉门，车门外形与车体外形一致，闭合后与车体处于同一外表面；门边设有密封装置，采用充气膨胀式密封或软性橡胶压紧密封，提高密封效果。CRH_1 型车采用膨胀式密封，CRH_2 和 CRH_5 型车采用压紧密封，CRH_3 型车采用双层密封。另外，头、尾的端门、司机室登车门采用可充压缩空气的橡胶条进行密封；通过台风挡采用橡胶大风挡，并处理好渡板处的密封问题。

（3）环控设备设立压力控制，如在客室进排气风口安装压力保护阀，在排气风道中装设带节气阀的排风机，安装压力保护通风机等。主要目的是既保证正常的通风换气，又保证车内压力变化控制在限值之内。

（4）洗脸室的水不采用直排式，而是通过密封装置排到车外；对直通车下的管路和电缆孔采取密封措施。

我国 CRH 系列动车组整车落成后的密封性能需达到下列指标：

① 车辆各部位不得有渗漏水的现象；

② 在关闭门窗及空调设备对外开口的情况下，车内外压力差由 4 000 Pa 降至 1 000 Pa 的时间大于 50 s。

车辆间的连接方式上采用气密式风挡，车辆间的各种连接应设有防雨措施及解编时的保护措施。综合考虑车体技术参数和设计原则，系统匹配如下：

头型采用流线造型，空气动力学性能优良；车体采用整体承载的薄壁筒形结构，其筒体由大型超薄中空铝合金型材焊接而成，整体具有轻量化和等强度的特点。系统配置后 CRH_2 型动车组车体结构见图 4-5，头型见图 4-6。

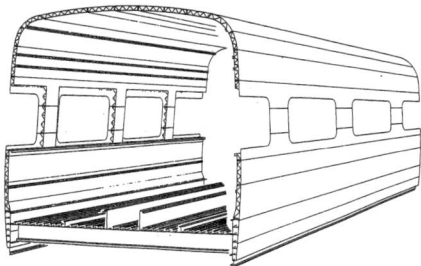

图 4-5　CRH_2 车体结构

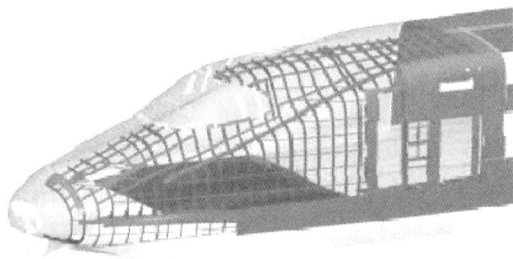

图 4-6　CRH_2 头型

5. 计算验证

（1）车体静强度、刚度及模态分析。

① 各静强度工况下的等效应力均低于其材料的许用应力，且安全系数均大于 1.15，满足标准要求。

② 车体相当弯曲刚度为 2.1×10^9 N·mm^2，大于标准规定的 1.8×10^9 N·mm^2，符合刚度要求。

③ 车体整备的一阶垂向弯曲固有频率为 11.3 Hz，高于标准规定的 10 Hz。

（2）车体头型气动性能分析。

① 气动阻力 0.350，小于标准规定值 0.46；气动升力 0.068，接近于零，满足暂规要求。

② 明线交会、隧道通过、隧道交会压力波幅值均小于 6 000 Pa，满足要求。

4.2.3　转向架

1. 概述

高速转向架是列车高速运行最重要的部件之一，其结构是否合理直接影响机车车辆的运行品质、动力性能和行车安全。作为走行机构，高速转向架在保证列车高速稳定运行时承受列车的减振减噪作用；作为承载机构，高速转向架在各种振动的工况下确保结构的强度安全可靠性。基于此，应确定列车在各种线路运用工况需满足的安全运行条件，并且研究列车悬挂装置的结构、参数和性能对振动和载荷传递的影响，以保证列车高速、安全、平稳运行。

2. 转向架的功能

① 承载——承受车架以上各部分的重量（包括车体、车架、动力装置和辅助装置等），并使轴重均匀分配；

② 牵引（动力转向架）——保证必要的轮轨黏着，并把轮轨接触处产生的轮周牵引力传递给车架、车钩，牵引列车前进；

③ 缓冲——缓和线路不平顺对车辆的冲击，保证车辆具有良好的运行平稳性和稳定性；

④ 转向——保证车辆顺利通过曲线；

⑤ 制动——产生必要的制动力，以使车辆在规定的距离内减速或停车。

3. 转向架的主要设计原则

① 保证最佳的黏着条件——轴重转移应尽量小，且轮轨间不产生黏滑振动；

② 良好的动力学性能——尽量减小轮轨间的作用力，减少轮轨间的应力和磨耗；

③ 重量轻，工艺简单——尽可能减轻自重，并使制造和修理工艺简易；

④ 良好的可接近性——易于接近，便于检修；

⑤ 零部件标准化和统一化——结构和材质尽可能统一化。

4. 转向架基本配置

转向架主要由两个轮对、轴箱装置、构架、中央弹簧减振系统、牵引系统、制动系统及其他辅助系统组成。对照转向架的主要功能，其主要部件和辅助部件如图 4-7 所示。

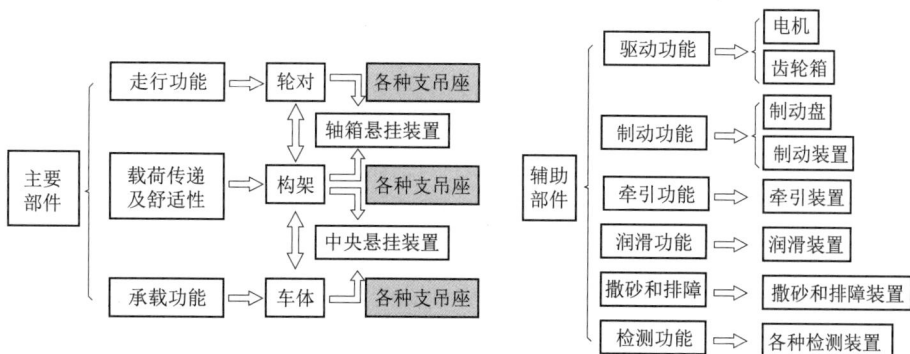

图 4-7　转向架主要部件和辅助部件

（1）轮对。

轮对由一根车轴和两个相同的车轮组成。轮对承担着车辆全部重量，且在轨道上运行，同时还承受着从车体、转向架和钢轨几方面传递来的其他各种静、动作用力，受力状况复杂。因此轮对应有足够的强度，以保证在容许的最高速度和最大载荷下安全运行；应不仅能够适应车辆直线运行，同时又能够顺利地通过曲线和道岔，而且应具备必要的抵抗脱轨的能力。

（2）轴箱装置。

轴箱装置主要由轴箱弹簧、垂向减振器和定位装置组成。轴箱装置中轴承在内侧定位轴箱，并与安装了轴箱弹簧的转向架一起上下运动，同时在前后和左右方向上固定、定位转向架构架，使得轮对和构架两者间的相对运动受到相互约束。轴箱与构架的连接方式对车辆系统动力学性能有着十分重要的影响。轮对轴箱定位装置设计的好坏直接影响转向架的性能。适当的轴箱弹性定位不仅可以防止转向架蛇行运动失稳，还能使得车辆曲线通过时具有良好的导向性能，从而减小或缓和轮对与钢轨之间的冲击和侧压力，减轻车轮轮缘与钢轨的磨耗。另外，轴箱定位参数在一定程度上还影响系统的乘坐舒适性。为保证高速动车组既能安全高速直线运行，又能顺利通过曲线并减小维修工作量，高速动车组轴箱装置一般采用定位转臂式或拉杆式弹性定位结构。

（3）构架系统。

构架位于轮对和车体之间，其主要功能是为各种悬挂系统、牵引系统、制动系统，以及其他各种辅助系统提供支撑。构架既受到来自轮轨振动的作用力，还承受来自车体及自身振动引起的作用力和附加力。因此，构架是高速动车组转向架的关键部件，其使用寿命对动车组服役状态有十分重要的影响。高速动车组转向架构架一般采用 H 形结构形式。

（4）中央悬挂系统。

客车转向架上一般设有中央悬挂装置。在低速和提速转向架上，如 206、206 T、209 P 等型号，中央悬挂装置为摇枕钢圆弹簧装置；在部分提速、高速和动车组转向架上，如 CRH 系列，中央悬挂装置普遍采用无摇枕空气弹簧装置，并设置有各种形式的减振器，以衰减、缓和传递至车体的振动。在这两种形式之间为过渡形式的中央悬挂弹簧。从车辆系统动力学角度来看，中央悬挂系统的主要目的是使车辆系统获得优良的乘坐舒适性，并在此基础上进一步提高系统运行稳定性。

（5）牵引系统。

考虑到车体与转向架之间前后力的传递，为了不阻碍上下、左右和偏转运动，使用了一组牵引装置。牵引装置是传递车体与转向架之间纵向载荷的主要承载构件。为了不使转向架的俯仰振动引起车体的前后振动，牵引装置应尽量安装在与转向架重心高度接近的位置。当车体的轻量化使车体弯曲刚性降低时，有可能会产生车体弯曲振动等问题，考虑到转向架前后振动和车体弯曲振动耦合方面，也有必要研究牵引装置的安装高度。

牵引拉杆的安装方向，要求与两侧的抗蛇行减振器方向保持一致，即要求拉杆与车体中心销的连接点与抗蛇行减振器车体安装点均处于车体中心一侧。对牵引两端橡胶节点的要求是，在满足纵向载荷传递的同时，不影响拉杆与中心销连接端的垂向和横向位移。车辆动力

学研究时，节点内橡胶的纵向刚度可作为牵引杆纵向刚度。

（6）制动系统。

为了使得动车组能够高速运行，列车必须要有驱动系统，这些驱动系统主要由牵引电机、齿轮箱及联轴节等组成。同样地，为使得列车能够在规定的距离内停下来，转向架上还应设置有制动系统，包括制动动作装置、轮盘或轴盘、空气或液压辅助系统等。

（7）其他辅助系统。

其他辅助系统主要包括各种检测装置（如轴温、转速、横向不稳定性）等。

动车转向架见图 4-8，拖车转向架见图 4-9。

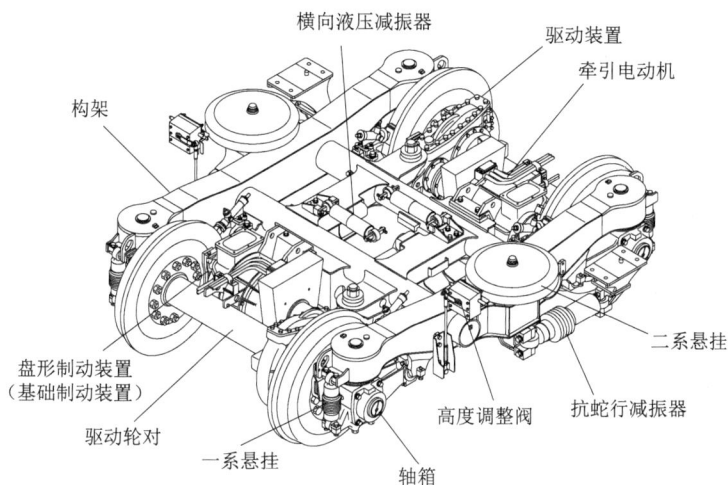

图 4-8　动车转向架

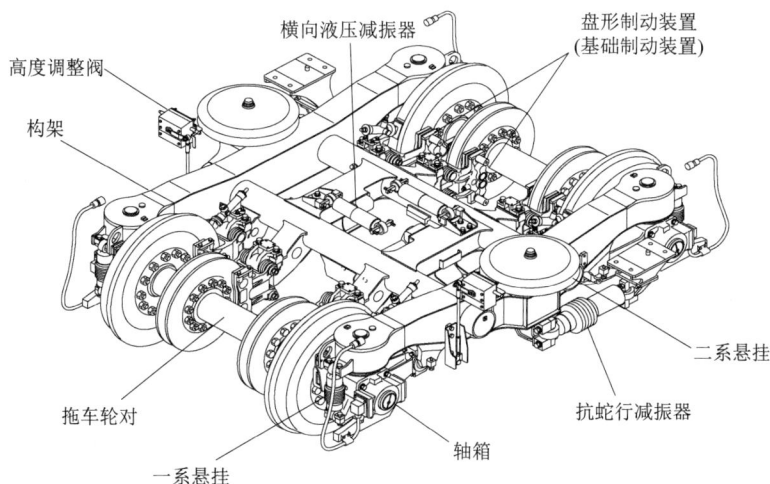

图 4-9　拖车转向架

5. 计算验证

针对上述转向架系统配置方案进行动力学计算，动力学仿真分析见图 4-10。

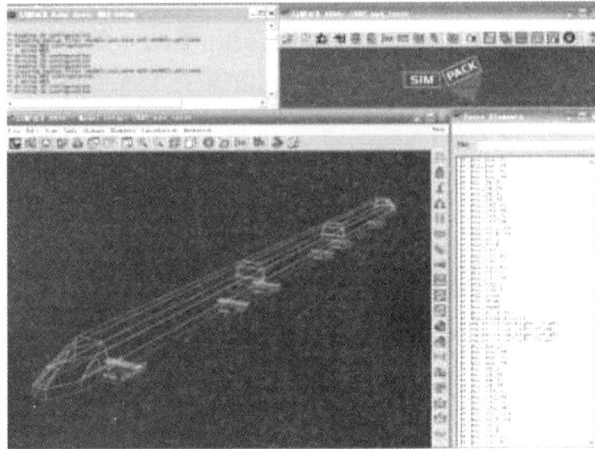

图4-10　动力学仿真分析

（1）临界速度。

列车在三级线路谱作用下的实际临界速度超过 450 km/h（非线性收敛速度为 380 km/h），能满足最高运行速度 300 km/h 的运营要求，并具有足够的安全裕量。

（2）安全性。

不同工况下，轮轴横向力、轮轨垂向力、脱轨系数和轮重减载率等安全性指标的计算结果均满足《高速动车组整车试验规范》规定的限度值。

（3）舒适度。

在二级线路谱激扰作用下，列车在 350 km/h 以下运行速度范围内具有优级的运行平稳性和舒适的乘坐品质；在三级线路谱激扰作用下，在 250 km/h 以下运行速度范围内具有优级的运行平稳性和舒适的乘坐品质。

4.2.4　牵引系统

1. 概述

牵引系统通过电网输入电能，经牵引变压器、变流器和电动机等一系列设备的转换和动力传递，把电能转换为机械能，从而牵引列车前进或向后运动。

车组常常采用交—直—交的牵引传动方式，其牵引传动系统工作原理如图 4-11 所示。

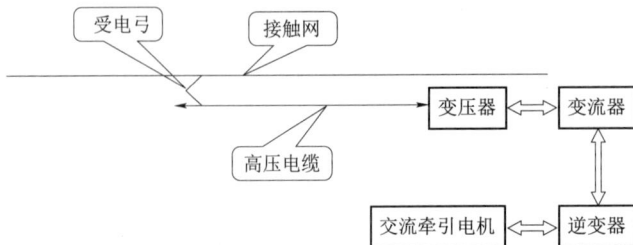

图4-11　牵引传动系统工作原理示意图

列车牵引运行是将电能转换成机械能，能量转换与传递的途径如图 4-12 黑色箭头所示；再生制动是将机械能转换成电能，能量转换与传递的途径如图 4-12 白色箭头所示。

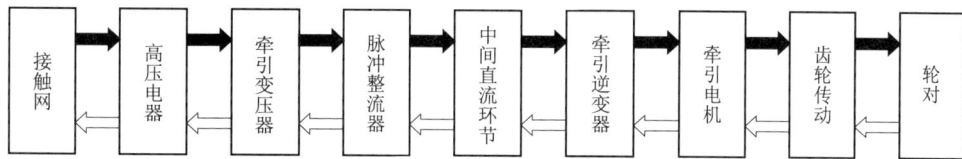

图 4-12　能量转换与传递途径示意图

列车牵引运行时：受电弓将接触网 AC 25 kV 单相工频交流电，经过相关的高压电气设备传输给牵引变压器，牵引变压器降压输出 1 500 V 单相交流电供给牵引变流器；脉冲整流器将单相交流电变换成直流电，经中间直流电路将 DC 2 600～3 000 V 的直流电输出给牵引逆变器；牵引逆变器输出电压/频率可调的三相交流电源（电压 0～2 300 V，频率 0～220 Hz）驱动牵引电机；牵引电机的转矩和转速通过齿轮变速箱传递给轮对驱动列车运行，实现电能到机械能的转换。

再生制动时：控制牵引逆变器使牵引电机处于发电状态，牵引逆变器工作于整流状态；牵引电机发出的三相交流电被整流为直流电并对中间直流环节进行充电，使中间直流环节电压上升；脉冲整流器工作于逆变状态，中间直流回路直流电被逆变为单相交流电，该交流电通过牵引变压器、真空断路器、受电弓等高压设备反馈给接触网，从而实现机械能到电能的转换。

2. 牵引系统主要功能

① 牵引——从电网获得电能，通过交—直—交的电压转换，驱动交流异步电动机工作，牵引列车运行；

② 再生制动——将牵引电动机变为发电机，把列车动能转化成电能反馈回电网，供区段内的其他列车使用。

3. 牵引系统主要设计原则

① 良好的弓网受流性能——高速列车速度的大幅度提升，运行环境及弓网结构特性发生极大改变，高速列车稳定的受流给高速接触网和受电弓关系提出了很高的技术要求；

② 动力冗余——正常情况下，动力单元均工作，当某个动力单元发生故障时，可以自动切断故障源，继续运行；

③ 合适的加速度——根据列车快起快停、运行速度、列车总重量、运行阻力确定合适的起动加速度、平均加速度和剩余加速度；

④ 良好的再生制动性能——设计应达到良好的再生制动特性和较高的再生制动功率。

4. 牵引系统基本配置

（1）牵引传动系统主电路。

牵引传动系统主电路结构原理简图如图 4-13 所示。动车组由受电弓从接触网接受 25 kV、50 Hz 单相交流电，通过真空断路器（VCB）连接到牵引变压器原边绕组。牵引变压器牵引绕组输出的 AC 1 500 V、50 Hz 电源输入脉冲整流器。脉冲整流器由单相三电平 PWM 变流器、交流接触器 K 组成。采用无触点控制装置实现对输出直流电压 2 600～3 000 V 定

压控制，以及牵引变压器原边单位功率因数的控制及故障保护。再生制动时，牵引变流器经过牵引变压器反馈电能。牵引逆变器采用了 VVVF 的控制方式，整流器输入给支撑电容器的直流电压，依据无接点控制装置控制信号，输出变频变压的三相交流电，对 4 台并联的电机进行速度、力矩控制。再生制动时牵引电机发出三相交流电，经整流后向支撑电容器输出直流电压。

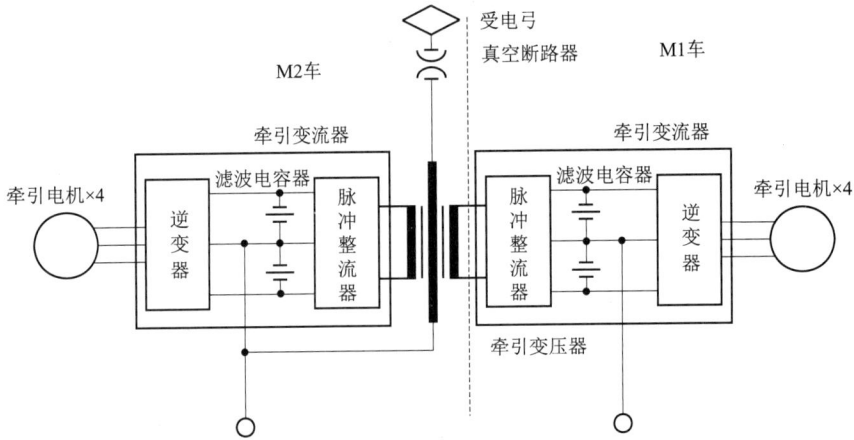

图 4-13　牵引传动系统主电路结构原理简图

（2）牵引传动系统基本配置。

CRH$_2$ 型动车组牵引系统主变压器使用油冷方式，牵引变流器使用成熟的 IGBT 技术。异步牵引电机的功率为 365 kW，采用架悬方式，总功率 8 760 kW。

CRH$_2$ 型动车组以 2 动为一个基本动力单元。一个基本动力单元的牵引传动系统主要由网侧高压电气设备、1 台牵引变压器、2 台牵引变流器、8 台三相交流异步牵引电动机等组成。全列共设 2 个受电弓、3 台牵引变压器、6 台牵引变流器、24 台牵引电动机。列车正常运行时升单弓运行，另一个受电弓备用。供电设备布置在 4、6 号车车顶。牵引传动系统组成如图 4-14 所示。

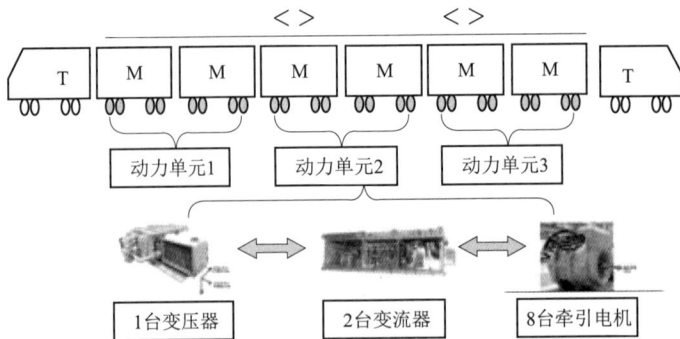

图 4-14　牵引传动系统组成

5. 计算验证

牵引特性曲线、加速度计算结果满足设计要求，如图 4-15 所示。

动车组加速性能满足技术条件要求，如表 4-2 所示。

CRH$_2$A高寒动车组牵引特性曲线

编组：4M4T；　　　　　　　　　计算车重：440 t；
计算轮径：820 mm；　　　　　　传动比：3.409；
阻力公式：$R(\text{N/t})=5.4+0.025\,5*V+0.001\,46*V^2$

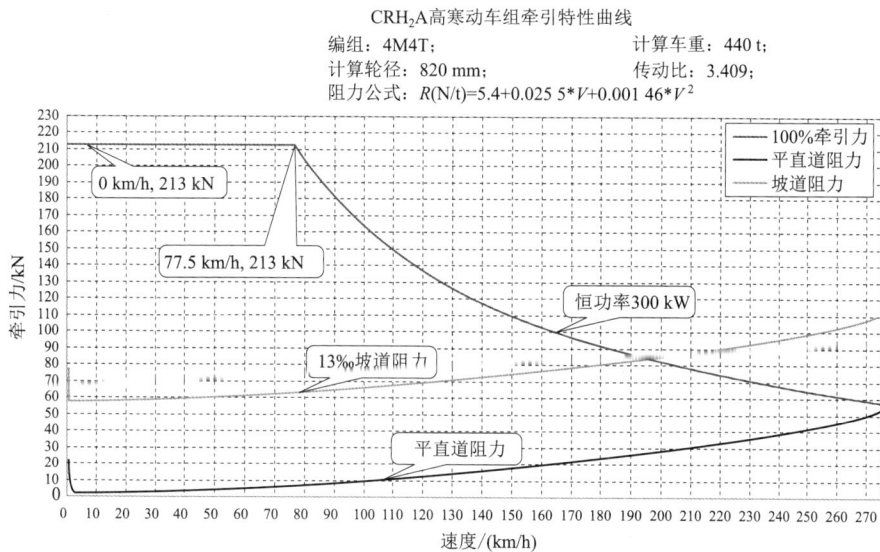

图 4-15　100%牵引力牵引特性曲线

表 4-2　动车组加速性能

	功率修正后/（m/s^2）	功率修正前/（m/s^2）
0～40 km/h 平均加速度	0.43	0.43
250 km/h 剩余加速度	0.04	0.07

（1）故障工况下牵引特性曲线。

75%动力时：在平直道上能以 230 km/h 运行；230 km/h 的剩余加速度为 0.03 m/s^2。75%牵引力特性曲线见图 4-16。

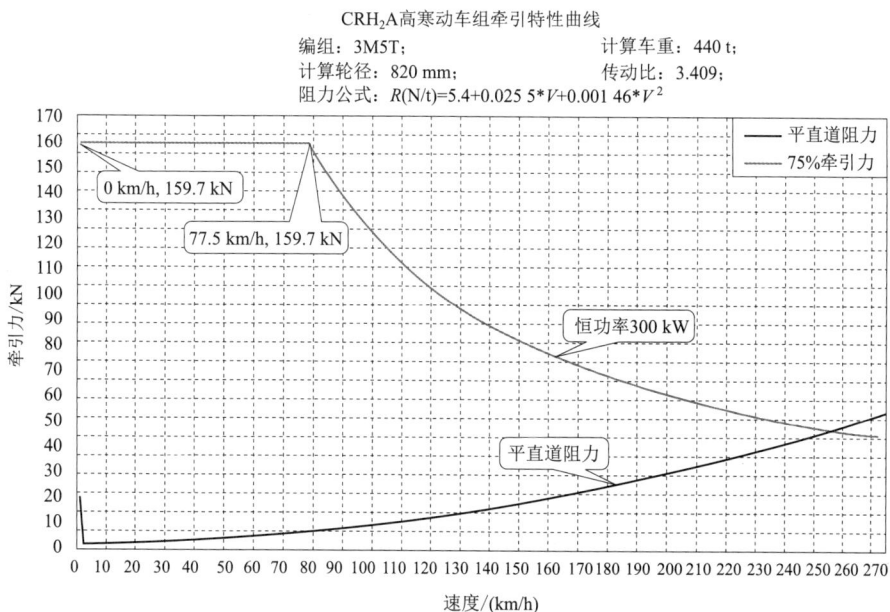

CRH$_2$A高寒动车组牵引特性曲线

编组：3M5T；　　　　　　　　　计算车重：440 t；
计算轮径：820 mm；　　　　　　传动比：3.409；
阻力公式：$R(\text{N/t})=5.4+0.025\,5*V+0.001\,46*V^2$

图 4-16　75%牵引力牵引特性曲线

50%动力时：在定员载荷下可在 13‰的坡道上起动，并前进到最近车站。50%牵引力牵引特性曲线见图 4–17。

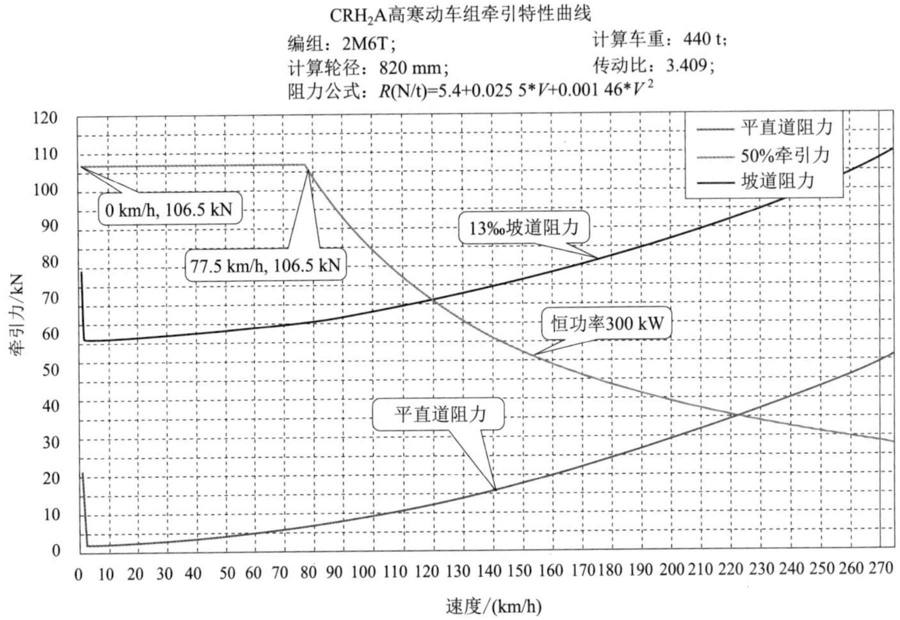
CRH$_2$A高寒动车组牵引特性曲线
编组：2M6T；
计算车重：440 t；
计算轮径：820 mm；
传动比：3.409；
阻力公式：R(N/t)=5.4+0.025 5*V+0.001 46*V^2
平直道阻力
50%牵引力
坡道阻力
0 km/h, 106.5 kN
77.5 km/h, 106.5 kN
13‰坡道阻力
恒功率300 kW
平直道阻力
牵引力/kN
速度/(km/h)

图 4–17　50%牵引力牵引特性曲线

（2）逆风条件下牵引特性曲线。

通过计算，在平直道上 12 级逆风条件下能以 200 km/h 运行。逆风条件下牵引特性曲线见图 4–18。

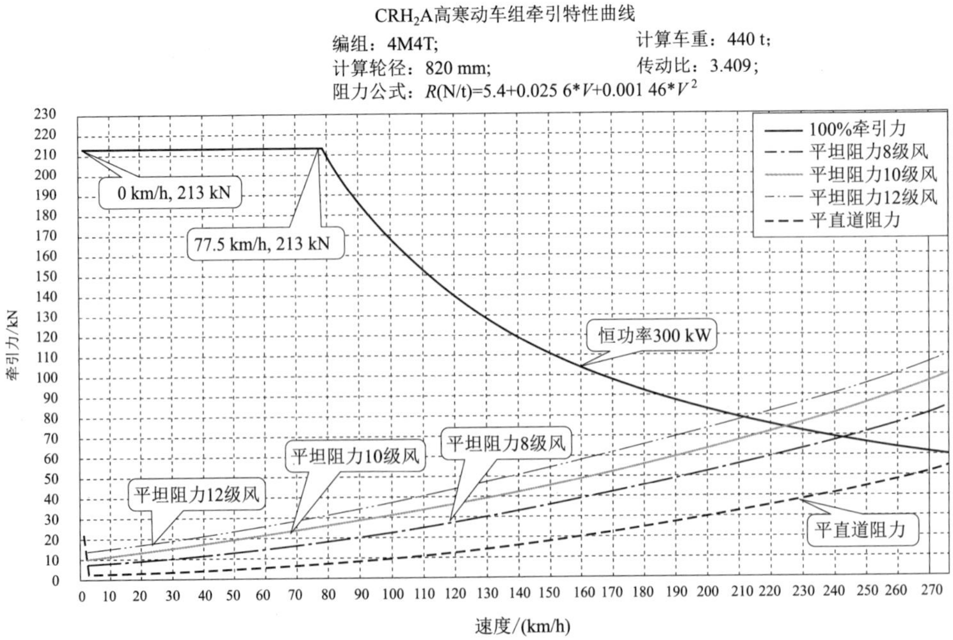
CRH$_2$A高寒动车组牵引特性曲线
编组：4M4T;
计算车重：440 t;
计算轮径：820 mm;
传动比：3.409;
阻力公式：R(N/t)=5.4+0.025 6*V+0.001 46*V^2
100%牵引力
平坦阻力8级风
平坦阻力10级风
平坦阻力12级风
平直道阻力
0 km/h, 213 kN
77.5 km/h, 213 kN
恒功率300 kW
平坦阻力10级风
平坦阻力8级风
平坦阻力12级风
平直道阻力
牵引力/kN
速度/(km/h)

图 4–18　逆风条件下牵引特性曲线

4.2.5　制动系统

1. 概述

制动是人为地利用制动力使列车减速、停车，阻止其运动或加速的统称。

正常运行状况下，CRH₂型动车组采用常用制动、快速制动使运行中的动车组能迅速地减速或停车，防止动车组在下坡道上增速或超速；停放制动采用铁靴方式（在坡道最上方位置的头车的前 3 轴中设置 6 个铁靴）来防止停放的动车组因重力或风力作用而溜逸。

从系统组成和类型来说，CRH₂型动车组制动系统采用复合制动模式，即再生制动＋电气指令式空气制动。电气指令式空气制动采用微机控制的直通式电空制动。

2. 制动系统主要功能

① 制动停车——人为地利用制动力使列车减速、停车，阻止其运动或加速；

② 防滑控制——通过各车轴或牵引电机中安装的速度传感器，对速度进行检测，当滑移率、速度差、减速度等参数超过设定值时，立即减小该轴的制动力，进行再黏着控制，防止制动距离的延长及车轮踏面的擦伤。

3. 制动系统主要设计原则

① 满足紧急制动距离——满足不同初速度下紧急制动距离的要求；

② 可靠的防滑控制——对高速列车在各种工况下产生的滑行、空转进行有效、及时的再黏着控制，防止制动距离的延长及车轮踏面的擦伤；

③ 耗风量满足制动需求——空压机、风缸容量满足不同制动工况下的耗风量需求；

④ 安全制动——在制动传输不良，以及车辆出现紧急情况（如车内火灾等）需要紧急制动等情况下保证行车安全。

4. 制动系统基本配置

CRH₂型动车组制动系统由制动控制系统、基础制动系统及空气供给系统三大部分组成。

制动控制系统包括：制动信号发生装置、制动信号传输装置、制动控制装置。

制动信号发生装置即司机制动控制器，位于 1、8 号（T1c、T2c）车司机室操纵控制台。

制动信号传输装置借助于列车信息控制系统，包括中央装置、车辆终端装置，采集与传输制动指令，同时接收制动状态指令。

制动控制装置接受制动指令，实施制动力的控制，并以整体集成方式吊装在每辆车的地板下。其内部集成了电子控制单元和由各风动阀（电空转换阀、紧急阀、中继阀、调压阀等）组成的制动控制单元（BCU），以及空气制动管路上所需的各种阀门及风缸等。

基础制动装置位于转向架上，由带防滑阀的增压气缸及油压盘式制动装置等组成。

空气供给系统由位于 3、5、7 号车地板下的 3 台空气压缩机、干燥器、总风缸、制动供给风缸，以及贯穿全车的总风管等组成。制动系统组成图如 4-19 所示。制动设备主要构成见表 4-3。

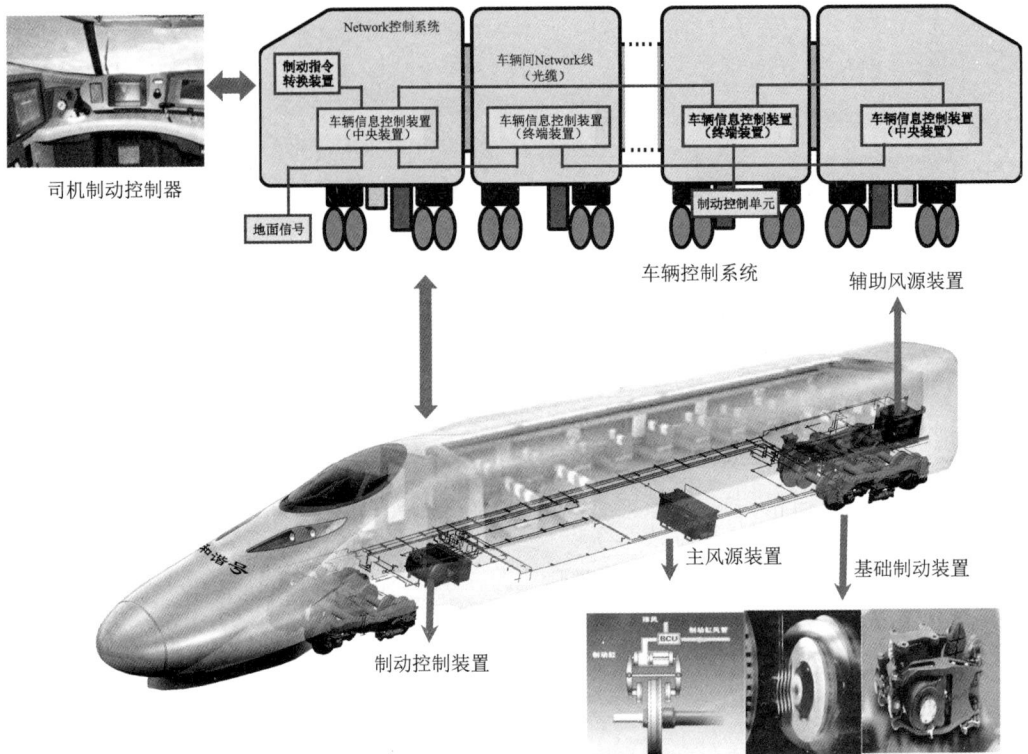

图 4-19　制动系统组成图

表 4-3　制动设备主要构成

编组情况设备分布	T1	M1	M2	T2	T3	M3	M4	T4
司机制动控制器	√							√
制动指令传输装置	√	√	√	√	√	√	√	√
制动控制装置	√	√	√	√	√	√	√	√
基础制动装置	√	√	√	√	√	√	√	√
主空压机组			√				√	
辅助空压机组				√		√		
制动转换装置	√							√
BP 救援装置	√							√
防滑阀组成	√	√	√	√	√	√	√	√
停放制动控制装置	√			√	√			√

注：① "√" 表示该车布置有此设备；

② 制动指令传输装置是制动系统关联设备，属于列车信息控制网络。

制动控制系统配置根据动车组运行状态的不同，制动系统实施的制动作用也不同，其控制原理也不同。

1）常用制动

动车组的常用制动是正常情况下为调节、控制列车速度或进站停车所施行的制动。其特

点是作用比较缓和，且制动力可以调节，通常只用列车制动能力的 20%～80%，多数情况下用 50%左右。

常用制动控制特性曲线是根据前述的黏着特性曲线来确定的，目的就是使每一速度下制动力的最大值不得超过并尽量接近黏着力，以充分利用轮轨间的黏着。

如图 4-20 所示，施行各级常用制动时，由司机制动控制器或列控装置发出数字式的制动级位指令，它们经光纤指令线传送至各车的制动控制单元 BCU。各车的 BCU 接收到制动指令后，再根据列车运行速度和车重信号计算出应施加的制动力。遵照优先使用电制动的原则首先让电制动装置承担制动力。电制动施加后，再将电制动力的数值反馈回 BCU；如电制动力不足，BCU 计算出应补充的空气制动力，并将相应的控制电信号输出到空气制动装置，以空气制动进行补偿。

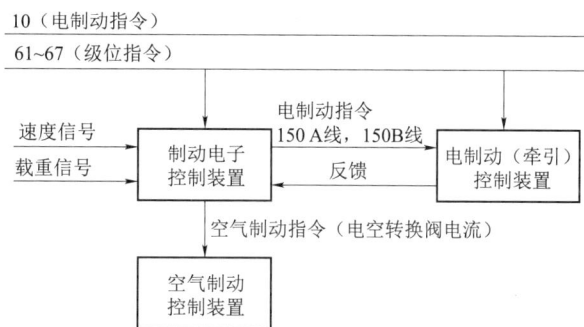

图 4-20　常用制动控制原理

2）紧急制动

该制动是紧急情况下为使列车尽快停住而施行的制动，其特点是把列车的制动能力全部用上，且作用迅猛。紧急制动只有空气制动作用。

列车的紧急制动控制独立于常用制动和非常制动之外，紧急制动控制电路是从头车的司机制动控制器开始到尾车，再返回头车的一根往复的紧急制动指令线（又称安全环路）。系统的设计为：紧急制动指令线常得电时，紧急制动不动作；当由于任何一种原因使紧急制动指令线失电时，紧急电磁阀就会打开，沟通气源和空气制动装置的执行机构，产生紧急制动作用。

3）辅助制动

（1）备用制动。

当运营中动车组的 BCU 或常用制动电路发生故障，无法实施正常的制动控制时，可启用备用制动设备进行控制。备用制动设备有两种控制方式：一种是利用备用制动指令线传递备用制动控制装置发出的电气制动指令，对空气制动系统的制动和缓解进行控制（如 CRH$_2$ 型动车组）；另一种则是启用动车组内备用的自动空气制动装置进行制动，通过制动管的增减压来控制全列车的缓解和制动（如 CRH$_3$ 型动车组）。

（2）救援/回送制动。

救援/回送制动是通过救援机车的制动管来控制动车组的制动作用。当救援机车制动管的增减压信号传递至动车组时，又可采取两种控制方式：一种是将机车制动管与动车组制动管直接相连，由救援机车控制动车组制动管内的空气压力，以此来控制动车组的制动和缓解（如 CRH$_3$ 型动车组）。另一种则是在救援机车和动车组之间加装一个空-电转换的制动指令转换

器（如 CRH_2 型动车组），由它将机车制动管内的空气压力信号转换为电气指令信号来控制动车组的空气制动系统，实现各车的制动和缓解（如图 4-21 所示）。

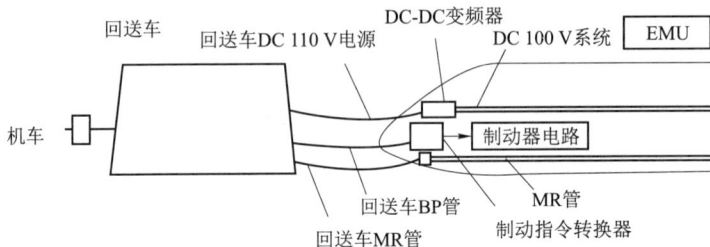

图 4-21　救援/回送制动原理

（3）停放制动。

停放制动是为使动车组能够长时间停放在一定坡度的坡道上不溜逸而施行的制动作用。动车组的停放制动大多采用电-空控制的弹簧蓄能制动器：列车运行时，利用压缩空气的压力抵消蓄能弹簧的弹力，不让其发挥作用；当需要实施停放制动时，可通过贯穿列车的停放制动指令线，使各车辆的停放制动电磁阀动作，排出压缩空气、减小压力，停放制动作用即可发挥作用。

个别型号的动车组（如 CRH_2 型动车组）由于其基础制动装置的特殊性，无法采用上述停放制动方式。在列车需要实施停放制动时，采用在部分车轮的踏面下安放铁鞋的方式实现。

（4）保持（停车）制动。

保持（停车）制动作用仅仅是常用制动的一种附加功能，它是用来解决列车在停车的过程中，因制动力较高或制动力的变化导致的旅客乘车舒适性问题。同时，这种制动作用还考虑了列车停车后的防溜问题，以及列车在再次起动过程中与牵引装置的配合。保持制动特别适合用于运行线路固定、需要经常停站的列车。

（5）耐雪（防冰）制动。

列车在雪天运行时，大雪可能落入空气制动装置的制动盘和闸片之间。此时如施行制动，摩擦副之间的冰雪就会对制动作用产生影响。耐雪制动就是针对这种现象而采取的一种制动作用：在列车牵引或惰行过程中，通过耐雪制动指令线让各车的闸片推出，无间隙地轻轻接触制动盘，以防止冰雪进入二者之间的空隙。耐雪制动与空气制动时的常用制动作用方式相同。

4）供风及基础制动配置

动车组供风及空气制动系统的组成如图 4-22 所示（以 CRH_2 型动车组为例，其他型号的动车组情况基本类似，但无增压缸结构，无须进行气压-油压的转换，其制动缸相应地为气压制动缸）。

压缩空气由电动空气压缩机产生，经干燥、滤油后，经单向阀（也称止回阀，当其气路上游空气压力不足时，可保证气路下游有足够的空气压力）进入本车的总风缸。总风缸内的压缩空气经总风管、单向阀送至本车的制动风缸和控制风缸，还经贯通全列车的总风管送到其他车的总风缸。有空气压缩机的车辆的总风缸装有安全阀，用于在总风缸空气压力超过定值时排出多余的压缩空气，以防损坏用气设备以及与其相连的其他装置。制动风缸存储制动用压缩空气，供中继阀、紧急电磁阀和电空转换阀等使用。控制风缸是为空气弹簧、踏面清扫装置等制动系统以外的用气装置供应压缩空气的风缸。

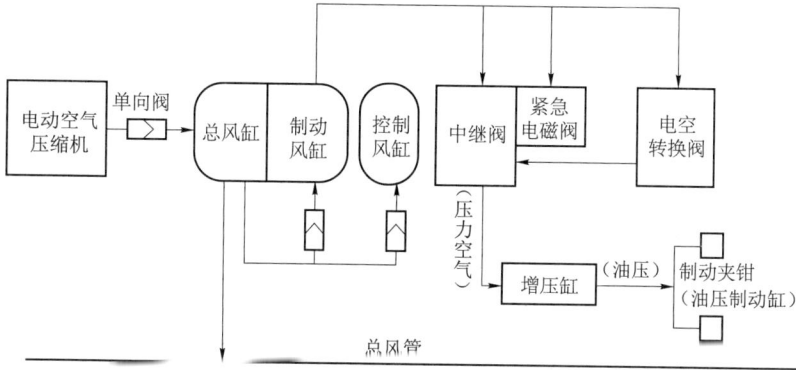

图 4-22　供风及空气制动系统组成

在常用制动、非常制动和备用制动时，电空转换阀将接收到的电信号转换成空气压力信号输出到中继阀。中继阀将来自电空转换阀的输入作为控制压力，输出流量放大的压缩空气到增压缸的输入侧，并在增压缸的输出侧产生一定倍率的油压传至夹钳装置，使其产生制动动作。紧急制动时，来自制动风缸的压缩空气经打开的紧急电磁阀传至中继阀，后面的动作与常用制动的情况相同。

5. 计算验证

1）制动距离计算

从司机实施制动（将制动阀手柄移至制动位）的瞬间起，到列车速度降为零的瞬间止，列车所驶过的距离，称为列车"制动距离"。对动车组来说，理论上列车中各车的制动缸应该立即、同时开始充气增压。但实际上在司机施行制动时，首先存在一个经列车信息控制系统传输制动控制指令的网络通信带来的延迟，然后在制动控制装置接受制动指令到 BCU 送出控制信号到电空转换阀还有一定的延迟。这说明列车中各车的制动缸并非完全立即、同时开始充气增压，但这些延迟在毫秒级，所以各制动缸的压力开始上升的时间差别很小。另外，制动缸压力还是有一个上升的过程，同时由于空气制动阀的共同特点，各制动缸的空气压力也并非瞬间就达到最大值。

如图 4-23 所示，t_0 和 t_m 分别为从司机施行制动至第一个开始动作的某辆车和最后开始动作的某一辆车的制动缸压力开始上升的时间。在 t_0 的时间内，列车实际上在惰行，无制动力也无牵引力，故称为纯空走时间。t_c 为制动缸充气时间（每一辆车制动缸压力由零上升到预定值所经历的时间）。t_a 为全列车制动缸充气时间（制动缸压力从零开始上升，到最后一个制动缸上升到预定值为止所经历的时间）。

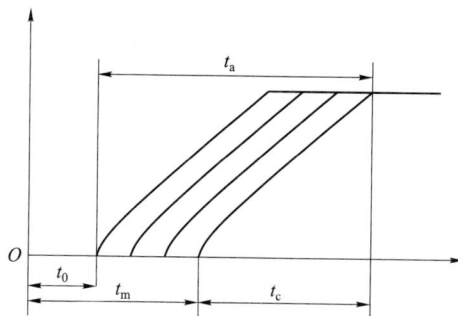

图 4-23　制动缸压力的上升示意图

167

因此，列车制动的全过程可分为三个阶段：无制动力的纯空走阶段、全列车制动力递增阶段和全列车制动力保持恒定的稳定阶段。通常，为了计算的方便，假定全列车的制动缸压力在递增阶段的某一瞬间同时压上车轮并同时达到最大，如图 4-24 中虚线部分即为假定。这时，列车制动过程就被简化成了两个阶段：从施行制动到假定制动力突增那一瞬间的阶段都成了空走过程，所经历的时间被称为空走时间，以 t_k 表示，在这一段时间内所走过的距离被称为空走距离，以 S_k 表示；从突增那一瞬间到列车停住的阶段都成了全列车闸片压力保持预定值的有效制动过程，所经历的时间称为有效制动时间，以 t_e 表示；在这一段时间内走过的距离被称为有效制动距离，以 S_e 表示。则制动距离 S_b 可按下式计算：

$$S_b = S_k + S_e$$

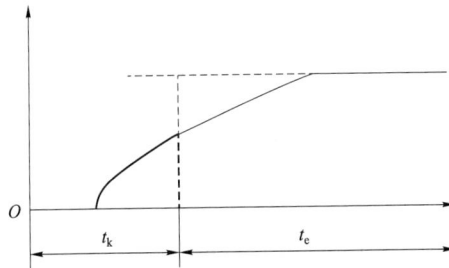

图 4-24　空走距离的原始假定概念

2）CRH$_2$ 型动车组减速度与黏着

一般车辆的减速主要采用空气制动或电制动等所谓黏着制动来抑制车轮的转动，使车辆停止或减速。这种黏着制动利用的是轮轨之间所产生的黏着力。

在本章前面的概述中已经介绍过黏着系数易受各种因素的影响，变化幅度也比较大。另外，轴重也会在运转中因轨道的不同状态而有所变动。因此，黏着力随着在运行中受到的各种因素和条件的制约而有所变化。尤其对于快速疾驰的列车，在高速运转下制动时发生滑行比例相当高。因此，对于 CRH$_2$ 型动车组在充分考虑这种情况后决定，为降低滑行发生的概率，采用能实现按照黏着曲线的制动力控制方式（即"速度-黏着模式控制"方法）。图 4-25 为这种控制方式在不同条件下的控制曲线图。

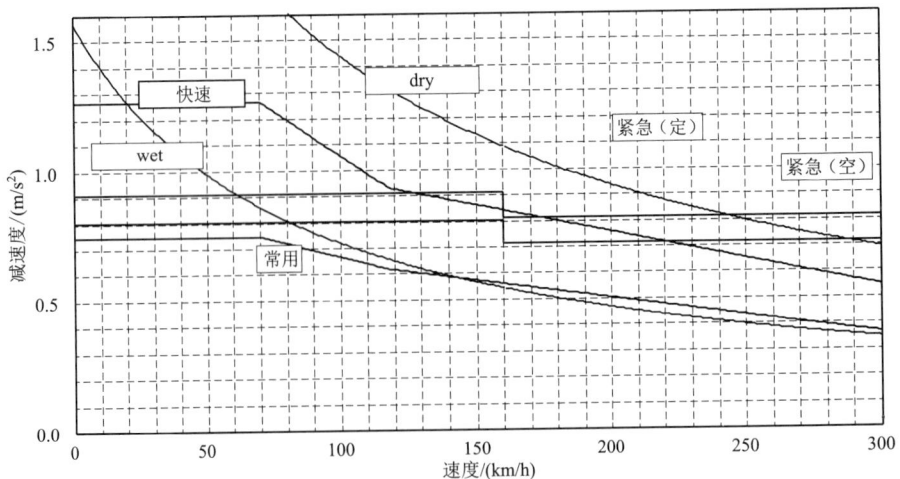

图 4-25　制动控制曲线

3）制动距离计算范例

（1）计算条件。

本例针对制动级为 EB（快速制动）、列车编组方式为 4M4T 的列车进行制动距离的计算。其中，取制动单元为 1M1T，制动方式为纯空气制动或动力制动+空气制动。路面分 dry（干轨）和 wet（湿轨）两种状态分别考虑，并假定制动初速度为 200 km/h。（铁路《技规》规定 200 km/h 速度等级列车制动距离最大为 2 000 m）。

（2）制动减速度的计算。

快速制动时减速度的设定见表 4-4。

表 4-4 快速制动时减速度设定值

速度 $V/$（km/h）		0	70	118	160	200	路面
减速度 $\beta/$（m/s²）	编组	1.122	1.122	0.931	0.842	0.758	dry
	第一辆车	0.789 7	0.789 7	0.603 0	0.499 6	0.429 5	wet
	第二辆车	1.122	1.122	0.904 4	0.749 4	0.644 2	
	第三辆以后	1.122	1.122	0.964 7	0.799 3	0.687 2	
	编组	1.080 5	1.080 5	0.912 0	0.755 6	0.649 6	

（3）各速度段制动所需的有效减速时间。

计算公式如下，结果见表 4-5。

$$t_{ei} = (V_{2i} - V_{1i}) / \{3.6 \times [(\beta_{2i} + \beta_{1i}) / 2]\}$$

表 4-5 各速度段制动所需的有效减速时间

速度范围/（km/h）	0～70	71～118	119～160	161～200	路面状态
有效减速时间/s	17.33	12.99	13.17	13.89	dry
	17.995 8	13.383 5	13.992 2	15.814 3	wet

（4）制动距离。

① 空走距离。

空走时间 t_k=2.3（s），初速度为 200 km/h 下的空走距离：

$$S_k = 2.3 \times (10^3 / 3\,600) \times 200 = 127.8\,(\text{m})$$

② 各速度段制动所需的有效制动距离。

计算公式如下，结果见表 4-6。

$$S_{ei} = (10^3 / 3\,600) \times [(V_{1i} + V_{2i}) / 2] \times t_{ei}$$

表 4-6 各速度段制动所需制动距离

速度范围/（km/h）	0～70	71～118	119～160	161～200	路面状态
有效制动距离/m	168.5	339.2	508.5	694.5	dry
	174.96	349.45	540.25	790.72	wet

列车总制动距离计算公式如下，结果见表4-7。

$$S_b = S_k + \sum S_{ei}$$

表4-7 列车总制动距离计算结果

路面状态	计算值/m
dry	1 838.5
wet	1 983.2

（5）结论。

不论干轨和湿轨的制动距离均小于2 000 m，满足《技规》的规定。

4）空气消耗量的计算

空气消耗量的计算主要涉及两个方面指标，即初充气时间和空气压缩机的运转率。

（1）初充气时间。

初充气时间是指当空气压缩机开始工作时，干燥器、MR、SR、门、AS风缸、控制器中的空气压力从0 kPa增至定压（每个单元有不同规定）所需时间。

根据以上定义初充气时间可以根据以下公式计算：

$$初始充气时间 = \frac{初始充气容量}{空气压缩机实际排出容量}$$

其中，初始充气容量为27 776.6 L。

空气压缩机实际排出容量的计算：

根据空气压缩机的变位容积为1 754 L/min，容积效率70%，一列编组空气压缩机的台数为3台，以及空气压缩机实际排出容量的计算方法：

空气压缩机实际排出容量=变位容积×容积效率×空气压缩机的台数

可得：空气压缩机实际排出容量=1 754 L/min×70%×3=3 683.4 L/min。

最后根据计算得到的初始充气容量和空气压缩机实际排出容量可以得到：

$$初始充气时间 = \frac{27\,776.6}{3\,683.4} \min = 7.53 \min$$

（2）空气压缩机的运转率

空气压缩机的运转率是指一辆车在一次常用制动过程中，空气压缩机运转时间（空气压缩机压缩排气时间）与运转时间和停止时间（消耗空气设施制动时所经历的时间）之和之间的比值。

用 X（min）表示运转时间，Y（min）表示停止时间，R（%）表示运转率，则运转率的计算公式如下：

$$R = \frac{X}{X+Y} \times 100\%$$

其中，$X = \dfrac{MR、SR容量×调压器范围差值 + 干燥器排气容量}{空气压缩机实际排气量 - 空气消耗量}$，

$$Y = \frac{MR、SR容量 \times 调压器范围差值}{空气消耗量}$$

计算得到空气压缩机的运转率为 18.1%。

4.2.6　网络控制系统

1. 概述

动车组的控制、监测与诊断系统（train control and management system，TCMS）是车载分布式的计算机网络系统，承担动车组牵引及制动控制等指令的传输，同时对列车上的主要设备进行状态监测，并具有故障诊断及故障记录功能。信息通过车载网络进行传输，减少了硬线的数量，从而减轻了列车重量并提高了系统可靠性。该系统能够给司乘人员提供操作指导并给维修人员提供技术支持。

旅客信息系统（passenger information system，PIS）是一个独立运行的系统，可由乘务员室的乘务室控制单元和司机室的司机室控制单元来控制。PIS 系统与 TCMS 系统之间有一个信号接口，主要用于在监视器上对 PIS 进行监控。

2. 网络控制系统主要功能

CRH$_2$ 型动车组的网络控制系统的主要功能可分为三大类：指令传输、设备状态监视和页面显示。

1）牵引、制动指令传输功能

① 牵引指令、制动指令的串行传输；

② 救援联挂时制动指令的串行传输。

2）设备的控制、复位指令传输功能

① 向牵引变流器、辅助电源装置、配电盘传输的复位指令；

② 设备远程控制指令的传输；

③ 辅助绕组电源扩展供电的控制；

④ 三相 AC 400 V 电源扩展供电的控制（控制 BKK 接通、断开）；

⑤ 空调显示设定器的复位；

⑥ 利用停放开关进行相关设备的控制。

3）显示灯、蜂鸣器控制指令的传输

① 操纵台故障显示灯的显示输出；

② 操纵台单元显示灯的显示输出；

③ 操纵台蜂鸣器的启动输出；

④ 各车配电盘显示灯的显示输出；

⑤ 空挡显示灯的显示输出。

4）司乘人员支持功能

① 通过 IC 卡读写装置，输入并显示列车行驶路线、列车号、时刻表；

② 向车号显示器传输车号信息；

③ 发生故障或者异常时，在操纵台信息显示器上显示报警及操作指导信息；

④ 司机及乘务员辅助用的各种列车信息、设备信息的显示；

⑤ 应急信息的显示;

⑥ 和其他编组之间的解挂、联挂状态的显示;

⑦ 安全设施故障记录的显示;

⑧ 最新故障记录的显示;

⑨ 指令通告的显示及接收确认功能;

⑩ 技术支持系统功能。

5)服务设备控制功能

① 向乘客信息显示器、侧面目的地显示器传输显示内容及显示指令。乘客信息显示器所显示的内容（停车站向导、新闻、宣传等）在地面计算机进行编辑后，存储到 IC 卡中。通过司机室 IC 卡读写装置读出，输入到列车信息中央装置中。发出车号信息显示器的显示信息及指令;

② 向自动广播装置传输广播定时信息;

③ 解挂时的其他编组广播切换输出;

④ 通过无线装置接收的 PR 文字、紧急文字的显示;

⑤ 旅客服务设备（空调、室内灯、广播节目）的控制及状态显示。

6)数据记录功能

① 故障设备动作信息的记录;

② 主故障发生时的状态记录;

③ 运行距离及牵引/再生制动力的累积;

④ 营业运行中或者试运行中的列车性能信息的收集;

⑤ 营业运行中或者试运行中的项目选择信息的收集;

⑥ 营业运行中或者试运行中的空调运转率信息的收集;

⑦ 营业运行中或者试运行中的空调运转状态信息的收集。

7)车上试验功能

① 车上试验（试验对象包括：牵引变流器、制动控制装置、辅助电源装置、空气压缩机、辅助制动装置、车门等）启动，各设备内置的自我诊断功能的启动，检查结果显示功能;

② 试验结果的收集。

8)自我诊断传输线

① 各监视控制部分和信息传输部分之间的传输错误的检测;

② 控制信息的自我诊断;

③ 光传输故障时的控制指令的备份。

9)列车信息传输装置的自我诊断功能

① ROM 诊断;

② RAM 诊断;

③ 数字输入输出通道诊断;

④ 模拟输入通道诊断。

10)页面显示功能

操纵台上设置的列车信息显示器中，提供司机模式、维修模式等用于各种用途的工作模式。列车信息显示器具有触摸功能，可从菜单页面中选择希望显示的页面。

例如，当需要制动信息时，从菜单页面中触摸"制动信息"后，跳转到车号选择页面,

选择车号后，显示来自制动装置的信息。并且，通过触摸分类信息页面右上角显示的"菜单"选择键，可以返回到菜单页面，以便进入其他分类信息页面。

3. 网络控制系统主要设计原则

① 高可靠性——网络控制系统为双重系统，以确保系统的高可靠性；

② 故障冗余——网络控制系统为双重系统，以确保系统的冗余性。

4. 网络控制系统基本配置

信息传输系统采用列车级和车厢级两级网络结构。列车级网络为连接编组各车辆的通信网络，以列车运行控制为目的，连接各中央装置和终端装置，采用双重环网结构。车厢级网络为连接车厢内设备的通信网络。

1）列车级网络结构

列车级网络由中央装置、终端装置、列车信息显示器、显示控制装置、IC 卡读写装置及乘客信息显示器等设备构成。各设备在列车内的配置情况如表 4-8 所示。列车总线光纤双重环网布线结构如图 4-26 所示。

表 4-8　信息传输系统设备配置

车辆编号	T1c-1	M2-2	M1-3	T2-4	T1k-5	M2-6	M1s-7	T2c-8
中央装置	1							1
终端装置	1①	1①	1	1①	1①	1①	1	1①
列车信息显示器	2						1	2
显示控制装置	2						1	2
IC 卡读写装置	2							2

注：① 有模拟输入（AIN）卡。

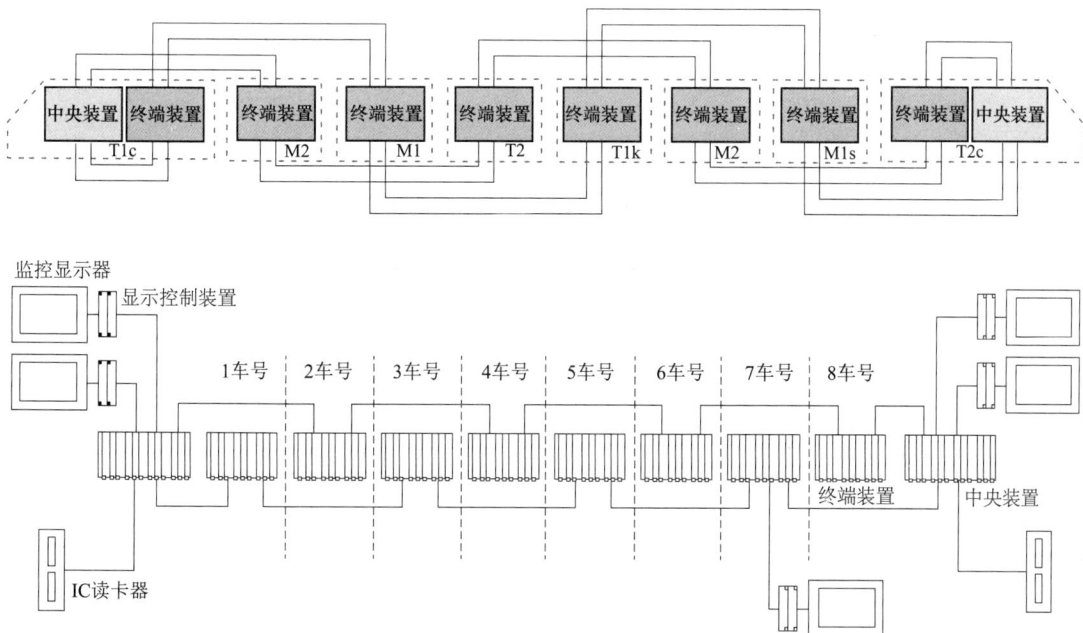

图 4-26　列车总线光纤双重环网布线结构

动车组列车级网络有两种类型。其一为光纤环网，连接所有中央装置与终端装置，采用 ANSI/ATA–878.1（ARCnet）协议；其二为自我诊断传输网，以总线方式连接中央装置与终端装置，采用 HDLC 作为数据交换协议。

列车总线传输线路包括车辆信息传输线（光纤环网）及自我诊断信息传输线（双绞屏蔽线）两种。车辆信息传输线由环线回路（loop）构成，如果在一个方向的环线中检测到没有应答的情况，就向另一个方向的环线传输，能够避开故障部位。

另外，当两列车联挂编组时车辆的中央装置之间由双绞屏蔽线连接。当条件成立时，打开环线回路（loop），将联挂前的独立环线回路（loop）结合在一起，就能保持编组环线回路（loop）的结构。

列车总线光纤双重环网布线结构见图 4–27，性能如下。

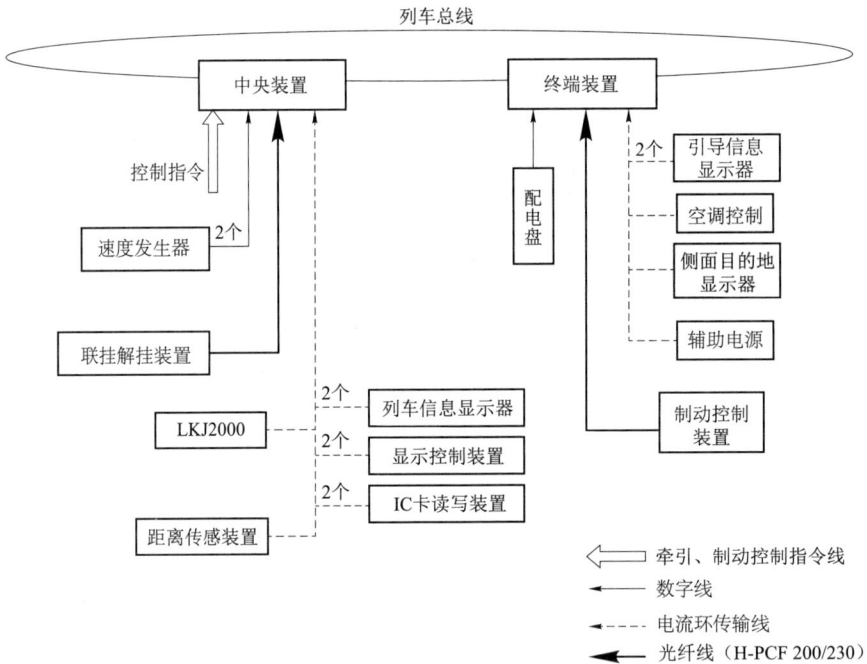

图 4–27　列车总线光纤双重环网布线结构

光纤网：① 通过光纤双重环路传输；② 固定长度的循环传输方式（传输控制指令）；③ 令牌传递方式（传输监视器状态）；④ 标准传输周期 10 ms；⑤ 适用光纤 QSI85/125；⑥ 传输速率 2.5 Mbps。

自我诊断传输线：① 通过多站结合进行的单向传输（控制发送部→控制接收部）；② 固定长度的循环传输方式；③ 标准传输周期 10 ms；④ 符号化基带方式 24VP–P（120 Ω 平衡电路）；⑤ HDLC 方式 38.4 kbps；⑥ 双 CPU 方式的失效保护传输。

2）车厢级网络结构

车厢级网络指中央装置/终端装置与车厢内设备之间信息交换的通道。中央装置/终端装置与设备之间采用点对点通信方式，牵引变流器（converter inverter，CI）、制动控制单元（brake control unit，BCU）与终端装置采用光纤连接，其他设备与中央装置、终端装置采用电流环方式连接。表 4-9 所示为配置表。

表 4-9 CI/BCU 与终端装置配置表

	T1c-1		M2-2	M1-3	T2-4	T1k-5	M2-6	M1s-7	T2c-8	
	中央	终端	终端	终端	终端	终端	终端	终端	终端	中央
BCU		○	○	○	○	○	○	○	○	
CI			○	○			○	○		

车厢内部设备与列车网络节点之间采用点对点方式通信,适用多种通信协议,包括 20 mA 电流环、30 mA 电流环及高级数据链路控制 HDLC 方式。

3）列车网络控制系统

列车网络控制系统（TCMS）通过传输信息和控制命令,对车上的主要设备进行管理。为提高可靠性,对于重要部件采用了冗余设计。信息传输系统通过车载网络完成对牵引、制动、辅助供电、转向架、空调、旅客信息系统、门等单元的监视和控制。由微处理器控制的主要单元能够接收控制指令并对系统每个部件的操作状态进行采集,将处理过的信息通过网络接口传送给 TCMS。同时,某些微处理器控制单元具有启动和运行自诊断测试程序的功能,可以通过网络接口向 TCMS 提供与各控制单元板卡有关的诊断信息。主要诊断的项目包括列车的牵引、制动、辅助控制系统的状态、走行部件的安全性、旅客安全相关设施的状态（如车门关闭状态等）及其他电子电气设备状态。

（1）列车网络控制系统的网络拓扑结构。

CRH_1、CRH_3、CRH_5 型动车组的列车网络控制系统均采用国际 TCN 标准（IEC 61375-1）,网络拓扑为总线结构。CRH_2 型动车组采用的是美国国家工业标准 ARCnet（ANSI878.1）,列车级网络采用环形拓扑结构。下面以 CRH_3 型车为例介绍一下动车组网络控制系统的拓扑结构。

CRH_3 型动车组的列车网络控制系统是实现整个动车组功能的关键,同时也是其监控和诊断的核心。该系统构建采用 TCN 标准,是一个分为两级的通信网络,由列车总线 WTB 和车辆总线 MVB 组成,均为两路冗余。

一列 CRH_3 型动车组为固定配置的 8 节车厢,两列 8 编组动车组联挂成一列长编组。8 编组动车组分为 2 个由 4 节车厢组成的牵引单元,每个牵引单元内用 MVB 贯穿整个单元内 4 节车厢。两个牵引单元之间通过 TCN 网关的 WTB 连接,完成列车级信息的传递,即 CRH_3 型动车组车辆级总线采用 MVB,列车级总线采用 WTB。每个牵引单元内的 MVB 网段均设有两个互为冗余的中央控制单元 CCU（以下简称 CCU）,除此之外在 MVB 网段上还有牵引控制单元 TCU、制动控制单元 BCU、辅助控制单元 ACU、充电机单元 BC、空调控制单元 HVAC、门控制单元、旅客信息中央控制器 PIS-STC、人机显示接口 MMI、分布式输入输出站 SIBAS KLIP STATION（SKS）和紧凑式输入输出站 MVB COMPACT IO 等。CRH_3 型动车组的网络拓扑如图 4-28 和图 4-29 所示。

CRH_3 型动车组的列车通信网络采用屏蔽双绞线作为传输介质,并且采用冗余敷设,在列车中分为两路。CRH_3 型动车组的每个牵引单元连接在一个 MVB 车辆总线网段上。列车总线 WTB 的作用就是连接两个牵引单元,使两个牵引单元之间能进行必要的列车级数据交换。完成列车总线 WTB 和车辆总线 MVB 之间数据交换的设备就是 TCN 网关,它负责 WTB 和 MVB 两个总线之间的数据转换和路由任务。每个牵引单元有两个网关,位于端车（即 1 车和 8 车）的司机室右柜中,分别集成在两个中央控制单元（CCU）内,互为冗余,但只有在作为主中央控制单元中的网关才参与 WTB 和 MVB 通信,从中央控制单元中网关接通电源但不激活。

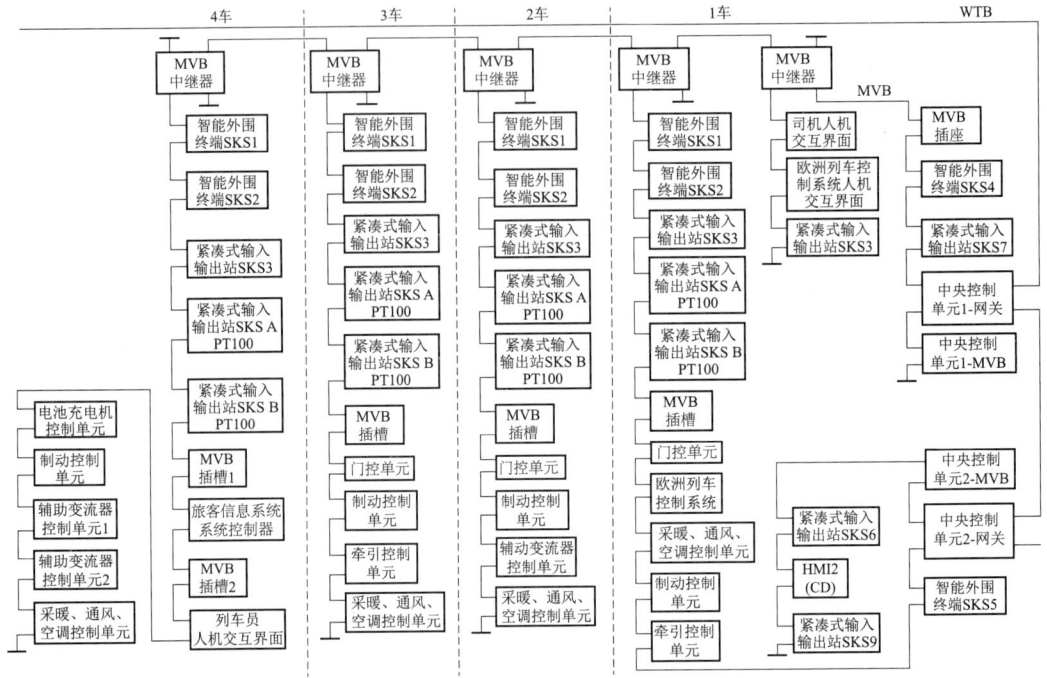

图 4-28　CRH₃型动车组 1～4 车网络拓扑图

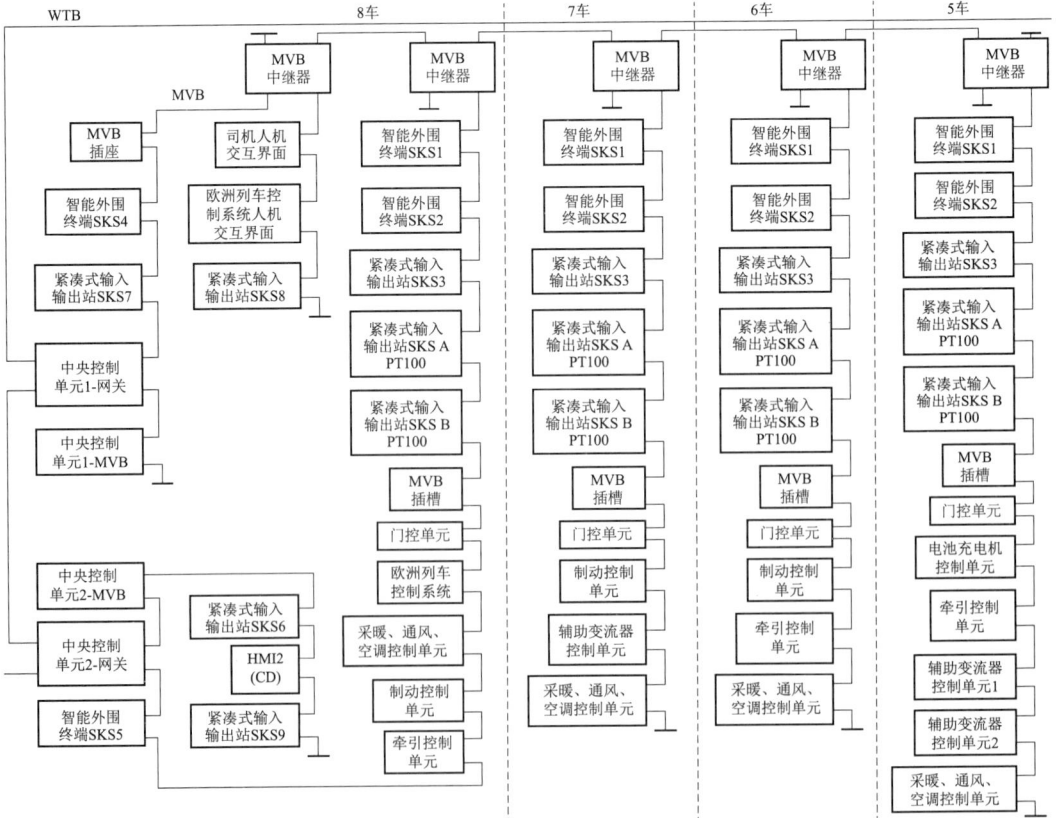

图 4-29　CRH₃型动车组 5～8 车网络拓扑图

在动车组进行联挂和解编时，通过列车总线 WTB 能够动态识别网络终端和网络拓扑的特点，实现 WTB 节点动态地址分配，自动完成列车级的相关配置。在配置完成时，所有列车总线设备都获得一个明确的 TCN 地址（实现网关的自动编号），列车总线主设备（列车总线管理器）分配所有列车总线参与者的拓扑。通过列车总线初运行过程，所有列车总线设备可以确定开始节点和结束节点的 TCN 地址，以及相对于列车总线主位置和方向。

（2）网络控制系统的主要设备。

① 网关。

网关可以实现列车总线与车辆总线之间的双向信息交换。每个网关与列车总线之间以 128 字节的报文（周期数据）交换与其车组相关的信息，并接收来自整个列车编组中其他所有网关的同类信息。网关为完全冗余（电路板、连接器、电源等）。

当司机台钥匙激活时，网关被唤醒，进入 WTB 网络配置过程。被占用的司机室网关成为主网关。

② 中央控制单元。

中央控制单元 CCU 负责对相应车辆输出指令和控制。在每一动力单元（4 辆车）有 2 个 CCU。CCU 的主要功能包括过程数据收发、逻辑判断与处理及故障诊断。

③ 中继器。

中继器是一种主要为硬件服务的专用设备，通过信号放大来扩展 MVB 在长度和节点方面的容量。事实上，通过中继器连接的 MVB 总线的两个不同区段，在 MPU 层次上看来只是一个有 32+32 个节点、200+200 m 长的一条 MVB 总线。中继器引起的数据传输延时非常微小。

④ 输入/输出模块。

输入/输出模块为 CCU 执行信号采集并执行由 CCU 发送的输出命令。它们通过 MVB 总线与 CCU 进行通信。每个 I/O 部件可以有不同类型的输入/输出：

（a）数字输入（以电池负极为参考的数字信号）；

（b）模拟输入（电流或电压模拟信号）；

（c）数字输出（继电器触点，用于断开 RIOM 与外部电路的连接）；

（d）模拟输出（电流或电压模拟信号）。

⑤ 司机显示单元。

司机台上有 TCMS 的监视器，作为司机与 TCMS 系统的人机交互界面。监视器为彩色液晶显示器，屏幕尺寸为 10.4 英寸，其分辨率为 800×600（SVGA）。监视器带有加热器和风扇，可在高、低环境温度下使用。监视器具备"节电"模式功能，可以延长寿命。

监视器以图形化方式向司机显示主要驾驶信息值（即网压、网侧电流、牵引力矩等）。司机可以通过屏幕与监视器进行交互，也可以向设备发送全局性或选择性命令。司机还可以在专门画面中通过监视器手动切除掉某些设备。监视器向司机显示有关整个编组（2 组联挂的列车）全部设备的所有诊断信息，以及所有被监视设备和部件的状态（启用、停用、故障、切除等），在故障情况下具有自动报警功能，并同时提供故障信息。

（3）列车运行控制系统。

200 km/h 速度等级线路上设置 CTCS2 级列车运行控制系统（简称列控系统），其由地面设备和车载设备构成。地面设备包括列控中心、轨道电路、应答器等；车载设备分为 ATP 车

载设备和 LKJ2000 运行监控记录装置。

ATP 车载设备采用 CTCS2-200C 型，根据地面设备提供的信号动态信息、线路静态参数、临时限速信息及有关动车组数据，生成控制速度和目标距离模式曲线，控制列车运行。同时，记录单元对列控系统有关数据及操作状态信息进行实时动态记录。人机界面对速度信息、制动信息、距离信息等进行实时显示，并对故障信息进行报警提示。

LKJ2000 实时监测运行速度，对速度进行监控，防止超速；记录列车实时运行情况和乘务员操作情况；显示列车实际速度、时间、公里标等信息。

列车运行控制系统结构示意如图 4-30 所示。

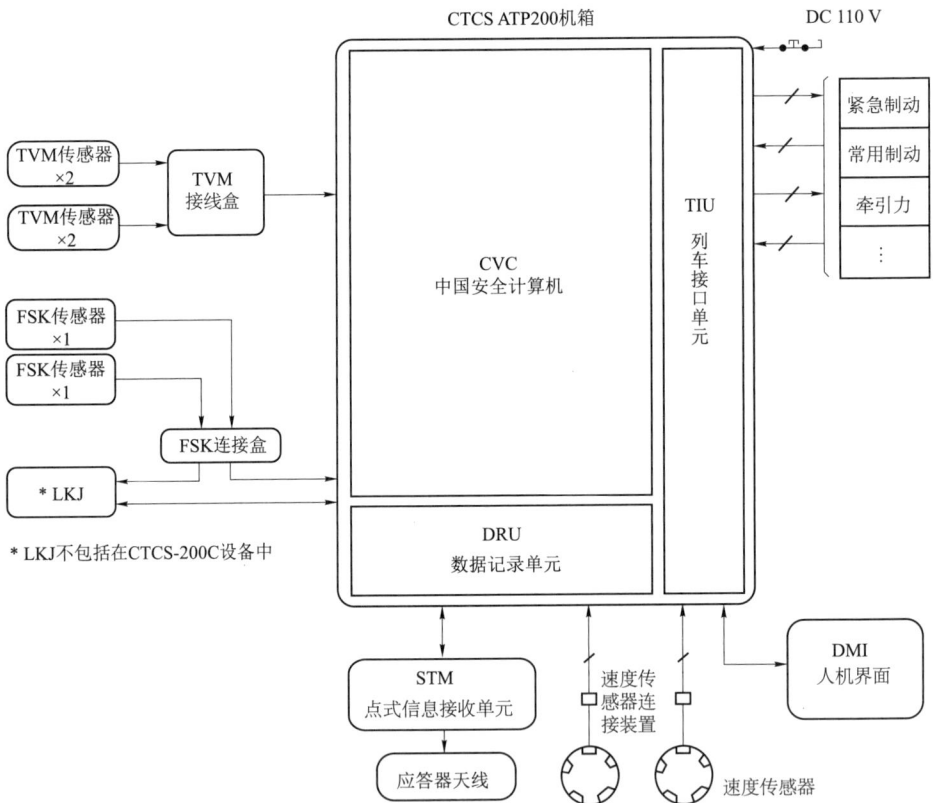

图 4-30　列车运行控制系统结构示意图

动车组 LKJ2000 型监控记录装置的基本组成，包括主机箱（双机冗余）、显示器屏幕、事故状态记录仪、速度传感器等。系统结构如图 4-31 所示。

为了满足目前国内既有铁路线路状态，200 km/h 动车组同时装备 ATP 车载设备与 LKJ2000 列车运行监控记录装置（简称 LKJ）。在 CTCS2 级区段，通过 ATP 车载设备控车；在 CTCS0 级、1 级区段或在 2 级区段 ATP 车载设备特定故障下，LKJ 结合 ATP 车载设备提供的机车信号或主体机车信号功能，控制列车运行，最高速度不超过 160 km/h。正常情况下，两种控车模式通过特殊应答器自动转换（无须停车转换）；故障情况下，停车手动转换。两种控车模式的转换通过 ATP 车载设备实现。上述两种控车模式下，LKJ 通过 ATP 车载设备接收或记录有关列控状态数据（含进路参数、列车位置等）及其对应的操作状态信息。

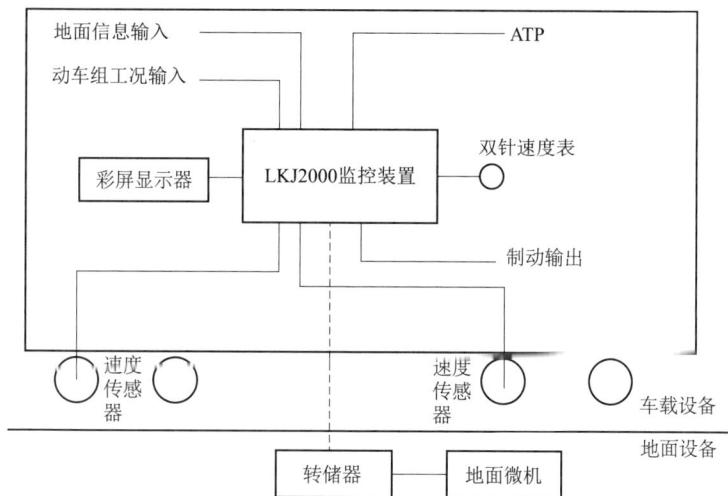

图 4-31 LKJ2000 系统结构图

CIR 由主机、操作显示终端（简称 MMI）、送（受）话器、扬声器、打印终端、连接电缆、天线、馈线等构成。根据实际运用需求，机车综合无线通信设备的功能包括 450 MHz 调度通信系统、800 MHz 列尾和列车安全预警系统、GSM-R 数字移动通信系统、高速数据传输等。

ATP 车载设备根据地面设备提供的信号动态信息、线路静态参数、临时限速信息及有关动车组的数据，生成控制速度和目标距离模式曲线，控制列车运行。同时，记录单元对列控系统有关数据及操作状态信息进行实时动态记录。动态显示单元 DMI 对速度信息、制动信息、距离信息等进行实时显示，并对故障信息进行报警提示。

4）旅客信息系统

旅客信息系统（PIS）是分布于动车组上的分布式信息服务系统，主要由四个子系统构成，分别是旅客信息显示系统、公共播音系统、列车内部对讲通信系统，以及音频、视频娱乐节目播放系统，系统采用集中控制方式。该系统主要作用是通过内外显示器为旅客提供列车的行车信息（列车车次、时间表、车厢号、列车速度、列车位置、到达车站等）、车内外温度、由乘务人员编辑的信息、列车内部的广播、对讲、通信功能，以及提供给旅客的娱乐功能（音频、视频娱乐节目播放等）。图 4-32 所示为旅客信息系统示意图。

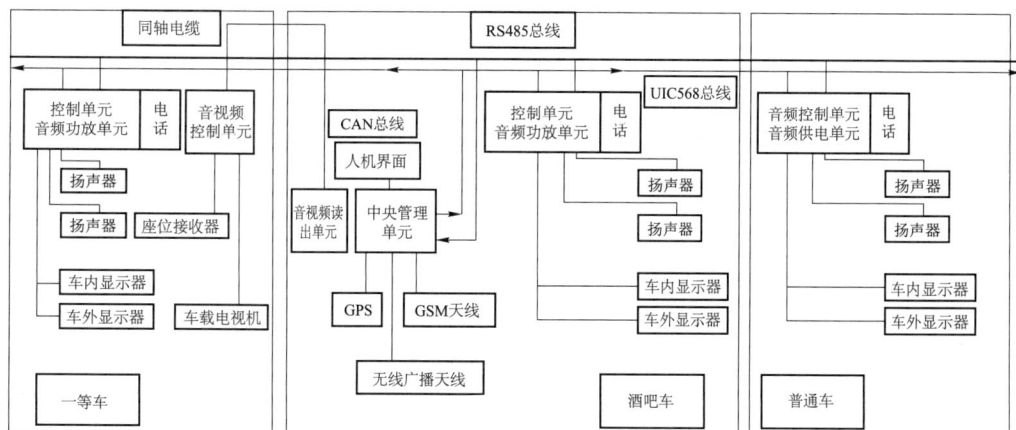

图 4-32 旅客信息系统示意图

（1）旅客信息系统功能。

旅客信息系统是建立在 UIC568 总线的基础之上，通过 RS485 列车总线建立各车厢音频控制器（ACU/APU）之间的通信，并通过整列车唯一的中央管理单元（PMU）集中控制。中央管理单元（PMU）还可通过 CAN 获取旅客信息系统（PIS）需要的信息。车厢内部的通信采用 RS485。

旅客信息系统的主要功能如下：

① 通告广播系统：本车通过音频控制器（ACU/APU）与全列相连，实现 GPS 自动定位广播、乘务员播报。音频控制器（ACU/APU）内含音频控制单元（ACU）、音频放大单元（APU）、电话（PHONE）三个既独立又联系的单元。

② 信息显示系统：将来自中央管理单元（PMU）的文字信息，通过 RS485 总线送到音频控制器（ACU），由音频控制器（ACU）送至车内外显示器显示。显示器位于车门附近和车厢内部，能够向乘客显示列车和相关服务方面的必要信息。

③ 列车电话系统：电话（PHONE）与音频控制单元（ACU）组合使用可实现列车司乘人员间通话。

④ 音视频娱乐系统：对在一等车和吧车上的乘客可提供一套经列车长选择的 DVD 视频节目，视频内容来自预先存在中央管理单元（PMU）的硬盘中或从 DVD 光驱获取，并可在座位接收器（ASA）上收听到 5 套独立的音乐或视频伴音。

（2）系统组成及主要设备。

每列车安装的设备有：

① 向公众的通告系统和对讲系统（PA/IC）；

② 扬声器；

③ 带音量控制的音频功放单元（APU）；

④ 通话所使用的电话听筒；

⑤ 带有耳机、频道选择器和音量控制的座席音视频播放系统；

⑥ 吧车视频单元；

⑦ 中央管理单元（PMU）。

系统设备主要包括以下内容。

① 内部显示器。

每个客室配备两个车内 LED（单线发光二极管型）显示器，单排、滚动式，可视面积约为 480 mm×80 mm，外形尺寸为 570 mm×92 mm×135 mm。

车内显示内容：

（a）来自播放列表的内容：到达目的地、中间站、时刻表、车次编号、车厢编号、时间和日期、车内外温度、车速等，此外还有固定显示的信息（如欢迎、告别、服务信息等）。

（b）实时重要新闻和一些现场编辑的信息，用中英文两种语言交替显示。显示方式有静态、滚动、打字，滚动方式有左移、右移、上滚、下滚等。

② 外部显示器。

外部显示器为发光二极管类型，显示器装在每个旅客车门的附近、车体的外壁上，其尺寸为 547 mm×371 mm×42 mm。

显示内容包括始发站、终点站、车次编号（由 6 个字母数字字符构成）、车厢编号（为 1～16）等，用中英文两种语言交替静态显示。显示的内容在制作播放列表时就用（汉英）两种语言定义好。显示的持续时间可通过车上服务软件来调整。

③ 信息输入设备。

采用地面服务设备的硬件和软件工具，编辑一些显示列表和预存信息，如到站信息、欢迎信息、告别信息、车次、车厢号、始发站、终点站、中间站等常用信息和临时要显示的中英文和符号。

④ 公共广播设备。

扬声器设置在客室、通道、卫生间、列车长室和司机室中。单车扬声器总功率约为 30 W。中央管理单元（PMU）能够自动根据位置信息播报预先录制好的到站播报信息（DVA），如下一站、当前站。无报站信息时可播放 MP3 音乐、节目、风景介绍或当日整点新闻，供各车厢乘客收听；有报站信息时背景音乐暂停，收音机节目中断。

⑤ 收音机。

FM 收音机单元安装在音视频读出单元（AVRU）内，通过车外调频（FM）天线可接收 88～108 MHz 波段的调频（FM）立体声广播节目，数字调谐，左右声道音频输出。

⑥ 视频设备。

音视频读出单元（AVRU）内安装有两个 CD 机及一个 DVD 机。中央管理单元（PMU）内置一块至少 120 GB 的硬盘，可以存储数字音视频节目。音视频读出单元（AVRU）通过以太网与中央管理单元（PMU）相连，将收到的数字音视频节目的数码流解码还原为音视频信号。

⑦ 列车内部电话。

内部电话用于司机和乘务人员之间的通信，包括安装在各处的电话听筒和音频控制单元（ACU）。电话音频信号和控制信息通过音频控制单元（ACU）连接至 UIC568 与 RS485 总线。各车厢电话通过两对（4 芯）线路连接，其中一对用于拨号和通话。

4.2.7　空调通风系统

1. 概述

车内环境是人们按照自己的意志所创造出的受控室内环境，它受到人为的干预与控制，以达到乘客所需要的舒适度。车内环境控制的目的是通过控制一系列的车内环境参数为司乘人员提供舒适的工作和乘坐环境条件。车内环境控制系统是使车内环境达到预期要求的所有设备的集合体。

2. 空调通风系统主要功能

① 制冷——夏季启动制冷功能，保证夏季客室内的温度范围为 23～27 ℃；

② 制热——冬季启动制热功能，保证冬季客室内的温度不得低于 18 ℃；

③ 通风——吸进新风，排出废气，保证客室内人均新风量夏季应达到 15～20 m³/h，冬

季应达到 10～15 m³/h；

④ 压力波动控制——抑制在会车和进入隧道时造成的客室内外空气的压力差，更好地控制客室内的压力变动。

3. 空调通风系统主要设计原则

① 容量足够——制冷、制热功率应满足夏季、冬季用量需求；

② 减振降噪——尽可能降低空调机组本身的噪声和振动，并考虑减振降噪措施；

③ 检修维护方便——尽可能延长新风、废排滤网的维护周期，在结构设计上应便于维护。

4. 空调通风系统基本配置

CRH₂ 型动车组空调系统是一种全新的列车空调系统，主要由空调装置、换气装置以及通风系统构成（头车还包括司机室空调）。空调装置又由空调机组及车上配电柜内的空调显示设定器组成。客室制冷由空调制冷系统完成，客室制热由内置于空调机组的电加热器实现。为了降低车体的重心以适应动车组高速运行，空调机组和通风系统的主要风道分别设置在地板下及地板中间。图 4-33 所示为头车空调系统的结构示意图。

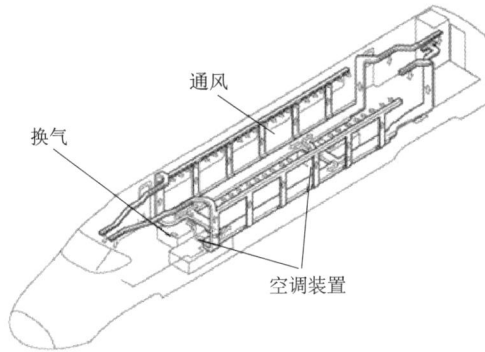

图 4-33 头车空调系统的结构示意图

CRH₂ 型动车组每辆车下均设两台空调机组和一台用于提供新风和排放废气的换气装置。空调机组的控制由内置的变频装置完成，变频装置通过比较空调显示设定器设定的温度值和客室内检测温度值，对空调机组的压缩机、室外送风机、室内送风机进行变频控制，对电加热器进行通断控制，实现对客室空气的制冷及加热。

动车组在会车和通过隧道时，车外空气压力将会产生急剧变化。为减少客室外压力变化对客室内空气压力的影响，保证客室的正常换气，CRH₂ 型动车组在每辆车的地板下安装了新风供给和废气排放一体的换气装置。

空调机组和换气装置在车下与通风系统相连。每台空调机组向客室内提供新风量12 m³/min，回风量 48 m³/min，总通风量为 60 m³/min。通风系统包括新风（FA）、送风（CA）、回风（RA）、排风（EA）四种用途的风道。卫生间废气通过废排风道全部由换气装置排出。在吸烟车厢，为了保证客室内空气的品质，客室内端墙上设空气清洁机。

列车内部空间环境质量的优劣与稳定总是受着内外两种干扰源——多变的自然环境和车内人员、照明、设备等热、湿及其他污染源的综合影响。车内环境控制的基本方法就是根据客室内环境质量的不同要求，分别应用通风、制冷、供热和加湿等技术来消除各种干扰，进而在车内建立并维持一种具有特定使用功能且能按需调控的"人造环境"。

车内环境控制系统，通常称为车内空气调节系统（简称为空调系统），它是列车的"呼吸器官"，其主要目的是在任何天气和行驶条件下，通过强迫通风、人工制冷和采暖的方法，调节车内的温度、湿度、气流速度等参数指标，从而为旅客提供舒适的车内环境。乘客对空调系统的感受最为密切，只有具有了可靠的空调系统，乘客才能呼吸到清新的空气，才能享受到舒适的温度。

为实现对车内环境的控制功能，列车空调系统主要由通风系统、制冷系统（也称空气冷却系统）、供热系统（也称空气加热系统）和自动控制系统四个基本部分组成。

（1）通风系统。

动车组通风系统的作用是，将经过空气处理单元处理的空气输送和分配到车内，并获得合理的气流组织，同时将客车内污浊空气排出室外，使车内的空气参数满足标准要求。通风系统是动车组车内环境控制系统中唯一不分季节而长期运转的系统，其性能将直接影响乘客的舒适性和空调装置的经济性。

动车组通风系统一般由风机、进排风装置、风道、空气净化设备及空气压力波动控制装置等部分组成。按照工作动力区分，通风系统可以分为自然通风系统和强迫通风系统。由于自然通风受外界气象条件和列车运行状况影响较大，通风效果难以控制，因此动车组通风系统采用的是强迫通风系统。

图 4-34 所示为动车组通风系统示意图。在通风机组的作用下，车外新鲜空气（新风）由进风口吸入车内，经空气过滤器（滤尘器）过滤并与车内再循环空气（回风）混合后进入空气处理单元；在空气处理单元内，由制冷系统或预热系统对新风和回风的混合空气进行冷却或预热；经过处理后的空气送入主风道，再由各送风口均匀地送入车内。车内空气的一部分经回风口、回风道被通风机吸入作为再循环空气重复使用，而另一部分则由排风口、排风道和排风扇排出车外。

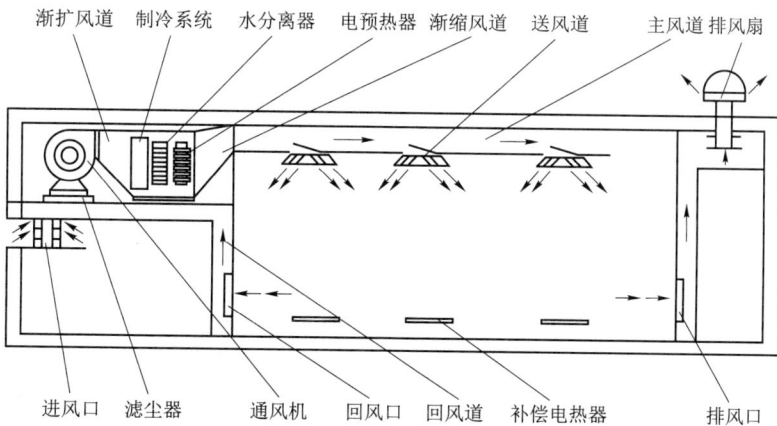

图 4-34　动车组通风系统示意图

为减小车外压力波动对动车组车内乘客舒适度的影响，一方面，动车组必须采取良好的空气压力密封，并使列车通风系统的进排气口避开低压或涡流区布置；另一方面，需要加装可控的间歇或连续作用式进排气控制装置，以便在车外压力发生剧烈变化时调节进排气口的

工作状态，防止车内空气压力变化过大，并保持一定的正压（一般不小于 30 Pa）。

目前，各国解决动车组车内压力波动问题的方式不尽相同。为控制动车组通过隧道时产生的压力波动对车内压力的影响，德国 ICE 高速列车在通风系统的进排气口上安装了"封闭式"压力波动控制阀门，如图 4-35 所示。当动车组车外压力正常时，该阀门接通进排气口；当车外压力发生剧烈波动时，则使其短时间关闭。

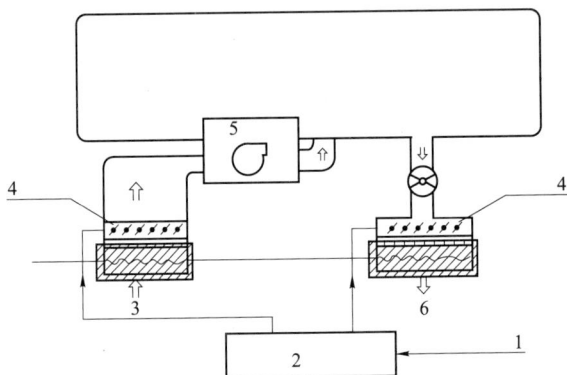

图 4-35　压力波动控制系统示意图

1—压力信号；2—压力控制系统；3—新风；4—气动风门；5—空调机组；6—废气

在车内空气压力波动控制方式和装置方面，日本也做了很多工作，如在 300 系高速列车上采用了板簧式无源压力缓和装置，其原理图如图 4-36 所示。通过该装置可以获得很好的压力波动控制效果。

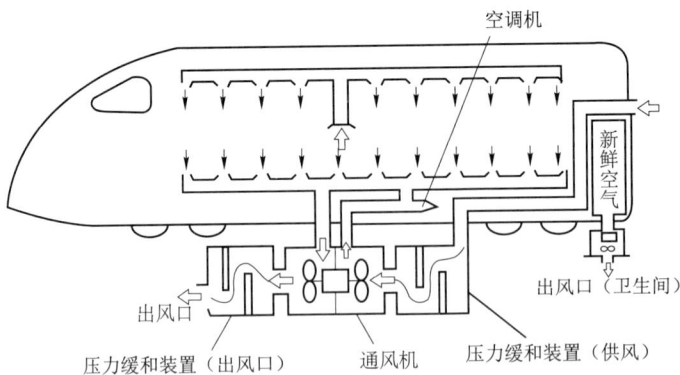

图 4-36　日本 300 系高速列车压力缓和装置

日本研制的风量控制式换气系统如图 4-37 所示，该系统的进排风口由电磁阀控制，而电磁阀则受车内外压力传感器和进出隧道信息的控制。一旦压力传感器检测到车内外压力的变化超过一定限值时，则电磁阀动作；通过阀门开度的调节保持进气口和排气口的压力平衡，使车内的压力变化尽可能小。

（2）制冷系统。

制冷系统的作用是在夏季对进入车内的空气进行降温、减湿处理，使夏季车内空气的温度与相对湿度维持在规定的范围内。为保证制冷系统安全、有效地工作，制冷系统除压缩机、蒸发器、冷凝器、节流装置四大件外，还配有贮液器、干燥过滤器、气液分离器等辅助设备。

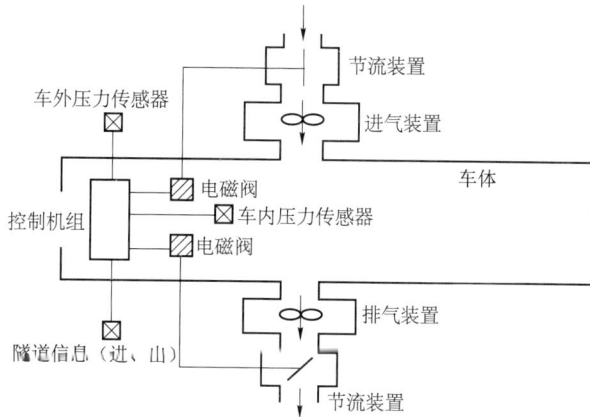

图 4-37　风量控制式换气系统

夏季，通风机将吸入的车内外的混合空气经蒸发器冷却后送入车内，以达到降温的目的。由于蒸发器表面的温度通常低于空气的露点温度，空气中的部分水蒸气就凝结成水滴。因此，空气在通过蒸发器冷却后的同时也得到了减湿处理。

蒸汽压缩式制冷系统主要由压缩机、冷凝器、节流装置和蒸发器四部分组成，并用管道连接成一个封闭的循环系统，如图 4-38 所示。其工作过程如下：

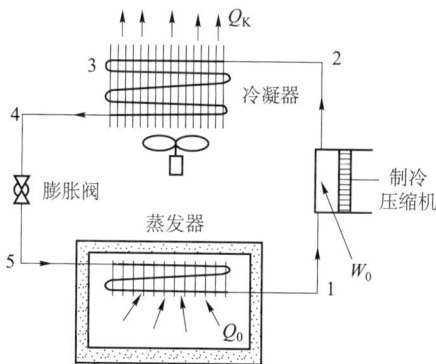

图 4-38　蒸汽压缩式制冷系统工作原理图

低温低压的制冷剂液体在蒸发器中吸收被冷却空间的热量而汽化成低温低压的蒸汽后被压缩机吸入。压缩机消耗一定的机械功将制冷剂压缩成压力、温度较高的蒸汽并排入冷凝器。高压、高温的制冷剂蒸汽在冷凝器内被环境空气或水冷却，制冷剂蒸汽放出热量而被冷凝成液体。高温、高压的制冷剂液体经过节流装置节流降压，同时温度也降低，然后再进入蒸发器。在蒸发器中，低压、低温的制冷剂液体又吸收冷却空间的热量，蒸发成低压、低温的蒸汽，再被压缩机吸入，如此周而复始地循环。

（3）供热系统。

为了使客车在寒冷的季节运用时车内保持一定的温度，车上必须安装供热系统。供热系统通常由空气预热器和地面空气加热器组成。

供热系统主要有两个作用：对送入车内的空气进行预热和对车内空气进行补偿加热。空气的预热通过使空气在空调系统的空气处理单元内流过空气预热器来实现。根据热媒不同，

空气预热器有温水空气预热器和电热空气预热器两种。空气的补偿加热，由设在车内两侧地板面上的加热器来完成，根据热媒的不同，加热器也有温水加热器和电热加热器两种。

（4）自动控制系统。

自动控制系统的作用是控制各系统按给定的方案协调地工作，以使车内的空气参数控制在规定的范围内，并同时对空调装置起自动保护作用。它一般是由传感器、变送器、控制器、执行器、控制对象组成的闭环系统，如图4-39所示。

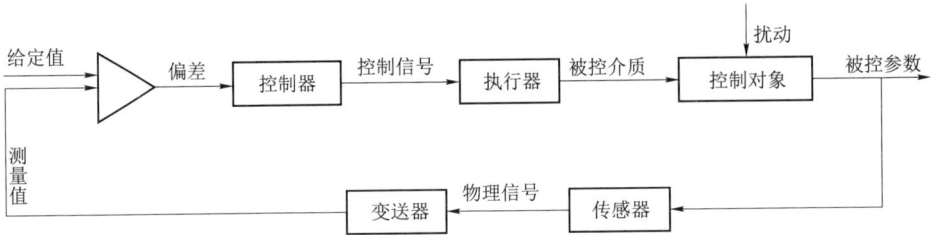

图4-39 自动控制系统框图

所谓控制对象是指需要控制的机器、设备或生产过程。被控参数是指需要控制和调节的物理量或状态参数，即控制对象的输出信号，如车内温度。传感器是把被控参数成比例地转变为其他物理信号（如电阻、电流、气压、位移等）的元件或仪表，如热电阻、热电偶等。变送器的作用是接收传感器发来的物理信号，并转化为输出的机械信号或电动信号，输送给控制器。控制器将测量值与给定值进行比较，根据比较结果的偏差大小，按照预定的控制规律输出控制信号。执行器由执行机构和调节机构组成。调节机构根据控制器输出的控制信号改变调节机构的调节量，对控制对象施加控制作用，使被控参数保持在给定值，如控制调节阀、控制调节风门、变频风机等。

5. 计算验证

（1）制冷计算。制冷负荷计算见表4-10。

表4-10 制冷负荷计算

项目	室内温度	室外温度	传热负荷	日照负荷	人体负荷	设备负荷	换气负荷	整车负荷
制冷负荷/W	24 ℃	28 ℃	3 410	3 425	10 467	4 450	7 948	29 700
	26 ℃	35 ℃	7 673	3 425	10 467	4 450	11 255	37 270
	27 ℃	40 ℃	11 084	3 425	10 467	4 450	19 194	44 170
	28 ℃	45 ℃	14 494	3 425	10 467	4 450	12 052	39 850

每辆车所需制冷量为45 kW即可满足夏季制冷需求。

（2）采暖计算。采暖负荷计算见表4-11。

表4-11 采暖负荷计算

项 目	室内温度	室外温度	传热负荷	换气负荷	人体负荷	整车负荷
采暖负荷/W	22 ℃	−5 ℃	22 500	17 700	10 500	29 700
	20 ℃	−20 ℃	33 400	21 100	10 500	44 000

项　目	室内温度	室外温度	传热负荷	换气负荷	人体负荷	整车负荷
采暖负荷/W	18 ℃	−35 ℃	44 300	9 900	10 500	43 700
	16 ℃	−40 ℃	46 900	10 700	10 500	47 100

每辆车所需采暖量为 47 kW 即可满足冬季采暖需求。

4.2.8　给水卫生系统

1. 概述

高速列车的供排水与卫生系统的主要任务是向列车上的乘客提供舒适的如厕环境，实现供水及收集污水、污物的功能，其中供水主要包括供应饮用水、洗漱用水、冲刷用水及餐车用水，排水主要指收集洗漱、清洁等产生的废水，排污主要实现便器内污物及冲刷污水的收集。供排水及卫生系统配置的水箱及污物箱的容积是按列车满员情况下两天时间使用量的标准设计的。

CRH 系列动车组供排水及卫生系统设置有系统防护功能，包括电加热系统和排空管路，用于在寒冷天气情况下保护系统水箱和管路以防冻结。如果气温低于某个特定值，防冻系统被启动，如果有 220 V 辅助电源，管路和水箱就会得到电加热保护；如果没有 220 V 电源，系统就要被排空。

2. 给水卫生系统主要功能

① 供水——提供旅客饮用、盥洗、冲便用水需求；

② 如厕——提供旅客舒适的如厕环境，并对污物进行收集。

3. 给水卫生系统主要设计原则

① 容量足够——水箱、污物箱容量满足运行线路或日常维护周期的需求；

② 人机工程设计——厕所、盥洗室设计以人为本，符合人体工程。

4. 给水卫生系统基本配置

CRH$_2$ 型动车组给排水卫生系统由给排水系统、卫生系统组成。

给排水系统组成包括卫生间、小便间和洗脸间的给水设施及水箱装置（包括水泵系统）、车下给水管路（包括管路电伴热装置）、车下排水系统（包括水封组成）、车上供水管路组成、多功能洗面器、温水箱、自动感应水阀等。

卫生系统包括集便系统、玻璃钢盒子间、卫生设备附件三大部分。其中集便系统包括坐便器组成、小便器组成、污物箱组成及排污管路等；玻璃钢盒子间包括玻璃钢卫生间、玻璃钢洗脸间和玻璃钢小便间；卫生设备附件包括扶手、镜子、垃圾箱、便纸架、婴儿换尿布床等。给水卫生系统框图见图 4-40。

动车组的排污系统涉及的主要设备是集便器，我国高速列车使用的集便器主要有重力式集便器和真空式集便器，真空式集便器又分为真空保持式集便器、真空推拉式集便器和真空在线式集便器。

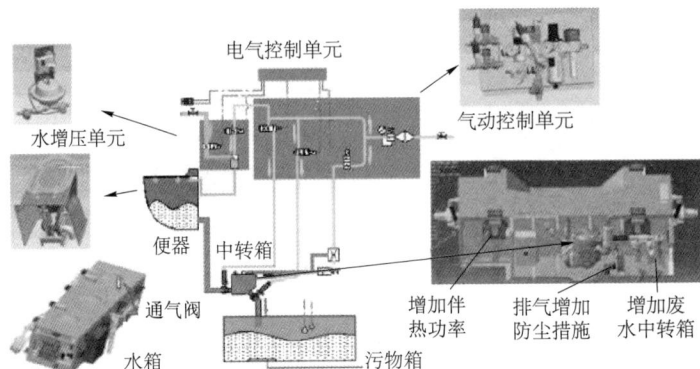

图 4-40　给水卫生系统框图

　　重力式集便器的工作原理如图 4-41 所示，便器与污物箱呈垂直安装，二者之间由水封式瓣阀控制。冲洗时，利用水增压器形成高压水，冲刷便盆，靠重力将污物排放到污物箱中。这种集便器结构简单，仅具备水增压装置和水封装置两项主要技术即可实现集便功能，且成本低，检修工作量小。其缺点在于：因靠重力排放，对便器和污物箱的相对安装位置要求比较高，要求便器和污物箱基本上下对齐，因此，只有当便器下方方便布置污物箱的列车方可采用这种集便器。

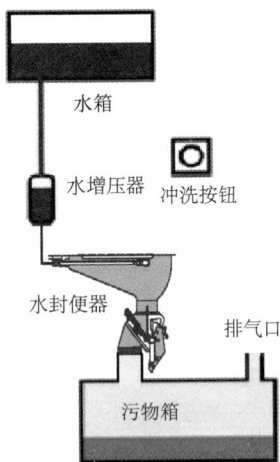

图 4-41　重力式集便器原理图

　　真空保持式集便器的工作原理如图 4-42 所示，系统内有一个真空发生装置，运行状态下使车下污物箱一直保持一定的真空度。使用完厕所后，冲便阀打开，由于便器内是常压，而污物箱内是负压，二者之间的压力差会推动污物从便器排放到污物箱内。真空保持式集便器的代表产品有美国 MONOGRAM 公司、瑞典 EVAC 公司的产品，这两种类型的集便器在我国高速列车上都有使用。

　　真空推拉式集便器原理如图 4-43 所示，是近几年研制出来的集便器，目前在欧洲广泛使用。该系统的污物箱没有真空，而是在便器和污物箱之间设置了一个中转箱，中转箱前后各有一个阀。使用时，水增压器冲洗便盆形成污物，真空发生装置工作使中转箱产生真空，然后进

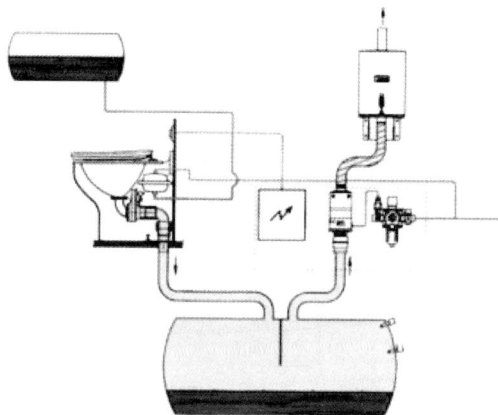

图 4-42　EVAC 2000 系列真空集便器原理图

口阀打开，便器中的污物在中转箱负压作用下被吸到中转箱内，进口阀关闭；之后再向中转箱内充入压缩空气，使其内部产生正压，然后出口阀打开，污物在正压作用下被推到污物箱中。真空推拉式坐便器的水增压器、中转箱、控制系统等都安装在坐便罩内，空间紧凑，因此，又称紧凑型集便器。这种便器检修比较方便，一旦某个部件出现故障，可整体拆下来换上新的便器，然后将换下来的便器入库检修，拆换一个坐便器仅需十几分钟。另外，由于这种便器污物箱没有真空，卫生间内洗手废水也可以排到污物箱中，避免了列车污水外排，腐蚀轨道和转向架，且有利于保证车辆的密封性。因此，这种便器非常适合于高速列车使用。

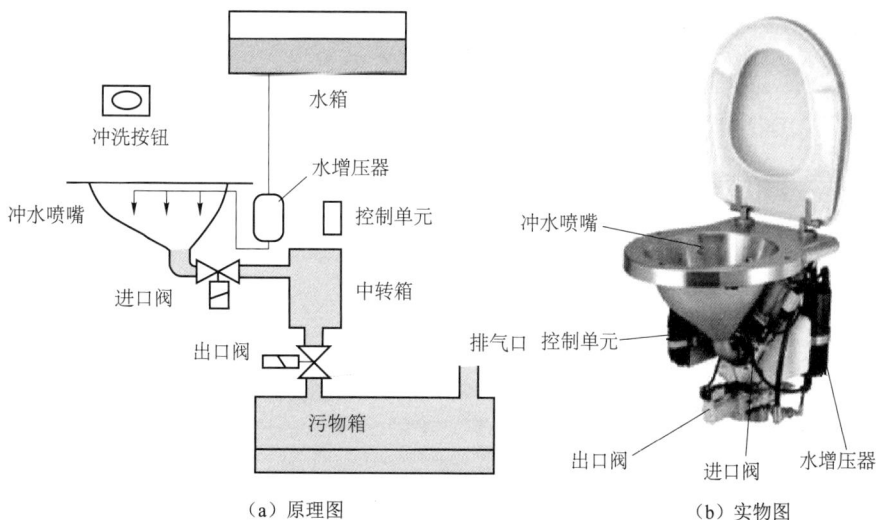

（a）原理图　　　　　　　　　　　（b）实物图

图 4-43　真空推拉式集便器

　　真空在线式集便器原理如图 4-44 所示，是欧洲最新研制出的一种集便装置。它和真空推拉式集便器有些类似的地方，污物箱也是常压的。不同之处在于取消了中转箱，而是在便器和污物箱之间增加了一个在线喷射器，在线喷射器和便器之间由排泄阀控制。使用时，利用水增压器产生高压水冲刷便盆，在线喷射器工作使排泄阀到喷射器这段管道内产生真空，排泄阀打开，污物被抽到排污管路中，在喷射器的压缩空气的带动下，污物被推进污物箱。与

真空推拉式集便器相比，真空在线式集便器具有污物直接运输系统的可靠性和常压污物箱的灵活性，并且有可靠性高、抗破坏性能强等特点；并且，它的冲刷等待时间和单次冲刷循环时间很短，不受中转箱容量限制。

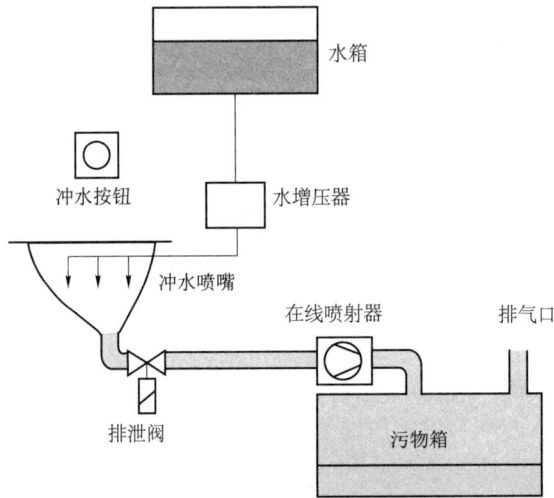

图 4-44　真空在线式集便器原理图

5. 计算验证

（1）污物箱容量计算。

某型号动车组污物箱容量计算结果示例如下。

① 中间车乘客平均使用卫生间。

按中间车乘客平均使用卫生间计算，污物箱容积满足持续运行时间如表 4-12 所示。

表 4-12　持续运行时间

车号	1	2	3	4	5	6	7	8
持续运行时间/h	33.5	16.1	16.1	16.1	—	16.1	16.1	24.7

② 全列车乘客平均使用卫生间。

按全列车乘客平均使用卫生间计算，污物箱容积满足持续运行时间为 18.4 h。

（2）水箱容量计算。

某型号动车组水箱容量计算结果示例如下。

按中间车乘客平均使用卫生间计算，水箱容积满足持续运行时间、持续运行里程如表 4-13 所示。

表 4-13　持续运行时间、持续运行里程

车号	1	2、3、6、7	4	5	8
持续运行时间/h	18	16.3	13.3	15	16.2
持续运行里程/km	3 242	2 931	2 400	2 692	2 908

4.2.9　旅客界面

1. 概述

在动车组运输中"乘客花钱是为了购买车辆在运行中所需要的空间"。车辆在运行时，乘客以自己座椅为中心的活动占 90%以上，活动主要涉及座椅、行李架、窗和窗帘等设备，同时也包括空调、换气、照明和旅客信息等设备，以及卫生间、餐车和酒吧等公共空间。那么动车组势必成为向乘客回收运费的高级运输设备，而且，为了在和其他运输行业互相竞争中取得优势，如何使每位旅客占有舒适的空间就成为了一个非常重要的问题。

为了提高动车组车辆的商品性质，就必须探讨车辆设计每一个特点都要怎样去符合人们感觉上的舒适性，所以有必要从旅客角度来讨论车辆设计中与乘客相关的旅客界面技术。旅客界面技术研究的是车辆环境中乘客与车辆设备的交互关系，并运用科学的理论和方法进行车辆设计，以优化车辆系统的工效和乘客健康幸福之间的关系。

2. 旅客界面主要功能

① 提供旅行空间——提供旅客休息、放置行李、如厕等空间，满足出行需求；

② 提供娱乐功能——提供广播、旅客信息、视频服务。

3. 旅客界面主要设计原则

① 以人为本——座椅、行李架、厕所、垃圾箱、开水炉等设计符合人机工程，旅客应用方便、舒适；

② 简洁美观——结构、材料、颜色等的搭配力求简洁美观。

4. 旅客界面基本配置

（1）一等车。

座椅采用 2+2 布置，座间距为 1 060 mm，走廊宽度为 600 mm，座椅数为 51，布置效果见图 4–45。

图 4–45　一等车车内布置效果图

（2）二等车。

座椅采用 2+3 布置，座间距为 980 mm，走廊宽度为 600 mm，布置效果见图 4–46。

图 4-46　二等车车内布置效果图

（3）餐座合造车。

一位端为餐饮区，设有 16 个座椅、4 个餐桌，还设有立食台、小卖部、送餐小车放置处及储藏室。餐饮区及小卖部效果图见图 4-47。

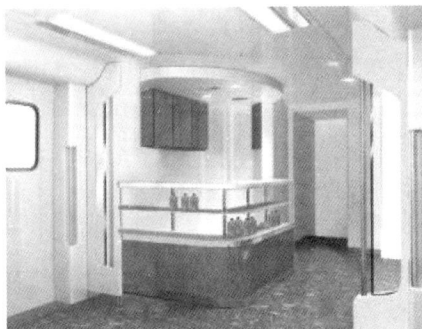

图 4-47　餐饮区及小卖部效果图

（4）内饰设计理论与方法。

车辆内饰设计在我国铁路机车车辆行业中一直是一个十分薄弱的环节，随着我国经济和铁路的高速发展，如何使高速动车组车辆内饰设计满足日益苛刻的用户需求，进一步提高铁路运输行业的竞争力，这个问题已经越来越突出地摆在设计者面前。车辆内饰设计是一项感性设计，需要从使用者的生理心理特性、使用环境、废弃处理等方面入手，以车辆使用者的意识、个性、审美、多样、快乐、舒适为重点，以综合的功能性、合理性来进行设计。感性工学就是针对这种感性设计发展起来的一项新的技术，目前在国外有日趋活跃的趋势。

感性工学应用于工业界最早是从汽车产业开始的，当时日产、马自达、三菱将感性工学引入汽车的开发研究中，一改过去"高级""豪华"的设计定位，转为"方便""简捷""快乐""实用"的设计定位。其中，日产汽车分析消费者心理，把突破造型外部形式作为研发中心；三菱汽车特别重视感性化的驾驶台的设计；位于广岛的马自达汽车则开发出具有个性化的车内装饰，将过去狭窄的车内空间，在不改变物理性的前提下，设计出符合使用者心理的宽敞感

和舒适感，从而获得了成功。

感性工学核心在于通过各种调查技术与分析方法取得设计与用户感觉之间的关系。感性工学根据人因工程学和心理学的评估来捕捉客户对产品的感受，通过客户的感性来定义产品的设计特征，并将感性工学建立为一种人因工程学的技术，通过调整设计来满足社会的转变以及人们的喜好倾向。

（5）车内照明设计。

车内照明首先应满足照度的要求，根据照度计算结果再对灯具数量、类型、位置、光源功率进行调整。其次与照明方式有关，应整齐美观，与车内空间相协调。照明方式分为一般照明、局部照明和混合照明。一般照明照度均匀，光线来自顶棚均匀布置的灯具。

车内照明需要满足照度合理、照明均匀、亮度分布适宜、光源的显色性及色温合理、无炫光及阴影等几个方面的要求。

根据我国铁路劳动卫生部门进行的一项针对照度的满意度调查研究表明：客车客室平均照度值达 60 lx 时，其满意度即可达 100%。因而根据 CIE 和我国对照度分级的规定确定，75 lx 为我国铁路客车车内客室照明照度标准。另外，餐车餐厅是供旅客和乘务员进餐的场所，其照明效果应让进餐人员感觉舒适明快，使菜肴的色泽和造型充分显露出来，刺激进餐者的食欲，故餐厅桌面平均照度值应比客室提高一级；车长、乘务员、播音员、行李员和邮政员等办公场所，由于需要精确辨认或书写票证、稿件和单据等较精细的视觉活动，故其光照度应比客室提高一级。照度均匀度要求较高的场所，一般照明可用单一的几何形状如成行、成列、方形、矩形或菱形格子，或满天星全面布灯等。对装饰的车内空间如餐厅、酒吧车等部位，按吊顶的风格采用成组、成团、周边布灯，组成各种装饰性的图案。为适应不同的照明需要，可分层次、交错布灯。在多数场合，为降低费用，满足不同的要求，往往以局部照明补充一般照明。

（6）车辆人机适配性理念。

人机系统适配是将所设计的车辆与人的各种因素及系统环境相适应，如舒适、安全、省力、高效等，使人机关系协调，人机系统达到整体优化。

人–机系统适配（fitness）是研究人机工程学的前沿课题，适配设计的研究，是以系统方法为主导，以人–机系统为导向的决策程序为基础，充分考虑人–机系统的特点，研究一种决策值界定程序，并应用于人–机系统的适配设计，推动人机系统科学化、自动化与资讯化发展。

车辆人机适配性的关键技术是数字化人体建模技术。数字化人体建模技术可辅助设计者确定人在相应的车内环境下的性能，确定人体尺寸、形态、功能及其定位，满足舒适性和安全性标准的要求。在虚拟的 CAD 环境中，可调入此虚拟的人体模型，完成操作任务和分析工作。通过三维人体模型和车内设备模型，可进行与人相关要素的模拟分析校核，如人的可操作性、舒适性、可视性等重要设计要素。在车辆内部设备布置过程中应用数字化三维人体模型可提高效率和质量；改善安全性及人因工程学性能；减少物理样车的制造及验证工作和周期。

（7）几何适配性。

动车组的人机适配性首先表现在几何适配性上，主要考虑的是动车组空间及设施的物理

设计和乘客的物理性能及其二者之间的匹配关系，目的是获得一种最优的旅客界面方案。动车组空间及设施的物理设计包括以下几个方面的问题：座席布局与尺寸、座椅设计、旅客信息系统界面、通道设置、扶手、包厢设计、行李存放、乘客姿势等；乘客的物理性能评价内容包括乘客姿态、肢体可达能力、视域、设备操作的有效作用力和生物力学应力等。这二者之间的匹配问题也就是具有不同人体测量数据的乘客群体和车辆空间及设备组成元件的物理尺寸、布局之间的物理匹配情况。

目前，用于几何适配性分析的方法有图纸检查、实体模型、数学模型等。

图纸检查法主要是利用设计图纸的有关资料，把车体及各组件的尺寸、设备位置及布置情况与有关标准、规范和提供的详细人体测量数据的手册进行比较。

实体模型通常是一种物体的全尺寸模型，它是评价人员之间进行交流的一种极好工具，给评价人员提供一个对设计概念进行试验的机会。利用这种评价方法，评价人员可以方便地对乘客预期要做的物理作业序列进行非实时的模拟，并且此方法比图纸检查法能更容易地检查出车内几何方面的问题。

数学模型法主要是利用计算机及其相关技术建立用于评价的乘客模型和车辆环境模型，重点问题是建立人体模型。在一个三维交互环境对生成的人体模型进行控制，生成形状和功能丰富的人体模型，并且包括接近实际的人体行为控制模型、人体测量学比例缩放模型、作业仿真和评价模型、视域分析模型、自动伸向物体并抓取模型、碰撞检查和避免模型等并能有效地进行人–机交互评估，并以动态或静态图形方式显示分析结果。

目前几何适配性技术的发展方向主要集中在数学模型的研究，现场调查和实体模型的实验研究则作为进一步的辅助手段。

（8）功能适配性。

动车组的功能适配性主要是指动车组设备的功能设计和乘客的生理、心理功能和行为习惯及其二者之间的匹配关系，目的是获得合理的车内设施的功能设计。如动车组卫生间设置、集便箱的设置与容量、饮水间的设置与容量、餐厅的设置与容量、酒吧的设置、公共空间及设施的无障碍设计、旅客信息系统的功能设置、设施的易用性等方面与乘客的旅行习惯、生理和心理特点及行为模型间的匹配问题。

目前，用于功能适配性分析的方法有主观评价法、生理实验研究、行为建模等。

主观评价法主要是通过对旅客的访谈和问卷，了解乘坐动车组乘客的构成（如乘客的性别、年龄、职业等）、旅行习惯以及他们的旅行需求，并对车辆设施的设置与使用进行评估。

生理实验研究通过测量某一个或某一些生理指标（如生物力学、生理代谢等生理指标）的变化来判断车内设施使用时乘客的生理状态，当人的生理负荷过重时，某些生理指标将发生变化。如通过对我国旅客的生理代谢的实验研究，确定饮水箱和集便箱的容量；通过对特殊旅客群体（老年人、儿童、残疾人、孕妇等）的生理研究，进行车辆环境及设施的无障碍和限制性设计。

行为建模主要可用于对车内设施的易用性和车内设施的服务水平（如行李架的容量、卫生间及餐厅的容量设置等）进行评估。行为建模包括行为特性的研究和行为分析方法的研究。行为特性主要研究动车组旅客的构成，以及不同类型旅客的旅行生活习惯和旅行需求。行为

分析方法是以任务需求量为研究对象，从乘客活动的任务需求量入手而不考虑人完成任务的能力，从而客观地对车内设施对乘客的活动造成的影响进行研究。

4.3　列车布置设计

列车布置设计大致分为列车平面布置设计、列车车顶设备布置设计和列车车下设备布置设计三部分内容。

列车平面布置设计就是根据设计任务书（或动车组采购技术条件）的要求，从整列动车组的配置需求进行系统匹配，合理布置座椅、侧门、配电盘、卫生间、备品柜、物品柜、大件行李存放处、厨房、餐厅、休闲区、乘务员室、机械师室等设备和功能区，满足用户需求和相关法律法规的要求。

列车车顶设备布置设计就是根据系统配置的要求，对空调机组（顶置式）、受电弓、车顶高压设备、天线、受电弓导流罩等设备进行合理布置，满足系统的需求。

列车车下设备布置设计就是根据系统配置的要求，对空调机组（车下式）、牵引变压器、牵引变流器、牵引电机、制动控制装置、辅助电源装置、控制电路接线箱、高压电路接线箱、蓄电池箱、水箱、污物箱等设备进行合理布置，满足系统的需求。

4.3.1　列车平面布置设计

CRH$_2$ 型某型号动车组各车厢内主要设备如表 4-14 所示，各车平面布置如图 4-48 所示。

表 4-14　各车厢内主要设备

车号	代号	定员	主要设备	其　他
1	T1c	55	二等车、司机室、坐式厕所、洗脸间、小便间	禁烟车厢
2	M2	100	二等车、饮水机	禁烟车厢
3	M1	85	二等车、备品室、坐式厕所、洗脸间、小便间	
4	T2	100	二等车、饮水机	安装受电弓，禁烟车厢
5	T1k	55	二等车、酒吧餐饮区、电话间、坐式厕所、洗脸间、小便间	禁烟车厢
6	M2	100	二等车、饮水机	安装受电弓
7	M1s	51	一等车、多功能室、乘务员室、备品室、坐式厕所、洗脸间、小便间	适应残疾人使用的车厢，禁烟车厢
8	T2c	64	二等车、司机室、饮水机	禁烟车厢

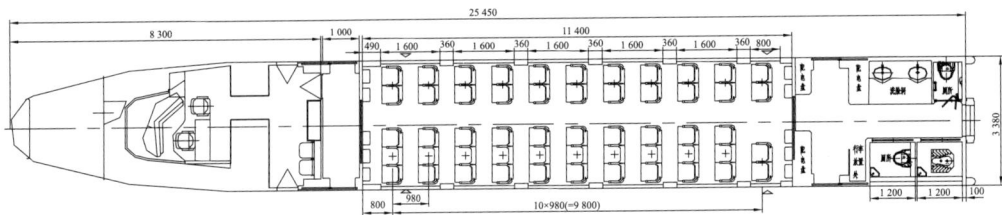

1 号车平面布置图

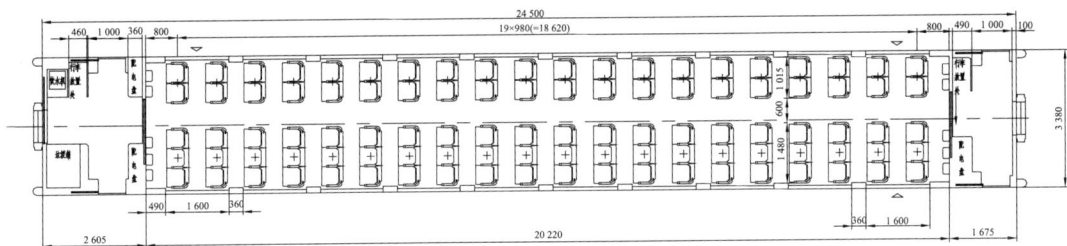

2、4、6 号车平面布置图

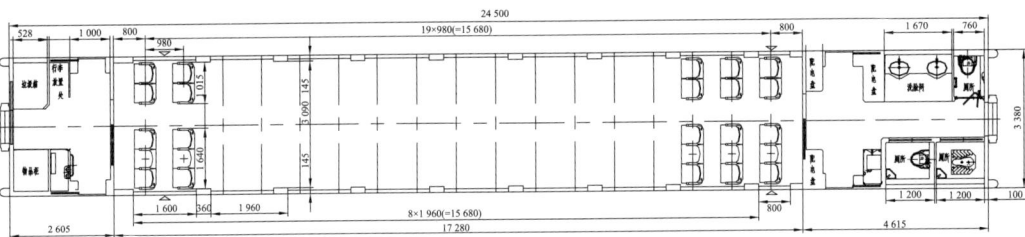

3 号车平面布置图

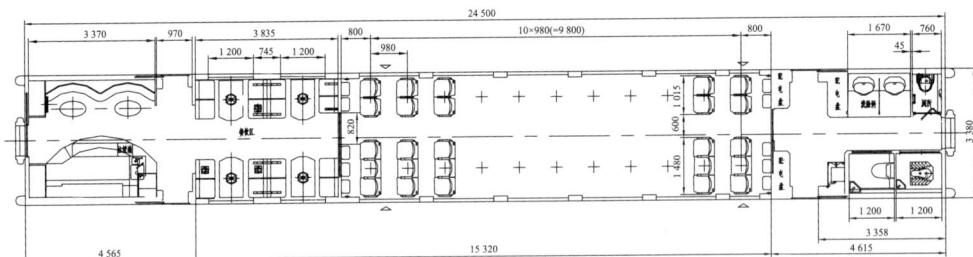

5 号车平面布置图

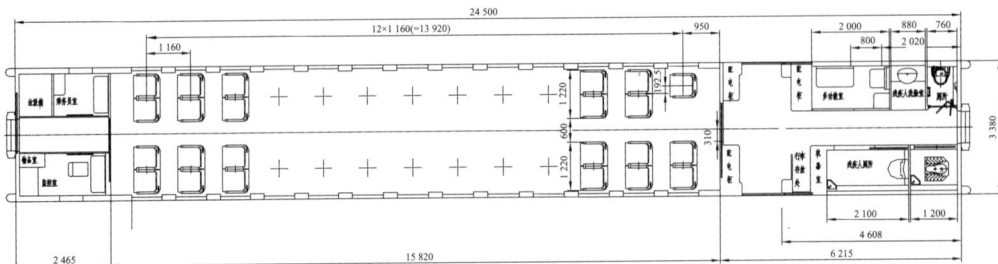

7 号车平面布置图

图 4-48　各车平面布置图

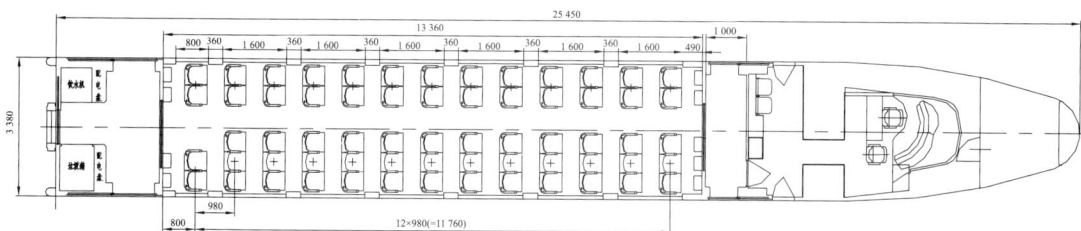

8 号车平面布置图

图 4-48　各车平面布置图（续）

注：

① 等车座椅布置为 2+2 形式，二等车座椅布置为 2+3 形式，座席为旋转式可调靠背座席。

② 5 号车（T1k）为餐客合造车，设置咖啡机、微波炉、冰箱等电器设备，设置饮食用简易餐桌、椅子，设置可以提供饮食服务的区域，设置广播、联络电话设备。

③ 各车设有广播系统。

4.3.2　列车车顶设备布置设计

车顶设备主要包括：受电弓及附属装置（见图 4-49）、接地保护开关、高压电缆、高压电缆连接器、各种无线天线等，具体设备见表 4-15，安装布置见图 4-50 和图 4-51。

图 4-49　受电弓及附属装置

表 4-15　各车厢车顶主要设备

车号	代号	主要设备
1	T1c	无线天线
2	M2	高压电缆、电缆连接器
3	M1	高压电缆、电缆连接器
4	T2	绝缘子、受电弓、接地保护开关、电缆连接器、T 形电缆连接器、倾斜型电缆连接器
5	T1k	高压电缆、电缆连接器、倾斜型电缆连接器

车号	代号	主要设备
6	M2	绝缘子、受电弓、接地开关、L形电缆连接器、三分路电缆连接器
7	M1s	FM 天线
8	T2c	无线天线

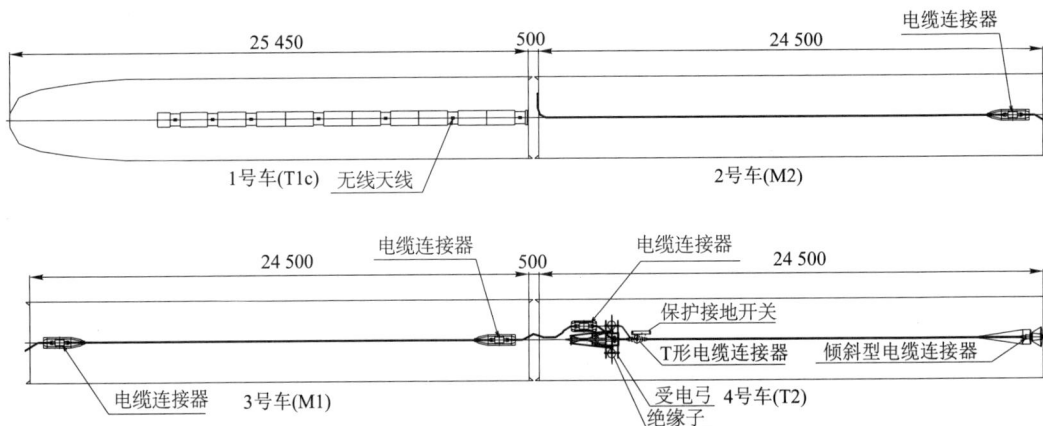

图 4-50　1～4 号车车顶设备布置

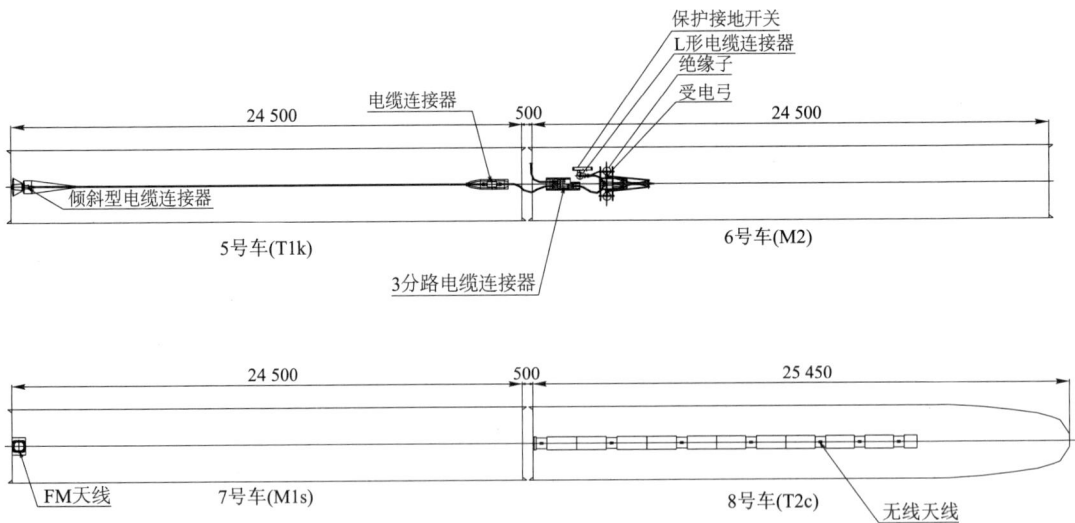

图 4-51　5～8 号车车顶设备布置

4.3.3　列车车下设备布置设计

CRH$_2$ 型动车组的大型设备均安装在车下设备舱内，如牵引变压器、牵引变流器、辅助电源装置、控制回路分线箱、蓄电池箱、接触器箱等，车下设备布置见图 4-52～图 4-58，各车辆车下布置的设备见表 4-16。

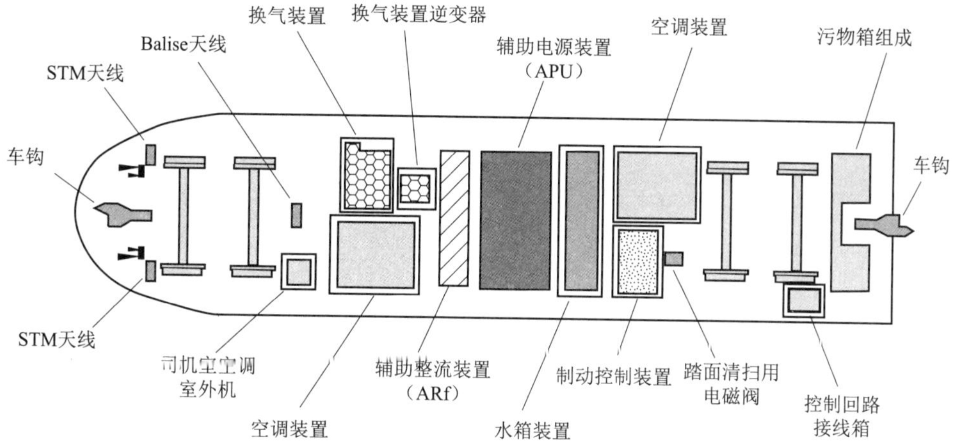

图 4-52　1 号车车下设备布置示意图

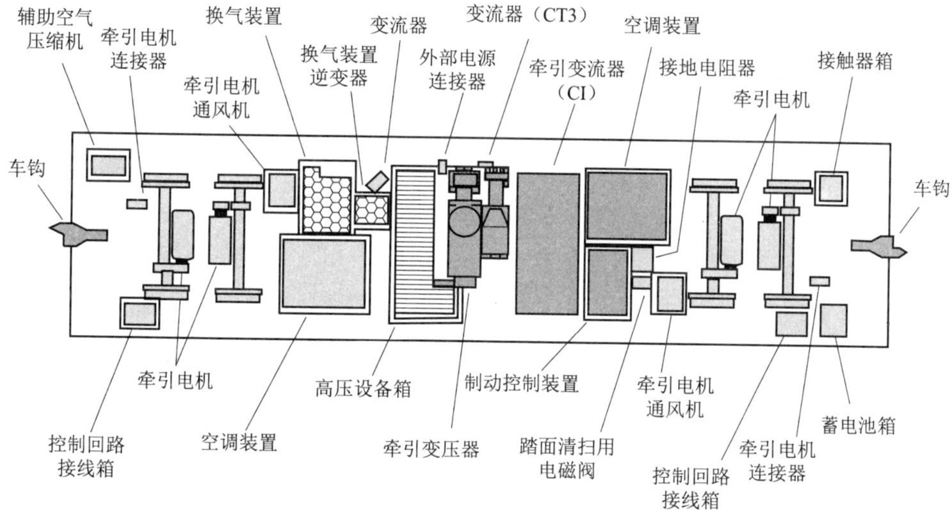

图 4-53　2、6 号车车下设备布置示意图

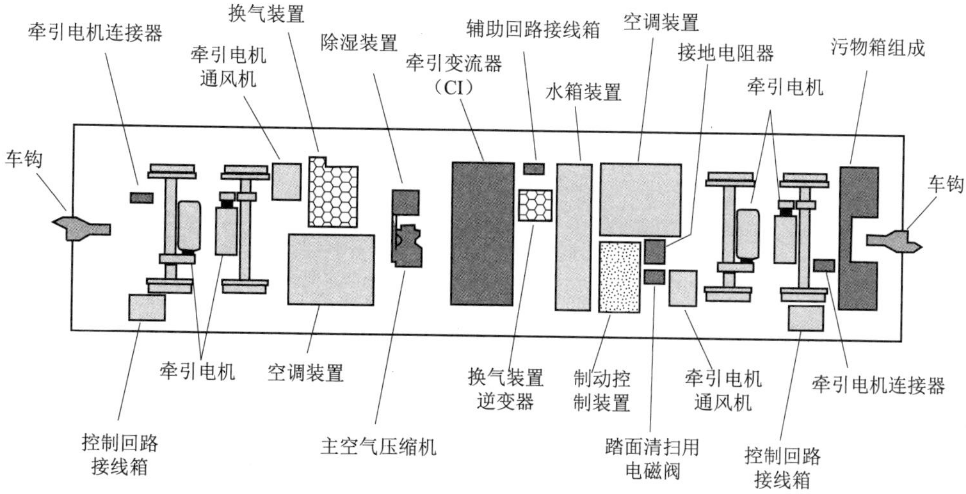

图 4-54　3 号车车下设备布置示意图

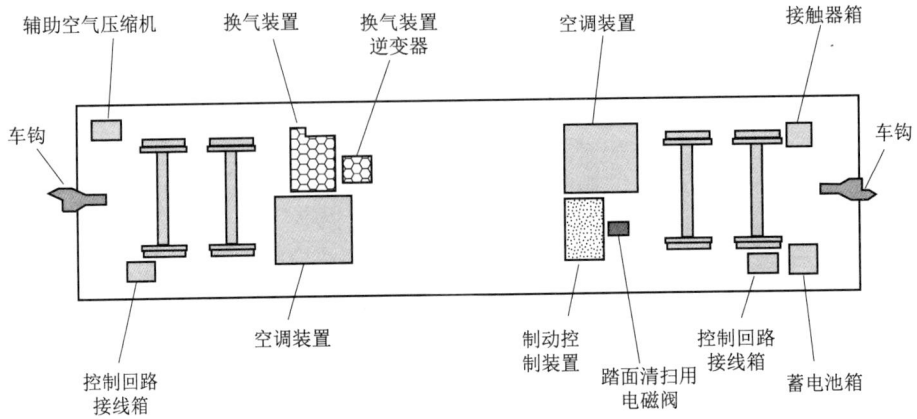

图 4-55　4 号车车下设备布置示意图

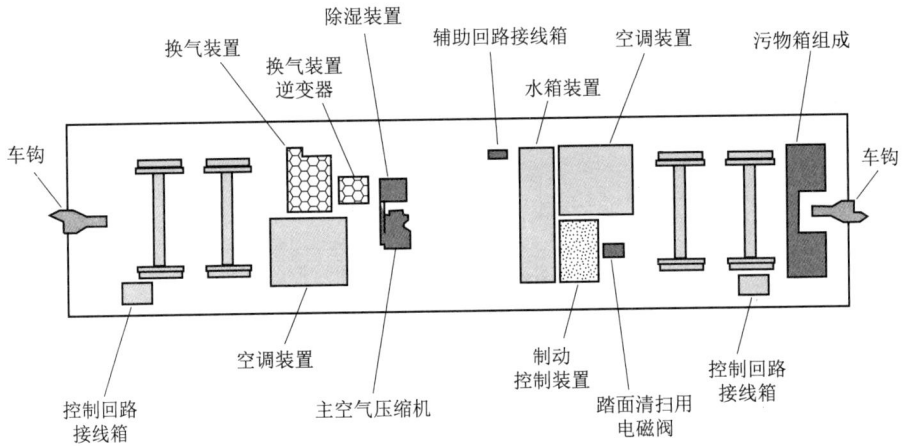

图 4-56　5 号车车下设备布置示意图

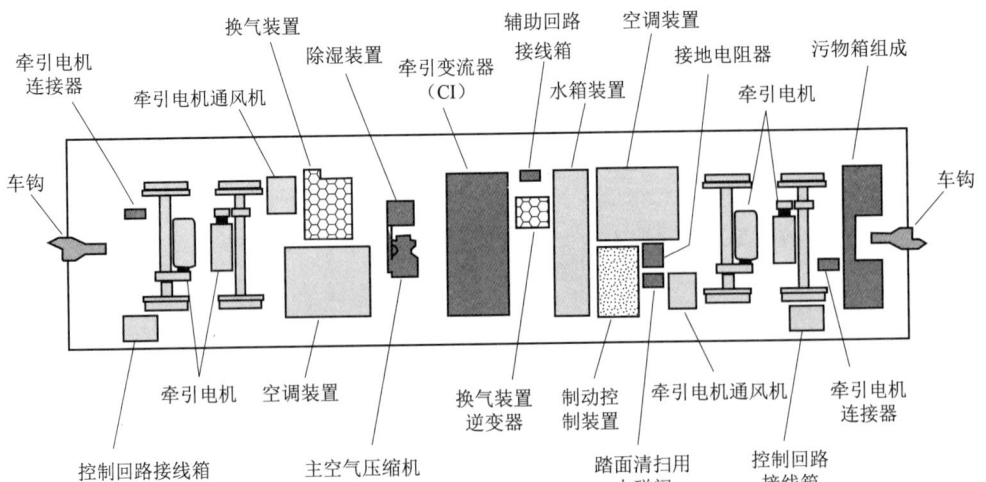

图 4-57　7 号车车下设备布置示意图

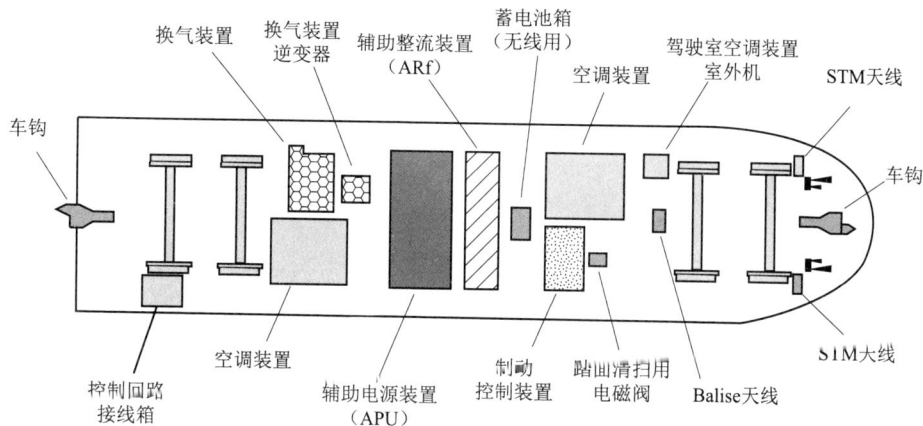

图 4-58　8 号车车下设备布置示意图

表 4-16　各车厢车下主要设备

车号	代号	主要设备
1	T1c	STM 轨道信号接收装置（2 个）、Balise 天线、换气装置及换气装置逆变器、辅助电源装置（APU）、辅助整流装置、空调装置（2 个）、污物箱组成、水箱控制装置、控制回路接线箱、踏面清扫用电磁阀、制动控制装置、司机室空调室外机
2	M2	牵引变压器（MTr）、牵引变流器、高压设备箱、蓄电池箱、接触器箱、控制回路接线箱（2 个）、接地电阻器、变流器（CT1 和 CT3）、外接电源连接器、空调装置（2 个）、换气装置及换气装置逆变器、牵引电机用送风机、制动控制装置、辅助空气压缩机
3	M1	牵引变流器、控制回路接线箱（2 个）、辅助回路接线箱、接地电阻器、空调装置（2 个）、换气装置及换气装置逆变器、牵引电机用送风机、制动控制装置、主空气压缩机、水箱装置、污物装置
4	T2	蓄电池箱、接触器箱、控制回路接线箱（2 个）、空调装置（2 个）、换气装置及换气装置逆变器、制动控制装置、辅助空气压缩机
5	T1k	控制回路接线箱（2 个）、辅助回路接线箱、空调装置（2 个）、换气装置及换气装置逆变器、制动控制装置、主空气压缩机、水箱装置、污物箱装置
6	M2	同 2 号车
7	M1s	牵引变流器、控制回路接线箱（2 个）、辅助回路接线箱、接地电阻器、空调装置（2 个）、换气装置及换气装置逆变器、牵引电机用送风机、制动控制装置、主空气压缩机、水箱装置、污物箱装置
8	T2c	STM 轨道信号接收装置（2 个）、Balise 天线、换气装置及换气装置逆变器、辅助电源装置（APU）、辅助整流装置、空调装置（2 个）、控制回路接线箱、踏面清扫用电磁阀、制动控制装置、司机室空调室外机、蓄电池箱

4.4　结构配置设计

　　列车结构配置设计是指通过系统配置设计确定各系统主要技术参数。通过列车布置设计确定各系统主要部件安装位置之后，对车体、转向架、牵引系统、制动系统、网络控制系统、辅助供电系统、空调通风系统、旅客信息系统、给水卫生系统、旅客界面、车辆连接等系统的具体安装结构进行设计，满足通用化、标准化、系列化、模块化的设计要求。

　　下面以时速 300 km 某一型号动车组为例，对车体、转向架、牵引系统、制动系统、网络

控制系统、辅助供电系统、空调通风系统、旅客信息系统、给水卫生系统、旅客界面、车辆连接等系统的结构配置设计进行简要说明。

4.4.1 车体结构配置

1. 概述

300 km 速度级动车组车体采用轻量化、等强度设计，为通长大型中空铝合金挤压型材组焊而成的薄壁筒形整体承载结构，车体结构主要由底架、车顶、侧墙、端墙、司机室（头车）、前头排障装置、前罩开闭机构、车钩缓冲装置等组成。车体为整体承载的薄壁筒形结构，其筒体由大型超薄中空铝合金型材焊接而成。头车采用流线造型，空气动力学性能优良。

侧墙及车顶为了提高生产率和车体的刚性，采用了由中空框架断面的大型型材构成，为厚度 50 mm 的双壳车体。因此省略了侧柱、车顶弯梁等内部骨架，使零部件数量达到最小化，减少了外表面的变形。

另外，在一部分的中空框架内部，为了减少车体的振动和车内噪声而添加了防振材料。端墙是由外板和骨架经焊接后构成的单外壳结构，在 1 号车、3 号车、5 号车、7 号车的后部都设置了厕所的接入口，采用螺栓固定在盖板上的构造。底架断面采用横梁上面由带加强筋的大型挤压型材作为气密地板的构造形式。

2. 底架

CRH_2 型动车组车体底架分为头车底架和中间车底架。头车底架由车身底架和车头底架两部分组成，T1c 车底架如图 4-59 所示。中间车底架只有车身底架，如图 4-60 所示。

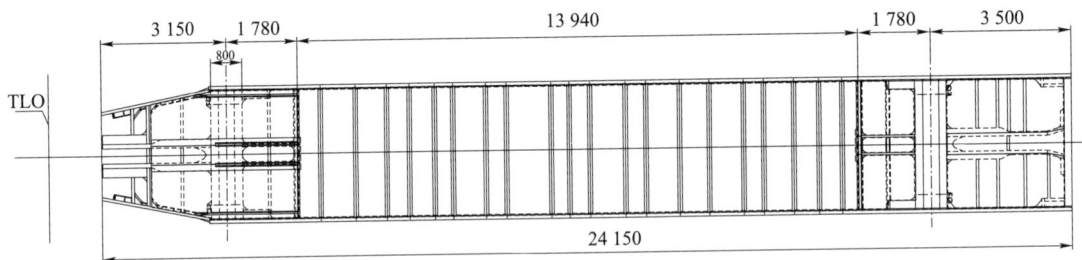

图 4-59 T1c 车体底架图

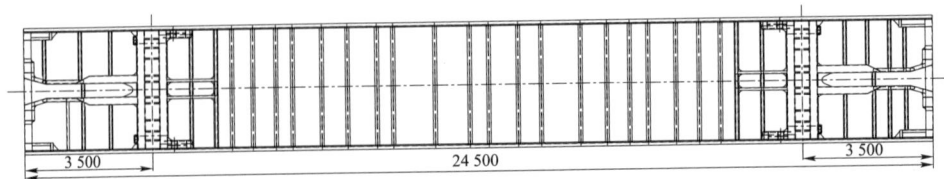

图 4-60 M1 车体底架图

车身底架包括牵引梁、枕梁、侧梁（边梁）、端梁、横梁和波纹地板等。侧梁采用通长铝合金挤压型材拼焊而成。

牵引梁主要由铝合金挤压型材和铝合金板焊接而成，连接车体底架的端梁和枕梁，并为车钩缓冲装置设置相应的附加结构。车钩缓冲装置传递的纵向载荷通过固定在牵引梁上的从

板座作用到牵引梁上，再通过枕梁等结构传递到整个车体结构，实现整体承载。从板座与牵引梁采用铆接连接，并在车钩缓冲装置对应的牵引梁相应部位进行局部加强。牵引梁结构简图如图 4-61 所示。

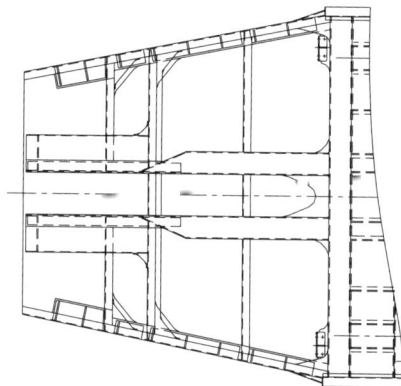

图 4-61　T1c 车体牵引梁结构简图

枕梁由铝合金挤压型材和铝板焊接而成，支撑车体载荷。枕梁设置相应结构，保证与转向架悬挂系统的正常连接。在枕梁中心部位，与牵引梁焊接连接。枕梁外侧设置顶车座，便于救援和维修时顶车作业。枕梁结构简图如图 4-62 所示。

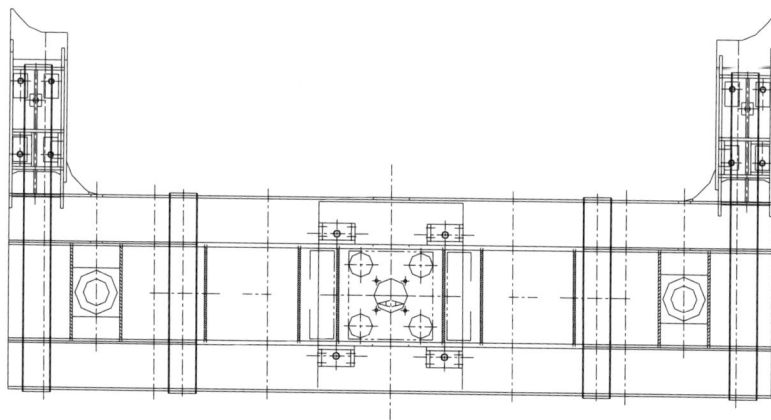

图 4-62　T1c 车体枕梁结构简图

侧梁（边梁）位于底架地板下左右两侧，是底架与侧墙连接成筒体的关键部件。端梁由铝合金挤压型材和铝合金板焊接而成。横梁采用铝合金挤压型材，位于底架地板下方，起到吊挂设备和均衡载荷的作用，质量较大的设备安装采用底架横梁（带燕尾槽）下吊挂方式。为了使机器负重都在横梁中心线上并便于机器的检修，采用了特殊螺栓悬挂结构。特殊螺栓从底架横梁上的切口插入，通过定位垫板和沉头螺钉固定安装方式，具体安装示意如图 4-63 所示。螺母采用防松动能力较强的双层锁紧螺母，利用上下螺母的偏心结构进行紧固。横梁须要根据车下设备的布置情况进行断面和位置的调整，在质量较大的设备安装处，还须对横梁进行加强。

底架横梁

特殊螺栓安装切口

特殊螺栓

特殊垫圈

垫板
（特殊螺栓定位）

沉头螺钉

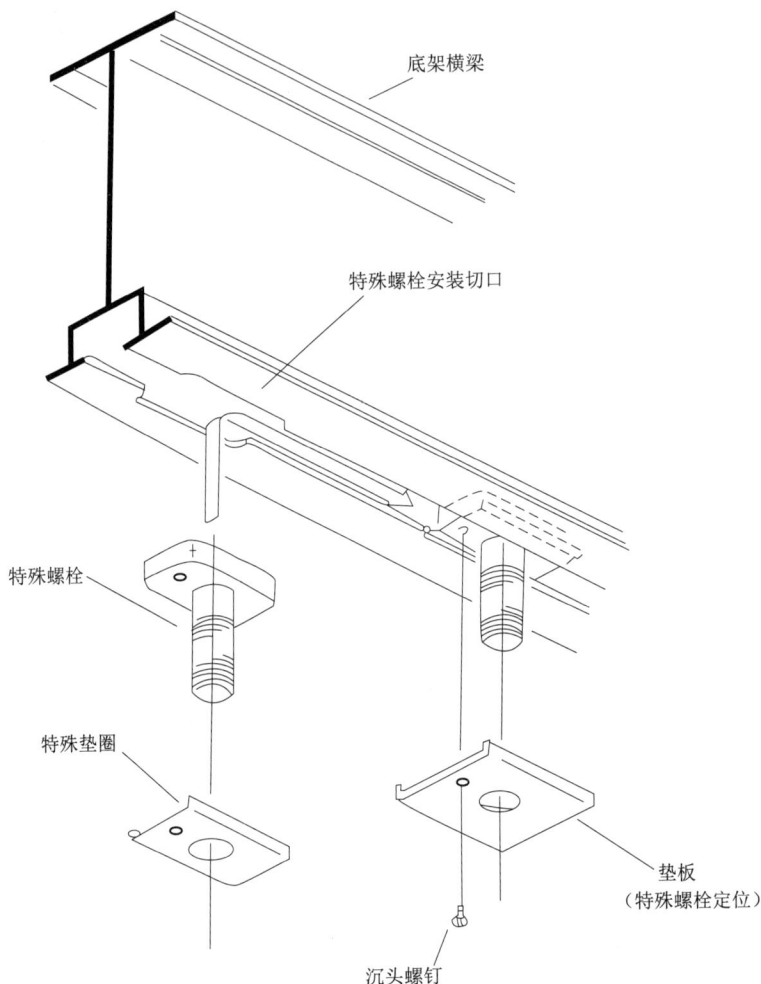

图 4-63　安装机器用特殊螺栓安装示意图

底架型材地板是由通长的挤压铝型材通过自动焊接而成，为了增加地板的纵向强度，在纵向设置了加强筋结构。

为适应司机室头部结构的安装，车头底架相对于车身底架，其侧梁（边梁）部分做了相应调整。

3. 侧墙

CRH$_2$ 型动车组车体侧墙采用大型中空挤压型材，不设车内侧立柱，结构断面如图 4-64 所示。头车与中间车侧墙结构相同，但纵向长度不同。型材之间的焊接为在车体长度方向上连续焊接的方式，侧墙与车顶连接采用车内侧、车外侧连续焊接，侧墙和底架边梁之间的连接采用车内侧段焊结构，车外侧为连续焊接。

在行李架、侧顶板及侧墙板等安装位置，在挤压型材上设置了通长的 T 形槽，便于内装部件的安装。为了确保侧拉门的拉开空间，侧墙门口处设计成一体化带棱的箱形结构，如图 4-65 所示。侧墙下部设置断面变化的挤压型材，保证车下设备的安装和车下设备舱的连接要求，同时根据等强度设计理论，保证结构强度的可靠。

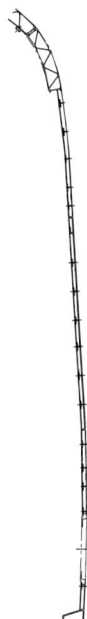

图 4-64　侧墙结构断面

图 4-65　侧墙门口结构断面

侧墙结构分为侧门中间部分和门区部分。

侧门中间部分主要由侧板和腰板组成。窗口及其以下部分称侧板，侧板均为中空型材结构的通长板，共有四块，其中窗口部分由窗上和窗下通长板预先铣口与窗间板拼焊而成，两端通到门区部分。腰板由三块通长板组成，均通到外端与端墙搭接。窗口部分根据窗的安装结构关系焊接窗安装座。窗口部分结构简图如图 4-66 所示。

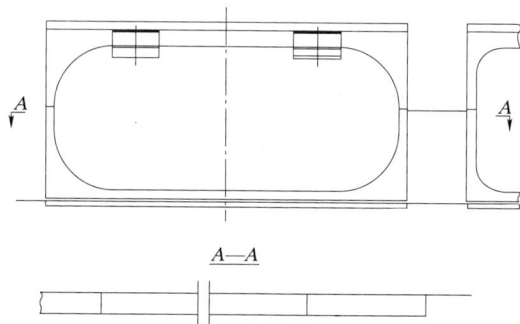

图 4-66　窗口部分结构简图

门区部分即侧门出入口部分，根据门口与外端距离的大小分成板梁式结构和板梁加中空型材两种形式。门区部分结构简图如图 4-67 所示。

4. 车顶

车顶是车体上部结构，是受电弓、高压电缆等车顶设备的安装基础。CRH$_2$ 型动车组车顶由大型中空挤压型材构成，结构断面如图 4-68 所示。头车和中间车车顶结构相同，但纵向长度不同。车顶型材之间的焊接采用在车体长度方向连续焊接的方式。车顶和侧墙的连接采用车内侧、车外侧连续焊接结构。

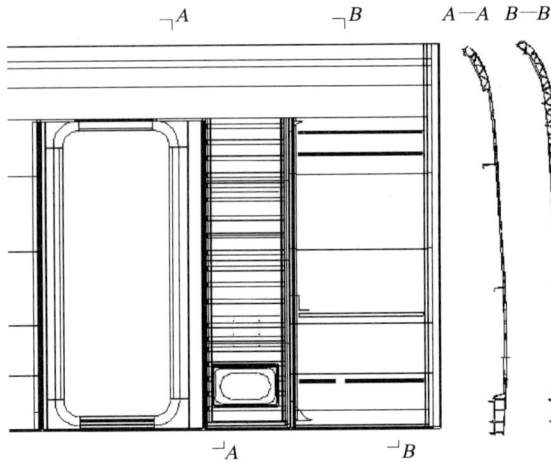

图 4-67　门区部分结构简图

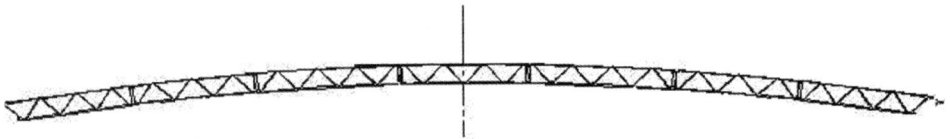

图 4-68　车顶结构断面

根据车型的不同，在车顶根据受电弓、车顶电缆等设备焊接车顶焊接件，适应其安装。根据设备的安装位置焊接车内骨架。另外，在车顶板内侧，铺设有隔声和隔热材料。

5. 端墙

头车车体一侧带有端墙，中间车两侧均带有端墙。

端墙根据车辆卫生间和洗脸间的布置主要分为两种结构形式，即分体式和整体式两种，见图 4-69。在端部设有卫生间和洗脸间的车辆，其端墙是分体式结构，外板上设有用于搬运卫生间玻璃钢模块的开口。搬运完后，用螺栓安装由铝板和铝型材骨架组焊而成的闭塞板，并填充密封材料保持气密性。端部未设卫生间和洗脸间的车辆，其端墙是整体式结构，为铝板和铝型材骨架构成的焊接结构。

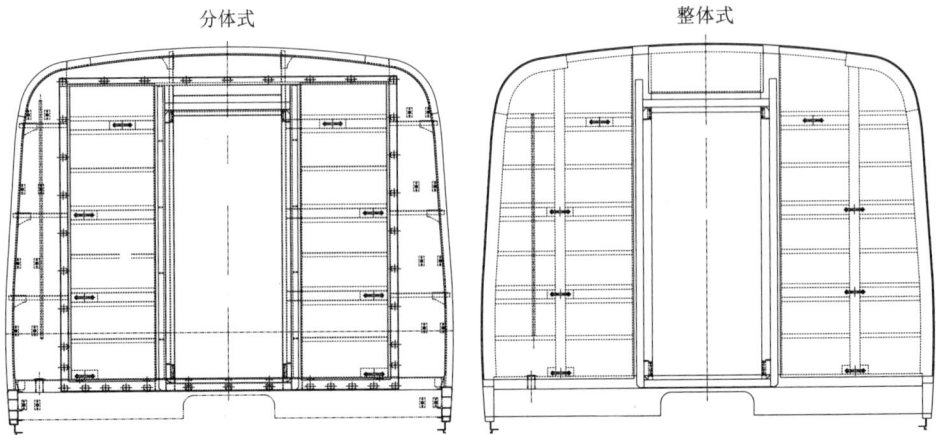

图 4-69　端墙结构

分体式和整体式外端墙都在外端骨架上设置了适合风挡安装的结构，可以采用螺栓快速连接，使风挡的安装方便快捷，大大降低了施工时间及劳动强度。另外，端墙上还设有登车扶手。

6. 司机室头部结构

CRH$_2$ 型动车组头车前端为司机室头部结构，它以骨架外壳结构为基础，如图 4-70 所示。头部结构按车头断面形状变化将纵向骨架加工成环状，与横向骨架叉接组焊，骨架外焊接铝板。对需要更高强度的部位，采取增加板厚、缩小骨架间距、增加加强材料等措施。整个头部结构焊接严格要求气密性，结构上适应配线、配管及内装需要。

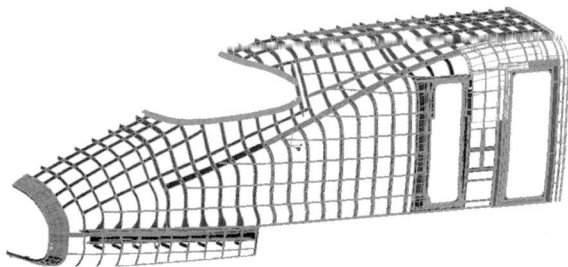

图 4-70　司机室头部结构骨架

头部结构形状对列车运行的空气阻力、气动噪声、列车交会压力波、隧道微气压效应及移动压力场等影响较大，是影响列车空气动力学性能的关键因素。

CRH$_2$ 型动车组头部结构设计利用现代的流场计算 CFD 软件进行三维建模分析，并进行模型的风洞试验和三维隧道驶入分析。为使动车组有良好的空气动力学性能，主要为降低空气阻力及交会压力。此外，高速动车组除了考虑空气动力学的影响，还主要考虑侧风和车下风阻的影响，因此在设计车体断面时要考虑整个侧墙及车顶的光滑性和圆弧过渡，在设计车体下部设备舱的时候要考虑裙板的位置及圆弧过渡等。CRH$_2$ 型动车组较好地考虑了空气动力学的综合影响，实车试验表明动车组车体具有良好的空气动力学性能。

7. 车下设备舱

出于保护设备及改善列车空气动力学性能的考虑，CRH$_2$ 型动车组设有车下设备舱。设备舱主要由侧盖板、盖板安装件和托座等组成。车底盖板构造如图 4-71 所示。

侧罩由铝合金型材和板材等组装而成，通过螺栓连接到底架上。侧罩在车长方向分块组装，根据车下设备的需要，不同的部位设有通风口和检查门。

底部封板主要结构为波纹状，材料为不锈钢，封板的两侧直接翻边，并用连接件固定，以增加两侧的强度和刚度。封板两端用螺栓与连接梁连接。

连接梁采用铝合金型材，横向连接梁通过过渡件与侧罩连接，垂向连接梁上部与底架横梁、下部与横向连接梁通过螺栓连接在一起。

8. 前罩开闭机构

CRH$_2$ 型动车组头车设有前罩开闭机构，如图 4-72 所示。该机构可通过自动控制实现开闭，在打开状态下可以露出车钩装置，完成车辆联挂。整个机构由玻璃钢前罩、前罩动作部分构成。玻璃钢前罩分左右两部分，闭合后外形圆滑过渡。前罩动作部分采用气缸驱动，气缸分为开闭气缸和锁紧气缸。开闭气缸完成前罩开闭动作；锁紧气缸完成对机构的锁固，维持开闭状态。

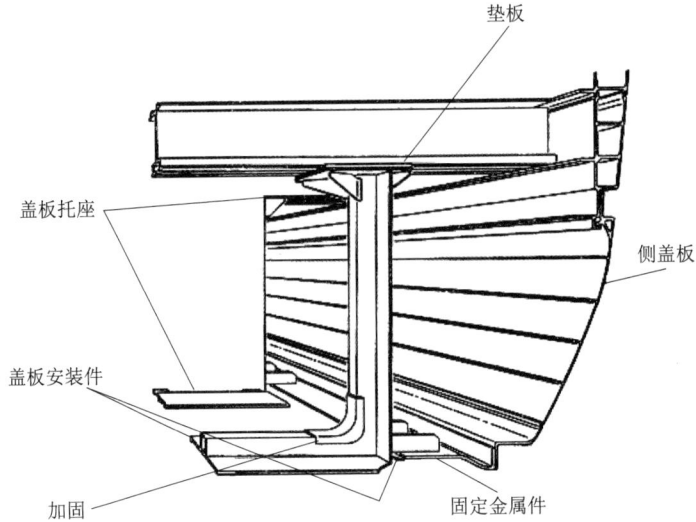

图 4-71 车底盖板构造图

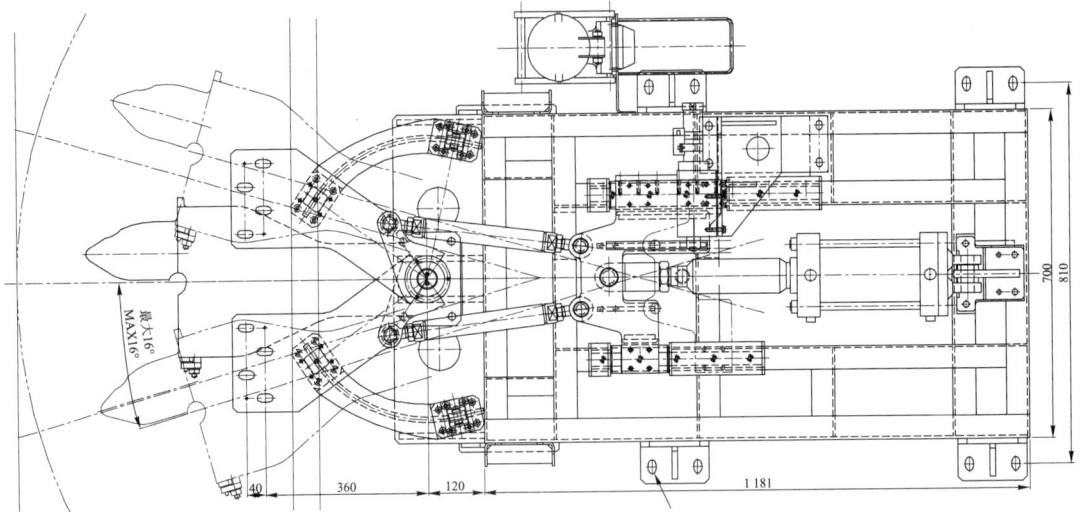

图 4-72 前罩开闭机构

　　前罩的动作部分由主体框架、气缸、直线轴承、滑板、推拉杆、安装翼、锁紧装置等组成。主体框架在底架上用螺栓固定，在主体框架上安装有驱动机构。各关节通过销子结合在一起，气缸的伸缩动作转变为前罩在直线轴承上的开关动作。开闭动作简叙为：气缸伸缩→滑板在直线轴承上运动→两推拉杆运动→两侧安装翼动作→前罩开闭。锁紧装置功能是在前罩全部关上或者全部打开的状态下锁紧滑板，使整个机构稳定。

9. 前头排障装置

　　CRH$_2$型动车组在头车的前端设有结构坚固的排障装置。该装置能在排障时撞飞障碍物，绝不允许卷入物品钻入转向架下。出于保护车体及人员安全的目的，即使造成装置损坏也要保证车体不受损或轻微受损，以降低铁路运营高速化后冲击障碍物对列车带来的风险。

　　如图 4-73 所示，前头排障装置由排障板、排障橡胶、排障板盖板、缓冲板、缓冲板支撑、缓冲板安装座等部件组成。其中抗冲击结构外板为钢板制成的排障板，在排障板前端下缘设

排雪犁。排雪犁的下部装有辅助排障橡胶，起辅助清扫轨面作用。缓冲板是铝板叠层结构，装在排雪犁的后方，可以通过自身的变形吸收冲击能量。

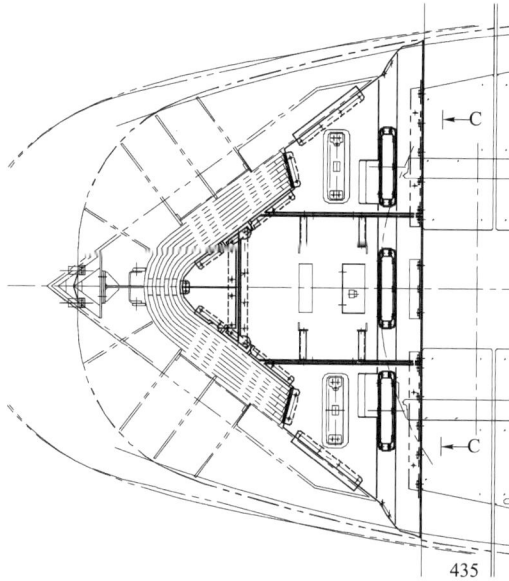

图 4-73　前头排障装置

4.4.2　转向架结构配置

动车转向架主要由构架、轮对组装、轴箱装置、一系悬挂、二系悬挂、牵引装置、驱动装置和基础制动装置八部分构成。拖车转向架可分为中间转向架和端部转向架两类，两者结构基本相同，只是端部转向架上装有排障器。拖车转向架主要由构架、轮对组装、轴箱装置、一系悬挂、二系悬挂、牵引装置和基础制动装置七部分组成。

在结构设计时必须全面考虑构架与各有关零部件的相互位置关系，合理布置结构；各梁应尽可能设计成等强度梁，以保证能获得最大强度和最小自重；各梁的布置应尽可能对称，以简化设计和制造；各梁本身以及各梁组成构架时，必须注意减少应力集中；除了保证强度外，应合理设计构架的刚度；焊缝的结构尺寸和布置应合理选择，并注意消除焊接应力。

1. 构架组成

构架由侧梁、横梁、纵向连接梁、空气弹簧支承梁及其他焊接附件组成。动车转向架构架和拖车转向架构架主结构相似，不同之处主要是动车转向架构架设有电机吊座和齿轮箱吊座，拖车转向架构架设有轴盘制动吊座。动车转向架构架和拖车转向架构架结构分别见图 4-74、图 4-75。

CRH$_2$ 型动车组转向架构架侧梁内设有筋板，可提高侧梁承载刚度，并在侧梁外侧及两横梁间设置空气弹簧支承梁。两支承梁分别与两横梁连通，共同组成空气弹簧附加气室。靠近横梁与侧梁的连接处设置四个轮盘制动吊座。

两横梁之间设纵向连接梁，主要用于吊挂增压缸和设置横向减振器安装座及横向缓冲挡

安装座。

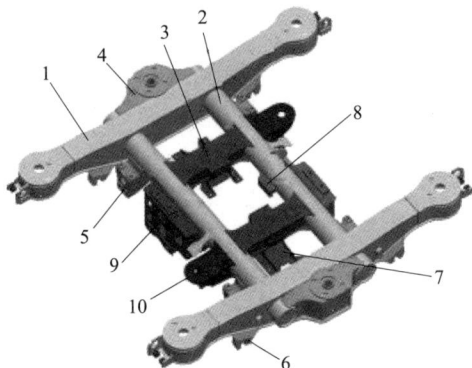

图 4-74　动车转向架构架结构

1—侧梁；2—横梁；3—纵向连接梁；4—空气弹簧支承梁；5—制动吊座（轮盘）；6—定位臂座；
7—增压缸安装座；8—垂向止挡；9—电机吊座；10—齿轮箱吊座

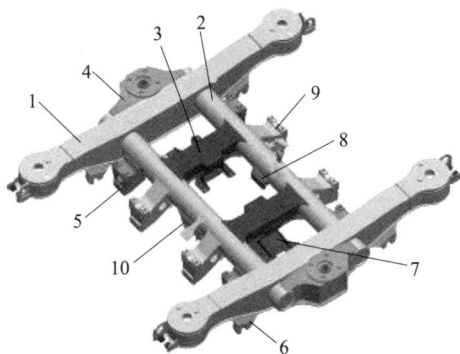

图 4-75　拖车转向架构架结构

1—侧梁；2—横梁；3—纵向连接梁；4—空气弹簧支承梁；5—制动吊座（轮盘）；6—定位臂座；
7—增压缸安装座；8—垂向止挡；9—制动吊座（轴盘）；10—拉杆座

为保证动车组 20 年的使用寿命，在满足强度要求的前提下，为降低转向架自重，构架的主要承载构件采用了符合 JIS G 3114 标准的耐候钢材料，其他部位采用合金结构钢。

转向架构架在焊接完成后，进行整体退火处理和整体机加工。

构架强度和刚度设计按照 JIS E 4207《铁道车辆　转向架构架　设计通则》标准进行，并按照 JIS E 4208《铁道车辆　构架和摇枕的静载荷试验方法》标准实施静载荷试验来进行强度确认。

2. 车轮

CRH$_2$ 型动车组转向架车轮按 JIS E 5402《铁道车辆　碳素钢整体辗钢车轮》设计和生产，车轮采用整体轧制车轮，轮辋厚度为 135 mm，踏面形状采用 LMA 型。

新造车轮滚动圆直径为 ϕ860 mm，最大磨耗直径为 ϕ790 mm。在靠轮辋轮缘侧面圆周上，设有磨耗到限标记。

因采用轮盘制动，需要在车轮辐板两侧安装制动盘，所以采用直辐板车轮。随着轴重的

增加，与轮毂连接的直辐板根部厚度有所增加。动力轮对和拖车轮对除了轮座尺寸及轮毂厚度尺寸不同外，其他部位相同。

车轮与车轴的装配采用注油压装和拆卸。为保证轮轴在装配后形成规定的压装力，装配后进行反向压力检验。

3. 车轴

CRH₂ 型动车组转向架车轴按照 JIS E 4501《铁道车辆　轴的强度设计方法》进行设计，按 JIS E 4502 标准进行生产。为提高车轴的疲劳安全性，采用高频淬火热处理和滚压工艺。

为了在保证强度的同时减轻质量，采用空心车轴使超声波探头可以直接穿过该通孔，使探伤容易化。CRH₂ 型动车组车轴尺寸如表 4-17 所示。

表 4-17　CRH₂ 型动车组车轴尺寸　　　　　　单位：mm

序号	名　称	动车车轮	拖车车轮
1	车轴总长	2 298	2 382
2	轴颈直径	$\phi 130$	
3	轴颈中心距	2 000	
4	轴身直径	$\phi 182$	$\phi 192$

4. 空气弹簧装置

由气囊和附加橡胶弹簧组合而成的自由膜型式空气弹簧如图 4-76 所示，其上盖板上设有定位柱，与车体相连，下部通气口与构架相连，形成圆柱面并用 O 形圈密封。为使空气弹簧处于无气状态时，转向架能够运行，在下支座上面设有特殊的滑板，以提高转向架的曲线通过能力。橡胶堆的作用是在车体与转向架产生大位移时补偿胶囊本身的变位不足，并在空气弹簧胶囊出现故障条件下仍具有一定的弹性。CRH₂ 型动车组转向架用空气弹簧在附加弹簧内设置有固定阻尼孔，以提供二系垂向减振阻尼。

空气弹簧的优点只有在采用良好的高度控制阀的情况下，才能充分体现出来。即当气囊膨胀充气并达到了合适的地板高度后，高度调整阀使压缩空气停止流入气囊从而将地板高度保持在稳定值。如果列车上乘客减少或位置移动致使气囊过分膨胀，高度调整阀将运行以降低气囊内空气压力，直到达到正常的地板高度。在通过曲线时，由于车体的倾斜使得转向架左右两侧高度控制阀分别产生进、排气作用，从而减少车体倾斜。

图 4-76　空气弹簧

另外，每一转向架两只空气弹簧都通过差压阀相连，以确保转向架两侧空气弹簧的内压差不能超过为保证行车安全规定的限定值。若超出时，差压阀自动沟通左右两侧的空气弹簧，使压差维持在限定值以下。极端情况下，如果某侧气囊突然破裂或毁坏，差压阀将运行使得转向架的两只气囊压力保持平衡。这可防止车体由于一只气囊充气另一只气囊无气而向一边严重倾斜。所以差压阀在空气弹簧悬挂系统装置中，起保证安全的作用。

5. 减振器装置

减振器与弹簧一起构成弹簧减振装置。众所周知，车辆上弹簧起缓冲作用，而减振器则

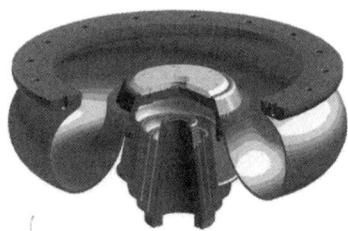

起减小车辆振动振幅的作用。车辆在弹簧上振动时，减振器产生与振动方向相反的作用力，起阻止振动的作用。客车转向架一般采用液压减振器，这是一种具有黏性阻尼的减振器，其特点是振幅的衰减量与幅值大小有关。这种特性对铁路车辆来说是适合的，因为当车辆在运行中产生大振幅的振动时，就要求减振器对振幅的衰减量也大，即希望减振器具有这种"自动调节"减振的性能。因此，为改善动车组振动性能，动车组转向架上均采用了性能良好的液压减振器。

在现代机车、动车组及高速客车转向架上，常见的液压减振器类型主要有轴箱减振器、中央悬挂横向减振器及抗蛇行减振器（见图 4-77）。轴箱减振器压缩方向的阻力应小于拉伸方向的阻力，或者只有拉伸方向的作用力。因轴箱减振器直接承受来自轨道的冲击，这样既可减少冲击的传递，还可提高减振器本身的耐久性。在中央弹簧悬挂装置中安装横向减振器，通常水平安装在车体和构架之间，用以衰减车体和转向架的横向振动，提高车体横向平稳性。抗蛇行减振器同样安装在车体与构架之间（沿纵向），用以衰减、抑制车体与构架之间的蛇行运动。

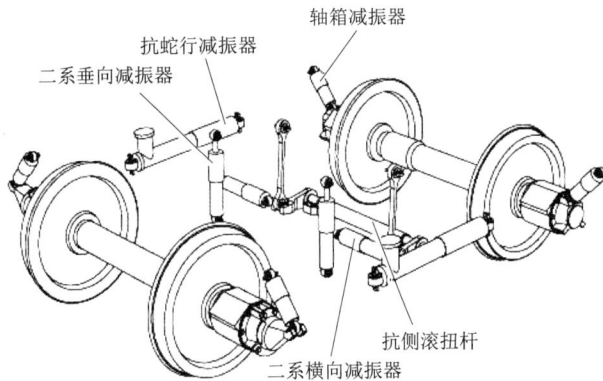

图 4-77　减振器示意图

6. 抗侧滚扭杆装置

为改善车辆垂向振动性能，需要相当柔软的垂向悬挂装置，但同时车体侧滚振动的角刚度也随之变得相对柔软，因此使得运行中车辆车体侧滚角角位移增大。尤其是当车辆通过曲线和道岔时，车体侧滚角大，晃动次数多，使旅客感觉明显的不舒适。故需要设计出既能够保证车辆具有良好垂向振动性能，又能提高抗侧滚性能的转向架。

7. 自动检测装置

（1）速度信号系统。

CRH 系列高速动车组转向架上一般装有多个型号的为制动控制系统提供速度信号的传感器系统，以及为列车自动保护系统（ATP）提供速度信号的自动检测系统等（见图 4-78）。这些速度自动检测系统在高速动车组运行时，可防止车轮滑行擦伤，对动车组施行自动防护。

（2）轴箱与齿轮箱温度检测传感器。

安全检测装置主要包括轴箱温度传感器，在每一个轴箱体筒体的外侧，均安装了温度传感器。温度传感器为了检测轴承的异常，内置报警温度一般设定为 155～165 ℃。除轴箱温度传感器外，动力转向架的每个齿轮箱上也安装了齿轮箱轴承温度传感器，检测温度有无异常。

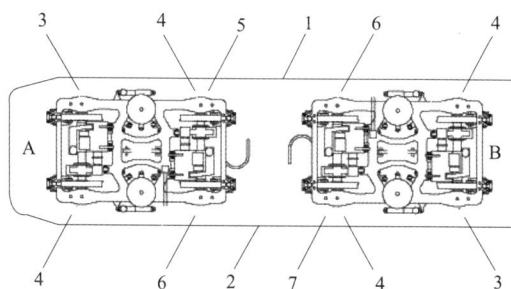

图 4-78 主要速度传感器布置

1—车右侧；2—车左侧；3—保护性接地电刷装置；4—车轮防滑装置（WSP）速度传感器；
5—LKJ2 速度传感器；6—ATP 速度传感器；7—LKJ1 速度传感器

8. 车轮踏面

为确保高速动车组无论高速直线运行还是曲线、道岔运行，以及桥梁通过等，均具有十分优良的动力学性能和轮轨耐磨性，车轮踏面选用应具有一定弧度的外形，且四种动车组又依据各自转向架的特点有所差异。如 CRH$_1$ 和 CRH$_2$ 型动车组选用了 LMA 踏面，CRH$_3$ 型动车组选用了 S1002 改踏面，CRH$_5$ 型动车组选用了 XP55 踏面。另外，为使得四种动车组均能够很好地适应、匹配国内轨道结构，国内高速动车组内侧距（两车轮内侧距离）为 1 353 mm。

9. 轴箱定位装置

定位转臂一端与圆筒形的轴箱体固接，另一端以橡胶弹性节点与焊接在构架上的安装座相连接，实现了纵向、横向与垂向定位刚度的解耦，各自承担运动稳定性和平稳性的主要作用。转臂式结构通过定位节点内部的橡胶层获得定位刚度，可以在比较宽松的范围内进行设计选择。根据节点不同，实现方案可以细分成多种结构。该定位方式结构简单，能够保持转向架前后轮对的平行度，没有磨耗件，定位性能稳定，易于满足纵向和横向具有不同的定位刚度要求。该定位方式的结构还便于把轴箱减振器装在构架端部，使得结构紧凑，并可以减小构架侧梁长度，减轻簧上质量。

10. 排障器装置

在高速动车组两个端部头车最外端两条轮对的轴箱体底部，安装了转向架扫石器，其目的是为了排除轨道上的道砟等小型障碍物。为了能够在车轮磨耗后直径减小的条件下保持排障板与轨面的高度，在支座上设计了调节结构。在轴箱保持水平的状态下，排障板下端与钢轨面的距离高度可调节范围约为 10 mm。

11. 悬挂参数优化

转向架悬挂系统参数如轴箱定位转臂刚度、弹簧刚度、抗蛇行减振器阻尼等，对车辆系统运行安全性、平稳性和曲线通过能力等有十分重要的影响。为确保高速动车组有十分优良的动力性能，动车组转向架所有悬挂和结构参数均通过优化选取，以确保高速动车组既具有很高的临界速度，又同时具备优良的曲线通过性能。

4.4.3 牵引系统结构配置

CRH$_2$ 型动车组编组形式为 8 辆编组，动力配置为 4M＋4T，即 T1c-M2-M1-T2-T1k-M2-

M1s–T2c，其中相邻的两辆动车为一个基本动力单元。每个动力单元具有独立的牵引传动系统。

CRH$_2$ 型动车组采用交流传动系统，主要由受电弓（包括高压电气设备）、牵引变压器、四象限变流器、中间环节、牵引逆变器、牵引电机、齿轮传动系统等组成。动车组受电弓从接触网获得 AC 25 000 V/50 Hz 电源，为了满足动车组牵引特性的要求，牵引电机需要电压频率均可调节的三相交流电源。

1. DSA250 型单臂受电弓

受电弓是从接触网获得电能的部件，列车运行时压缩空气通过车的各阀进入受电弓升弓装置气囊，升起受电弓，使受电弓滑板与接触网接触；降弓时，排出升弓装置气囊内压缩空气，使受电弓落下。为了保证动车组高速运行时的可靠受流，动车组受电弓还必须满足以下要求：

（1）滑板的材料、形状、尺寸适应高速要求，保证良好的接触状态以及更高的耐磨性能。

（2）保证滑板与接触网在规定的受电弓工作高度范围内保持恒定、大小合适的接触压力，以实现比常规受电弓更为可靠的连续电接触。

（3）结构设计上应尽量使作用在滑板上的空气阻力由其他部件承担，使受电弓滑板在其垂直工作范围内始终保持水平，减少甚至消除空气阻力对滑板与接触网间接触压力的影响。

（4）除保证机械强度和刚度外，尽可能降低受电弓运动部分的重量，减小运动惯性，保证与接触网可靠的电接触。

（5）升弓时，动作开始要快，但接触导线时要缓慢，以减少对接触网导线的冲击；降弓时，离开接触网导线要快，避免产生拉弧；而到达落弓位时要慢，减少对车顶冲击力。

动车组采用 DSA250 型单臂受电弓，适用于 250 km/h 的运行速度。每列动车组在 4、6 号车设受电弓及附属装置，车辆间采用高压电缆连接。正常情况下，单弓受流，另一台备用，处于折叠状态。

弓网故障时，为避免弓网事故的进一步扩大，受电弓设置自动降弓装置，主要功能如下：

（1）受电弓滑板断裂、拉大沟槽、磨耗到限等损坏或绝缘导管断裂时，实现快速降弓。

（2）降弓动作的同时，自动切断真空断路器，避免带负载降弓产生拉弧火花而损坏受电弓滑板和接触网导线。

（3）自动降弓的同时，可实现声响和指示灯报警等功能，便于乘务员了解情况，及时采取措施。

（4）可方便实现"自动降弓"和"正常降弓"功能的快速转换，即当"自动降弓装置"自身发生故障时，不影响动车组的正常运行及操作。

DSA250 型单臂受电弓由底架、升弓装置、下臂、上臂、弓头、滑板及空气管路等组成。其外形结构图如图 4–79 所示。

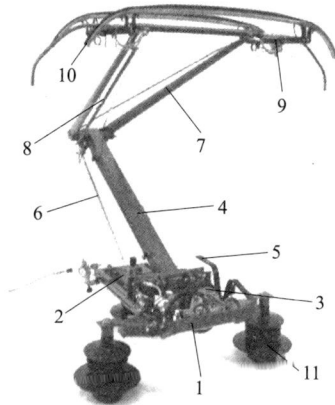

图 4-79 DSA250 型单臂受电弓

1—底架；2—阻尼器；3—升弓装置；4—下臂；5—弓装配；6—下导杆；

7—上臂；8—上导杆；9—弓头；10—滑板；11—绝缘子

受电弓是通过压缩空气来实现升降控制的，其压缩空气的空气管路原理见图 4-80。压缩空气通过电空阀（件 1），经空气过滤器（件 2）→升弓节流阀 G1/4（件 3）→精密调压阀 Rc1/2（件 4），精密调压阀将压缩空气调整到正常升弓压力值约 0.35 MPa，相当于接触压力 70 N，由精密调压阀向受电弓提供恒定的压缩空气，其调节精度为 ±0.002 MPa。气压每变化 0.01 MPa（约 0.1 kgf/cm^2），接触压力变化 10 N。气压表（件 5）→降弓节流阀 G1/4（件 6）→安全阀（件 7）→压缩空气绝缘管（件 8）→升弓气囊（件 9）。

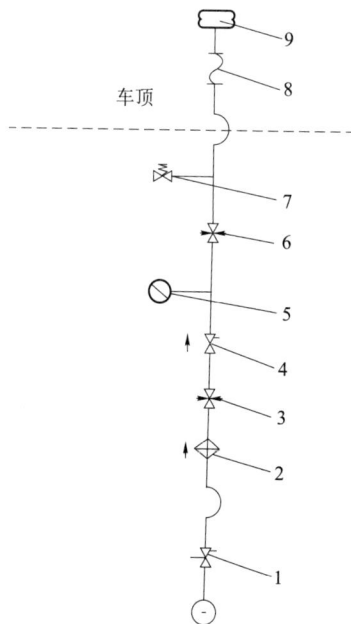

图 4-80 空气管路原理

1—电空阀；2—空气过滤器；3—单向节流阀（升弓）G1/4；4—精密调压阀 Rc1/2；5—气压表 R1/8；

6—单向节流阀（降弓）G1/4；7—安全阀；8—压缩空气绝缘管；9—升弓装置（气囊）

2. 高压设备箱

高压设备箱安装在 2、6 号车底架下，真空断路器、避雷器、地板下电缆接线盒安装在设备箱内。高压设备箱内安装的各部件可单独装卸，也可根据需要进行整体装卸。

高压设备箱使用铝合金型材，采用密封结构，避免其内安装的部件受到污损。为适应通过隧道时压力的变化，设有过滤器，与外界大气进行交换。此外，为降低避雷器的限压抑制，空中绝缘距离设为 230 mm。高压加压部按照确保大地绝缘距离为 230 mm 以上来配置其内安装的部件。设备箱上装有避雷器，侧面安装真空断路器、地板下电缆接线盒及指示灯。为安全起见，在接地保护开关接通时，设置指示灯加以确认。

高压设备箱底部设置检查盖，通过锁闭装置进行锁闭。内部各部件的安装全部在箱内进行。实施作业及检查时，操作锁闭装置后可以打开检查盖。

高压设备箱与车顶保护接地开关联锁锁闭装置的设置，是为了在检查高压设备箱内部件时，防止人员触电。锁闭装置由辅助空气压缩机（装在 M2 车底架下）单元内管座上的钥匙和高压设备箱的锁装置组成。各车厢的高压设备箱使用的钥匙不同（钥匙上标有号码）。

3. 真空断路器

真空断路器用来断开、接通 25 kV 电路，并作为故障状态的保护器件，兼有断路器和开关两种作用。当牵引变压器牵引侧以后的电路发生故障时，能迅速、安全、准确地切断电路。CRH_2 型动车组采用 CB201 型真空断路器，每列动车组配置两台真空断路器，每台真空断路器控制一台牵引变压器。

CB201 型真空断路器（通常称为 VCB）利用真空中的高绝缘性能电弧的扩散作用进行隔断，配置在动车底架下的高压设备箱内。

真空断路器主要由三部分组成：

（1）高压电流分断部分：由可开断交流电弧的真空开关管、静触头、动触头组成。动触头的操作由电空机械装置和合闸过程中的导向装置同时完成。

（2）隔离绝缘部分：由安装在底板上的支持绝缘子、内部的绝缘导杆、恢复弹簧、接触压力弹簧组成。绝缘导杆连接电空机械装置和动触头。

（3）电空机械装置（低压部分）：由空气管、压力开关、储风缸、调压阀、电磁阀、保持线圈、传动风缸及活塞组成。当空气压力达一定值时，压力开关闭合，压缩空气方能进入储风缸。储风缸内的调压阀，用来调节储风缸内气压。

4. 避雷器

CRH_2 型动车组采用 LA205 型交流避雷器，避雷器由采用聚合物制成的瓷管与氧化锌组件组成。氧化锌组件由 14 个采用弹簧强力固定、带有止振橡胶的元件构成。在瓷管内部装有氧化锌组件，用氮气密封。如果避雷器由于大电流而短路，内部压力异常上升，则通过特殊薄金属板的放压装置向外释放高压气体。

避雷器是一种保护电器，用于限制电气设备运行过程出现的大气过电压及操作过电压，使电气设备免受过电压损害，减少系统的跳闸率及事故率。

氧化锌避雷器是采用 ZnO 等多种金属氧化物制成的，利用其相当理想的伏安特性，其中线性系数只有 0.025 左右，使得避雷器处于正常工作电压时，流过的电流非常小，可认为是一种绝缘体；而当电压值超过某一动作值时，电流急剧增加，电流的增加反过来抑制住电压的上升，从而保护了机车的绝缘设备不被击穿。待电压恢复到正常工作范围时，电流相应恢

复到极小值，避雷器仍呈绝缘态，不影响系统的正常工作。

一般来说，避雷器的选择既要保证在正常工作电压下电流很小，且产品不易老化，又要保证在过电压下正常释放能量，使电压不会上升到损坏绝缘的程度。因此，考核避雷器主要有三个参数：大电流下残压、工作电压下续流和通流容量。

5. 电流互感器

与普通的变压器相比，电流互感器的一次绕组由一匝或几匝截面较大的导线构成，并串入需要测量电流的电路中；牵引绕组的匝数较多，导线截面较小，并与阻抗很小的仪表（如电流表、功率表的电流线圈等）接成回路。电流互感器的运行情况相当于变压器的短路情况，必须注意：

（1）电流互感器的二次绕组绝对不允许开路；

（2）必须将电流互感器的外壳和二次绕组的一端可靠接地，以防原、副边绕组间绝缘损坏，原边电压窜入二次侧，引起触电和仪表损坏。

CRH$_2$ 型动车组采用 BB-S 隔离型高压电流互感器，用于检测牵引变压器原边电流值。一个基本动力单元配置 1 个电流互感器，全列共设置 2 个电流互感器。

6. 电压互感器

电压互感器工作时，原边绕组直接接到被测的高压电路，牵引绕组接电压表或功率表的电压线圈。由于电压表和功率表的电压线圈内阻抗很大，所以电压互感器的运行情况相当于变压器的空载情况。忽略漏阻抗压降时，其原边绕组、牵引绕组之比就等于原边绕组、牵引绕组的电压之比。而电压互感器在设计时，为了保证其准确度，一般都采用高性能的硅钢片，以减小励磁电流和原边、牵引绕组的漏电抗。

电压互感器在使用时，必须注意：

（1）电压互感器牵引侧绝对不能短路；

（2）电压互感器的二次绕组连同铁芯一起，必须可靠接地；

（3）电压互感器有一定的额定容量，使用时牵引侧绕组不宜接过多的仪表。

CRH$_2$ 型动车组采用高压电压互感器检测接触网电压。一个基本动力单元配置 1 个电压互感器，全列车共配置 2 台。

7. 牵引变压器

牵引变压器是动车组上的重要部件，用来把接触网上取得的 25 kV 高压电变换为供给牵引变流器及其他电器工作所适合的电压。

变压器中最主要的部件是铁芯和绕组，它们构成了变压器的本体。变压器的铁芯既是磁路，又是套装绕组的骨架。按照铁芯的结构，变压器可分为芯式和壳式两种。芯式结构的绕组装配和绝缘比较容易，所以电力变压器常常采用芯式结构。壳式变压器的机械强度较好，常用于低压、大电流的变压器或小容量电信变压器。

绕组是变压器的电路部分，用纸包或纱包的绝缘扁线或圆线绕成。其中输入电能的绕组称为原边绕组，输出电能的绕组称为牵引绕组，它们通常套装在同一芯柱上。

原边、牵引绕组具有不同的匝数，通过电磁感应作用，原边绕组的电能可传递到牵引绕组，且使原边、牵引绕组具有不同的电压和电流。原边、牵引绕组的电压分别与绕组的匝数成正比，电流分别与绕组匝数成反比。

ATM9 型变压器采用单相壳式、无压密封方式，一个基本动力单元配置 1 台，全列共计

2 台。其实物图如图 4-81 所示。储油柜安装在牵引变压器中央部位，和主机油箱通过连接孔输送绝缘油。波纹管采用圆形不锈钢焊接结构，外侧存放油，内侧与大气相通。

图 4-81　ATM9 型牵引变压器实物图

1—热油出油管（输入油冷却器）；2—电动油泵；3—油冷却器；4—热油吸入油管；5—变压器绕组；6—冷却风入口；
7—油冷却器散热片及热风出口；8—油流继电器；9—温度继电器；10—原边线路侧套管；11—接线端子

8. 牵引变流器

CRH$_2$ 型动车组牵引变流器（以下简称变流器）由单相三电平脉冲整流器、中间直流电路、三电平逆变器、真空交流接触器等主电路设备，以及牵引控制装置、控制电源等控制设备组成。上述设备安装在一个箱体内，为减轻重量，箱框采用铝合金结构。每个动车设置一台牵引变流器，每台变流器驱动 4 台并联牵引电机。牵引变流器结构见图 4-82。

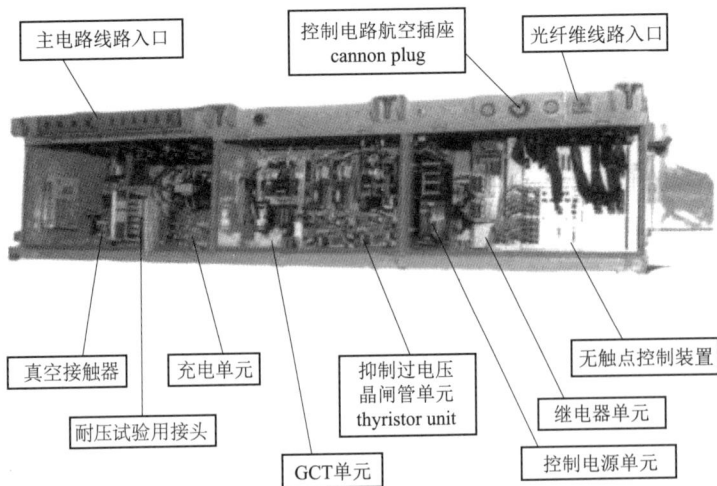

图 4-82　牵引变流器结构

牵引变压器牵引绕组输出的 AC 1 500 V、50 Hz 单相交流电，通过三电平 PWM 脉冲整流器变换为直流电，经中间直流回路将 DC 2 600～3 000 V（再生制动时稳定在 3 000 V）的直流电输出给牵引逆变器，牵引逆变器输出电压、频率可调的三相交流电（电压为 0～2 300 V，频率为 0～220 Hz）驱动牵引电机。三电平逆变器采用异步调制、5 脉冲、3 脉冲和单脉冲相结合的控制方式。变流器取消了中间直流回路的二次滤波环节，牵引变压器不须设置二次滤

波电抗器，使得二者重量均得到大幅度降低。

箱体中央位置配置脉冲整流器功率模块（2 台）和逆变器功率模块（3 台）。牵引变流器靠列车侧面配置两台电动鼓风机（主鼓风机），向功率模块冷却器送风。箱体内部集中设置真空接触器、继电器单元和牵引控制装置等，便于集中检查。

9. 牵引电机

CRH_2 型动车组采用 MT205 型三相鼠笼异步电机，每辆动车配置 4 台牵引电机（并联连接），一个基本动力单元共 8 台，全列共计 16 台。电机额定功率为 300 kW，最高转速6 120 r/min，最高试验转速达 7 040 r/min。

牵引电机由定子、转子、轴承、通风系统等组成，绝缘等级为 200 级。牵引电机采用转向架架悬方式，机械通风方式冷却，平行齿轮弯曲轴万向接头方式驱动。牵引电机外形如图 4-83 所示。牵引电机安装位置见图 4-84。

图 4-83　牵引电机外形图

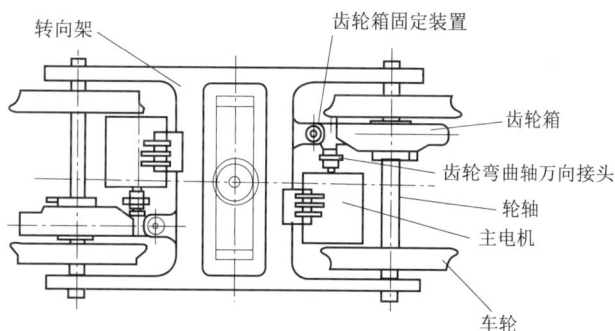

图 4-84　牵引电机安装位置图

4.4.4　制动系统结构配置

CRH_2 型动车组制动系统由制动控制系统、基础制动系统及空气供给系统三大部分组成。

制动控制系统包括：制动信号发生装置、制动信号传输装置、制动控制装置。

制动信号发生装置即司机制动控制器，位于 1、8 号（T1c、T2c）车司机室操纵控制台。

制动信号传输装置借助于列车信息控制系统，包括中央装置、车辆终端装置，采集与传输制动指令，同时接收制动状态指令。

制动控制装置接受制动指令，实施制动力的控制，并以整体集成方式吊装在每辆车的地板下。其内部集成了电子控制单元和由各风动阀（电空转换阀、紧急阀、中继阀、调压阀等）组成的制动控制单元（BCU）、空气制动管路上所需的各种阀门及风缸等。

基础制动系统位于转向架上，由带防滑阀的增压气缸及油压盘式制动装置等组成。

空气供给系统由位于 3、5、7 号车地板下的 3 台空气压缩机、干燥器，以及用于每辆车的总风缸、制动供给风缸、贯穿全车的总风管等组成。

列车编组与制动设备布置对照见表 4-18，制动系统布置见图 4-85。

表 4-18　列车编组与制动设备布置对照表

设备分布 \ 编组情况		1	2	3	4	5	6	7	8
		T1c	M2	M1	T2	T1k	M2	M1s	T2c
司机制动控制器		√							√
制动指令传输装置	指令传输中央处理装置	√							√
	指令传输网络	列车信息控制网络							
	传输终端装置	√	√	√	√	√	√	√	√
制动控制装置		√	√	√	√	√	√	√	√
基础制动装置		√	√	√	√	√	√	√	√

注：① "√" 表示该车布置有此设备。

②　制动指令传输装置是制动系统关联设备，属于列车信息控制网络。

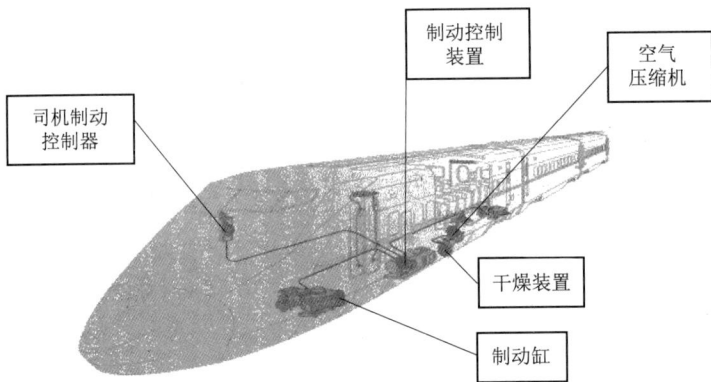

图 4-85　制动系统布置图

1. 制动控制装置

CRH$_2$ 型动车组制动控制装置在动车组上的布置见表 4-19。

表 4-19　CRH$_2$ 型动车组制动控制装置在动车组上的布置表

设备分布 \ 编组情况	1	2	3	4	5	6	7	8
	T1c	M2	M1	T2	T1k	M2	M1s	T2c
制动控制装置（CF100）	√							√
制动控制装置（CF101）				√				
制动控制装置（CF102）					√			
制动控制装置（CF103）		√				√		
制动控制装置（CF104）							√	

制动控制装置主要零部件见表 4–20。

表 4–20 制动控制装置主要零部件表

名 称	所需数量					备 注
	CF–100	CF–101	CF–102	CF–103	CF–104	
CBCD100 制动控制单元	1	—	—	—	—	
CBCD101 制动控制单元	—	1	1	—	—	
CBCD102 制动控制单元	—	—	—	1	1	
EPLA 电空变换阀	1	1	1	1	1	
B11 压力调整阀	1	1	1	1	1	紧急电路用
B10 压力调整阀	1	1	1	1	1	控制电路用
VM14–2H 电磁阀	1	1	1	1	1	紧急电路用
FD–1 中继阀	1	1	1	1	1	
3/4 止回阀	1	1	1	1	1	供给储气器
3/8 止回阀	1	1	1	1	1	控制储气器
UMA 滤尘器	1	1	1	1	1	
3/8 检压用球旋塞	7	7	7	7	7	快速接头（BCT，MRT，TYCT）
3/4 带侧孔球旋塞	1	1	1	1	1	紧急电路用
3/8 球旋塞	3	3	3	3	3	控制电路用
3/8 带侧孔球旋塞	2	2	3	2	3	踏面清扫、BC、调压电路用
3/4 球旋塞	1	1	2	1	2	供给、主及供给和控制储气器电路用
排水用球旋塞	3	3	3	3	3	供给、主、控制储气器用
E1L（乙）安全阀	—	—	1	—	1	
双室风缸	1	1	1	1	1	主：100 L 供给：150 L
控制风缸	1	1	1	1	1	20 L

注："—"表示没有此设备。

2. 主空气压缩机

主空气压缩机压缩方式为往复式单动 2 级压缩，驱动方式为直接驱动式，其目的是降低噪声、减小振动、减轻重量。气缸的排列是水平置式，其变位容积达 1 754 L/min。

为实现低噪声，压缩机体部分安装有吸入或排气消声器；为减小振动，将气缸排列成对置式，此外在吊架处使用防振橡胶来减少传向车体的振动。为实现轻量化，压缩机部分采用铝合金材料。

主空气压缩机由空气压缩机、三相交流电动机、联轴节、安全阀及干燥器等构成。主空气压缩机组成及零部件规格如表 4–21 所示。

表 4–21　主空气压缩机组成及零部件规格

项目	规　格		
空气压缩机	型式	往复式单动 2 级压缩	
	气缸排列状态	水平对置 4 缸	
	气缸直径×行程×数量	高压级	62 mm×65 mm×2 缸
		低压级	110 mm×65 mm×2 缸
	旋转速度	1 420 r/min	
	变位容积	1 754 L/min	
	排出压力	最大 880 kPa	
	容积效率	70%以上	
	润滑方式	齿轮泵强迫润滑方式	
	冷却方式	自然空冷	
三相交流电动机	型式	3 相交流、鼠笼式、4 极	
	通风冷却方式	全封闭自冷方式	
	额定	额定工作时间	30 min
		额定转速	1 420 r/min
		输出功率	12 kW
		额定电压	AC 400 V/50 Hz
	缘绝等级	F 级	
联轴节	型式	橡胶弹性联轴节、直接连接	

3. 辅助空气压缩机

CRH$_2$ 型动车组所用的 ACMF2 及 ACMF2A 辅助空气压缩机装置是在动车组运行准备时，即总风压力不足、受电弓上升时，对真空断路器（VCB）的压力空气进行供给的空气源。

4.4.5　网络控制系统结构配置

1. 列车级网络设备及配置

列车级网络设备主要包括中央装置、终端装置、显示控制装置、显示器和 IC 卡读写装置。

1）中央装置

中央装置由铝合金箱体组成，外形尺寸为 482.6 mm（宽）×400 mm（高）×345 mm（深）。最上部为外部连线插座 CN–M1～CN–M8，中间部分安装电路板，下部为通风空间。箱体后部有两层印刷电路板，最后一层安装外部连线插座，另一层作为各印刷电路板底板，电路板通过连接器与底板连接。

中央装置由 13 块电路板组成，由左至右分别命名为 MDM8–1、TRC、TRC、CPU、DIS、DIO、PS、TXC、TXC、PS、TRC、CPU、MDM8–1。具体排列位置如图 4–86 所示。

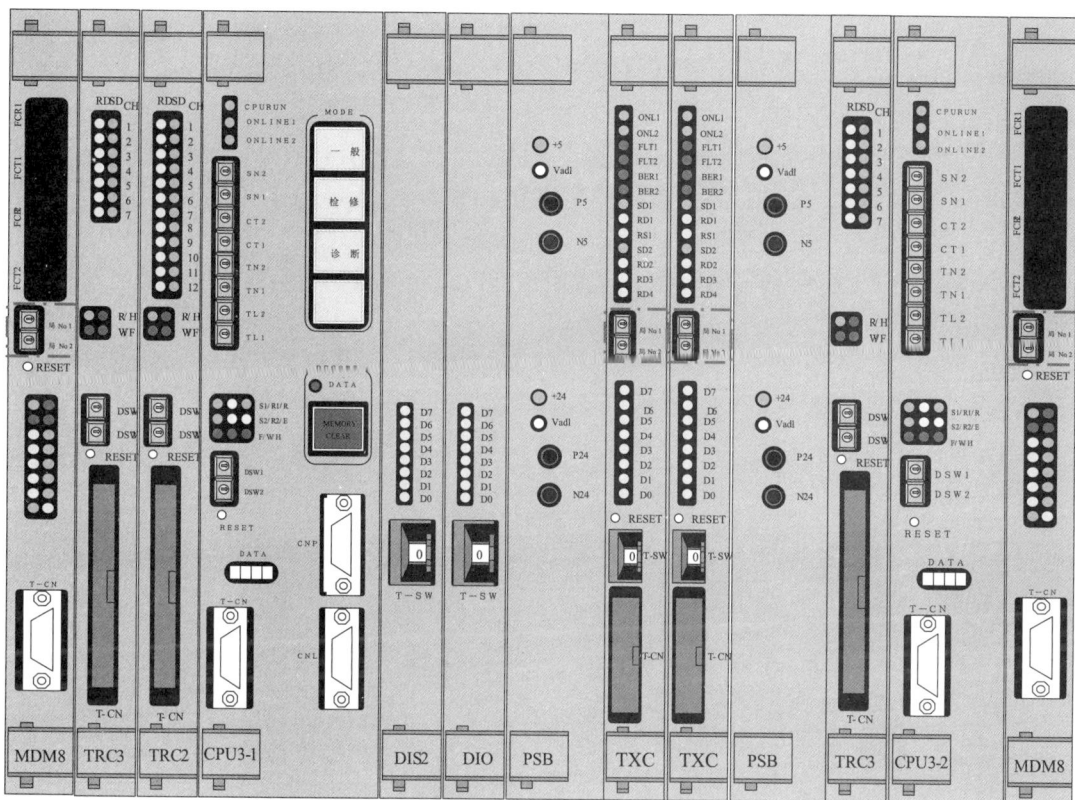

图 4-86　中央装置电路板排列位置

各电路板的基本功能如下：

MDM8-1 板：中央装置的光信号传输卡。中央装置用该卡收发光信号，它是信息控制系统的主要传输电路。

TRC 板：信号传卡。该卡有 8 个传输通道，包含 20 mA 电流环与 HDLC 同步通信电路。

CPU 板：中央装置主处理板。板上 CPU 字长 32 位（相当于 MC68360），具备 4 MB ROM 存储器，2 MB RAM 存储器。该板实际上是为中央装置设计的专用嵌入式计算机，用于信息的处理、计算及信息记录。

DIS 板：光电隔离数字信号输入卡。用于处理 24 V、100 V 开关输入信号。

DIO 板：光电隔离或继电器隔离数字信号输出卡。用于处理 24 V、100 V 开关输出信号。

PS 板：电源卡。该板为 DC/DC 电源调整卡，输入为 100 VDC，输出电压为 24 VDC 与 5 VDC。输出电流有两种规格，其中 PSB 型容量较大，24 V 输出 2 A，5 V 输出 8 A，作为中央装置供电电源；PSA 型容量较小，24 V 输出 2 A，5 V 输出 3 A，作为终端装置供电电源。

TXC 板：控制指令发送卡。中央装置用该卡可将控制指令发送到车辆设备。

中央装置第二块 CPU 卡（右边）上装有四个选择开关，用来选择控制系统的运行模式：通用、维修、诊断与备用。

2）终端装置

终端装置有 AIN 底座的为 MS–A941–G1，没有 AIN 底座的为 MS–A941–G2。终端装置由输入输出连接器、电路板、母板、箱体构成。

终端装置由 10 块电路板组成，由左至右分别命名为 MDM8-2、MDM9、CPU、TRC、DIS、DIO、AIN、PS、RXC、PS，具体排列位置如图 4–87 所示。其中 CPU、TRC、DIS、DIO、PS 卡的功能与中央装置同类卡相同，其他卡基本功能简述如下。

MDM8-2 板：光信号传输卡。终端装置用该卡收发光信号，它是列车信息传输系统的主要传输电路。

MDM9 板：光信号传输卡。终端装置用该卡与本车辆内制动控制器及牵引变流器交换信息。

AIN 板：模拟信号输入卡。终端装置用该卡采集模拟信号，模拟信号输入范围为 0～100 V。

RXC 板：控制指令接受卡。终端装置用该卡接受中央装置传输来的指令。

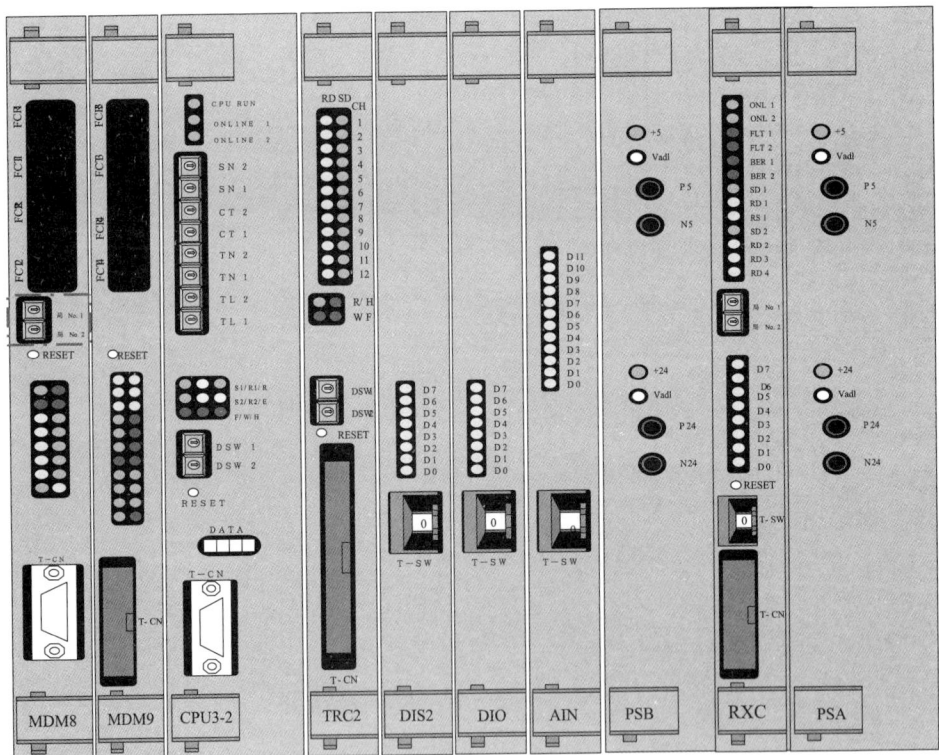

图 4–87　终端装置电路板排列位置

3）显示控制装置

显示控制装置是用来控制显示器的，显示控制装置电路板排列见图 4–88。其中 PSB 和 CPU6 卡的功能与中央装置 PS 和 CPU 卡相同。

4）显示器

（1）列车信息显示器。

每个操纵台上设置两台司机用列车信息显示器，另外在 7 号车厢（M1s–7）设置有一台乘务员列车信息显示器，共 5 台。列车信息显示器为触摸式，通过操作触摸屏，可以进

行页面切换。

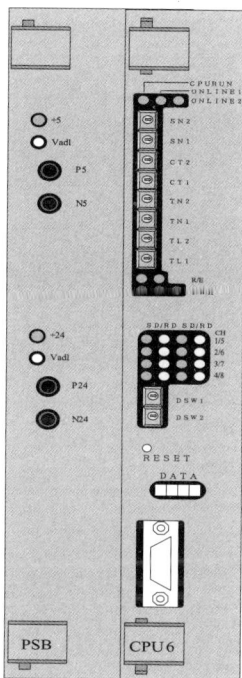

图 4-88　显示控制装置电路板排列

显示页面：彩色 LCD；

分辨率：640 像素×480 像素；

显示文字数：40 字/行×24 行；

输入：阻抗模式触摸输入方式。

（2）乘客信息显示器。

在车厢的两端分别设置有乘客信息显示器，用于显示当前到站、前方到站、正点或晚点、晚点原因、当前时间、运行速度、车厢内/外温度、实时新闻、禁烟标志和厕所有无人等旅客信息。

乘客信息显示器为 LED 点阵显示屏，主要特点如下：

可显示汉字、英文、数字及符号；具有超时保护功能，以保证在任何情况下都能向乘客显示正确的信息。当接收到有效信号时，显示器将重新正常工作；显示内容在断电后可永久保存；具有与广播语音信息同步显示的特性。

5）IC 卡读写装置

IC 卡读写装置安装在头尾车厢（T1c-1、T2c-8），车上系统与地面系统之间的通信采用 IC 存储卡。读取 IC 卡：从 IC 卡上读取告示文、停靠站、公里里程的信息。写入 IC 卡：将列车信息传输装置上记录的各种信息和牵引变流器上记录的故障数据写入 IC 卡中。

2. 车厢级网络设备及配置

中央装置和终端装置由光纤连接，采用不易发生故障的双向环形回路传输信息。当发生两处以上的线路故障时，可以继续由其他连接线路进行传输。另外，还设有备份传输线（自我诊断传输线），当环形网络发生故障时可以传输控制指令，对各设备进行控制。表 4-22 为

中央装置和终端装置连接设备。

表 4-22　中央装置和终端装置连接设备

	T1c-1		M2-2	M1-3	T2-4	T1k-5	M2-6	M1s-7	T2c-8	
	中央	终端	终端	终端	终端	终端	终端	终端	中央	终端
显示控制装置	○							○	○	
IC 卡读写装置	○								○	
乘客信息显示器		○	○	○	○	○	○	○		○
速度传感器（SG）	○								○	
联挂/解挂控制盘	○								○	
LKJ2000 装置	○								○	
距离检测装置	○									
配电盘		○	○	○	○	○	○	○		○
空调显示设定器		○	○	○	○	○	○	○		○
侧面目的地显示器		○	○	○	○	○	○	○		○
辅助电源装置		○								○
车号显示器		○	○	○	○	○	○	○		
制动控制装置		○	○	○	○	○	○	○		○
牵引变流器			○	○			○	○		
无线收音装置								○		
自动广播装置								○		

1）司机室显示单元

司机室显示单元由显示控制装置和列车信息显示器组成，它们之间由双绞屏蔽线连接，通过电流环接口传输信息。并根据各车辆的监视器信息，进行前端、后端标志灯及显示灯的点灯、灭灯控制。

列车信息显示器通过显示控制装置由双绞屏蔽线连接到中央装置，进行目的地、中途停车站等各种引导文字及故障信息的接收和发送。司机室显示装置布置见图 4-89。

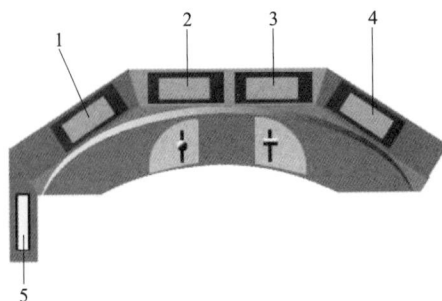

图 4-89　司机室显示装置布置

1—牵引动力状态显示屏；2—LKJ 显示屏；3—ATP 显示屏；4—列车设备状态显示屏；5—无线列调

2）牵引控制单元

列车牵引控制信息由车辆信息传输线（各中央、终端装置光节点之间）及各脉冲设备之间的传输线（牵引变流器、制动控制装置之间）来传输状态信息。

牵引指令系统采用串行传输方式，主要有前进、后退、牵引制动等指令（见表 4-23）。

表 4-23　牵引控制指令一览表

指　　令	光传输				用途等
	CI 传输	BCU 传输	中央 接点	终端 接点	
前进牵引	○			○	接点信号用于 CI 传输的备份
后退牵引	○			○	接点信号用于 CI 传输的备份
牵引、牵引挡	○	○（9）		○（A，B）	BCU 传输信号用于防止空转时的滑行误检测 牵引 A、B 用于 CI 传输的备份
定速	○				
空挡	○	○			
复位	○			○（6M）	接点信号用于 ACOCRRI/GRR3 复位和 CI 传输的备份，还共用于辅助电源复位
高加速	○				
接通制动设定器					发出运行指令信号条件
救援					发出救援指令信号条件，发出运行指令信号条件
受电弓下降/受电弓上升				○	
VCB 切断/VCB 接通				○	
电源感应/电源感应复位				○	
压缩机断开复位/压缩机断开				○	
M2 断开/复位/M1 断开				○	
供电条件/受电条件成立					辅助电源感应控制用
ACK2 接通				○	3 次电源感应输出
BKK（3 相 AC 400 V 线间）断开				○	BKK 断开输出
BKK（3 相 AC 400 V 线间）接通				○	BKK 接通输出
ACVR1				○	BKK 控制用
ACVR2				○	BKK 控制用
过分相预告信号				○	
过分相强制信号				○	
过分相区间				○	
受电弓下降			○	○	

3）制动控制单元

本车辆的制动装置是采用再生制动的电气指令式空气制动装置。设置在制动控制装置内

的制动控制单元（BCU）采用微处理器数字运算处理方式。来自驾驶台的制动指令通过中央装置，由光纤传输到终端装置，根据各车厢的负荷信号及速度信息计算出需要的制动力，对电制动力、空气制动力进行控制。关于与再生制动的协调采用延迟控制，负担一部分的拖车制动力。

（1）制动控制装置主要控制内容：

① 利用电空转换阀控制制动气缸压力；

② 滑行检测及再黏着控制（电控制动、空气制动控制）；

③ 电动空气压缩机的控制；

④ 紧急制动压力的控制；

⑤ 制动监控；

⑥ 监控器输出功能。

（2）制动控制装置主要功能：

① 制动力切换功能；

② 打滑再次黏着功能（空气压力控制式）；

③ 对应负荷功能；

④ 耐雪制动控制功能；

⑤ 不足、不缓解检测功能；

⑥ 监视功能；

⑦ 故障信息保存功能；

⑧ 其他车辆制动输出功能（从动车向拖车的 EP 阀指令功能）。

4）辅助制动控制单元

辅助制动控制装置是在机器上指令系统发生故障而失效，不能使用通常制动时备用的制动装置。制动指令采用电气指令方式，辅助制动也采用以电压控制的电气指令方式。

该制动的目的是：当 BCU 出现故障时，也能够使空气制动动作，让列车维持行驶。该制动系统在两先头车的辅助制动器模式发生器输出的模式电压的作用下运行。

辅助制动器模式发生器的电源使用辅助电源装置交流输出，对通过制动器设定器的变速段产生的模式电压进行切换。

使用辅助制动器时的操作是指：将通常处于「断开」状态的 SBN1（操纵台）与 SBN2（配电盘）切换到「接通」状态。

辅助制动装置投入 NFB（SBN1）的同时，先头车制动指令用辅助制动模式发生器（SBT）传输来该模式电压，按驾驶台司机制动控制器的等级给牵引线加压。本装置预先调为使得各车用的辅助制动模式发生器（ASBT），按照牵引线所受的电压能得到各车辆形式的制动力，且预先安排能发生相当于所需 BC 压力的 EP 阀电流。

辅助制动模式发生器备有先头车指令用（SBT）及各车组件用（ASBT）两种发生器。只限于先头车动作才能启动辅助制动功能。基本结构如图 4-90 所示。

5）空调控制单元

空调系统框图见图 4-91。

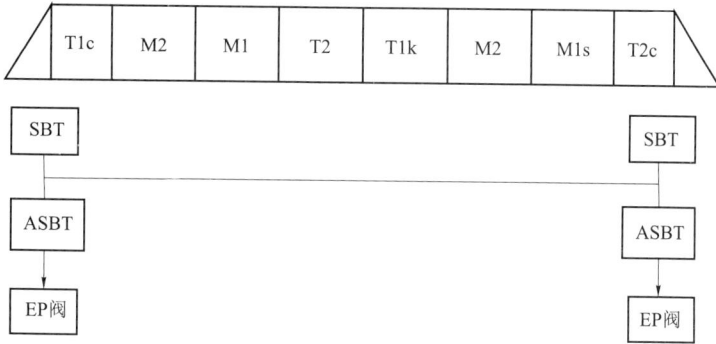

图 4-90 辅助制动装置基本结构

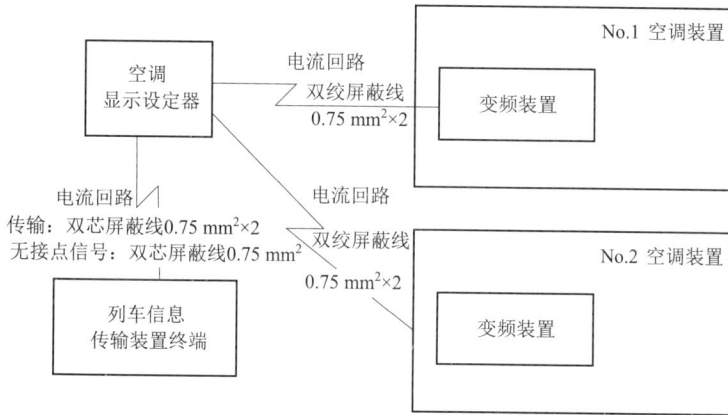

图 4-91 空调系统框图

空调的控制通过变频装置来进行，变频装置对温度传感器检测到的车内温度与空调设定温度进行比较，根据其结果进行温度调节。

空调显示设定器显示从车上监视装置传输的内容，并向变频装置发出空气调节指令。同时，空调显示设定器还显示从变频装置传来的状态信息，并将信息传输到车上监视装置。也就是说，空调显示设定器起到了在车上监视装置与变频装置之间传输数据的作用。

进行与空调相关的各种设定时，可优先采用来自车上监视装置信息以及空调显示设定器本身设定的指令或数值后设定的指令或数值。

空调显示设定器在操作上有「通用模式」与「维修模式」两种。两种模式的切换通过面板上的"维修模式"开关进行。

通用模式：由司机操作，进行空调模式的设定与温度设定。

维修模式：由维修人员操作，通过 CH 与 DATA 显示读取各种信息。

3. 旅客信息系统设备及配置

旅客信息系统具有乘客引导和旅行信息服务功能。其内容包括列车车次、到达站、时刻表、车辆编号、运行速度和车内外温度信息。

车内旅客引导播音、全车同时播音及司机室、乘务员室、车内销售准备室间的业务联络播音系统。共线电话（配电盘内）每辆车设置 1 台。

本系统利用车顶上的天线接收 FM/AM 无线电信号，可用于接收频带为 87～108 MHz

（FM）、522～1 610 kHz（AM）的信号，并将其输送给播音系统供车内广播使用。

各车辆的外部两侧设置目的地显示器，用以显示终点站、列车车次等乘客引导信息。

车内旅客信息显示器所显示的内容（停车站点向导、新闻、宣传等）在地面基地进行编辑后，存储到 IC 卡中，通过附属于司机台的列车信息显示器的 IC 卡读写装置，输入到列车信息传输装置中。

信息包括：

① 车号信息显示器发出的显示信息指令；

② 向自动广播装置传输广播定时信息；

③ 解挂时的其他编组广播切换输出；

④ 通过无线装置接收的 PR 文字、紧急文字的显示（对应将来的运行管理系统可增加功能）；

⑤ 服务器控制（空调、室内灯、广播节目）的控制及状态显示。

4.4.6　空调通风系统结构配置

CRH$_2$ 型动车组每辆车下均设两台空调机组和一台用于提供新风和排放废气的换气装置。空调机组的控制由内置的变频装置完成，变频装置通过比较空调显示设定器设定的温度值和客室内检测温度值，对空调机组的压缩机、室外送风机、室内送风机进行变频控制，对电加热器进行通断控制，实现对客室空气的制冷及加热。

动车组在会车和通过隧道时，车外空气压力将会产生急剧变化。为减少客室外压力变化对客室内空气压力的影响，保证客室的正常换气，CRH$_2$ 型动车组在每辆车的地板下安装了新风供给和废气排放一体的换气装置。

空调机组和换气装置在车下与通风系统相连。每台空调机组向客室内提供新风量 12 m³/min，回风量 48 m³/min，总通风量为 60 m³/min。通风系统包括新风（FA）、送风（CA）、回风（RA）、排风（EA）四种用途的风道。卫生间废气通过废排风道全部由换气装置排出。在吸烟车厢，为了保证客室内空气的品质，客室内端墙上设空气清洁机。

空调系统能够保证动车组如下性能：夏季，外部气温 33 ℃、相对湿度 80% 及 150%定员时，客室温度可保持在 26 ℃以下；外部气温 40 ℃、相对湿度 55% 及 100%定员时，客室温度可保持在 28 ℃以下；冬季，外部气温为-15 ℃时，客室温度可保持在 20 ℃以上。

1. 空调机组

空调机组设置在车辆的地板下，采用单元式结构，见图 4-92。空调机组分为通风单元、制冷单元和变频装置。通风单元采用密封结构，内部设有客室热交换器、室内送风机、电加热器、节流装置、直流电抗器、排水泵、空气过滤网等部件；制冷单元设有压缩机、高压开关、客室外热交换器、客室外风机、制冷剂储液器、交流电抗器等部件；变频装置也采用密封结构，内部设有变频器、散热器、接触器盘 1、接触器盘 2 等零部件。

为便于检修，空调机组下部设检查口，检查口和排水托盘为一体，以便于室内热交换器、室内回风过滤网、排水托盘、排水泵的清洗。另外，为防止室外热交换器的污损，安装了室外过滤器。室内回风过滤网、室外过滤器均采用无纺布材料。

长：2 635.5 mm
宽：1 265.5 mm
高：650 mm

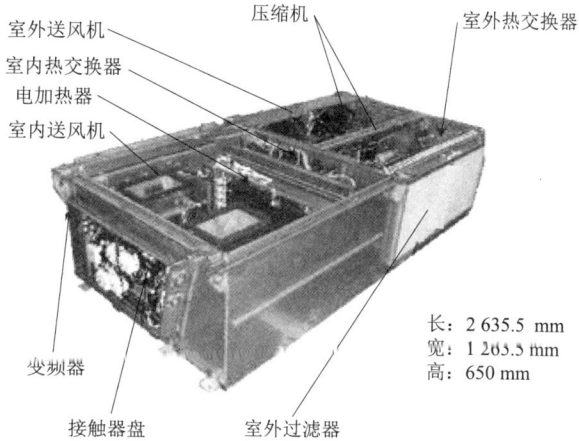

图 4-92 空调机组结构示意图

2. 换气装置

为了克服列车在高速运行下，特别是在会车和进入隧道时造成的客室内外空气的压力差，CRH$_2$ 型动车组在车底下部安装有供排气一体的换气装置（见图 4-93）。换气装置采用变频器控制送风机的运行转速，运行速度高于 160 km/h 时，风机高速运行；低于 160 km/h 时，风机低速运行。通过提高送风机的风压，能够更好地抑制客室内的压力波动，同时确保客室内换气量的要求。为了与辅助电源系统的电源一致，换气装置上的电源为单相 AC400 V/50 Hz，该装置设置有单独的变频器。

图 4-93 换气装置的外形图

3. 客室通风系统

动车组通风系统主要由风道、风口、温度控制器等部分组成。其中风道包括新风风道（FA）、送风风道（CA）、回风风道（RA）和废排风道（EA）。风口由回风口、送风口组成，温度控制器安装在送风口及回风口位置处。图 4-94 所示为 CRH$_2$ 型动车组风道功能示意图。

空调机组安装在车下，空调机组的送风口与车下送风道相连，车下送风道又与布置在地板中的送风道连通。送风口设在客室两侧顶送风道上，顶送风道通过窗间风道与设在客室地板中部的送风道连通；回风口设置在回风道上，回风道通过车下风道与空调机组的回风口连通。

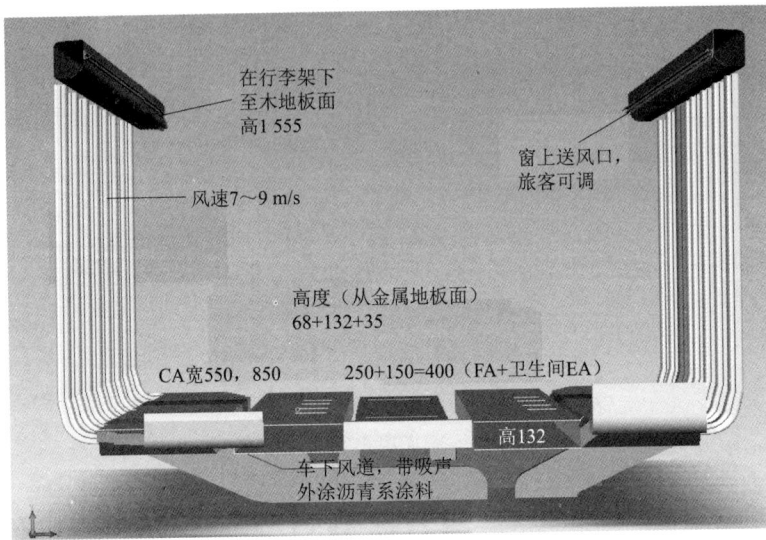

图 4-94 CRH$_2$型动车组风道功能示意图

4.4.7 给水卫生系统结构配置

CRH$_2$型动车组单号车设给排水系统和卫生系统，双号车仅设给排水系统。主要包括：

① 单号车给排水系统：车下设水箱装置（700 L）、给排水管路、洗脸间、卫生间、小便间供水和排水。

② 单号车卫生系统：车下设污物箱组成（700 L）、排污管、小便器、坐便器。

③ 双号车给排水系统：车下设小水箱装置（200 L）、给排水管路，为冷热饮水机供水和排水（CRH$_2$-001A～CRH$_2$-026A 为大桶水饮水机，无给水系统）。

④ 5 号车小卖部内设冷热饮水机，由水箱装置供水，提供乘客冷热饮用水。给排水卫生系统车上和车下部件的平面布置如图 4-95 和图 4-96 所示。

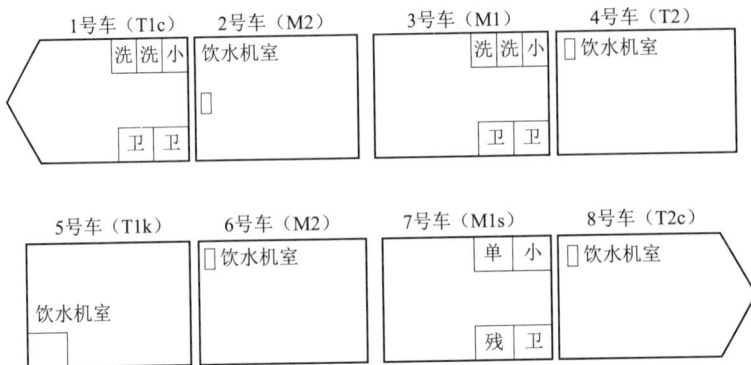

图 4-95 给排水卫生系统车上部件平面布置图

洗—洗脸间；单—单洗间；小—小便间；卫—卫生间；残—残疾人卫生间

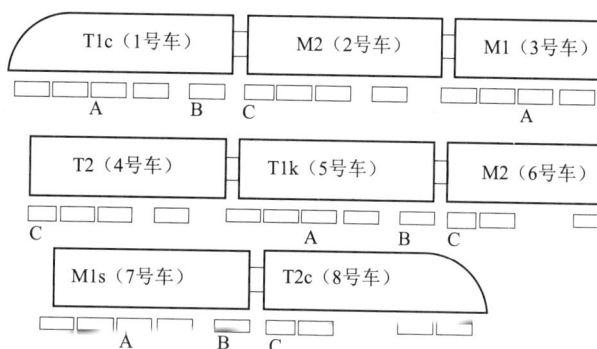

图 4-96 给排水卫生系统车下部件平面布置图

A—水箱装置（700 L）；B—污物箱组成（700 L）；C—小水箱装置（200 L）

1. 水箱装置

CRH$_2$ 型动车组设水箱装置，单号车水箱容水量为 700 L，双号车水箱容水量为 200 L，采用轻量化、集成化设计。水箱装置集内箱体组成、泵室、供水管路、注水管路、溢水管路、验水管路、排水管路、保温层和外箱等部件为一体，与车体横梁相连接固定。通过电气连接器与车上配线连接，通过供水软管与供水管路连接。水箱装置结构见图 4-97。

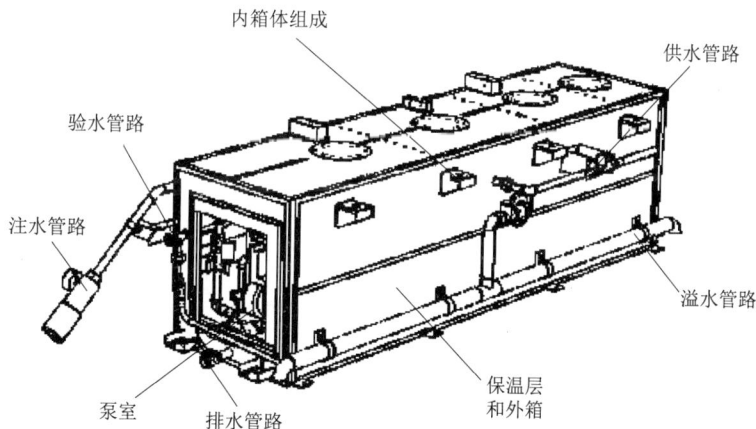

图 4-97 水箱装置结构

2. 多功能洗面器

动车组在 1、3、5 号车洗脸间内设 2 个多功能洗面器，7 号车设 1 个多功能洗面器。多功能洗面器将自动感应出水、自动感应出皂液和自动感应烘干等功能集成一体，如图 4-98 所示。

3. 温水箱

温水箱由不锈钢制水箱、保温材料及钢制外套构成（见图 4-99）。在水箱内部安装有加热器，并且在内部设置减压阀、溢流阀。来自水箱的冷水经过减压阀进入温水箱，加热后的热水经溢流阀和连接管进入多功能洗面器的供水冷热混合电磁阀。

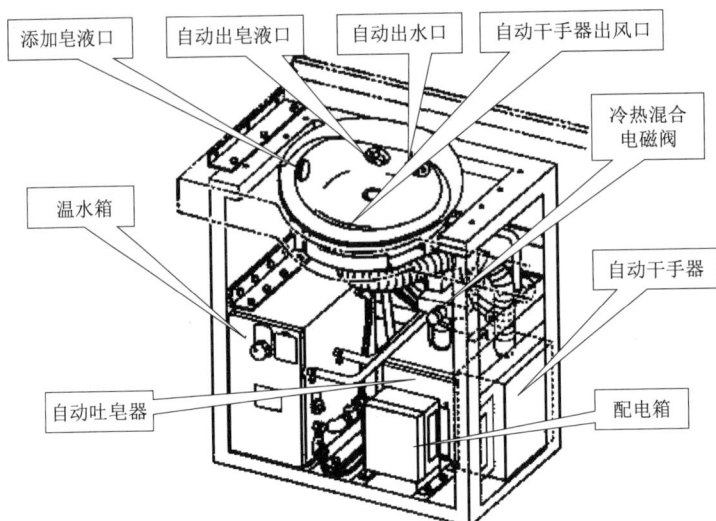

图 4-98　多功能洗面器

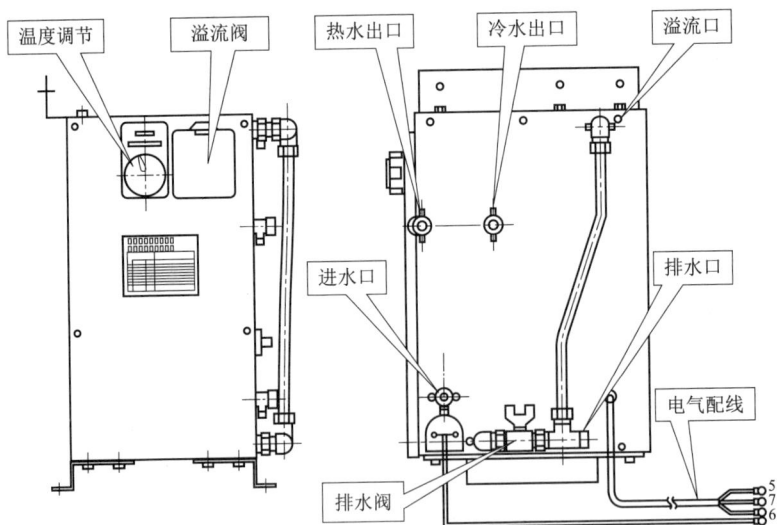

图 4-99　温水箱

当接通温水箱工作电源时，电加热器开始工作，加热到设定温度时自动停止。温水箱具有防止水沸腾和异常温度上升的自动保护结构。用水时在水泵供水压力作用下，输出热水与冷水混合后送至多功能洗面器的自动出水口。

4. 坐便器

动车组列车将用于冲洗的部件安装在坐便器组成单元内部。坐便器以电气控制压缩空气作为动力（此时电磁阀、水增压阀和排污阀动作），冲洗水由压缩空气增压，以保证用最小的水量达到最佳的冲洗效果，污物靠重力排到污物箱中；为防止异味传到卫生间内，坐便器通过排污阀将卫生间和污物箱隔绝，并在排污时启动废排风扇，将异味排到废排风道中。坐便器外形见图 4-100。

图 4-100　坐便器外形图

5. 污物箱组成

污物靠重力排入污物箱中，污物箱组成吊挂在二位端车底横梁下，容量 700 L。

污物箱组成包括污物箱、液位检测电极、污物箱电加热器、冲洗管路组成、排污管安装等，其中污物箱主要由内箱、防寒层、外箱、钢骨架等组成。污物箱内箱和外箱均由聚酯玻璃钢手糊制作，夹层内置防寒层，并由钢骨架承托，与其他各部件安装连接采用模块结构，相互之间连接简便可靠。污物箱组成结构见图 4-101。

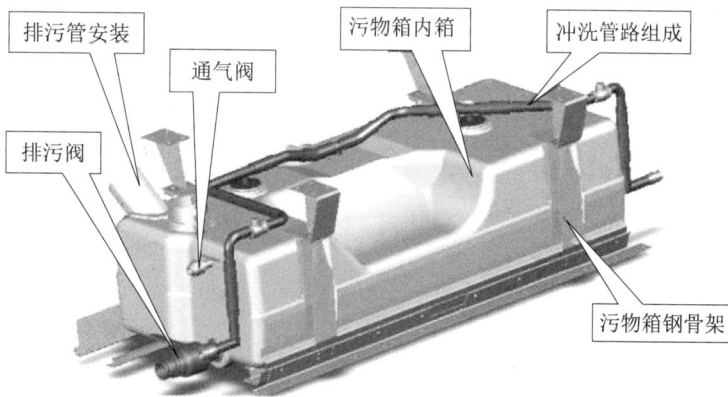

图 4-101　污物箱组成结构（去除污物箱外箱、防寒层）

4.4.8　旅客界面结构配置

1. 车内设备布置

动车组车内设备主要包括车内信息显示器、配电盘、空气清洁机、车门扬声器、广播联络装置、警报器等。各车车内设备布置情况见图 4-102。

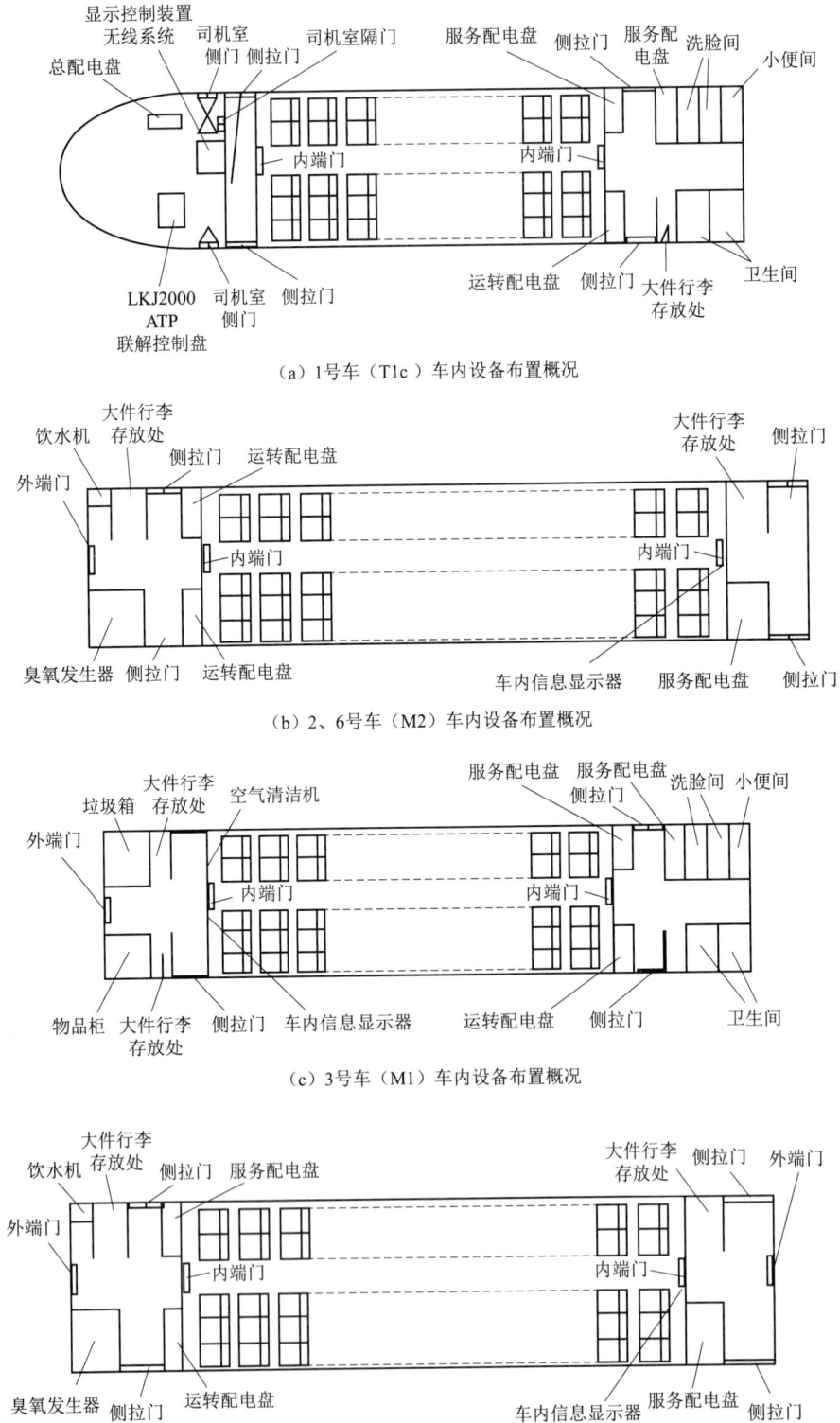

（a）1号车（T1c）车内设备布置概况

（b）2、6号车（M2）车内设备布置概况

（c）3号车（M1）车内设备布置概况

（d）4号车（T2）车内设备布置概况

图4-102　各车车内设备布置图

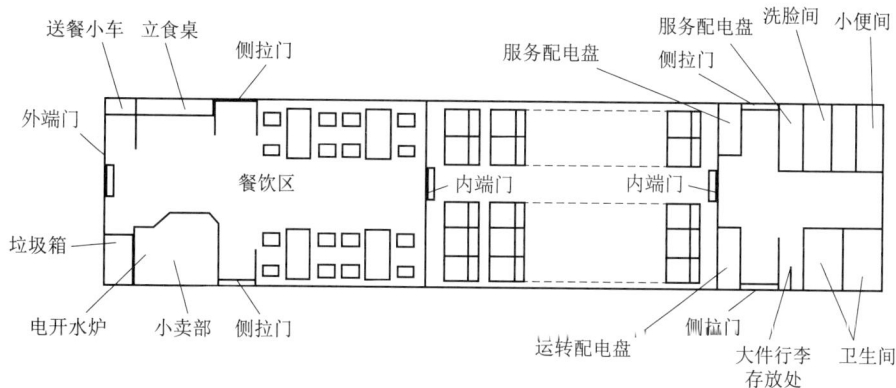

（e）5 号车（T1k）车内设备布置概况

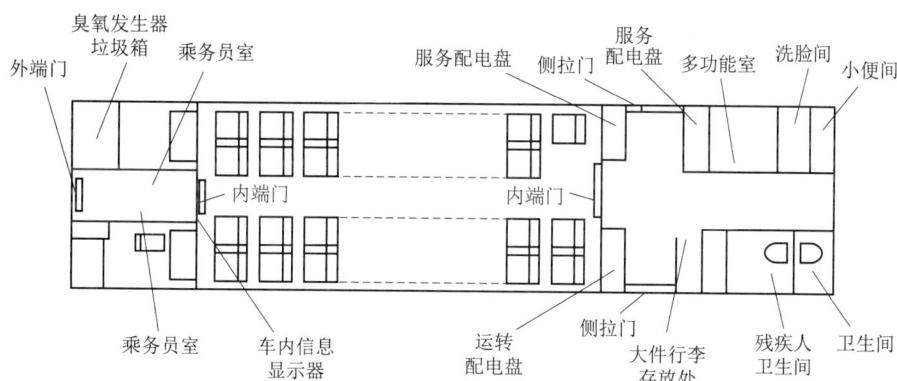

（f）7 号车（M1s）车内设备布置概况

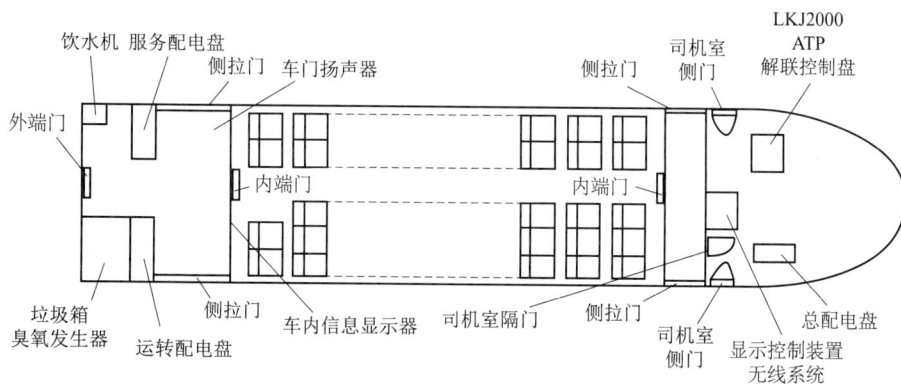

（g）8 号车（T2c）车内设备布置概况

图 4-102　各车车内设备布置图（续）

2. 车窗

除一等车乘务员室窗和司机室侧门窗为气密侧开窗外，其余窗全为气密构造的固定窗，固定窗按尺寸可分为 800 mm 宽和 1 600 mm 宽两种规格。一等车每排座椅对应一个小窗，二

等车每两排座椅对应一个大窗。窗玻璃为多层复合结构。车窗外表面相对车体外侧面内凹
8 mm，四周为平滑过渡，有利于减少噪声。在每车客室的四角各设有 1 个逃生用的紧急窗，
其余为普通窗。7 号车车窗布置见图 4-103，8 号车车窗布置见图 4-104。

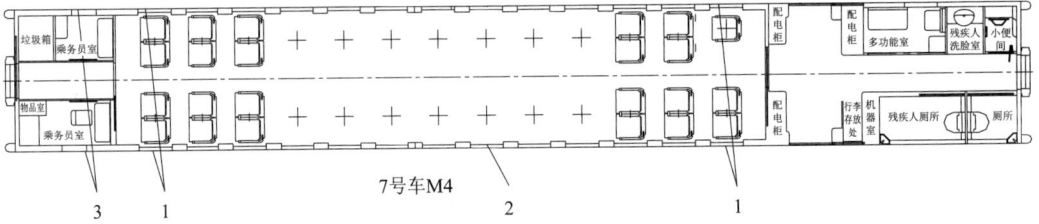

图 4-103　7 号车车窗布置图

1—紧急窗；2—普通窗；3—气密侧开窗

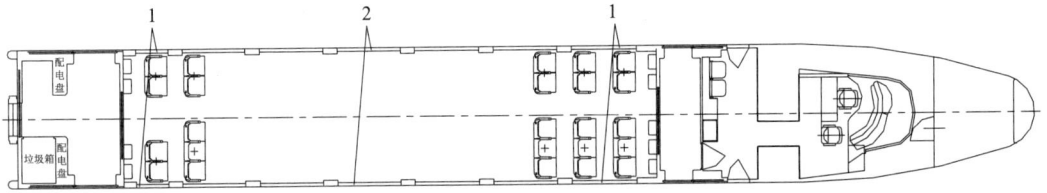

图 4-104　8 号车车窗布置图

1—紧急窗；2—普通窗

3. 侧拉门

CRH$_2$ 型动车组侧拉门分普通侧拉门和宽幅侧拉门两种。其中，7 号车侧门和 8 号车一位
端两侧门为适用于残疾人的宽幅侧门，其余为普通侧拉门。

4. 外端门

为了防火，在列车的 2～8 号车各车前端（4 号车两端）设置外端门，材料采用不锈钢。
外端门在全列车的配置如图 4-105 所示。

在门全开、全关时为保持其定位状态设置了压紧装置。外端门平常状态为全开，当发生
火灾时，可手动关闭，以防止火灾蔓延到其他车辆。

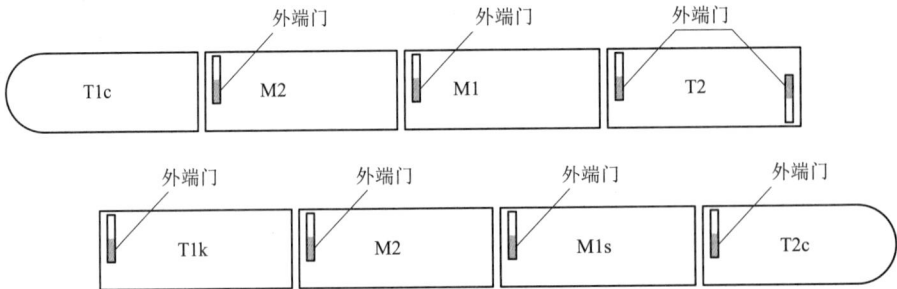

图 4-105　外端门在全列车的配置

5. 座椅

一等车客室设 2+2 宽幅软座座椅；二等车客室设 2+3 软座座椅。一、二等车的座椅均采
用可旋转 180°的结构，使乘客总是可以面对车行方向乘坐。这种结构充分体现了人性化设计，
提高了乘坐的舒适度。座椅靠背可手动控制从 8°到 30°（二等车座椅从 5°到 29.5°）任意

角度轻松调节和锁定，而且保证靠背的倾斜不会干扰后面乘客的活动空间。二等车座椅尺寸设计比较紧凑，考虑到舒适性，坐垫可以向外滑动 60 mm。各座椅都设有供乘客使用的小桌，且侧窗窗台设有放置饮料瓶的台面。

6. 卫生间和洗脸间

动车组在单号车的二位端设置了卫生间、小便间及盥洗室。图 4-106 所示为卫生间、小便间及洗脸间的配置图。

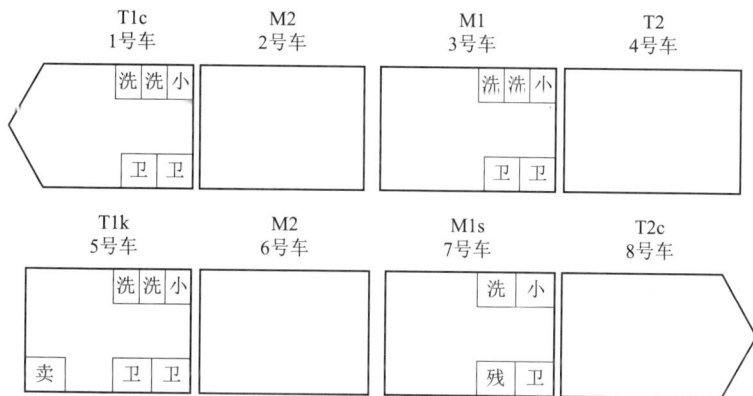

图 4-106　卫生间、小便间及洗脸间配置图

7. 垃圾箱

垃圾箱设置在 2～8 号车的一位端和 1、3、5 号车的二位端通过台配电盘下部。垃圾实施分类存放，分为一般垃圾、罐、杂志 3 类，并相应设置投入口。垃圾箱内设有 3 类垃圾袋安装框架。

8. 行李架

行李架下板采用挤压成型的聚碳酸酯板，一等车的行李架下板采用了喷涂装饰。行李架上板采用高强度、低密度的铝复合夹芯板。支架采用铸造铝合金。为防止行李滑落，在行李架前沿设置了不锈钢挡条，具体结构见图 4-107。

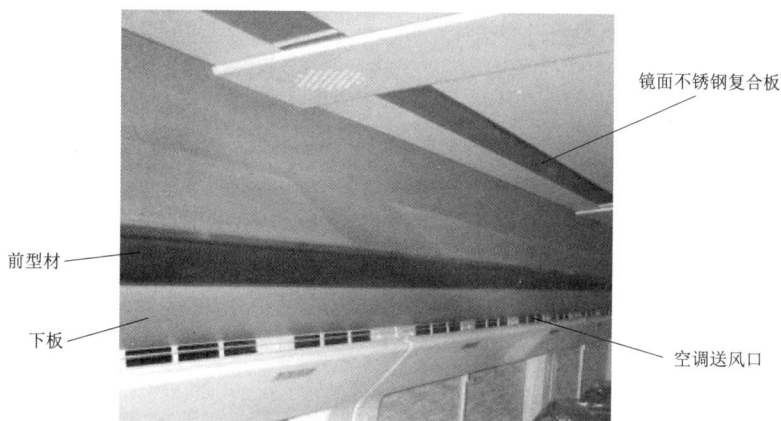

图 4-107　行李架安装结构图

在行李架的下部，设置了空调送风口，送风口为聚碳酸酯材料，内侧设置有调风格栅以及防止异物掉入的网格。送风口采用螺钉固定结构。为防止乘客遗漏行李，在侧顶板上设置120 mm 宽的镜面不锈钢复合板。

9. 地板

客室地板采用下部为气密地板、上部为铝蜂窝地板的二层地板结构，确保了地板中间的空调风道以及座椅配线的空间。地板安装结构见图4-108。

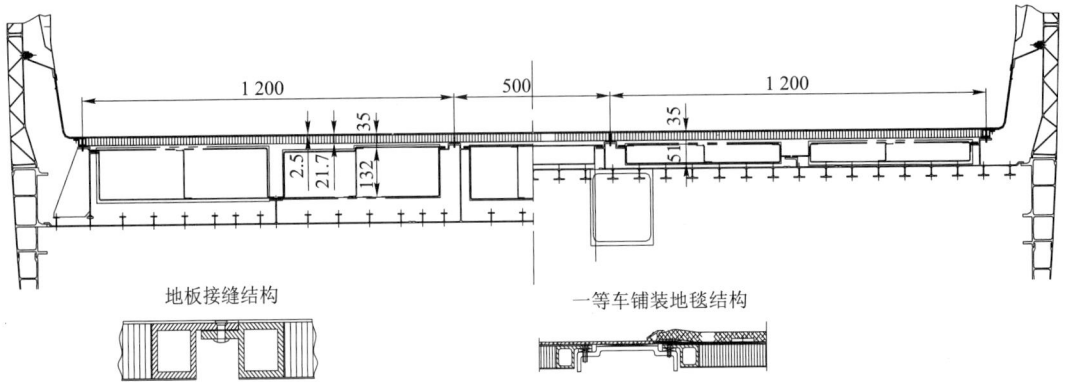

图4-108　地板安装结构

10. 墙板

墙板分为客室墙板和端部房间墙板。客室墙板由窗口墙板（上装卷帘、衣帽钩）、窗下墙板、挡水板组成，见图4-109。

图4-109　墙板布置图

11. 顶板

CRH$_2$型动车组顶板分为端部顶板和客室顶板。端部顶板包括通过台走廊顶板、乘务室和多功能室顶板。客室顶板是由中顶板、侧顶板和行李架上部顶板构成，具体见图4-110。

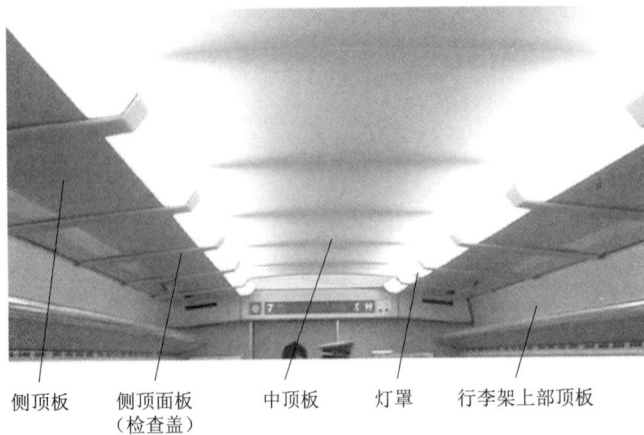

图4-110　客室顶板布置图

12. 间壁

间壁包括内端间壁、配电柜间壁、大件行李存放处间壁、其他端部间壁等，间壁布置见图 4-111。

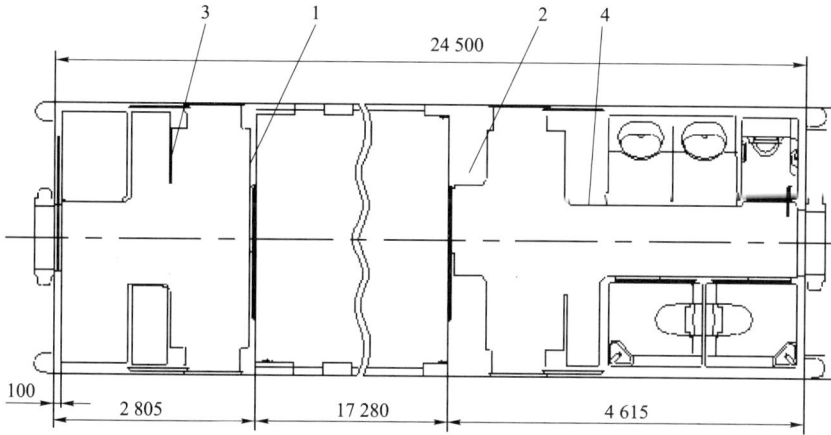

图 4-111 间壁布置图

1—内端间壁；2—配电柜间壁；3—大件行李存放处间壁；4—卫生间间壁

第5章

动车组 RAMS 设计

RAMS 是可靠性（reliability）、可用性（availability）、可维修性（maintainability）、安全性（safety）四个英文单词的第一个字母组成的缩写。动车组的 RAMS 是重要的技术指标，它是通过设计确立、生产保证、试验验证并在动车组使用中显现出来的四种固有的质量特性。提高产品的 RAMS 性能，是提高产品质量、减少维修成本和研发费用、保证安全运输的重要途径。

动车组是高速运行的载客工具，其安全、可靠的运行事关重大。动车组一旦发生运营故障，轻则导致列车不能准点输送旅客，扰乱运行图，造成经济损失和乘客抱怨；重则导致列车的破损、报废、运输线路破坏、运输中断、人员伤亡，给人民的生命财产带来巨大损失和极大的社会影响。因此，在大力发展高速铁路、重载运输和城市轨道交通的今天，重视动车组 RAMS 的研究，在产品研制过程中深入贯彻 RAMS 理念，提高动车组固有的可靠性、可用性、可维修性和安全性具有十分重要的意义。

5.1 动车组 RAMS 设计基本概念

5.1.1 术语和定义

参照国际标准化组织标准 ISO、国际电工委员会标准 IEC、国家标准 GB、国家军用标准 GJB，与 RAMS 有关的术语和定义如下（按照英文字母顺序排列）。

1. 分配（apportionment）

将系统的 RAMS 要素在组成系统的各部分间进行分解的过程，以给各部分提出单独的目标。

2. 评估（assessment）

根据调查取证，对产品的适用性进行评价。

3. 评审（audit）

用来决定一个产品按技术要求采取的措施是否符合规定的方案，是否被有效执行，是否有利于获得规定目标而进行的一系列系统而又独立的验证。

4. 可用性（availability）

在要求的外部资源得到保证的前提下，产品在规定的条件和规定的时刻或时间区间内处于可执行规定功能状态的能力。

5. 调试（commissioning）

在验证系统或产品满足规定要求之前拟采取的活动的总称。

6. 共因失效（common cause failure）

由一个事件引起两个或两个以上部件同时失效/故障，从而导致系统不能实现规定功能的失效/故障。

7. 一致性（compliance）

产品的特性或参数满足规定要求的证明。

8. 修复性维修（corrective maintenance）

故障识别后，使产品恢复到能执行规定功能状态所实施的维修。

9. 从属失效（dependent failure）

由一个产品的失效或故障直接或间接引起的其他产品的失效或故障。

10. 不可用时间（down time）

产品处于停机状态的时间间隔。

11. 失效/故障（failure/fault）

失效：产品丧失完成规定功能的能力的事件。

故障：产品不能执行规定功能的状态，通常指功能故障。因预防性维修或其他计划活动或缺乏外部资源造成不能执行规定功能的情况除外。

注：实际应用中，特别是对硬件产品而言，故障和失效很难严格区分，故一般统称故障。

12. 故障原因（fault cause）

在设计、制造或使用期间导致失效的原因。

13. 故障率（fault rate）

在规定的条件下和规定的时间内，产品的失效/故障总数与寿命单位总数之比。

14. 故障模式（fault mode）

相对于给定的规定功能，故障产品的一种可能的状态。

注：故障模式即故障的表现形式。更确切地说，是对产品所发生的、能被观察或测量到的故障现象的规范描述。

15. 故障模式、影响分析（fault mode and effects analysis，FMEA）

研究产品的每个组成部分可能存在的故障模式，并确定每个故障模式对产品其他组成部分和产品要求功能的影响的一种定性的可靠性分析方法。

16. 故障模式、影响及危害性分析（fault modes，effects and criticality analysis，FMECA）

同时考虑故障发生概率与故障危害性的故障模式、影响分析。

17. 故障树分析（fault tree analysis）

以故障树的形式进行分析来确定故障模式的方法，它用于确定产品、子产品或外部事件或它们的组合可能导致产品的一种已给定的故障模式。

18. 危害/隐患（hazard）

对人造成潜在伤害或对环境造成潜在损害的物理状况。

19. 危害/隐患分析（hazard analysis）

常用的系统安全分析方法，用于识别产品在每一使用模式中执行其功能的潜在危害，预计这些危害对人员或设备可能造成的损害，并确定消除危险的方法。

20. 危害/隐患记录（hazard log）

所有安全管理活动、危害确定、做出的决定和解决方法的记录或参考文件，也可称为"安全记录"。

21. 后勤保障（logistic support）

在所需的生命周期费用下，准备和组织用来操作和保持系统工作在规定可用性水平下的所有资源。

22. 可维修性（maintainability）

在规定的条件下，使用规定的程序和资源进行维修时，对于给定使用条件下的产品在规定的时间区间内，能完成指定的实际维修工作的能力。

23. 维修（maintenance）

为保持或恢复产品处于能执行规定功能的状态所进行的所有技术和管理工作，包括监督活动。

24. 维修策略（maintenance policy）

用作某一产品的维修梯队、契约层和维修作业层之间的相互关系的说明。

25. 任务（mission）

系统执行的基本工作的目标说明。

26. 任务剖面（mission profile）

在寿命周期的运营阶段内，任务中有关参数（时间、负载、速度、距离、停车、隧道等）的预期范围和变化的概要描述。

27. 预防性维修（preventive maintenance）

为了防止功能降级、减少失效概率而实施的定期或根据预定判据进行的维修。

28. 可靠性（reliability）

产品在规定条件下和规定时间内，完成规定功能的能力。

29. 可靠性增长（reliability growth）

产品持续地改进可靠性能措施表征的一种状态。

30. 修理（repair）

修复性维修的一部分，是在该项目上实施的人工作业。

31. 恢复（restoration）

产品在故障发生后再次能执行规定功能的事件。

32. 风险（risk）

导致伤害的危害发生概率及伤害的严重等级。

33. 安全性（safety）

免除不可接受的风险影响的特性。

34. 安全完整性（safety integrity）

在所有规定的条件下，系统在规定时间内实现所需安全功能的可能性。

35. 安全完整性等级（safety integrity level，SIL）

一种离散的等级，用以规定分配给安全相关系统的安全功能的安全完整性要求。数值越

大，其安全完整性等级越高。

36. 保障性（supportability）

系统的设计特性和计划的保障资源能满足平时正常使用的能力。

37. 系统生命周期（system life cycle）

从系统的构思开始到系统不能再使用而退役或淘汰的时间内所发生的活动。

38. 系统性失效（systematic failure）

在某些特定的环境下或某些特定的输入组合情况下，在任何阶段的安全生命周期活动中由于错误产生的失效。

39. 容许风险（tolerable risk）

轨道交通主管部门或业主可以接受的产品最大级别的风险。

40. 确认（validation）

用客观证据及检验来确定是否满足指定的预期用途的特定要求。

41. 验证（verification）

用客观证据及检验来确定是否满足规定要求。

5.1.2　质量与 RAMS 的关系

产品质量是一个企业的生命线，产品质量管理是企业中心和管理的主线，是永恒的主题。随着社会的不断发展和进步，人们对产品质量的理解和认识在不断深入，已从传统的"符合性质量""适用性质量"，发展到"满意性质量"，即顾客满意的质量。

顾客眼里的高质量一般包括如下内容：产品安全耐用，不容易出故障，随时可以使用，易于维修，而且维修费用低……这种着眼于产品"长时期保持良好性能"和"最佳寿命周期费用"的质量观，其内涵正是产品的 RAMS 特性。

假设将动车组的生命周期简单划分为三个阶段——设计研发、生产制造、使用及退役，各阶段的质量与 RAMS 的关系如图 5-1 所示。

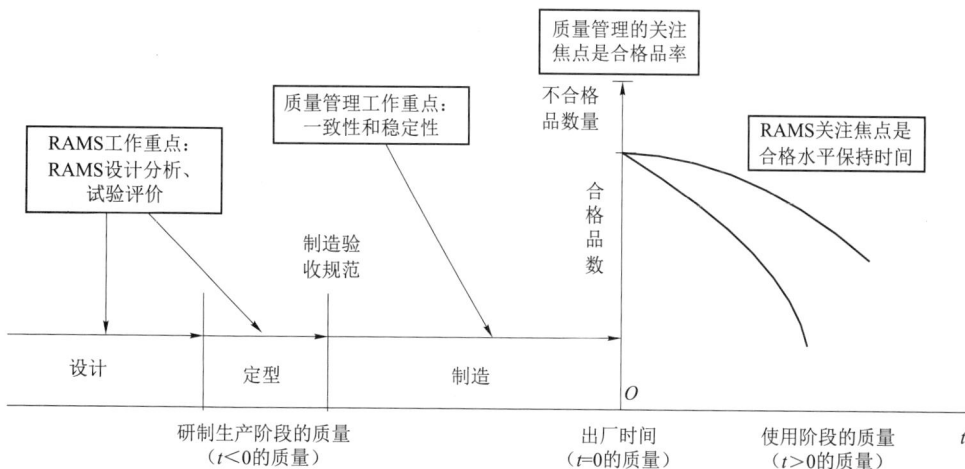

图 5-1　各阶段的质量与 RAMS 的关系

RAMS 关注的焦点是"合格"产品在 $t>0$ 后为什么会变成"不合格",其工作的重点是研发过程中的质量设计。在研发设计时就事先考虑产品在未来顾客使用过程中可能发生的故障或事故,并在设计时采取预防措施加以解决,避免或减少使用中发生的故障或事故,这就是 RAMS 设计和管理的本意。

5.1.3 RAMS 组成之间的相互关系

动车组的 RAMS 特性之间是密切相关的。可靠性、可维修性和可用性是可靠性工程的三个基本方面,简称为 RAM 问题/技术。其中,可用性综合反映了动车组可靠性、可维修性所达到的水平。产品的可靠性高,维修简便、省时,少维护,则可用性水平高。因此可简单地说,动车组的 RAMS 主要取决于可用性和安全性。RAMS 组成部分之间的关系如图 5-2 所示。

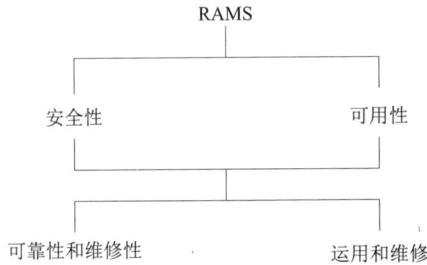

图 5-2 RAMS 组成部分之间的关系

动车组安全性和可用性之间内在的联系表明,如果对安全性和可用性在技术要求上的矛盾处理不当,则无法获得可靠、安全的动车组列车。动车组运用中的安全性和可用性目标,只能通过满足列车的可靠性和维修性技术要求,控制当前和长期的运用、维修工作和环境来达到。

1. 可用性方面的关系

1)可用性与可靠性关系

产品的可靠性对其可用性的影响,主要是由于产品发生故障,无法在规定的时刻或时间间隔内完成所要求的功能。因此,可靠性对动车组可用性(完好率)的影响取决于故障的各种状况。主要包括以下几个方面。

(1)故障模式。

故障模式是故障的表现形式,系统在规定的任务剖面和运用环境中发生的不同的故障模式,对系统功能的影响是不同的,从而影响动车组的可用性。

(2)故障后果严重程度。

故障对系统功能的影响,还要取决于故障后果的严重程度。有些灾难性的故障会使整个系统毁坏,完全丧失功能;轻微的故障发生后不会对系统的功能产生明显的影响,不会影响列车的正常运营,不会对动车组可用性造成不良后果。所以,在进行系统可用性分析时,应该根据故障后果的严重程度区别对待不同的故障。

(3)故障发生概率。

故障发生的概率或故障发生的频率也是在进行可用性分析时需要考虑的因素,因为在其

他条件相同的情况下，故障发生的概率越高，产品的可靠性越低，则动车组的可用性越差。

（4）故障检测率。

故障的检测率表明故障是否容易被发现的概率，亦即故障的隐蔽程度。在其他条件相同的情况下，故障的检测率越低，表明故障发生后越不容易被发现，从而对产品的可用性产生越大的影响。

2）可用性与维修性关系

动车组的维修性表示其维修的难易程度，主要是通过维修所需时间来对可用性产生影响。维修方式主要分为预防性维修和修复性维修，维修时间主要包括实施计划维修的时间、修复维修时间（包括故障检测、识别、定位、隔离、维修和修复后测试的时间）。产品具有良好的维修性，才能保证和提高动车组的可用性。良好的维修性主要包括以下方面。

（1）良好的可达性。

可达性就是在维修时接近维修部位的难易程度，即维修部位容易看见，接近维修点不需要拆装或拆装简便，方便接近润滑点、灌注孔和液位控制点，同时还应该具有为检测、修理所设的空间。

（2）提高标准化和互换性程度。

提高产品的互换性程度实质上是提高产品的标准化、系列化和模块化程度，不仅有利于设计和生产，而且能使维修简便，减少维修备件品种、数量，简化保障条件，降低对维修人员技术水平的要求，缩短维修工时，使动车组尽快恢复运营使用，从而提高动车组的可用性。

（3）完善的防差错和识别标记。

为了防止外形相似、尺寸相近的备件在存储、保管、请领和发放中出错，防止在维修中装错、装反或漏装等，在产品设计中要有防差错的措施和识别标记。

（4）保证维修安全。

在维修活动时，应避免人员伤亡或设备损坏。不但要求零件及部件在运用时安全，而且要求在存储、运输、维护和修理过程中，包括设备处于部分分解状态，又带有故障的情况下，为排除故障而做部分运转时，也要保证安全。维修人员在维修时不会发生电击、机械损伤、有害气体及辐射等伤害，使维修人员消除顾虑，放心大胆地进行维修。

（5）检测诊断准确、迅速和简便。

产品的检测性是维修性的重要组成部分，检测诊断是否准确、迅速、简便，对可用性有明显影响。特别是开展越来越多的状态修，要求动车组设计时要充分考虑检测诊断问题，要求具有准确、迅速、简便的快速诊断特性，以缩短维修时间，提高动车组的可使用性。

（6）减少维修内容和降低维修技能要求。

尽可能将动车组零部件设计成不需要或很少需要维修的结构，避免经常拆卸和维修，减少维修工作量和维修频率。结构外形尽可能简单，便于换修。同时还需要采取措施，预防和控制锈蚀、霉烂和磨损，以适应不同的使用环境。

（7）符合维修的人因工程要求。

维修的人因工程是研究维修中人的各种能力，如何提高维修工作效率、质量和减轻人员疲劳等方面的问题；提供适当的空间，使维修人员有一个比较合理的维修姿态；噪声、振动不超过标准规定，维修人员工作负荷、难度要适当，以保障其持续工作的效率和维修能力，缩短维修时间，提高动车组的可用性。

2. 安全性方面的关系

1）安全性与可靠性关系

一般来讲，"安全"表示系统的"完整"与"稳定"状态，安全性是指系统保持这种状态的能力。安全状态被破坏是因为意外事件的发生，即通常说的"事故"发生，其特征指标是人员伤亡、设备财产损失或环境危害的程度。

"可靠"表示系统性能的"保证"与"可信赖"，可靠性是指系统性能"保证"与"可信赖"的能力。可靠状态被破坏是因为自身某些能力的下降或丧失，即通常说的出现"故障"，其特征指标是系统某些性能下降或某些功能丧失。

也就是说可靠性要求系统不失效，有能力去做什么，而安全性要求系统不会发生意外事故，不应做什么。可靠性考虑所有可能会发生的功能故障，而安全性则考虑那些能威胁安全的危险源，包括能造成事故的故障（而并非所有故障）。

通常，可靠的系统也是安全的，系统不可靠意味着系统不能执行规定的功能，因此也就不安全。如动车组的制动控制装置发生故障，系统不可靠，列车制动距离加大，将发生灾难性事故。但在某些情况下，可靠性与安全性是互为矛盾的。举一个典型的例子：一个带短路保护装置的电路，在电路出现短路时能保护电路，提高了系统的安全性；但由于电路增设了短路保护装置，增加了故障发生的可能性，因而降低了系统的可靠性。

安全性与可靠性有关的主要因素如下。

（1）系统存在的危险。

在各种运用、维修模式和环境条件下，系统存在的危险都可能导致安全性的问题。导致危险的各种故障模式属于所有可靠性故障模式集合中的一部分，即导致可靠性问题的所有故障模式中，只有一部分会导致安全性问题。

（2）危险后果的严重程度。

每个危险的性质都是根据其后果的严重程度确定的。动车组发生的危险对系统安全性的影响不一样，有些危险会对系统产生更大的影响，甚至造成事故；有些危险并不影响列车的安全运行。

（3）危险发生的概率。

在影响可靠性的故障模式中，发生与安全性有关的故障模式的概率越高，产品的安全性越差。

（4）发生危险事件的顺序、并发率和概率。

在使用中，可能导致事故的事件除了失效/故障以外，还有当时的运用状况、环境条件等，它们发生的顺序和并发率对安全性也有较大的影响。

2）安全性与维修性关系

安全性和维修性的关系主要表现在对可能产生危及安全的故障模式的系统与部件进行维修时的状况。主要包括以下几个方面。

（1）维修的方便性。

系统维修时，可能导致事故的子系统或部件维修的方便性，对维修质量有较大的影响，进而影响安全性。

（2）发生维修错误的概率。

在列车维修期间，如果安全性系统和部件发生错误维修，则有可能导致动车组发生重大

事故，因此动车组应具有完善的防差错和识别标志，避免错误操作和错误维修的发生。

（3）修复时间。

为缩短安全性系统和部件的修复时间，就需要动车组具有良好的维修性，在设计时就要考虑安全性系统和部件应具有良好的可达性，较高的标准化、通用化、模块化和智能化程度等。

（4）故障诊断和安全控制。

动车组的安全性与安全相关系统和部件的故障诊断及安全控制密切相关，如动车组是否安装有完善的故障检测诊断系统、安全防护控制系统，是否能够准确、迅速发现安全隐患，并具有良好的安全控制能力。

3）安全性与运用维修关系

（1）人的因素。

人的因素对动车组的安全性影响，主要是指对车辆安全运行和对与安全相关设备的维修有影响的人的因素。涉及的人群比较广泛，对安全性的影响的潜力比较大，因此应该极力避免人的因素对动车组安全性的影响。

（2）安全设备与规章制度。

列车安全运行的工具、设备对动车组的安全性有很大的影响，其中一方面是动车组本身的设备尤其是制动系统、走行部系统和信号系统；另一方面是地面监控系统。此外，运营规章制度和维修规章制度等规范的任何疏漏和缺欠都会对动车组安全性造成故障。

（3）安全控制与措施。

在列车运用中，存在许多关于发现和处理危险，以及减轻危险后果的措施和控制系统。在维修中，有地面的红外轴温检测系统和轮对探伤和诊断系统等，都对动车组的安全性有至关重要的影响。

5.2　动车组 RAMS 设计及原则

5.2.1　动车组设计思想和方法

1. 设计思想

过去产品设计是一种根据产品本身所涉及的传统学科的知识和经验，只注重产品性能指标和强度的设计思想。现代产品设计思想是将产品性能与 RAMS 综合考虑，除传统学科外，还结合可靠性、维修性、安全性等专业学科知识和经验，进行 RAMS 设计，并审查和修改设计方案，注重产品的综合性能。现代设计思想如图 5-3 所示。

2. 设计方法

现代的产品设计研发方法采用并行工程，是一种综合、并行地开发新产品的系统化方法。不再采用传统的按"需要—设计—制造—运用"的串行工作模式，而是在产品研发时，将产品整个寿命周期中的各个过程综合起来加以考虑，包括市场需求、投资分析、产品设计、加工工艺、装配检验、质量保证和销售服务等。全新的设计方法使得产品的可靠性、寿命及成

本都大幅度地得到改善。

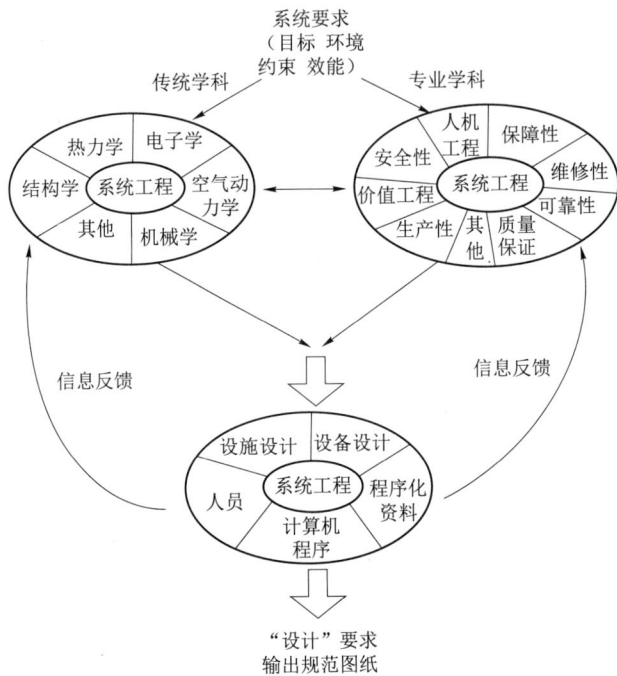

图 5-3 现代设计思想图示

5.2.2 动车组可靠性设计

1. 可靠性定义及其要素

可靠性是指产品在规定的条件下和规定的时间内，完成规定功能的能力。可靠性定义中包含五个要素。

（1）产品。

定义中的产品是指研究对象，例如动车组的一个元器件（如开关）、一个零部件（如转向架构架）、一个组件（如牵引电机）、一个系统（如牵引系统）或整列车等。

产品分为可修复产品和不可修复产品：

① 产品发生故障后，通过维修恢复其规定功能的，称为可修复产品。一般结构复杂、成本昂贵的产品，设计成可修复的，可以通过更换零部件重新调整，恢复其功能的产品。

② 产品发生故障后，其寿命即告终结，称为不可修复产品。在实际中多指没有修复价值的产品，如灯泡、弹簧、轴承及电子产品。

（2）规定条件。

该条件是指产品在使用时的环境条件、使用条件、维护保养条件等，如载荷、速度、温度、冲击、振动、润滑、环境、湿度、气压、风沙、含尘量、连续或间断工作等。同样的产品在各种使用条件下，其可靠性是不相同的。通常条件越恶劣，可靠性越低。

（3）规定时间。

该时间是指产品工作的期限。这里的时间概念不限于一般的时、分、秒，也可以是与时间成比例的次数、距离，如车辆行驶里程。规定时间根据实际情况可以是长期的，如若干年；也可以是短暂的，如若干小时。通常工作时间越长，可靠性越低。

（4）规定功能。

该功能是指产品在技术文件中所规定的工作能力，即主要技术指标。对动车组而言，规定的功能是设计任务书、技术条件、使用说明书、订货合同、国家标准及相关技术文件中所规定的各种功能与性能要求，如承载能力、运动特性、经济指标等。

（5）能力。

通常用概率来表示这一能力，称为可靠度。由于产品的故障是随机事件，产品寿命是随机变量，因此产品在规定的寿命周期内完成规定功能的能力也是随机的，要用概率才能定量地表示产品的可靠性程度。

2. 可靠性类别

1）固有可靠性和使用可靠性

根据产品可靠性的形成，可以将可靠性分为固有可靠性和使用可靠性。通过设计、制造形成的可靠性称为固有可靠性。产品在使用条件（包括保管、运输、操作和维修等）下，形成的可靠性为使用可靠性。一般使用可靠性总低于固有可靠性。

使用可靠性在固有可靠性考虑的设计、制造等问题基础上，还考虑使用、维修中的可靠性问题。要保证动车组运营中的高可靠性，需首先保证动车组的高设计质量和制造质量，然后尽可能保证合理、正确地使用和维修。

2）基本可靠性和任务可靠性

根据影响的程度，可分为基本可靠性和任务可靠性。基本可靠性是产品在规定条件下和规定的时间内无故障工作的能力，反映产品对维修资源的要求。评定基本可靠性时应统计产品的所有寿命单位和所有关联故障。任务可靠性是产品在规定的任务剖面内完成规定功能的能力。评定产品任务可靠性时应明确任务故障的判据，如晚点、掉线。一般基本可靠性总低于任务可靠性。

3. 故障（失效）及其分类

故障（失效）是可靠性中一个极为重要的概念。要评价产品的可靠性，首先要明确故障的定义及其分类。一般对于不可修复产品，习惯采用失效；而对于可修复产品，通常用故障表示。为了简便，以下统称为故障。

故障的分类有多种，经常会涉及的有以下几种。

（1）单点故障：是指会引起系统故障的，而且没有冗余或替代的操作程序作为补救的产品故障。

（2）间歇故障：是指产品发生故障后，不经修理而在有限时间内或适当条件下能自行恢复功能的故障。

（3）关联故障和非关联故障：非关联故障是指已经证实是未按规定的条件使用而引起的故障，或已经证实仅属某项将不采用的设计所引起的故障。否则为关联故障。只有关联故障才能参与产品可靠性的评价。

（4）责任故障和非责任故障：非责任故障是指非关联故障或事先已经规定不属于某个特

定组织提供的产品的故障。否则为责任故障。

（5）独立故障和从属故障：从属故障是指由于另一个产品故障引起的故障，亦称诱发故障。否则为独立故障，亦称原发故障。

4. 可靠性常用度量参数

可靠性常用度量参数如下：

可靠度 $R(t)$、不可靠度 $F(t)$（也称累积失效率）、故障概率密度 $f(t)$、故障率 $\lambda(t)$ 是四个基本函数。

1）可靠度

产品在规定的条件下和规定的时间内，完成规定功能的概率称为可靠度。它是时间函数，记为 $R(t)$。

$$R(t)=\frac{N_0-r(t)}{N_0}$$

式中：N_0——$t=0$ 时，在规定条件下进行工作的产品数；

$\quad\ r(t)$——在 $0\sim t$ 时刻的工作时间内，产品的累计故障数。

2）不可靠度

产品在规定的条件下和规定的时间内，不能完成规定功能的概率，称为不可靠度。它也是时间函数，记为 $F(t)$。

3）故障概率密度

不可靠度的导数，可看成在 t 时刻后的一个单位时间内发生故障的概率，记为 $f(t)$。

4）故障率

在规定的条件下和规定的时间内，产品的故障总数与寿命单位总数之比，记为 $\lambda(t)$。

5）平均故障间隔时间（距离）

是指产品相邻两次故障间的平均工作时间（距离），记为 MTBF（MDBF）。这是动车组可靠性度量中常用的指标。

6）各度量参数间的关系

$$R(t)+F(t)=1$$

$$F(t)=\int_0^t f(t)\mathrm{d}t$$

$$\lambda(t)=\frac{f(t)}{R(t)}$$

$$\mathrm{MTBF}=\frac{1}{N_0}\sum_{i=1}^{N_0}t_i=\frac{T}{N_0}$$

对于动车组这一复杂产品，通常假设其寿命服从指数分布，于是有：

$$R(t)=\mathrm{e}^{-\lambda t}$$

$$\mathrm{MTBF}=1/\lambda=T/N$$

式中：T——统计期内动车组累积运行的总时间；

$\quad\ N$——统计期内动车组发生的故障总次数。

5. 可靠性设计与分析

动车组的可靠性很大程度上取决于设计的正确性，其可靠性设计的主要内容有：

① 建立可靠性模型，表示出系统各单元之间的功能逻辑关系；

② 进行可靠性分配，将整车/系统的可靠性指标分配到各子系统/设备，确定零部件的可靠性指标；

③ 进行可靠性预计，预计整车/系统可能达到的可靠性指标，核查是否满足可靠性要求；

④ 进行故障模式、影响及危害性分析（FMECA），采取预防措施；

⑤ 进行故障树分析（FTA），找出系统的薄弱环节，重点进行设计管控。

1）可靠性模型

可靠性模型是指可靠性框图及其相应的数学模型。

一个系统是由许多元器件和子系统构成的。按照系统所要实现的功能，这些元器件和子系统的组成方式可能是多种多样的，如动车组由制动系统、转向架及悬挂系统、牵引系统、网络系统、车体系统等各子系统组合而成，各子系统可靠工作方可保证整车正常工作。

常见的可靠性模型主要有串联模型、并联模型、表决模型、桥联模型和旁联模型。工程中最常用、最简单的是串联模型和并联模型，其次为表决模型。

（1）串联模型。

该模型系统中任何一个单元故障，都会导致整个系统故障。如动车组组成系统中，任何一个系统发生故障，都会造成整车发生故障。串联可靠性模型框图如图 5-4 所示。

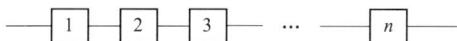

图 5-4　串联可靠性模型框图

根据串联系统的定义及逻辑框图，其数学模型为：

$$R_s(t) = \prod_{i=1}^{n} R_i(t)$$

式中：　$R_s(t)$——系统的可靠度；

$R_i(t)$——第 i 个单元的可靠度。

如前所述，对复杂的动车组，通常假设其寿命服从指数分布，则有：

$$R_i(t) = e^{-\lambda_i t} , \quad R_s(t) = e^{-\lambda_s t}$$

$$\lambda_s = \sum_{i=1}^{n} \lambda_i$$

$$\mathrm{MTBF}_s = \frac{1}{\lambda_s} = \frac{1}{\sum_{i=1}^{n} \lambda_i}$$

式中：　λ_s——整车的故障率；

λ_i——各系统的故障率。

综合上述分析，提高串联系统可靠性的措施为：

① 提高各单元的可靠性；

② 减少串联单元数；

③ 等效地缩短任务时间。

（2）并联模型。

组成系统的所有单元都故障时，系统才故障的模型叫并联模型。并联可靠性模型框图如图5-5所示。

根据并联系统定义逻辑框图，其数学模型为：

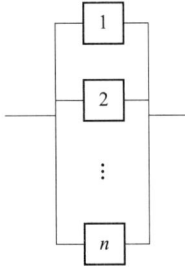

$$F_s(t) = \prod_{i=1}^{n} F_i(t)$$

式中：$F_s(t)$——系统的不可靠度；

$F_i(t)$——第 i 个单元的不可靠度。

同样，假设元件寿命服从指数分布，对于由 n 个独立元件组成的并联系统，系统可靠度为：

$$R_s(t) = 1 - \prod_{i=1}^{n}(1 - e^{-\lambda_i t})$$

图5-5 并联可靠性模型框图

由并联模型可以得出：

① 并联系统的可靠度比其中任意元件的可靠度高；

② 并联系统的平均寿命高于各个单元的平均寿命；

③ 即使并联系统各个单元寿命都服从指数分布，系统寿命也不再服从指数分布。

综合上述分析，提高并联系统可靠性的措施为：

① 提高单元的可靠性；

② 增加并联单元的数目，但耗费将大大增加；

③ 等效地缩短任务时间。

（3）表决模型（n 中取 r 模型 (r/n)）

组成系统的 n 个单元中，无故障的设备单元数不少于 r（r 为介于 1 和 n 之间的某个数）系统就不会故障，这样的系统称为 r/n 系统或表决系统。

表决模型的数学表达式为：

$$R_s(t) = \sum_{i=0}^{n-r} C_n^i R_i(t)^{n-i}[1 - R_i(t)]^i$$

式中：$R_s(t)$——系统的可靠度；

$R_i(t)$——第 i 个单元的可靠度。

2）可靠性分配

可靠性分配是将整机可靠性目标逐步分解、分配到动车组各系统、子系统、零部件，是从大到小、自上而下的分解过程。可靠性分配的结果将纳入技术合同或设计任务书中。

（1）可靠性分配的主要目的。

① 将系统的可靠性指标分配给系统各个组成单元，使各级设计人员明确其可靠性设计目标；

② 通过可靠性分配，对组成系统各个单元间的可靠性指标进行权衡，明确相互间及其整个系统的关系；

③ 通过可靠性分配，对系统及其组成单元的可靠性与其性能、费用和有效性等进行权衡，以期获得更为合理的设计；

④ 为可靠性试验及其评估提供依据。

（2）可靠性分配的原则。

① $R_s(R_1, R_2, \cdots, R_n) \geqslant R_s^*$

式中：$R_s(t)$ 为整车的可靠度，R_s^* 为整车的可靠度目标。

② 对于复杂度高的、技术上不成熟的、工作环境条件恶劣的、需要长期工作的部件，应分配较低的可靠性指标。

③ 对于重要度高的部件，应分配较高的可靠性指标。

④ 可靠性目标分配时，应留有 5%～10%裕量。

（3）可靠性分配的方法。

可靠性分配有等分配法、评分分配法、比例组合法、考虑重要度和复杂度分配法等分配方法。

在实际工程中，要完成对一个复杂系统的可靠性分配，通常采用综合法，以比例分配法作为基础，充分收集和利用本企业和国内外相似产品的故障数据，考虑国内外水平的差距，如新设计的车辆与类似车辆的差异，辅以其他方法进行调整，产生初始方案，进行 λ_s 和 MTBF 的试算、反复迭代调整，形成可用的产品可靠性分配方案。

3）可靠性预计

可靠性预计是根据组成系统单元（分系统、零部件、元件）的可靠性来推测系统的可靠性，是从小到大、自下而上的综合过程。预计值应与目标值进行比较，以保证满足可靠性要求。

（1）可靠性预计的目的。

① 检验设计是否能够满足给定的可靠性目标，预计产品的可靠度数值；

② 对不同的设计方案进行可靠性比较，为设计决策提供依据；

③ 发现设计中的薄弱环节，为设计改进或生产过程控制提供依据；

④ 为可靠性试验方案设计和费用方面的核算提供依据；

⑤ 对可靠性分配和使用维修提供信息；

⑥ 结合结构设计，寻求进一步提高轨道列车可靠性的途径和方法。

（2）可靠性预计方法。

相似产品法、评分预计法、元器件法（计数法和应力法）、故障率预计法、上下限法等。常用的方法主要如下：

① 相似产品法：将研制的新产品与已知可靠性的相似产品进行比较预计；

② 故障率预计法：根据产品工作原理图，建立可靠性模型，输入各单元故障率进行计算预计；

③ 元器件法：根据元器件的质量等级、应力水平、环境条件等因素，查 GJB/Z 299C—2006 对该元器件的基本故障率进行修正，从而获得其实际故障率。

（3）可靠性预计与分配的关系。

可靠性预计与分配是一项必不可缺的、费用效益高的工作，因为任何设计总是从明确的目标或指标开始的，只有合理分配指标，才能避免设计的盲目性。可靠性预计与分配是可靠性定量设计的重要任务，两者是相辅相成的，它们在系统设计各阶段均要反复进行多次，其工作流程如图 5-6 所示。

4）故障模式、影响及危害性分析（FMECA）

故障模式分析和故障影响分析综合为故障模式、影响分析（FMEA），在此基础上综合危害性分析，则为故障模式、影响及危害性分析（FMECA）。

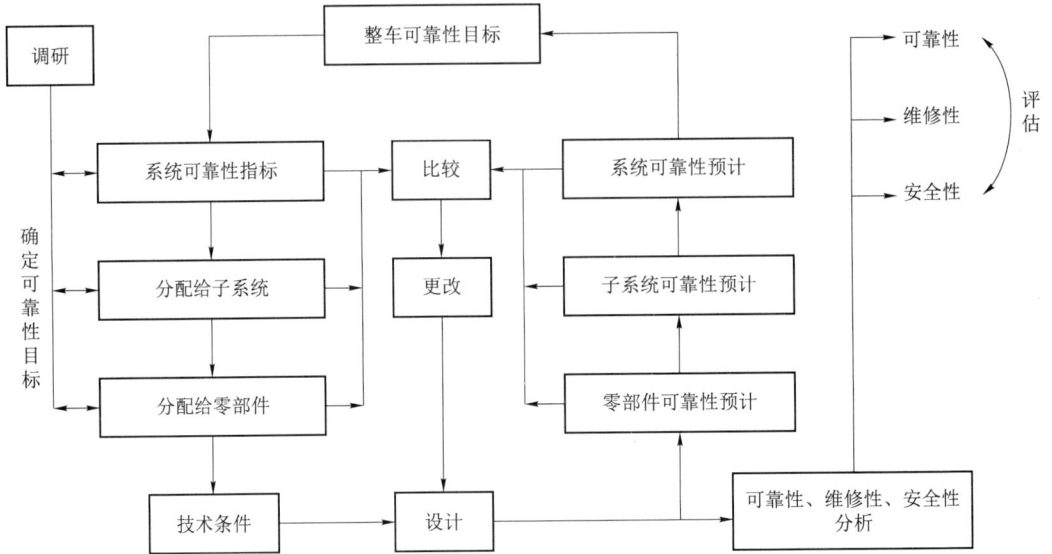

图 5-6　可靠性预计与分配的工作流程

FMECA 是一种以预防为主的可靠性设计分析技术，它是采取程序化、格式化方式系统地、全面地分析产品中潜在的故障，查找故障原因，制订预防措施的一种技术方法。该技术的应用有助于企业提高产品质量，降低成本，缩短研发周期。同时，FMECA 以文件化输出，能进行技术和知识的归集与传承，成为积累排查故障经验，不断改进产品质量的有力工具。

FMECA 按使用阶段的不同，分为设计 FMECA（简称 DFMECA）和过程 FMECA（简称 PFMECA）。

（1）目的及方式。

FMECA 的目的是发现和评价产品/过程中潜在的故障模式和故障后果，查找可以避免或减少这些潜在故障发生的措施，并将上述过程文件化。FMECA 通常用表格的方式进行分析记录。

（2）基本方法。

FMECA 基本方法有两种：功能法和硬件法。

① 功能法：在设计研发初期，设计图纸尚未形成，各车辆零部件尚不明确时，一般采用功能法进行 FMECA 分析。这种方法认为产品应具备若干功能，而功能可按输出的质量特性分类，质量特性可按一定的技术指标来度量。使用功能法时，将输出的质量特性一一列出，并对其故障（即不能实现功能）的情况进行分析。采用功能法时，一般自上而下进行分析，即从约定层次向下分析。

② 硬件法：列出车辆各个零部件，对每个零部件可能的故障进行分析。当产品可按设计图纸及其他工程设计资料明确确定时，一般采用硬件法进行 FMECA 分析。这种分析方法适用于从零件级开始分析质量问题，再扩展到部件级、产品级、系统级，即自下而上地进行。

动车组的设计基本为变型设计，一般采取的是硬件法，分析至最小可更换单元。

（3）设计步骤。

动车组实施 FMECA 的设计步骤如下：

① 收集分析产品（或系统，下同）的技术规范：明确产品的工作方式、结构、功能、工

作环境及任务时间等。

② 建立产品的结构树：将动车组各系统中的组成零部件按类分层级罗列出，一般分解到最小可更换单元层级，以便分析每一个零部件的故障。

③ 填写 FMECA 表格：查找零部件的每个潜在的故障模式，确定其发生的原因或机理，分析其危害的风险级别，制定控制措施，并将所有的分析记录在规定的表格里，形成 FMECA 表格文件。

FMECA 实施流程如图 5–7 所示。

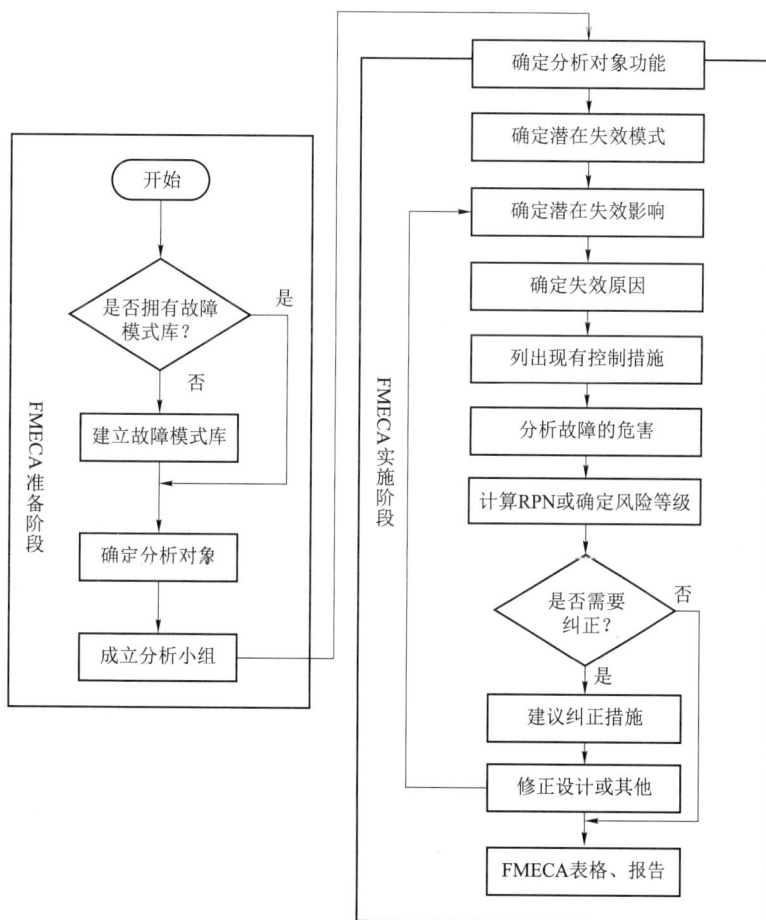

图 5–7　FMECA 实施流程

（4）故障模式库。

故障模式是对产品所发生的、能被观察或测量到的故障现象的规范描述。在分析产品故障时，一般是从产品故障的现象入手，通过故障现象（故障模式）找出原因和故障机理。因此将故障的现象用规范的词句进行描述是故障分析工作中不可缺少的基础工作。

动车组的组成零部件多、结构复杂，大多数零部件在运行时还会有相互作用，导致零部件、子系统和系统的故障模式不仅复杂，各层次的故障模式还会相互重复。因此需要建立一个故障模式库，该模式库不仅包含动车组所有子系统和零部件的故障模式，还应能够反映出

该故障模式究竟属于哪一个零部件或系统。

故障模式库需要在调查、了解产品发生故障现场所记录的故障信息的基础上，结合设计团队的深入分析，集思广益，以某种故障可能发生，但不是一定发生的思想理念进行建立。

故障模式库建立流程如图 5-8 所示。

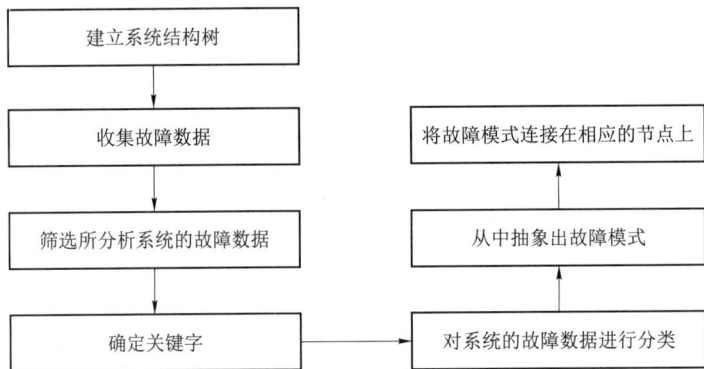

图 5-8　故障模式库建立流程

① 建立系统结构树。

首先按动车组的系统、子系统、零部件的从属关系按层级建立产品结构树。

② 收集故障数据。

为确定故障模式，先要找到相应的数据源。建议选择同类产品的试验数据、三包数据、运营数据，因为这些数据中较为详细地记录了产品在试验和使用过程中出现的故障。

③ 筛选所分析子系统的故障数据。

一般来说，故障数据来自于系统，需要将故障数据逐层筛选，才能最终得到系统、每一级子系统以及零部件的故障数据，为确定其故障模式做准备。

④ 确定关键字。

三包和运营数据来自于不同的维修部门，由于收集人员的问题，难免存在不规范的现象，比如对于"密封不严"这一故障现象，故障数据中就会有"密封不严、不密封、密封性差、密封性不好"等多种描述。鉴于这种现象，数据归纳人员先要了解各种故障现象的描述，在此基础上确定关键字，对所选子系统的故障数据进行归类。关键字确定的原则是，能筛选到95%以上的同种故障现象，尽量做到不遗漏，不同故障现象间尽量做到不重复。因此，筛选同一种故障现象很可能需要确定几个关键字。

⑤ 对系统的故障数据进行分类。

依据确定的关键字，对系统的故障数据进行分类，分类后的故障数据就可以用来抽象出故障模式。

⑥ 从中抽象出故障模式。

根据分类后的故障数据，可以抽象出相应的故障模式。故障模式要求用规范术语表示。

⑦ 将故障模式连接在相应节点上。

即将规范的故障模式与可能发生此故障的零部件进行对接。

（5）危害性分析。

FMECA 分析中的危害性分析（简称 CA）是对每个故障模式的影响后果风险级别进行分

析，属安全性分析。常用的方法有风险矩阵法和风险特性指数 RPN 值法。在动车组的设计中，一般采用风险矩阵法。

① 风险矩阵法。

风险矩阵法分为定性和定量两种方法。当不能获得产品故障数据时，应选择定性分析；当可以获得产品较准确的故障数据时，应选择定量分析。

（a）定性的风险矩阵。

将危害发生的频率和后果的严重性以定性的方式进行描述的矩阵称为定性的风险矩阵。以下给出的是《轨道交通 可靠性、可用性、可维修性和安全性规范及示例》（GB/T 21562—2008）中的描述。

● 故障发生的频度（或故障率）描述见表 5–1。

表 5–1 故障发生的频度

序号	分类	描 述
A	频繁	频繁出现，危害将一直存在
B	经常	发生多次，危害可以预期经常出现
C	有时	可能发生几次，危害预期发生几次
D	很少	在系统寿命周期的某个时期可能发生，危害能合理地预期出现
E	极少	不太可能发生但可能存在，假设危害极少出现
F	几乎不可能	几乎不可能发生，可假定危害不会发生

● 故障后果严重性见表 5–2。

表 5–2 故障后果严重性

序号	严重等级	对环境或人的影响	给运行带来的后果
1	特大	多人死亡，和/或是多方面的严重伤害，和/或对环境的较多损害	无法继续运营
2	重大	一人死亡，和/或是单个严重伤害，和/或对环境产生明显的损害	主系统失效
3	次要	较小的损伤和/或对环境的明显影响	严重的系统损害
4	轻微	可能存在的较小的伤害	较小的系统损害

● 定性风险矩阵见表 5–3。

表 5–3 定性风险矩阵

序号	故障发生频度	风 险 等 级			
		4	3	2	1
A	频繁	R2	R1	R1	R1
B	经常	R3	R2	R1	R1
C	有时	R3	R2	R2	R1
D	很少	R4	R3	R2	R2

续表

序号	故障发生频度	风 险 等 级			
		4	3	2	1
E	极少	R4	R4	R3	R3
F	几乎不可能	R4	R4	R4	R4
后果的严重性		轻微	次要	重大	特大

（b）定量的风险矩阵。

故障发生的频率和后果的严重性以定量的方式进行描述的矩阵称为定量的风险矩阵。以下给出常用的矩阵。

● 故障发生的频度（或故障率）见表 5-4。

表 5-4　故障发生的频度

序号	分类	描述
A	每周几次或稍多	每年发生次数≥100
B	每月几次	10≤每年发生次数<100
C	每年几次	1 ≤每年发生次数<10
D	10 年内几次	0.1≤每年发生次数<1
E	自运行后仅一次	1×10^{-2}≤每年发生次数<1×10^{-1}
F	不可能发生的	1×10^{-3}≤每年发生次数<1×10^{-2}
G	极不可能发生的	1×10^{-4}≤每年发生次数<1×10^{-3}
H	很少	1×10^{-5}≤每年发生次数<1×10^{-4}
I	不可能的	1×10^{-6}≤每年发生次数<1×10^{-5}
J	不可信的	每年发生次数<1×10^{-6}

● 故障后果严重性：

故障后果严重性分为 7 个等级，从 1～7 分别为大灾难、灾难、危急、严重、临界、可忽略不计、小事故。其具体划分按人员死亡、重大伤害、较小伤害的人数，或按对运营线路中断的时间进行划分。各对应的数值见表 5-5 定量风险矩阵中"后果"。

● 定量风险矩阵见表 5-5。

表 5-5　定量风险矩阵　　　　　　　　　　　　　　单位：次

风险类型	事故等级		后果						
			7	6	5	4	3	2	1
			小事故	可忽略不计	临界	严重	危急	灾难	大灾难
员工/承包商安全	死亡事故						<5	5 或更多	
	重大伤害					<5	5 或更多		
	较小伤害	大于或等于 3 天病假			<5	5 或更多			
		小于 3 天病假		<5	5 或更多				

续表

风险类型	事故等级	7 小事故	6 可忽略不计	5 临界	4 严重	3 危急	2 灾难	1 大灾难
乘客/公众安全	死亡事故					<5	5~50	51~500
	重大伤害				<5	5~50	51~500	501~5 000
	较小伤害			<5	5~50	51~500	501~5 000	>5 000
服务	系统中断			<20 分钟	1 小时	1 天	1 个星期	1 个月
	线路中断		20~60 分钟	几个小时	1 天	1 个星期	1 个月	几个月
	车站破坏	<20 分钟	几个小时	1 天	1 个星期	1 个月	几个月	1 年
A 每周几次或稍多	≥100 次/年	R3	R1	R1	R1	R1	R1	R1
B 每月几次	10~100 次/年	R4	R2	R1	R1	R1	R1	R1
C 每年几次	1~10 次/年	R4	R2	R2	R1	R1	R1	R1
D 10 年内几次	0.1~1 次/年	R4	R3	R2	R1	R1	R1	R1
E 自运行后仅一次	10^{-2}~10^{-1} 次/年	R4	R3	R3	R2	R1	R1	R1
F 不可能发生的	10^{-3}~10^{-2} 次/年	R4	R4	R3	R3	R2	R1	R1
G 极不可能发生的	10^{-4}~10^{-3} 次/年	R4	R4	R4	R3	R3	R2	R1
H 很少	10^{-5}~10^{-4} 次/年	R4	R4	R4	R4	R3	R3	R2
I 不可能的	10^{-6}~10^{-5} 次/年	R4	R4	R4	R4	R4	R3	R3
J 不可信的	<10^{-6} 次/年	R4	R4	R4	R4	R4	R4	R3

伤害定义如下：

> 重大伤害——骨折（不包括手部和脚部骨折）；
> ——手或脚截断、手指或脚趾完全切断；
> ——眼睛严重受伤或视力丧失；
> ——触电而需紧急医疗处理；
> ——缺氧造成的昏迷；
> ——经皮肤吸收或吸入某种物质导致需要药物治疗的急性疾病；
> ——因感染病菌而需医药治疗；
> ——其他事故后需要立即送往医院进行观察的伤害。

> 轻伤——非重伤人员。

（c）风险等级分类及处理原则。

风险矩阵法中，风险等级分为 R1～R4 四个级别，风险等级分类及对应等级下所采取的措施见表 5-6。

表 5-6　风险等级分类及对应等级下所采取的措施

序号	风险等级分类	所采取的措施
1	R1—不容许的	除特殊情况外，必须消除该类风险
2	R2—不希望的	必须将风险减低至最低实际可行的水平；当风险降低不可行时，应经过轨道交通主管部门或安全规章主管部门同意后方可接受
3	R3—可容忍的	可容忍风险，但仍需按成本效益尽量降低风险
4	R4—可忽略的	可接受的风险

② 风险特性指数 RPN 值法。

风险特性指数 RPN 值法是通过查阅资料或者以往的经验，经分析、讨论后确定故障模式的严重度（S）、发生频度（O）和探测度（D），然后将三个指标相乘计算得出，即：

$$RPN = S \times O \times D$$

RPN 法是一种定量分析的方法。在此给出 S、O、D 的数据表如下（仅供参考）。

（a）严重度 S 的评价参考准则见表 5-7。

表 5-7　严重度 S 评价参考准则

后果	判断准则：后果的严重度	S 数值
无警告的严重危害	潜在失效模式影响车辆安全运行和/或包含不符合政府法规情形。失效发生时无预警	10
有警告的严重危害	潜在失效模式影响车辆安全运行和/或包含不符合政府法规情形。失效发生时有预警	9
很高	车辆/系统无法运行（丧失基本功能）	8
高	车辆/系统能运行，但性能下降。顾客很不满意	7
中等	车辆/系统能运行，但舒适性/方便性方面失效。顾客不满意	6
低	车辆/系统能运行，但舒适性/方便性方面性能下降。顾客有些不满意	5
很低	装配和最后完工/尖响声和咔嗒响声不符合要求，多数顾客发现有缺陷（多于75%）	4
轻微	装配和最后完工/尖响声和咔嗒响声不符合要求，50%的顾客发现有缺陷	3
很轻微	装配和最后完工/尖响声和咔嗒响声不符合要求，有辨识能力的顾客发现有缺陷（多于25%）	2
无	没有可识别的影响	1

（b）频度 O 的评价参考准则见表 5-8。

表 5-8　频度 O 评价参考准则

发生频度	故障发生的可能性	可能的故障率	O 数值
很高	持续性发生的失效	≥100 件/千辆车	10
		50 件/千辆车	9
高	反复发生的失效	20 件/千辆车	8
		10 件/千辆车	7
中等	偶尔发生的失效	5 件/千辆车	6
		2 件/千辆车	5

发生频度	故障发生的可能性	可能的故障率	O 数值
低	相对很少发生的失效	1 件/千辆车	4
		0.5 件/千辆车	3
极低	失效不太可能发生	0.1 件/千辆车	2
		≤0.010 件/千辆车	1

（c）探测度 D 的评价参考准则见表 5–9。

表 5–9　探测度 D 评价参考准则

探测度	评价准则：在下一个或后续工序前，或零部件离开制造或装配工位之前，利用过程控制方法找出缺陷存在的可能性	D 数值
绝对不肯定	设计控制将不能和/或不可能查出潜在的原因/机理及后续的失效模式；或根本没有设计控制	10
很极少	设计控制只有很极少的机会能找出潜在失效的起因/机理及后续的失效模式	9
极少	设计控制只有极少的机会能找出潜在失效的起因/机理及后续的失效模式	8
很少	设计控制有很少的机会能找出潜在失效的起因/机理及后续的失效模式	7
少	设计控制有较少的机会能找出潜在失效的起因/机理及后续的失效模式	6
中等	设计控制有中等机会能找出潜在失效的起因/机理及后续的失效模式	5
中上	设计控制有中上多的机会能找出潜在失效的起因/机理及后续的失效模式	4
多	设计控制有较多的机会能找出潜在失效的起因/机理及后续的失效模式	3
很多	设计控制有很多的机会能找出潜在失效的起因/机理及后续的失效模式	2
几乎肯定	设计控制几乎肯定能找出潜在失效的起因/机理及后续的失效模式	1

（d）RPN 值的判定。

由于在资源、时间、技术和其他因素方面的内在限制，针对下列情况按照顺序优先采取改进措施，以排除、减轻、控制或避免故障模式的发生。

➢ 严重度评分为 9 或 10，且发生频度评分大于 1 分者；

➢ 单项发生频度评分大于 7 分者；

➢ RPN 排序前 5 项；

➢ 当某个故障模式的后果可能对设计/制造/组装人员产生危害时；

➢ 虽然不属于以上四种情况，但仍有改善需要并有能力改善的。

（6）表格样式。

FMECA 分析表格样式应首先考虑用户的要求，需遵循用户或合同明确规定的模板。当用户或合同没有明确定义时，可参考相关标准自行制订，但至少应包含系统及零部件名称、分析产品的功能、故障模式、故障原因、故障影响后果、风险特性指数或级别、建议的预防措施等。

以下给出风险矩阵法和风险特性指数 RPN 法的 FMECA 分析表格样式及填写说明，供参考。

① 风险矩阵法 FMECA 表格示例。

编号	系统	子系统	部件	功能	故障模式	故障原因	故障影响/后果 h			重要性分析								备注
										原始风险 l			保护/减轻措施（设计或工艺）	剩余风险 q				
							安全（Y/N）	不能服务（Y/N）	延误（Y/N）	频度	严酷等级	风险等级		频度	严酷等级	风险等级		
a	b	c	d	e	f	g	i	j	k	m	n	o	p	r	s	t	u	

注：① "系统"是要进行 FMECA 的总的、完整的产品所在的层次。
② "子系统"是相继的子系统，这些子系统表明了从总体到局部、直至较简单的组成部分的有顺序的系列。

填表说明如下：

➤ 第 a 栏（编号）：填写 FMECA 分析的编号。

➤ 第 b 栏（系统）：填写所分析的系统名称。

➤ 第 c 栏（子系统）：填写所分析的子系统名称。

➤ 第 d 栏（部件）：填写所分析的部件名称。

➤ 第 e 栏（功能）：填写该产品或部件的功能，包括与接口设备的相互关系。

➤ 第 f 栏（故障模式）：填写被分析产品所有可能出现的故障模式。潜在故障模式可能是更高一级系统的潜在故障模式的起因，也可能是比它低一级的零部件潜在故障模式的后果。

➤ 第 g 栏（故障原因）：确定并说明与潜在的故障有关的各种原因，包括设计缺陷、工艺缺陷、人机料法环因素、特定的物理、化学过程等。必要时还应考虑相邻层次的故障原因。

➤ 第 h 栏（故障影响/后果）：填写每个潜在故障的后果。如果被分析的产品不是最终产品，必要时还需考虑故障对更高层次的产品直至最终产品的影响/后果。

➤ 第 i 栏（安全 Y/N）：判断故障发生对车辆运营安全的影响或后果，用 Y（对运营安全有影响）、N（对运营安全无影响）表示。

➤ 第 j 栏（不能服务 Y/N）：判断故障发生对运营服务的影响或后果，用 Y（不能服务）、N（能够继续服务）表示。

➤ 第 k 栏（延误 Y/N）：判断故障发生是否造成运营延误，用 Y（造成延误）、N（没有造成延误）表示。

➤ 第 l 栏（原始风险）：判断故障发生对车辆造成的危害。

➤ 第 m 栏（频度）：参照表 5-1 或表 5-4 来判断故障发生的概率，用大写英文字母表示。

➤ 第 n 栏（严酷等级）：参照表 5-2 或表 5-5 判断故障发生的后果严重度，用 1～7 等数字表示。

➤ 第 o 栏（风险等级）：参照表 5–3 或表 5–5 的风险矩阵判断故障的风险等级，用 R1、R2、R3、R4 表示。

➤ 第 p 栏（保护/减轻措施（设计或工艺））：为避免故障发生和减轻故障发生所造成的后果及影响，应采取的设计或工艺等方面的措施。若没有任何可采取的措施，在该栏填写"无"字予以明确。对于危及人员安全的故障模式，若不能消除，必须提出防护措施。

➤ 第 q 栏（剩余风险）：采取了设计/工艺方面的保护/减轻措施后，重新判断故障的风险等级。

➤ 第 r 栏（频度）：采取了设计/工艺方面的保护/减轻措施后，参照表 5–1 或表 5–4 重新判断故障发生的概率，用大写英文字母表示。

➤ 第 s 栏（严酷等级）：采取了设计/工艺方面的保护/减轻措施后，参照表 5–2 或表 5–5 重新判断故障发生的后果，用 1～7 等数字表示。

➤ 第 t 栏（风险等级）：采取了设计/工艺方面的保护/减轻措施后，参照表 5–3 或表 5–5 重新判断故障的风险等级，用 R1、R2、R3、R4 表示。

➤ 第 u 栏（备注）：其他相关信息。

② RPN 值法 FMECA 表格示例。

（1）产品或部件的名称	（2）产品或部件功能	（3）潜在故障模式	（4）故障影响	（5）故障原因/故障机理	（6）设计控制	（7）严重度 S	（8）频度 O	（9）探测度 D	（10）风险特性指数 RPN	（11）建议的改进或补偿措施	（12）责任部门/责任人及完成日期	改进后			
												（13）实施的改进/补偿措施和日期	（14）严重度 S	（15）频度 O	（16）探测度 D	（17）风险特性指数 RPN

填表说明如下：

➤ 第（1）栏（产品或部件的名称）：填写被分析产品或部件的名称，该名称应与产品图纸或技术规范一致。

➤ 第（2）栏（产品或部件功能）：填写该产品或部件的功能，包括与接口设备的相互关系。

➤ 第（3）栏（潜在故障模式）：填写被分析产品所有可能出现的故障模式。潜在故障模式可能是更高一级系统的潜在故障模式的起因，也可能是比它低一级的零部件潜在故障模式

的后果。

> 第（4）栏（故障影响）：填写每个潜在的故障模式可能导致的后果。如果被分析的产品不是最终产品，必要时还需考虑故障对更高层次的产品直至最终产品的影响。

> 第（5）栏（故障原因/故障机理）：填写潜在故障发生的各种原因，包括设计缺陷、工艺缺陷、人机料法环因素、特定的物理、化学过程等。必要时还应考虑相邻层次的故障原因。

> 第（6）栏（设计控制）：说明在现行设计方案中已经采取的设计控制措施。

> 第（7）栏（严重度 S）：参照表 5–7 确定故障模式的严重度 S。

> 第（8）栏（频度 O）：估计每个故障模式发生的可能性，参照表 5–8 确定故障模式或故障起因的频度 O。

> 第（9）栏（探测度 D）：取决于现行设计控制措施的有效程度，参照表 5–9 确定故障模式或故障起因的探测度 D，需注意设计控制措施的有效程度越低，检测难度就越高。

> 第（10）栏（风险特性指数 RPN）：计算并填写故障模式的风险度指数的 RPN 数值，$RPN = S \times O \times D$；

> 第（11）栏（建议的改进或补偿措施）：对 RPN 值进行判定，并对潜在的故障模式提出设计、工艺、质控和操作上的纠正和预防措施。若没有任何可采取的措施，在该栏填写"无"字予以明确。对于危及人员安全的故障模式，若不能消除，必须提出防护措施。

> 第（12）栏（责任部门/责任人及完成日期）：对于所提出的改进或补偿措施，应同时建议责任部门/责任人及完成日期。

> 第（13）栏（实施的改进/补偿措施和日期）：填写实际执行的改进/补偿措施和日期。

> 第（14）、（15）、（16）、（17）栏：参照第（7）、（8）、（9）、（10）栏分别确定并填写改进后的（严重度 S）（频度 O）（探测度 D）和 RPN 值，RPN 值的降低就是产品设计或改进的绩效的一种体现。

（7）注意事项。

在实施 FMECA 的过程中，应注意以下问题：

① FMECA 分析应与产品的研制同步进行，尤其应在设计的早期阶段就开始进行 FMECA，这将有助于及时发现设计中的薄弱环节并为安排设计改进措施提供依据。

② FMECA 分析最重要的原则有两条，第一是尽可能把各种潜在的故障模式列全，第二是对故障后果影响严重的或风险等级高的故障模式采取设计、制造的纠正措施，从而提高产品的质量与可靠性。

③ 在产品研制的不同阶段，应进行不同程度、不同层次的 FMECA。也就是说 FMECA 应及时反映设计上的变化，并随着研制阶段的展开而不断补充、完善和反复迭代。

④ 设计 FMECA 分析应由产品设计人员完成，即贯彻"谁设计、谁分析"的原则，因为设计人员对自己设计的产品最了解。

⑤ FMECA 分析中应加强规范化工作，以保证 FMECA 分析结果具有可比性。开始分析复杂系统前，应统一制订 FMECA 的规范要求，结合系统特点，对 FMECA 中的分

析约定层次、故障判据、严酷度或风险等级的定义、分析表格模板等均应做统一规定及必要说明。

⑥ 应对 FMECA 分析进行评审，借助集体或专家的力量，使分析全面、到位，措施得当、有效。

⑦ 应对 FMECA 的结果进行跟踪与分析，以验证其正确性和改进措施的有效性。这种跟踪分析的过程，也是逐步积累 FMECA 工程经验的过程。一套完整的 FMECA 资料，是各方面经验的总结，是宝贵的工程财富，应当不断积累并归档，以备查考。

5）故障树分析（FTA）

故障树分析是系统安全性和可靠性分析的工具之一。在产品设计阶段，故障树分析可帮助判明潜在的系统故障模式和灾难性危险因素，发现可靠性和安全性薄弱环节，以便改进设计。在生产、使用阶段，故障树分析可帮助故障诊断，改进使用维修方案。故障树分析也是事故调查的一种有效手段。

（1）定义。

故障树分析以一个不希望的系统故障（或灾难性的系统危害）事件作为分析的目标，称为顶事件；通过自上而下的严格按层次的故障因果逻辑分析，逐层找出故障事件的必要而充分的直接原因，称为中间事件；最终找出导致顶事件发生的所有原因和原因组合，称为底事件。用相应的代表符号及逻辑门把顶事件、中间事件、底事件连接成树形逻辑图，此树形逻辑图称为故障树。综上所述，故障树是一种特殊的倒立树状逻辑因果关系图，它用事件符号、逻辑门符号和转移符号描述系统中各种事件之间的因果关系。

对建立的故障树进行定性、定量分析称为故障树分析。在具有基础数据时计算出顶事件发生的概率和底事件重要度等定量指标。

（2）故障树分析中常用符号。

故障树分析中常用的事件符号和逻辑门符号如表 5-10 所示。

表 5-10　常用的事件符号和逻辑门符号

符号分类	符号	功能	说　　明
事件符号	⊓	顶事件	最不希望发生的事件
	⊟	中间事件	位于顶事件和底事件之间的结果事件，它既是某个逻辑门的输出事件，同时又是其他逻辑门的输入事件
	○	基本事件	无须探明其发生原因的底事件，代表元器件失效或人为失误等
	◇	未展开事件	其输入无须进一步分析或无法进一步分析的事件
	◁	转入符号	已在本故障树另外地方定义了的事件
	◁—	转出符号	用于另外地方的重复事件

符号分类	符号	功能	说　　明
逻辑门符号		与门	所有输入事件都发生，输出事件才会发生
		或门	所有输入事件中有任何一个输入发生，输出事件就会发生
	M:0:0	表决门	输入事件中有 M 件事件发生，输出事件就会发生
逻辑门符号	异或门　不同时发生	异或门	当且仅当一个输入存在时才有输出
		非门	输出等于输入的逆事件
		禁止门	若禁止条件存立，即使有输入也无输出

（3）故障树分析的步骤。

故障树分析步骤一般为：

① 确定分析系统：即确定系统所包括的内容及其边界范围。

② 熟悉所分析的系统：指熟悉系统的整个情况，包括系统性能、运行情况、操作情况及各种重要参数等，必要时要画出工艺流程图及布置图。

③ 调查系统发生的事故：调查分析过去、现在和未来可能发生的故障，同时调查本单位及外单位同类系统曾发生的所有事故。

④ 确定故障树的顶事件：是指确定所要分析的对象事件，将易于发生且后果严重的事故作为顶事件。

⑤ 调查与顶事件有关的所有原因事件。

⑥ 建立故障树：按建树原则，从顶事件起，逐层往下分析各自的直接原因事件。根据彼此间的逻辑关系，用逻辑门连接上下层事件，分析到所有的底事件，形成故障树图。

⑦ 故障树定性分析：定性分析是故障树分析的核心内容之一。其目的是分析该类事故的发生规律及特点，通过求取最小割集，找出控制事故的可行方案，并从故障树结构出发用发生概率分析各基本事件的重要程度，以便按轻重缓急分别采取对策。

⑧ 定量分析：确定各底事件的故障率或失误率；求取顶事件发生的概率，再根据事故发生导致的后果和所依据的风险矩阵，判断顶事件的风险等级。

5.2.3　动车组可维修性设计

1. 维修性基本概念

1）可维修性和维修

可维修性和维修是两个不同的概念。产品的可维修性与产品的设计有关，是由设计赋予产品的一种固有的质量特性，必须在设计中体现与实施；而维修则与产品的使用相关，是

产品投入运用后为了保持正常使用状态，或是在其发生故障后恢复正常状态，所采取的各种活动。

产品在设计时，就需要考虑怎样进行设计，才能使产品维修时达到快速、方便和经济的目标，即维修性问题。

2）维修种类

① 预防性维修：是为降低产品失效的概率或防止功能退化，按预定时间间隔或按规定准则实施的维修，亦称"计划性维修"。它可以包括调整、润滑、定期检查和视情维修等。

② 修复性维修：产品发生故障后，使其恢复到规定状态所进行的全部活动，亦称"修理"。包括下述一个或几个步骤：故障识别、故障定位、故障隔离、故障诊断、故障修复（包括分解、更换、再装）、功能核查等。

3）可维修性的特征

可维修性定义为：在规定的条件下，使用规定的程序和资源进行维修时，对于给定使用条件下的产品在规定的时间区间内，能完成指定的实际维修工作的能力。

由上述定义可知，可维修性具有如下特征：

① 可维修性是通过设计而赋予产品的一种固有属性。由于可维修性参数是随机变量，只具有统计上的意义，因此维修性要用概率表示，称为可维修度。

② 规定的条件包括维修人员的熟练程度，维修设备、工具、备件是否有保障，甚至还包括技术数据是否齐全，操作是否方便，维修规程、规范是否合理，维修后勤保障是否充分等。

③ 规定的时间是指维修时间。维修时间越长，所得到的维修度越大。正常的产品维修时间与其寿命相比应该是短暂的，也就是说维修度具有快速性。只有这样，产品故障才能及时得到诊断和排除，使产品尽快地投入使用。

④ 规定的程序和手段是指按照预先规定的程序和手段进行维修。这是十分必要的，不仅可以提高维修度，还可以降低维修费用，延长产品寿命，减少故障发生频率。否则维修后反而会降低其可靠性。因此制订详细的维修规程和规范，规定和明确维修性的技术要求，还要考虑使用的故障检测装置，设定检测部位，使检测程序标准化等。

产品具有良好的维修性，则需要较少的维修时间、工具和设备，较低的维修技术水平和维修费用就可以排除故障、修复产品。产品在使用中一怕出故障，二怕不好修。好的可靠性可以使产品少出故障，而优良的维修性将使产品以很低的费用，快速方便地进行维修。

2. 维修性要求

维修性要求一般包括维修性定性要求和维修性定量要求。维修性定性要求是满足维修性定量要求的重要基础，而定量要求又是在定性要求的约束下实现的。

1）维修性定性要求

车辆维修性定性要求一般包括：

① 具有良好的可达性。

是指在维修时接近维修部位的难易程度。通俗地说，维修部位应该看得见、摸得着，不需要拆装或拆装简便，同时还应该具有检验、修理所需的空间。

② 提高标准化和互换性程度。

是指提高零部件的标准化、系列化和模块化程度，这不仅有利于设计和生产，而且也使维修简便，能显著减少维修备件品种、数量，简化保障条件，降低对维修人员技术水平的要求，缩短维修工时，因此也是维修性的重要要求。

③ 具有完善的防差错和识别标记。

为了防止外形相似、尺寸相近的备件在存储、保管、发放中弄错，防止在维修中装错、装反或漏装等，在动车组设计中要有防差错的措施和识别标记。

④ 保证维修安全。

是指维修活动时避免人员伤亡或设备损坏的一种设计特性。不但要求车辆及其零部件在使用时要安全，而且要求存储、运输、维护和修理过程中也要保证安全。维修人员在维修作业时不会引起电击、机械损伤、有害气体及辐射等伤害，使维修人员消除顾虑，放心大胆地进行维修，这也是设计时必须考虑的问题。

⑤ 良好的测试性。

产品的测试性是维修性的重要组成部分，检测诊断是否准确、迅速、简便，对维修性有重大影响，特别是随着车辆修制改革的深入，采用状态修方式逐渐增多，要求动车组设计时要考虑检测诊断问题，统筹安排传感器的布置，精心选配或研制检测仪表及其软件，合理选择检测方式等都是维修性需要考虑的范畴。

⑥ 重视贵重部件的可修复性。

由于贵重件具有价格昂贵、所占成本比例大、加工复杂、周期长等特点，其可修复性应格外引起重视。贵重件在其磨损、变形或发生其他形式的故障后，应具有恢复原形的性能，这也是维修性不可缺少的要求。

⑦ 减少维修内容和降低维修技能。

尽可能将动车组零部件设计成不需要或很少需要维修的结构，避免经常拆卸和维修，减少维修工作量和维修率。结构外形应简单，便于换修。

⑧ 符合维修的人因工程要求。

是研究维修中人的各种能力，诸如体力、感官力、耐受力、心理承受和人体尺寸等因素与机器之间的关系。

2）维修性定量要求

动车组设计时，在设计文件中就应预计出维修设计指标，并采取相关措施。车辆作为一个复杂系统，包括许多子系统及其零部件，车辆维修工作最终要分解成各零部件的维修作业，零部件维修性的好坏决定了机车整体维修性的优劣，因此有必要针对零部件制订相应的维修性定量指标。

① 平均修复时间（MTTR）。

是指产品从出故障到修复的维修时间，即产品修复一次平均需要的时间，包括准备、检测诊断、换件、调校、检验及原件修复时间，而不包括由于管理或后勤供应造成的延误时间，即：

$$\text{MTTR} = \frac{1}{n}\sum_{i=1}^{n} t_i$$

式中： n ——故障次数；

　　t_i ——产品第 i 次修复实际所需时间。

当产品有 n' 个修复项目时，则平均修复时间为：

$$\text{MTTR} = \frac{\sum_{i=1}^{n'} \lambda_i \text{MTTR}_i}{\sum_{i=1}^{n'} \lambda_i}$$

式中： λ_i ——第 i 个设备的故障率，

　　MTTR_i ——第 i 个设备的平均修复时间。

② 最大修复时间（MTTR_{max}）。

产品在规定的条件下和规定的维修级别上得到规定维修度所需的最大修复时间，通常给定的维修度是 95% 或 90%。一般最大修复时间是平均修复时间的 2～3 倍。最大修复时间也不包括由于行政管理或后勤供应造成的延误时间。

③ 平均预防维修时间（MTTR_p）。

产品在规定的维修级别上每次预防修所需实际时间的平均值。预防修包括定期的维修、保养、检查、校正及各种计划修（大修、中修、小修等）。即：

$$\text{MTTR}_p = \frac{\sum_{j=1}^{m} f_{pj} \text{MTTR}_{pj}}{\sum_{i=1}^{m} f_{pj}}$$

式中： f_{pj} ——第 j 个项目预防维修作业频率；

　　MTTR_{pj} ——第 j 个项目预防维修作业所需平均时间；

　　m ——预防维修作业项目数。

3. 维修性设计与分析

产品的维修性是设计出来的。维修性设计是将维修性要求落实到产品设计中的过程，其任务是从各项维修性指标出发，通过采取一系列有效的设计措施，确保最终设计的产品技术状态满足产品维修性的要求。

1）维修性分配

维修性分配是为了把产品的维修性定量要求按给定准则分配给各组成单元而进行的工作。

（1）维修性分配的一般程序。

① 进行系统维修职能分析，确定每一个维修级别需要行使的维修保障的职能和流程。

② 进行系统功能层次分析，确定系统各组成部分的维修措施和要素。

③ 确定系统各组成部分的维修频率。

④ 将系统维修性指标分配到各单元，研究分配方案的可行性，进行综合权衡。

（2）维修性分配方法。

维修性分配常用方法见表 5–11。

表 5–11　维修性分配常用方法

方　法	适用范围	简要说明
等值分配法	各单元相近的系统；缺少维修性信息时做初步分配	取各单元维修性指标相等
按故障率分配法	已有可靠性分配值或预计值	按故障率高的维修时间应当短的原则分配
按故障率和设计特性的综合加权分配法	已知单元可靠性值及有关设计方案	按故障率及预计维修的难易程度加权分配
利用相似产品数据分配法	有相似产品维修性数据的情况	利用相似产品数据，通过比例关系分配
保证可用度和考虑单元复杂性加权分配法	有故障率值并要保证可用度的情况	按单元越复杂可用度越低的原则分配可用度，再计算维修性指标

2）维修性预计

维修性预计是为了估计产品在给定工作条件下的维修性而进行的工作。它的目的是预先估计产品的维修性参数，了解其是否满足规定的维修性指标，以便对维修性工作实施监控。

（1）维修性预计的一般程序。

① 收集资料。首先要收集并熟悉所预计产品的设计资料和可靠性数据，还要收集有关维修与保障方案及其尽可能细化的资料。

② 系统的职能与功能层次分析。

③ 确定产品设计特征与维修性参数的关系。

④ 预计维修性参数值。利用各种预计模型，估算各单元和系统的维修性参数值。

（2）维修性预计方法。

维修性预计的方法有多种，常用的维修性预计方法见表 5–12。

表 5–12　常用的维修性预计方法

方　法	适用范围	简要说明
概率模拟预计法	机载电子和机电设备、系统外场修复时间等参数	通过基本维修作业时间分布估计，逐步计算、累加，求得系统停机时间分布参数值
抽样评分预计法	电子系统与设备的修复时间预计	利用随机抽样原理，结合以经验数据为基础的专用核对表评分和计算停机时间
运行功能预计法	各种系统与设备维修时间预计	将修复性维修与预防性维修结合在一起，把任务过程分为若干运行功能，利用所建模型计算维修时间
时间累计预计法	各种电子设备的维修参数值预计，也可用于其他装备	以某个维修时间已知的单元为基准，通过对比确定其他单元的维修时间，再按维修频率求均值，得到修复性或预防性维修时间

4."以可靠性为中心的"维修（RCM）

为了减少全寿命周期费用，应当在保证系统正常工作的前提下尽可能减少维修工作。提高产品可靠性是减少维修工作的首选措施，因为寿命期内不出故障的产品是无须维修的，故障率低的产品所需的维修频率也低。但是，受现有技术水平的限制以及高可靠性可能带来的

研发和生产费用的大幅度增加，适当的维修性是必需的。因此，从维修策略来说，应当把提高可靠性放在首位，把维修性作为可靠性的必要补充，即采取"以可靠性为中心的维修"策略，尽量减少维修的次数和维修的工作量。

RCM 的基本思路是：对系统进行功能与故障分析，明确系统内可能发生的故障、故障原因及其后果；用规范化的逻辑决断方法，确定出各故障的预防性决策；通过现场故障数据统计、专家评估、定量化建模等手段在保证安全性和完好性的前提下，以维修停机损失最小为目标化系统的维修策略。

应用 RCM 方法，可以系统地分析出设备的故障模式、原因及影响，然后对每一故障原因，有针对性地确定出预防性维修工作的类型，从而保证设备的可靠性。

1）RCM 分析过程

（1）前期准备。

进行 RCM 分析，根据分析过程要求，应尽可能收集下述有关信息，以确保分析工作能顺利进行。

① 设备概况：如设备的构成、功能（含隐蔽功能）和冗余等。

② 设备的故障信息：如设备的故障模式、故障原因和影响、故障率、故障判据、潜在故障发展到功能故障的时间、功能故障和潜在故障的检测方法等。

③ 设备的维修保障信息：如维修设备、工具、备件、人力等。

④ 费用信息：如预计的研制费用、维修费用等。

⑤ 相似设备的上述信息。

（2）RCM 分析的一般步骤如下。

① 确定重要功能设备。

② 进行故障模式及影响分析（FMEA）：RCM 分析的第二步就是对选定的重要功能设备进行故障模式及影响分析，通过 FMEA，明确设备的功能、故障模式、故障原因和故障影响，从而为基于故障原因的 RCM 决断分析提供基本信息。

③ 应用 RCM 逻辑决断图选择预防性维修工作类型：对于重要功能设备的每一个故障原因严格按 RCM 逻辑决断图进行分析决断，提出针对该故障原因的预防性维修工作与工作间隔期。

④ 系统综合，形成计划：即使单项工作的间隔期最优，也并不能保证总体的工作效果最优。有时为了提高维修工作的效率，需要把维修时间间隔各不相同的维修工作组合在一起，这样也许会使某些工作的频度比其计算出的结果要高一些，但是提高工作效率所节约的费用会超过所增加的费用。组合工作时应以预定的间隔期为基准，尽量采用预定的间隔期。确定预定的间隔期时应结合现有的维修制度，尽可能地与现有的维修制度一致。

2）RCM 中采用的分析方法

RCM 作为最受研究重视的维护管理方法，是一种系统化考虑系统功能、功能失效的方法，即基于优先权考虑安全和经济性来确定可行的、有效的预防维护的任务。它综合了故障后果和故障模式的有关信息，以运行经济性为出发点的维护管理模式。它是预防维护中的一个重要方法，只有放在整个预防维护中才能发挥最大功效；同时它又是一种综合的维护方法，对

关键元件也体现了状态监控思想。RCM 经常采用的方法见表 5–13。

表 5–13　RCM 经常采用的方法

方　法	用　途
专家评判法	估计故障形成期，评判设备、原件等重要性，优选维护策略
遗传算法	描述更新策略的维持和问题，包含可靠性和成本估计思想
蒙特卡罗模拟法	经常与遗传算法结合，描述更新策略的维持和更新问题
层次分析法	制定元件故障重要性等级或进行维修方式选择
敏感性分析法	测定设备、元件等的重要等级，经常用于 RCM 方法中
FMECA 分析法	确定潜在失效模式及相应的原因、结果、发生频率和重要性
影响图表法	表达行为、特性与效用的关系，选择维护策略等

5.2.4　动车组可用性设计

1. 可用性特征

可用性为产品在需要时可用的概率，或可用的总时间的比例，是反映产品效能的特征之一。可用性有如下特征：

① 可用性是产品可靠性与可维修性的综合表征。对可修复产品而言，总是希望其工作时间要长，非工作时间短。因此不仅要关注产品的可靠性，即不易出现故障的可能性如何，而且还要关心产品一旦出现故障应能尽快修复，使其早日投入工作中。

② 与可靠性和可维修性一样，可用性也可用概率表达，称为可用度，即在任意随机时刻，当任务需要时，产品可投入使用状态的概率。

③ 可用性不但与工作有关，而且还是维修时间的函数，随着工作时间和维修时间的不同，可用性也不相同。

2. 可用性设计指标

1）时间分类

产品在寿命周期内的时间分配关系如图 5–9 所示。在整个使用寿命周期内分为总工作时间和非工作时间。非工作时间包括这个产品存储和运输等方面的时间。在这段时间内产品未进入工作状态，因此分析可用性时与它无关。

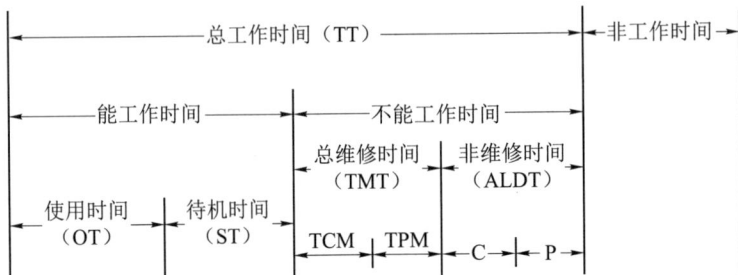

图 5–9　产品在寿命周期内的时间分配关系图

在总工作时间（TT）内，包括能工作时间（MUT）和不能工作时间（MDT）。能工作时间又由实际使用时间（OT）和虽能使用但未被使用的待机时间（ST）组成。不能工作时间由总维修时间（TMT）和用于行政管理和后勤供应等方面的非维修时间（ALDT）组成。总维修时间（TMT）中含有非计划维修总时间（TCM）和计划维修总时间（TPM）。非维修时间（ALDT）中又包含非计划维修和计划维修所需的非维修时间 C 和 P。

2）可用性指标

动车组可用度表达了列车能工作时间与总工作时间之间的关系。根据选用的工作时间不同而分为三种类型，分别为固有可用性（inherent availability，Ai）、可达可用性（achieved availability，Aa）、使用可用性（operational availability，Ao）。

另外，还有一种不是用时间，而是用数量表示的可用性，称为车队可用性。

（1）固有可用性（Ai）：这是分析可用性的理想状态，只考虑工作时间和修复性维修时间，即 MTBF 和 MTTR。固有可用度计算公式为：

$$Ai = \frac{OT}{OT + TCM} = \frac{MTBF}{MTBF + MTTR}$$

式中：MTBF——平均故障间隔时间；

　　　MTTR——平均修复时间。

由上可见，固有可用性不包括维修时间及维修保障的延误时间，因此不能作为使用过程的现场度量。固有可用度反映设计所赋予动车组内在的可用度，由设计、制造支配，是设计中应该考虑的指标。

（2）可达可用性（Aa）：是仅与工作时间、修复性维修时间、预防性维修时间有关的一种可用性参数。可达可用度计算公式为：

$$Aa = \frac{OT}{OT + TCM + TPM} = \frac{MTBF}{MTBF + MTTR + MTPM}$$

式中：MTPM——平均预防性维修时间。

可达可用度反映产品硬件可用度，即技术可用度。

（3）使用可用性（Ao）：是与能工作时间和不能工作时间有关的一种可用性参数。使用可用性是动车组能工作的总时间，包括使用时间和待机时间与总时间的比值。

$$Ao = \frac{OT + ST}{TT} = \frac{OT + ST}{OT + ST + TCM + TPM + ALDT} = \frac{MUT}{MUT + MDT}$$

式中：MUT——平均可用时间；

　　　MDT——平均不可用时间。

（4）车队可用性（FA）：用监控管理期间内可以运行的车辆数与整个车队车辆数的比例表示。可运行的车辆数为车队的车辆总数与由于维修（预防性和修复性维修）停用的车辆数之差。

$$FA = \frac{Fop}{Ftot} = \frac{Ftot - Fm}{Ftot}$$

式中：Fop——可运行的车辆数量；

Fm ——因修复性和预防性维修而停用的车辆数量；

Ftot ——车队的车辆总数。

3）提高可用性的方法

（1）提高设备的可靠性，减少修复性维修次数；

（2）适时增加维修间隔，减少预防性维修次数；

（3）减少列车不能工作时间，使用优秀的维修工人，加强技术培训，优化维修工作程序，以缩短维修时间；

（4）改进列车维修性，使之具有良好的可达性，较高的标准化、模块化和互换性，完善的防差错措施和识别标记，保证维修安全性，快速诊断、迅速故障定位，较好的贵重部件可修复性等；

（5）实施均衡维修，尽量将维修工作放在不忙的时间进行，使列车维修与运行图以兼容的方式进行；

（6）将维修推迟到列车停止时进行。在备用车较少，需要提高列车可用性，并且车间多班工作可能的情况下，这是一种必然的选择。

5.2.5　动车组安全性设计

1. 安全性概述

1）安全性基本概念

安全性（safety）是指不发生事故的能力，一般是指将伤害或损坏的风险限制在可接受水平的状态。系统或产品的安全性，表示在给定的条件下系统或产品无事故地完成任务的一种特性。其中事故指的是使一项正常进行的活动中断，并造成人员伤亡、职业病、财产损失或损害环境的意外事件。事故可以认为是由于未能鉴别危害或是由于控制危害的措施不合理所造成的。危害亦称隐患。

2）安全性特征

安全性具有如下特征：

① 安全性研究对象是人、物和环境，可以是硬件，如机车车辆；也可以是软件，如计算机程序等。

② 与安全性相对应的概念是危险性。所谓安全性评价就是对产品的危险性进行定性和定量分析，得出产品发生的危险的可能性及其程度的评价，以寻求最低事故率，最少损失和最优的安全投资效益。

③ 安全性好坏要求对风险进行风险分析。风险的概念包括两个方面：一方面是危险的一个事件或多个组合事件出现的概率或频率；另一方面是事件导致危险的后果。

④ 安全性是指抵制损害风险的能力，常用概率来度量这一能力，轨道交通系统采用的评价指标主要是事故发生的概率。

3）风险

（1）风险概念。

风险概念由以下两个元素组成：

① 导致危害的事件，或事件组合发生的概率，或这些事件发生的频繁程度；

② 危害后果。

（2）风险验收准则。

风险验收的目的是为检验系统的风险结果，是否达到可以接受的程度，为安全验收提供依据。对未达到安全目标的系统提出安全补救措施，以提高系统的安全程度，满足安全性要求。风险验收准则如下：

① ALARP（风险降低到合理可行）准则。

含义：任何工业系统都是存在风险的，不可能通过预防措施来彻底消除风险，而且，当风险水平越低时，要进一步降低风险就比较困难，其成本往往呈指数曲线上升。为确定风险控制措施是否合理可行，必须权衡风险降低与包括时间、金钱和问题在内的任何其他因素。如果成本较高且无法清晰地进行权衡，则可能需要估计成本和利益。通常，可以在无须估计成本和利益的情况下确定平衡点，以制订风险减轻措施。

② GAMAB（综合最优）原理。

含义：所有新型的导向式运输系统应提供一个风险等级，此等级整体上至少与现有的任何等效的系统一样好。轨道交通系统供应商可随意为系统固有的不同风险去分配和采用相关的方法，即定性的和定量的方法。

2. 安全性指标

安全性指标与可靠性指标相仿，只不过可靠性指标所涉及的是故障，在安全性指标中则是危险性的故障或事故。动车组安全性指标常常采用平均事故率和平均事故间隔时间。

1）平均事故率

平均事故率是平均故障率的一种特殊情况，是指在具有严重后果、被称为事故的那些故障时的平均故障率。因此，可靠性指标中的平均故障率公式可用来计算安全性指标中的平均事故率 λ_{sh}，即

$$\lambda_{sh} = \frac{N_{sh}}{\sum t} \text{ 或 } \lambda_{sh} = \frac{N_{sh}}{\sum L}$$

式中： N_{sh} ——一台或多台列车在所统计的走行时间或距离内发生的事故次数；

$\sum t$ ——列车累积走行时间；

$\sum L$ ——列车累积走行公里。

2）平均事故间隔时间

平均事故间隔时间 MTBF 是指相邻两次事故之间的平均工作时间或走行公里数。即：

$$MTBF = \frac{\sum t}{N_{sh}} \text{ 或 } MTBF = \frac{\sum L}{N_{sh}} = \frac{1}{\lambda_{sh}}$$

可见，平均故障间隔时间与平均事故率成倒数关系。

3. 安全性分析方法

动车组安全性分析主要有危害/隐患分析、故障模式、影响及危害性分析、故障树分析、确定性安全评估等。故障模式、影响及危害性分析、故障树分析方法已在前文中描述过，在

此不再赘述。

1）危害/隐患分析

（1）目的和作用。

危害分析的目的是分析什么能产生危害，其后果是什么，它们的严重程度如何，采取什么措施可以减少或控制危害。通过危害分析来判别和评价危害，以便在系统寿命周期的各个阶段中能够消除或控制这些危害。

危害分析可以提供采用其他方法不能获得的有关产品设计以及使用和维修程序的信息，确定系统设计的不安全状态，以及纠正这些不安全状态的方法。对于危害难以消除的场合，危害分析可以指出控制危害的最佳方法，和减轻未能控制的危害所产生有害影响的方法。危害分析还可以用来验证设计是否符合规范、标准或其他文件中所规定的各项要求，验证产品是否重复以前系统中存在的缺陷，确定与危害有关的系统接口。危害分析是安全性分析的核心，是安全性分析的重要工具。

（2）工作分类及适应阶段。

危害分析工作应贯穿于系统整个寿命周期，分析的范围分为初步危害分析、子系统危害分析、接口危害分析、操作和维护危害分析。在工程研制的不同阶段，由于可获取的数据及信息的不同，危害分析的重点也会有所不同。

通常在方案设计阶段，危害分析的重点在于方案中可能存在的危害源以及危害的后果，一般进行的是初步危害分析；在技术设计和施工设计阶段，列车各系统结构已基本确定，信息已初步充足，则逐步进行子系统危害分析、接口危害分析、操作和维护危害分析。子系统危害分析侧重识别和分析车辆各子系统及设备的潜在危害；接口危害分析侧重识别和分析车辆与车辆外系统之间接口部分的危险源；操作和维护危害分析则重点分析与使用、环境、人员操作等有关的危险源。

各类危害分析都是一个反复迭代、不断完善的过程，随着研制工作的进展、可获得的数据和信息的增多，设计人员需不断更新、补充、完善危害分析工作。

（3）危险源。

危险源是潜在的威胁系统安全或可能形成危害之源，是事件的主体。因此，进行危害分析首先要辨识什么是能引起危害的危险源，需进行全面识别，并将识别出的所有潜在危害罗列出来，形成危害清单。

对动车组来说，主要的危害有：脱轨、撞击、脱离、侵入限界、失火、爆炸、断裂、脱落、腐蚀、触电、意外开门，等等。

（4）危害分析程序。

危害分析可以采用统一的表格形式，通过填写表格中规定的有关内容，完成研制中所要求的各项危害分析工作，形成危害/隐患登记册。危害登记册表格样式应首先考虑用户的要求，需遵循用户或合同明确规定的模板。当用户或合同没有明确定义时，可参考相关标准自行制订，但至少应包含系统及零部件名称、危害说明、危害发生的可能原因、影响组别及后果、风险评估、建议的风险减轻措施及其落实情况等。

以下给出危害分析表格样式（如表 5-14 所示），供参考。

表 5-14　危害分析表格样式

危害编号	系统	子系统	部件	位置	危害类别	危害分类的编号	危害说明	可能成因	影响组别				影响/后果	现有风险			承包商采取的减轻措施	剩余风险			减轻措施管控单位	减轻措施类别	验证减轻措施方法	状况		减轻措施落实情况检查	备注
									乘客	员工	公众	承包商		概率	严重性	风险等级		概率	严重性	风险等级				个别	整体		

填表说明如下：

① 危害编号：给每个危害的唯一标签；

② 系统：系统的名称；

③ 子系统：各个子系统名称；

④ 部件：危害发生在哪个部件；

⑤ 位置：发生危害的地点，选择以下最合适的地点：

1. 正线　　2. 区间　　3. 站台　　4. 车站设备室　　5. 车站出入口/公共区

6. 车站控制室　　7. 运营控制中心　　8. 车辆段　　9. 其他（请注明）

⑥ 危害类别：按照危害清单的危害分类选择最合适的分类，如失火、脱轨；

⑦ 危害分类的编号：按照危害清单的危害分类编号选择，如 OA、OB；

⑧ 危害说明：危害的描述，如"客室车门在关门时夹着乘客身体"；

⑨ 可能成因：危害发生的原因，如"车门关闭前没有发出警报、乘客行为"；

⑩ 影响组别：危害是否影响旅客、员工、公众及承包商；

⑪ 影响/后果：描述危害带来的后果，如旅客/员工死亡或受伤、服务中断、车站停止营运等；

⑫ 现有风险：表示未采取任何措施前的风险；

——概率：原定状况下，危害发生的频率（依照风险矩阵填写）；

——严重性：原定状况下，危害的后果（依照风险矩阵填写）；

——风险等级：原定状况下，危害的风险等级（依照风险矩阵判定）；

⑬ 承包商采取的减轻措施：描述减轻风险的措施，考虑设计、制造（含试验）、维修、营运四个方面：

——设计例子：冗余、保护设施、标准物料、符合负载最大要求；

——制造例子：工艺标准、测试、量度、验收、校正；

——维修例子：定期维修/检查/测试设备、制订维修程序；

——营运例子：员工在发生危害时的处理程序、警告标示、员工训练；

⑭ 剩余风险：表示采取减轻措施后的风险评估：

——概率：进行减轻措施后，危害的发生频率（依照风险矩阵填写）；

——严重性：进行减轻措施后，危害的后果（依照风险矩阵填写）；

——风险等级：进行减轻措施前，危害的风险等级（依照风险矩阵判断）；

⑮ 减轻措施管控单位：负责监控减轻措施的单位；

⑯ 减轻措施类别：减轻措施的类别，即设计、制造、维修、运营；

⑰ 验证减轻措施方法：说明如何验证减轻措施，须列出有关证明文件的名称、编号、版本号等；

⑱ 状况：减轻措施完成情况：

——个别：个别减轻措施的状况，"C"代表"完成"，"O"代表"还没有完成"；

——整体：整体减轻措施的状况，"C"代表"全部完成"，"O"代表"还没有全部完成"，"P"表示"部分完成"；

⑲ 减轻措施落实情况检查：注明哪些减轻措施的落实情况需要质量管理部检查；

⑳ 备注：其他说明。

危害登记册需根据工程进度，定期进行更新，补充新发现的危害，更新风险减轻措施完成状态。

2）确定性安全评估（deterministic safety assessment，DSA）

（1）定义。

确定性安全评估亦即安全原则及规范要求符合性评估，是根据车辆的结构和运营特点，对设计是否符合需遵循的标准、原则、法律法规、合同、技术规范中的安全要求进行评估，以确定动车组是否满足所有的安全性要求。

（2）分析方法。

DSA 是安全性分析的重要方法之一。首先必须识别所有应遵循的安全性要求，然后逐项进行符合性评估。通常采用统一的表格形式，通过填写表格中规定的有关内容，完成所要求的评估分析工作，形成 DSA 记录表。

DSA 表格样式应首先考虑用户的要求，需遵循用户或合同明确规定的模板。当用户或合同没有明确定义时，可自行制订，但至少应包含系统及零部件名称、安全要求所在的文件名及条款号、相应的安全要求、符合安全要求的证据、安全要求符合状况等。

以下给出 DSA 分析表格样式，供参考。如表 5–15 所示。

表 5–15　DSA 分析表格样式

编号	系统	子系统/设备	行为守则/法律/规格书要求参考条款	相关设计/操作安全原则	设计阶段（文件/图纸）的结束证据	试验和调试阶段（若适用）结束证据（试验记录参考资料等）	符合性状况	备注

填表说明如下：

① 编号：填写序号，可按系统类别分类；

② 系统：填写所分析的系统名称；

③ 子系统/设备：填写所分析的子系统/设备名称；

④ 行为守则/法律/规格书要求参考条款：填写标准、原则、法律法规、合同、技术规范等中相关安全要求的条款号；

⑤ 相关设计/操作安全原则：简要说明条款中的相应安全要求；

⑥ 设计阶段（文件/图纸）的结束证据：描述设计阶段相应的证明文件/图纸的名称、编号等；

⑦ 试验和试运行阶段（若适用）结束证据（试验记录参考资料等）：描述试验和调试阶段相应的证明文件名称、编号等；

⑧ 符合性状况：

填写规定的符号以说明现阶段是否符合相应的安全要求：

C：表示完全一致，无须采取进一步措施或监视；

I/C：表示目前尚不确定或尚未结束，仍须在后续阶段审查、验证或确立维修程序；

N/C：表示不一致，必须重新设计、制造、再次试验等；

⑨ 备注：有备注说明时填写。

应该通过详细设计、计算（包括仿真计算）、试验等方法证明是否满足所有的安全性要求。

证明车辆子系统/设备的设计符合所需的安全功能要求或标准的安全验证试验，应包括于安全关键设备或整车的型式试验和调试试验中。

4. 安全完整性

1）定义

安全完整性是在规定的条件下，系统在给定时间内完全实现所需要的安全功能的可能性。安全完整性分为随机安全完整性和系统安全完整性。

① 随机安全完整性：即以危害失效模式出现的、与随机硬件失效相关的安全完整性。与随机安全完整性相关的两个参数是总危害失效率和拒绝按需要动作的概率，前者是需持续控制以维持安全的可靠性参数，后者是安全相关系统保护的可靠性参数。随机安全完整性一般可以实现定量分析，通常可通过修复性维修来消除。

② 系统安全完整性：即以危害失效模式出现的、与系统失效相关的安全完整性，一般只能定性分析。系统失效只有通过修改设计，改进制造工艺，改变操作规程、文件、软件或其他相关因素才能消除。

2）安全完整性的重要问题

对于安全完整性，应该注意以下几个问题：

① 安全完整性可以认为是定量元素（一般与硬件有关）和非定量元素（一般与软件、技术条件、文件、程序等有关）的组合。

② 系统的安全功能和安全完整性受系统使用环境影响。

③ 系统功能的安全完整性的置信度可以通过有效地组合特定的系统结构、方法、工具和技术来得到。功能的安全完整性要求越高，所需费用越高。

④ 系统的安全功能依靠执行相关标准规定的体系结构、方法、工具和技术来实现。

⑤ 安全完整性基本上是为了安全功能规定的。安全功能应分配给安全系统和/或降低风险的外部设施。通过分配程序的反复进行，使整个系统的设计与费用最优化。

⑥ 当安全计划与 RAMS 规划有效实施后，它能给出最终系统获得符合 RAMS 需求的置信度。

⑦ 当使用指定安全完整性相应方法、工具和技术开发产品时，其安全完整性达到某一等级 X 时，可声明该产品是安全等级为 X 的产品。

3）安全完整性等级

SIL 是衡量安全完整性的重要指标，用于评估安全系统在一定时间、一定条件下能够执行其规定的安全功能的概率。确定 SIL 就是通过规定 SIS 需要的最低反映失效的可能性，使设备能够在需要时成功执行设计所要求的安全功能。安全完整性设有 4 级，SIL 1 最低，SIL 4 最高。SIL 级别越高，出错概率越低，系统结构越复杂，对系统的要求也越高。

4）安全完整性等级（SIL）的确定

在确定 SIL 时必须考虑的技术要求如下：

① 对一个系统中安全相关系统的 SIL，需要由熟悉该系统的相关安全专家来制订，一般不超过 4 个等级。

② 一个"要素"只分配一个 SIL，"要素"是指能实现一个或多个简单功能且可被一个实现相同功能的设备代替的独立设备。

③ 对于所考核的系统，产品所在的环境是极其重要的，在与产品的安全要求比较时，应审查现货供应产品的已鉴定的 SIL 及鉴定方法是否满足全部条件。

④ 一个 SIL 只说明产品安全性置信度的一个期望等级。

5.3　动车组 RAMS 设计流程

5.3.1　设计流程

通常动车组详细的设计、开发分为五个阶段，即设计策划、方案设计、技术设计、施工设计及产品试制、验证阶段，RAMS 设计伴随在各个设计阶段。动车组 RAMS 设计流程如图 5-10 所示。

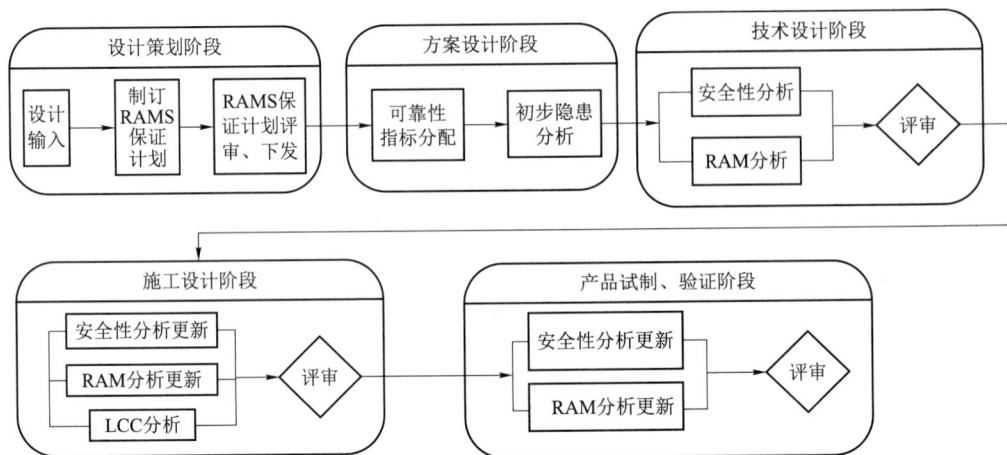

图 5-10　动车组 RAMS 设计流程

5.3.2　各阶段 RAMS 工作及注意事项

1. 设计策划阶段

1）制订 RAMS 保证计划

RAMS 保证计划（亦称"系统保证计划"）是对项目执行中 RAMS 工作的总体规划。

根据合同、技术规格书或供货技术条件、以往相似产品的历史故障信息等设计输入，制订 RAMS 保证计划（或"系统保证计划"），定义本项目在设计、制造、试验验证和质保期各阶段 RAMS 管理的组织机构、关键人员及职责、沟通方式、供方管理、RAMS 要求和所完成的具体任务、所用的技术和方法、文件模板、RAMS 工作和递交文件计划、FRACAS 系统运行及管理等。

RAMS 保证计划包括但不限于以下内容：

① 概述：简述 RAMS 保证计划的目的和适应范围；

② 名称和参考文献：RAMS 保证计划中所用的专业名称及其缩略语，编制 RAMS 保证计划需参考的国际、国内标准或相关技术文件等参考文件的清单；

③ RAMS 目标：依据合同要求，明确故障的定义、列车运行数据假设、RAMS 目标值及其计算方法等；

④ 组织架构：描述承担项目 RAMS 工作的组织及相互关系、成员及其资质、职责等情况，说明组织架构成员组间的交流和沟通方式等；

⑤ 安全性要求：依据合同要求，说明需开展的安全性分析和管理、所用的技术和方法、分析文件模板等；

⑥ 可靠性、可用性、可维修性要求：依据合同要求，说明需开展的 RAMS 活动、进行的分析和管理、所用的技术和方法、分析文件模板等；

⑦ 故障报告与纠正措施系统 FRACAS：说明 FRACAS 的建立、管理及其运行；

⑧ 内部审核：说明项目执行中，内部、外部 RAMS 的质量审核管理规定及要求；

⑨ 供应商管理：说明对供应商的 RAMS 管理的规定和要求；

⑩ RAMS 工作交付成果：依据合同要求，列出各工程阶段需交付的 RAMS 文件；

⑪ RAMS 工作的时间计划：列出 RAMS 工作完成的时间节点。该时间计划须融入到设计开发计划中并保持节点一致，以使 RAMS 工作与设计同步。

RAMS 保证计划通常由 RAMS 专职人员负责编制，可结合合同或技术规格书要求、参考企业技术标准 Q/SF00–029《RAMS 保证计划编制指南》制订 RAMS 保证计划。

2）RAMS 保证计划的评审、下发

组织公司各相关单位对制订的 RAMS 保证计划进行评审，根据评审意见对 RAMS 保证计划进行修改、完善，并经相关的、有资质的人员签字后下发。RAMS 保证计划可根据项目执行中的需要，进行适当的更新。

2. 方案设计阶段

本阶段属系统级设计，RAMS 设计工作主要包括：① 将整车 RAMS 指标分配到动车组

的各个子系统，以使各专业明确设计要求；② 对各系统的安全隐患进行识别，进行初步隐患分析。

1）RAMS 指标分配

当合同给予了 RAMS 指标，通常对可靠性、可维修性、安全性指标进行分配。分配的原则和方法已在前文第 2 章描述过。在此对动车组可靠性指标分配进行进一步说明。

动车组设计中，通常会明确哪个现有车型为基线设计车型，然后进行以下工作：

① 收集基线设计车型在实际使用过程中的故障信息，对这些故障信息进行梳理、分析，计算各系统的故障率；

② 明确本项目与基线产品的设计变更，分析设计变更对可靠性的影响；

③ 建立可靠性框图，为全串联模型，确定各个子系统的故障比例，按增加 5%～10%的裕量，将正常可靠性指标分配给各子系统。计算公式如下：

$$\lambda_s = \sum_{i=1}^{n} \lambda_i = \frac{1}{\text{MTBF}} = \frac{V}{\text{MDBF}} = \sum_{i=1}^{n} \frac{1}{\text{MTBF}_i} ; \quad \lambda_i = \lambda_s \times \delta_i$$

式中：λ_s ——整车的故障率；

λ_i ——第 i 个子系统的故障率；

V ——列车的平均旅行速度，km/h；

δ_i ——第 i 个子系统的故障比例；

MTBF ——整车的平均无故障时间，h；

MTBF_i ——第 i 个子系统的平均无故障时间，h；

MDBF ——整车的平均无故障距离，km。

2）初步隐患分析

针对动车组各子系统级可能发生的运行危害事故，进行初步隐患识别和分析，分析范围应涵盖子系统（包括硬件和软件）、接口、运营和维护等方面。

若业主提供初步隐患分析，则需对其进行适用于本项目的隐患识别和补充。

在进行隐患分析时（包括后续阶段的更新）应注意以下几点事项：

① 子系统级的分析应由各专业项目负责人组织分析；

② 要全面查找导致隐患发生的可能原因；

③ 针对所有可能的原因，从设计、制造、测试、运营和维护等各阶段考虑制订相应的预防/减轻措施。所制订的措施必须全面、合理、可行，描述要清晰、明确，不应使用"采用成熟结构""采用可靠产品"等不定性的通俗词语。运营、维护中的措施须落实在操作手册、维修手册中；

④ 针对每条措施要一一对应地填写证据，如图纸、技术文件、报告、说明书、规程等的名称和编号，以查证制订的措施已被落实；

⑤ 应对每条措施落实证据的完成情况进行一一对应地记录。证据已完成，证据的名称、编号已准确记录在隐患登记册中时，状态更新为"C"，即 close；否则应记录为"O"，即 open。状态栏需伴随工程阶段的进程，定期进行更新；

⑥ 同一条隐患分析中，隐患一旦发生，其导致的后果是一样的，因此隐患登记册中原始

风险和剩余风险中的"严重性"等级应基本相同。

3. 技术设计阶段

本阶段 RAMS 工作分为安全性分析和 RAM 分析两部分。安全性分析主要进行隐患分析、确定性安全评估、量化风险评估，形成相应的分析记录表和安全分析报告，以保证动车组设计的安全性；RAM 分析主要进行 FMECA、RAM 分配和预计，以预防设备故障的发生，对其可靠性指标进行控制和预计。

1）安全性分析

根据 RAMS 保证计划要求，进行相关的安全性分析。

（1）隐患分析。

在初步隐患分析的基础上，根据设计结构的细化，进行详细的隐患分析，包括子系统隐患分析、接口隐患分析、操作和维护隐患分析。各种隐患分析可合并在一起，要求隐患识别要全面，分析要到位，减轻措施要得当，措施要落地。分析中应遵循谁设计，则由谁分析的原则。

针对每条可能的原因，从设计、制造、试验、操作、维护 5 个阶段制订风险减轻措施，判断剩余风险等级。所有的分析记录在规定表格中，形成隐患登记册。隐患登记册需伴随设计评审一起进行评审和管理。

（2）确定性安全评估（DSA）。

需针对合同/技术规格书/供货技术条件、本项目需执行的标准、规范、法律法规等，分析、梳理、全面识别车辆系统/设备需遵循的安全性要求，列出安全要求清单。所有的安全性要求应落实在设计中，并通过计算（包括仿真计算）、部件试验、整车试验等方法进行验证。此阶段应将证明符合安全要求的可能的文件、计算书、试验报告、设备招标技术条件等列出，并检查所列出的证明文件能否证明符合相应的安全要求。这些证明文件可为暂定名称，待后续完成后进行更新。

设计人员需将所有分析记录在规定的表格中，形成 DSA 文件。DSA 文件应伴随设计评审一起进行评审。

DSA 分析记录时应注意以下几点事项：

① 要全面识别本项目需遵循的安全性要求，包括合同、供货技术条件、技术规格书、需遵循的标准、法规、铁总印发的文件等中的相关安全性要求；

② 已完成的安全要求符合性证据必须准确、完整地描述证据名称、编号；

③ 当安全要求符合性证据全部完成时，"符合性状况"栏填写"C"；部分证据有待完成时，"符合性状况"栏填写"I/C"；只有当确认某安全性要求不能被符合，必须重新设计、制造和试验时，"符合性状况"栏填写"N/C"。"符合性状况"栏需伴随工程阶段的进程定期进行更新。

（3）量化风险评估。

一般地，对于隐患登记册中剩余风险等级为 R1、R2 级的隐患或业主指定的危险事件，应采取故障树分析（fault tree analysis，FTA）的方式，进行量化风险评估。

故障树建立是故障树分析中至关重要的环节，相关专业的设计人员必须一起进行分析，

以全面查找导致顶事件发生的各种原因。

对于动车组来说，故障树定性、定量计算是比较庞大的，目前一般应用软件进行计算。在故障树确定后，将其逻辑关系输入计算机；输入相关条件，通过软件计算求得最小割集；对割集进行分析，找出重要的割集；输入各底事件的故障率或概率，计算顶事件发生的概率，确定顶事件发生导致的后果，结合风险矩阵，确定顶事件的风险等级。根据风险等级接受的原则，确定是否采取减轻措施。

FTA 应注意的事项：

① 建树前，设计人员需深入了解产品结构、原理、对外接口、运营条件/情况等；

② 需相关联专业的设计人员共同讨论、研究，集思广益，进行逻辑因果分析，细致分析导致顶事件发生的所有可能原因（包括硬件、软件、环境、人为因素等）和原因间的逻辑关系；

③ 收集各种信息，尽可能准确地确定底事件的故障率。数据来源可以是标准、报道、故障统计、类比分析、供应商提供等；

④ 应形成故障树分析报告，并进行评审。

（4）安全分析报告。

本阶段应编制安全分析报告，描述开展了哪些安全性分析工作、分析所采用的方法、分析的结果以及问题的关闭情况。安全分析报告需根据相关安全性分析工作的进程，进行阶段更新。

2）RAM 分析

根据 RAMS 保证计划要求，进行相关的 RAM 分析。

（1）故障模式、影响及危害性分析（FMECA）。

本阶段根据设计的深度进行分析，但须尽可能细化。因此应首先建立产品的结构树，产品结构树将随着设计的深入而不断细化。

若没有特殊要求，动车组一般采用风险矩阵法进行 FMECA 分析。

分析中评估故障对安全的影响和对正常运营的影响，凡是影响安全的故障和严重影响铁路运营秩序的故障，应补充进行隐患分析，并记录在隐患登记册中。

FMECA 分析应注意以下事项：

① 各专业应分析到最小可更换单元层级；

② 需列出每个最小可更换单元可能发生的所有故障模式；

③ 需全面考虑每个故障模式发生的可能原因；

④ 故障影响/后果应分析故障对所属子系统的影响和对整车的影响；

⑤ 设计保护措施必须全面、合理、可行，项目的各专业负责人应进行审核确认，并对措施的落实进行把关；

⑥ 运行阶段的故障紧急处理措施必须在《应急处理手册》中进行描述，非运行阶段的故障处理措施必须在《使用维护说明书》中进行描述。

（2）RAM 目标分配和预计。

本阶段设计工作已比方案设计阶段深入、细化，需将子系统的 RAM 目标采取自上而

下的方式，逐级向下分配到采购设备，以在供货技术条件中对供应商提出明确的 RAM 指标要求。

另外，各专业根据本项目各设备的设计结构、变更的影响、相似产品的实际数据、供应商提供的数据等，采取自下而上的方式预计各子系统可能达到的可靠性、可维修性指标。整车根据各子系统提报的数据进行整车的可靠性、可维修性预计，并与目标值进行比较，预测能否满足整车要求。

该阶段应该根据上述工作，完成 RAM 分析和预计报告，以对所有的分析及比较的结果进行说明。RAM 分析报告需经评审后，按照公司管理规定进行管理。

4. 施工设计阶段

本阶段 RAMS 工作主要是对上一阶段的安全性分析和 RAM 分析进行更新，补充新发现问题的分析，更新设计避免/减轻措施的完成情况。另外，需对动车组使用寿命周期内的使用维修成本进行预计，以降低产品的 LCC 成本。

1）安全性分析

本阶段的安全性分析主要是对技术设计阶段安全性分析的更新。

（1）隐患分析。

此阶段的隐患登记册更新主要包括两方面：

① 补充新识别或设计变更引发的隐患分析；

② 对已落实的风险减轻措施，明确描述其证明文件，并将状态更新为"C"。

（2）确定性安全评估。

确定性安全评估的更新主要是证明文件的完善和符合状态的关闭。

（3）故障树分析报告。

根据最终设计结构和底事件的故障率，更新故障树，重新进行计算，更新故障树分析报告。

（4）安全分析报告。

根据隐患登记册、确定性安全评估、故障树分析报告的更新情况，对安全分析报告进行更新、完善。

2）RAM 分析

本阶段的 RAM 分析主要是对技术设计阶段 RAM 分析的更新。

（1）故障模式、影响及重要性分析（FMECA）。

根据最终设计结构，更新 FMECA，补充分析和设计保护措施。分析应至最小可更换单元。

（2）RAM 分析。

根据最终设计结构，调整设备的可靠性指标，重新对子系统、整车的可靠性指标进行预计分析，更新子系统、整车的 RAM 分析报告。

（3）在线可更换单元和最小可更换单元。

根据最终设计结构，按系统列出车辆在线可更换单元（LRU）、最小可更换单元清单，以便给用户现场维修提供一定的支持。

① 在线可更换单元（line replacement unit，LRU）。

LRU 一般是指在运营检修库中不需抬车、一定时间内可进行拆换的设备。对这些设备，往往合同会明确规定其维修时间，列明清单以考察其可维修性指标能否满足要求。

② 最小可更换单元。

最小可更换单元一般是指用户可维修、拆换的最小设备单元，以使用户清楚可维修的层级。

3）产品的寿命周期成本（LCC）分析

根据预防性维修计划和以往项目故障维修信息，进行动车组 LCC 分析，预测列车使用寿命周期内预防性维修和纠正性维修的人工费、材料费，并根据列车的能耗率计算列车的运营能耗费，从而计算整车的、使用寿命周期内的使用维修成本。

5. 产品试制、验证阶段

本阶段 RAMS 工作主要是对上一阶段的安全性分析和 RAM 分析进行更新，补充试制生产和试验期间发现问题的分析，更新所制订的避免/减轻措施的完成情况。另外，若合同要求，则根据要求编制系统安全报告和 RAM 证明计划，以对整车的安全分析和管理、RAM 目标验证的规划进行说明。

1）安全性分析

本阶段的安全性分析包括两部分：

① 对施工设计阶段安全性分析进行更新；

② 按合同要求，进行系统安全分析（若有）。

（1）隐患分析。

此阶段的隐患登记册更新主要包括两方面：

① 补充试制、试验中识别的新的隐患并进行分析记录；

② 对本阶段隐患关闭状态进行更新，明确描述其证明文件。

（2）确定性安全评估。

确定性安全评估的更新主要是证明文件的完善和符合状态的关闭。

（3）安全分析报告。

根据隐患登记册、确定性安全评估的更新情况，对安全分析报告进行更新、完善。

（4）系统安全分析。

若合同要求，则依据合同要求的内容，对列车进行整车的系统安全分析，编制系统安全报告。

通常系统安全报告重点描述以下方面：

① 进行安全分析的系统、子系统及其接口；

② 安全特征、紧急操作功能；

③ 安全性分析包含的方面、方法及分析结果；

④ 安全管理策略、组织机构、管理活动及安全论证文件；

⑤ 运营、维护安全评估；

⑥ 系统安全性总结等。

2）RAM 分析

本阶段的 RAM 分析包括两部分：

① 对施工设计阶段 RAM 分析进行更新；

② 按合同要求，制订 RAM 证明计划（若有）。

（1）故障模式、影响及重要性分析（FMECA）更新。

根据试制、试验中发现的问题，更新 FMECA，补充分析。

（2）RAM 证明计划（若有）。

若合同要求在质保期内对所供动车组的 RAM 性能进行考核，则需编制 RAM 证明计划。

RAM 证明计划一般需对执行 RAM 性能验证的组织机构、验证对象、验证期、指标计算方法、故障记录、故障确认的方法、通过考核的标准等进行详细描述和约定。

因 RAM 证明关系到供求双方，所以应在动车组运营前的一定时间内将该计划提交业主，并与业主商讨后确定，以便动车组正式运营后及时进行 RAM 性能的验证。

5.4　动车组 RAMS 设计示例

动车组 RAMS 设计包含许多内容，在此仅给出项目的 FMECA、隐患分析、DSA 示例。

5.4.1 动车组 FMECA 分析示例

动车组 FMECA 分析示例见表 5-16。

表 5-16 动车组

编号	项目			功能	故障模式	故障成因	故障检测方法（Y/N）			故障表现（老化、随机、磨损、威布尔）	故障影响/		
	系统	子系统	零部件				运营检测手段	维修检测手段	机内试验功能		子系统（局部）	系统（整体）	安全
FM-02-001	车体及车体附件	车体设备	前罩开闭装置	前罩开合，实现车钩联挂	主体框架脱落	焊缝开裂、紧固件失效	N	Y	N	随机	开闭功能失效	引起头车脱轨	造成人员伤亡
FM-03-001	门窗系统	司机室逃生窗	逃生窗玻璃	防护，敲碎后作为司机逃生口	无法敲碎	原片玻璃未物理钢化处理	N	N	N	随机	玻璃无法敲碎	玻璃无法敲碎	紧急情况下，司机无法从此处逃生
FM-04-001	车端连接系统	车钩	中间车钩缓冲装置空气管路连接	和相配对的车钩形成气路连接	气阀漏气	橡胶密封件老化、破损，材料缺陷	Y	Y	N	随机、老化	车钩损伤	影响联挂	可能造成停车
FM-05-001	内装系统	地板	蜂窝/隔音复合地板	支撑	塌陷	① 地板支撑布置间距大，在运行过程中发生疲劳破坏；② 蜂窝芯参数选择不合理，在运行过程中发生疲劳破坏	N	Y	N	老化、随机	地板不平整	影响美观	司乘人员、乘客易磕绊、摔倒受伤
FM-05-002	内装系统	间壁	间壁组成	装饰	表面塌陷、划伤	① 产品质量问题；② 用户使用不小心	N	Y	N	老化	间壁不平整	影响美观	无
FM-05-003	内装系统	行李架	前后型材	行李架框架	划伤	行李有尖锐物	N	Y	N	随机	行李架划伤	影响美观	无

FMECA 分析示例

后果	临界分析									备注
服务/运行 A. 转换 B. 退出 C. 降级服务 D. 线路中断 E. 车站破坏 F. 操作员措施 G. 其他（请指定）	影响时间 （分钟）	故障率	严重等级	影响种类 (Y/N)			设计保护措施或危害减轻措施	恢复系统的必要措施		
				S–安全?	E–环境?	O 操作（可靠性）?		运行阶段的紧急措施	在非运行阶段的跟踪措施	
D	240	F	5	Y	N	N	焊缝根据强度要求设计，紧固件进行防松标记	无	更换开闭机构	
G（影响紧急情况下的司机逃生）	无	G	5	Y	N	N	设计：① 采用物理钢化玻璃；② 进行紧急窗逃生试验；③ 车窗设计图纸	无	更换	
C	10	F	5	Y	N	N	通过仿真分析，优化结构设计；按照使用维护说明书进行日常维护	到站段后进行维修	更换/维修车钩缓冲装置	
G（无影响）	0	E	6	Y	N	N	① 根据载荷条件、平面布置、风道布置等确定地板支撑布置及蜂窝芯参数；② 按实际安装状态进行地板组成及结构疲劳试验，以优化地板支撑布置及蜂窝芯参数；③ 技术协议中规定地板部件及材料物理机械性能：材料弯曲强度、剥离强度、拉伸强度、抗压强度及疲劳强度等	无	修补	
G（无影响）	0	D	7	N	N	N	在空间与重量允许的情况下增加补强、面板厚度及固定连接点	无	修补	
G（无影响）	0	C	7	N	N	N	表面氧化膜厚度进行规定，提高耐划伤性	无	修补	

5.4.2 动车组隐患分析（HL）示例

动车组隐患分析（HL）示例见表 5–17。

表 5–17 动车组

编号	系统/活动类别	子系统/特定活动	隐患说明	位置	潜在原因	影响（Y/N）						影响或结果
						公众	乘客	员工	承包商	环境	服务中断	
HL-SH-01-001	转向架及悬挂系统	空气弹簧	运行时空气弹簧爆破	正线	① 设计强度不足；② 空气弹簧制造质量不良；③ 外部物体导致的损坏	N	Y	Y	N	N	Y	服务中断
HL-SH-02-001	车体及车体附件	车外设备	安装螺栓的腐蚀	正线、车辆段	① 选取材质防腐性能差；② 材质质量原因	N	Y	Y	N	N	Y	安装螺栓损坏，造成设备脱落，可能损坏轨道设施、导致脱轨
HL-SH-03-001	门窗系统	侧拉门	门玻璃破裂	站台/正线	外物击打，门板变形	N	Y	Y	N	N	Y	① 门系统密封性能降低；② 服务中断

隐患分析（HL）示例

原始风险			风险控制（项目）	下面阶段详细规定了建议的保障措施：① 设计——设计提交/规格参考；② 施工——施工计划；③ 试验和调试——试验调试活动/试验记录/检查/程序参考；④ 运行和维护——运行和维护程序参考	残余风险			备注	状态更新			修订日期
频率	严重性	风险等级			频率	严重性	风险等级		危险规避的证据（举例）1. 设计提交2. 试验报告3. 运行和维护程序4. 培训等	个别O. 未完成C. 完成	整体O. 未完成P. 部分完成	
D	5	R2	车辆制造厂	设计：① 空气弹簧供货技术条件明确试验内容及条件。② 设置放气和过充探测，以识别空气弹簧故障和过充	F	5	R3		1. 空气弹簧供货技术条件2. 转向架设计方案及有限元分析	1.C2.C	C	
				制造：按照供货技术条件进行制造					1. 空气弹簧的供货技术条件	C	C	
				试验：按供货技术条件相关内容进行空气弹簧试验验证					1. 空气弹簧型式试验报告	C	C	
			维护方	维护：对空气弹簧进行定期检测和维护					1. 转向架使用维护说明书	O	O	
G	2	R2	车辆制造厂	设计中选取防腐材质的紧固件	H	2	R3		1. 设计图纸2. 供货技术条件	1.C	C	
				试验：紧固件盐雾耐腐蚀试验					2. 紧固件试验报告	2.O	O	
			维护方	维护：定期检查紧固件					设备维护手册	3.O	O	
F	4	R3	车辆制造厂	设计：① 采用安全中空玻璃；② 进行匀质处理，按要求控制玻璃质量；③ 车窗玻璃满足 GB 18045—2000 标准	H	4	R4		1. 侧门设计图纸2~3. 车门供货技术条件	1.C2.C3.C	C	
			侧门生产方	试验：门板型式试验					试验1. 侧门型式试验报告	1.O	O	
			维护方	维护：根据设备维护手册进行门板检查					1. 设备维护手册	1.O	O	
			运营方	运营：制订门隔离操作程序，并尽可能快地安排换车					1. 规章程序	1.O	O	

编号	系统/活动类别	子系统/特定活动	隐患说明	位置	潜在原因	影响（Y/N）						影响或结果
						公众	乘客	员工	承包商	环境	服务中断	
HL-SH-04-001	车端连接系统	车钩	列车脱钩	正线、车辆段	① 错误的/不安全的机械联挂（过度振动），未完全联挂；② 钩舌中弹簧断裂	N	Y	Y	N	N	Y	车辆脱离导致线路中断
HL-SH-05-001	内装系统	地板布	乘客摔倒	正线、站台、车辆段	地板布鼓泡、潮湿	N	Y	Y	N	N	N	旅客/员工受伤
HL-SH-06-001	制动系统	制动控制装置	制动控制装置底板裂纹、脱落	正线	制动控制装置底板强度弱，高速运行受力大	N	Y	Y	N	N	Y	造成底板断裂、脱落，打击车下设备

原始风险			风险控制（项目）	下面阶段详细规定了建议的保障措施：① 设计——设计提交/规格参考；② 施工——施工计划；③ 试验和调试——试验调试活动/试验记录/检查/程序参考；④ 运行和维护——运行和维护程序参考	残余风险			备注	状态更新			修订日期
频率	严重性	风险等级			频率	严重性	风险等级		危险规避的证据（举例）1. 设计提交 2. 试验报告 3. 运行和维护程序 4. 培训等	个别 O. 未完成 C. 完成	整体 O. 未完成 C. 完成 P. 部分完成	
F	2	R1	车辆制造厂	设计：① 进行结构优化设计；② 对前端车钩设置联挂信息反馈装置，监测车钩联挂状态，并在 TCMS 显示；③ 车钩钩舌上两个弹簧；④ 列车运行中车钩分离时，贯通全列的总风管断开，总风管压力下降，触发列车紧急制动	I	2	R3		[Design]：1～3. 车钩设计报告；4. 车钩缓冲装置设计图纸，编号 XXX	1.C 2.C 3.C 4.C	C	
				制造：制造时按照车钩缓冲装置技术协议及工艺文件执行					车钩缓冲装置供货技术条件	C	C	
				试验：① 监测车钩是否联挂完全试验；② 进行车钩拉伸强度试验					1. 车钩例行试验报告 2. 车钩型式试验报告	1.C 2.C	C	
			维护方	维护：对缓冲器进行维护					设备维护手册	O		
G	4	R3	车辆制造厂	设计：采用防滑地板布	H	4	R4		1. 地板布供货技术条件，编号 XXX	C	C	
				试验：对地板布进行型式试验					地板布型式试验报告	C	C	
			维护方	维护：定期状态检查					设备维护手册	O	O	
			运营方	运营：制定规章程序，保持地面清洁、干爽；地面一旦有水，及时保洁					规章程序	O	O	
F	3	R2	车辆制造厂	设计：① 制动控制装置底板强度仿真计算；② 底板连接采用铆接型式	I	3	R4		1. 制动控制装置底板强度仿真计算报告；2. 制动控制装置设计图纸	1.C 2.C	C	
				制造：规范施工标准，对制造质量进行监控					施工工艺文件	C	C	
				试验：进行振动冲击试验（IEC 61373 轨道交通机车车辆设备冲击和振动试验）					制动系统部件型式试验报告	C	C	
			维护方	维护：定期进行检查维护					设备维护手册	O	O	

5.4.3　动车组确定性安全评估（DSA）示例

动车组确定性安全评估（DSA）示例见表 5–18。

表 5–18　动车组确定性安全评估（DSA）示例

编号	子系统/设备	行为守则/法律/规格书要求参考条款	相关设计/操作安全原则	设计阶段（文件/图纸）的结束证据	试验和调试阶段（若适用）结束证据（试验记录参考资料等）	符合性现状	备注
DS–01–001	基础制动	Contract 840_Particular Specification 7.7.6.4	7.7.6.4 应提供适当装置以确保能够保持足够的黏附力，从而最大限度减小车轮在启动与制动期间滑行/滑动的机会	踏面清扫装置图纸及供货技术条件	1. 踏面清扫器试验报告　2. 车辆型式试验报告	I/C	
DS–02–001	车体设备/车体结构	车辆供货合同技术规格书第 3.2.6.4 条	3.2.6.4 必须对车顶与侧壁外部表面进行防护以防凸起与降低，车身强度应能够抵抗 6 kPa 的气动载荷	① 车体图纸，图号；② 车体有限元分析报告，编号 XXX	车体型式试验报告，编号 XXX	C	
DS–03–001	侧拉门	IEC 61373：1999 铁路应用　机车车辆设备　冲击和振动试验	门机构在 IEC 61373：1999 所规定条件下进行试验，门机构保证能正常工作，无永久性变形或损坏	客室侧门机构供货技术条件，编号 XXX	侧门门机构型式试验报告，编号 XXX	I/C	
DS–05–001	内装结构/地板	车辆供货合同技术规格书第 5.3.6.2 条	① 5.3.6.2 列车耐火性能应根据 DIN5510 标准进行设计；② 根据 DIN5510 标准，地板须符合≥SF3，FED(30 min)≤1	① 铝蜂窝地板技术条件，编号 XXX；② 隔音地板技术条件，编号 XXX	① 隔音地板防火报告，编号 XXX；② 蜂窝地板防火报告，编号 XXX	C	
DS–06–001	制动系统	铁科技〔2009〕212 号《铁路客运专线技术管理办法（试行）》第 116 条	制动初速度为 350 km/h 时，列车紧急制动距离限制值为 6 500 m	制动计算报告，编号 XXX	型式试验报告，编号 XXX	I/C	
DS–06–002	制动系统	车辆供货合同技术规格书第 6.6.3.2 条	6.6.3.2 摩擦制动系统应额定并具有充分的热容量，以安全完成两个成功减速/紧急制动周期，两个周期之间没有间隔。该周期包括一次完整的加速（从静止到 350 km/h 的速度），随后应用紧急制动器停止。完成这两个周期之后，制动系统应毫无异常	基础制动热容量计算报告，编号 XXX		C	

续表

编号	子系统/设备	行为守则/法律/规格书要求参考条款	相关设计/操作安全原则	设计阶段（文件/图纸）的结束证据	试验和调试阶段（若适用）结束证据（试验记录参考资料等）	符合性现状	备注
DS-08-001	辅助供电系统/头灯	车辆供货合同技术规格书第 8.2.9 条；IEC 61373：1999 铁路应用　机车车辆设备冲击和振动试验	8.2.9.1 照明设备应严格遵守 BS EN 60529：2009 中的 IP 65 进行密封。8.2.9.2 应在各驾驶车厢末端装上两个红色尾灯。无论何时打开列车前驾驶车厢上的头灯，都应同时打开后驾驶车厢上的尾灯。如果未选择方向列车各末端的尾灯应开启照明。满足 IEC 61373 中 1 类别 A 级部件的功能性试验和性能试验，并且设备在试验后外观和机械结构无变化	照明系统设计报告，编号 XXX	照明系统部件型式试验报告，编号 XXX	C	
DS-10-001	牵引驱动系统/牵引电机	IEC 61373：1999 铁路应用　机车车辆设备　冲击和振动试验	满足 IEC 61373 中 2 类别部件的功能性试验和性能试验，并且设备在试验后外观和机械结构无变化	牵引电机供货技术条件，编号 XXX	牵引系统部件试验报告，编号 XXX	I/C	

参 考 文 献

［1］亚牛，廉洁. 漫话车辆. 北京：中国铁道出版社，2009.

［2］钱立新. 世界高速铁路技术. 北京：中国铁道出版社，2003.

［3］曾声奎，赵廷弟，张建国，等. 系统可靠性设计分析教程，北京航空航天大学出版社，2001.

［4］董锡明. 轨道列车可靠性、可用性、维修性和安全性（RAMS）. 中国铁道出版社，2009.